开放式阅读教学

张云鹰 ◎著

教育科学出版社
·北京·

作 者 简 介

　　张云鹰　全国优秀校长，著名特级教师，中学高级教师。广东省中小学校长培训中心客座教授。广东省中小学校长优秀导师。教育部小学语文远程教育特聘专家。北京师范大学讲师团主讲专家。中国教育学会"区域骨干教师成长促进计划"讲师团特聘专家。深圳市"教书育人模范"。深圳市名校长。深圳市首批"名校长工作室"主持人。现任深圳市宝安区坪洲小学校长。

　　首创"开放式教育"理念，形成"开放式语文教学"流派，构建"以写为核心的阅读教学"，主张"以活动为重心的语文课程"，培养"以习作为圆心的研究团队"。曾被《人民教育》《语文教学通讯》《小学语文教学》等多家杂志作为封面人物专题报道。

　　主要著作有《教育智慧与学校创新》《开放式教育》《开放式习作教学》《开放式活动课程》等；2009年第9期《小学语文教学（人物）》以专辑形式介绍其开放式教育教学思想。在《中国教育报》《人民教育》《小学语文教学》《小学语文教师》等报刊杂志发表各类文章百余篇；主持2010年教育重点规划课题"开放式小学语文教学研究"（课题批准号为DHA100248）并完成其他多项省级、市级课题。应邀在全国各地作学术专题报告，深受广大中小学校长和教师的欢迎。

序一

开放：打开与联结

成尚荣

阅读《开放式阅读教学》一书时，我更愿意称张云鹰为老师，而不是校长。因为，她虽然是校长，但有自己的学科专业。一个有学科专业的校长，是有独特的优势和话语权的，何况，张老师的学科专业又是如此之好。

开放教育，我们并不陌生，早在 20 世纪 90 年代时，它就风生水起了。近来，开放教育似乎有点沉寂了，这是不是反映了我们一种不太好的心态：追求"时尚"。可是，张云鹰老师不，她一直坚守开放教育，一直致力于开放式阅读教学的研究，这是一种好的心态、好的品质、好的方式。

其实，无论是开放教育，还是开放式阅读教学都并不落后，很"时尚"。所谓"时尚"，是说它始终直抵教育的时代精神，直击教育的现实弊端。交通大学的著名学者江晓源曾经写过一本书《交界上的对话》。我理解，开放教育就是在交界上展开多方面的对话，开放式阅读教学就是打开语文的边界，向生活开放，向世界开放，向自己的心灵开放，在更广阔的边界上瞭望与对话。江晓源是在全球化背景下来讨论的，不难想见，张老师的开放式阅读教学也是具有全球化背景下的变革意义的，很现代、很"时尚"。

亦如前文所说，语文有自己的边界，但是这一边界既要清晰又要模糊。所谓清晰，是说语文就是语文，不能在"开放"中丢失语文的特质；所谓模糊，是说语文的边界要拓展，要主动与其他学科交流、交融，不能拒绝，不能封闭。这样，语文就会在"混沌的边缘"上生存。"混沌的边缘"，带来的是模糊思维，而模糊思维会产生新的能量，因而会有新的创造。张老师的开放式阅读教学正是具有这样的特性的。

张老师的开放式阅读教学的可贵之处是有一个完整的建构，她正在探索并已形成了开放式阅读教学的体系。这一体系不只是在第二章，而是在全

1

序一

书。背景—概念—目标—形态—特征—原则—分类—课型—方法—评价，这的确是个体系。从这个角度看，张老师完全有可能建构一个具有课程意义的学科教学新领域。没有功力，没有实力，没有长期的坚持研究，是达不到当下这个水平的。这令我们感动和钦佩。

张老师的开放式阅读教学的突破之处，在于对"开放"密码的寻找和阐释。在分析开放式教学的全域性、相对性、前瞻性之后，她认为，"开放"的密码在于：求活，注重信息交流的多向性；求异，允许答案结论的多元性；求"大"，拓展阅读教学的大课堂、大生活。所以，开放式阅读教学不只是形式上的打开，更重要的是心灵的解放，是自由的创造。她所概括的动态性原则、创造性原则、主体性原则、引导性原则、综合性原则等就是指向深处的。

张老师的开放式阅读教学的创新之处，在于对阅读教学的整体性与阶梯性、规范性与创新性的区分、联结的阐释。整体性与阶梯性关系的提出，很好地解决了"一开放目标就无序了、梯度被淡化了"的问题。她坚持开放式阅读教学始终要有序、有梯度。规范性与创新性关系的提出，很好地解决了"一开放似乎就丢弃了教学必要的规则"的问题，教师必须引导学生去创造。可以这么说，开放式阅读教学是规范与创新科学结合的过程。

张老师注重实践操作，具有扎根性理论和实践智慧，形态、形式、方法，还有不同的课型及不同的领域，具体、可操作，因而可学习、可推广。能研究并达到这么精致的程度，实属不易，看来，不在课堂里"泡"、"磨"是不会成功的。

开放教育的内涵中有一个意义，那就是联结。张云鹰老师用开放式阅读教学把语文与外界联结起来了，把语文与内心联结起来了，最终形成新的语文学习共同体。张老师内心是开放的，她的语文教学是开放的，共同体就在开放与联结中建构起来了。这是一种气象。下一步怎么走呢？张云鹰老师会有思考的。

（作者系原江苏省教育科学研究所所长，教育部基础教育课程改革专家组成员）

二〇一二年九月

序二

开放式阅读教学：一种胸怀，一种姿态，更是一种精神

柯孔标

　　九月的夜晚，天气微凉。窗外月色溶溶，丹桂飘香，秋虫和鸣。悠闲地靠在藤制的躺椅上，捧一本学术著作，认认真真地，从头读到尾。回想起来，似乎好久没有这样的阅读行为了。感谢张云鹰老师，让我有机会又一次重温读完整本书的美好。

　　广义的阅读是指从书面符号中获取信息。狭义的阅读特指文章的阅读，是指从语言文字中获取意义，其过程涉及文字识别、记忆提取、思维想象、审美评价等一系列微妙的心理操作。人是怎样获得阅读能力的？阅读是如何对人的精神世界产生影响的？哲学、美学、文化学、心理学、语言学、教育学等学科，都在关注和研究这个问题，但似乎还没有太多被大家普遍接受、能运用于语文阅读教学的理论和模型。阅读教学费时多而收效小，源于对阅读教学本质和规律研究的缺乏和肤浅。

　　敬佩张老师的勇气和毅力。八年来，张老师在繁忙的教学和管理工作之余，亲历课堂教学现场，细心观察，潜心研究，对阅读教学这样一个复杂的课题展开了全方位的研究和探索。更难得的是，张老师边学习边实践，边反思边建设，以修订后的语文课程标准倡导的理念为指导，用"开放"这样一个关键词，把自己多年教学和研究成果进行了系统的总结。没有对语文教育事业的热爱和执著，很难做到这一点。

　　本书内容非常丰富，涉及了阅读教学的理念、目标、模式、评价等领域的方方面面，重点研究了阅读课有效教学的原则和方法，既继承中国传统阅读教学的精华，又汲取改革开放以来阅读教学研究的先进成果，加上学校自身的阅读改革实践，洋洋大观，自成体系，相信语文教师和教研工作者定能

从中得到多方的启迪。

读大学时，我听到有位老师说，教育研究的主要方法是"古今中外法"，即立足教育现实问题，一手伸向古代，一手伸向外国，借鉴创新，为我所用。很多同学私下窃笑，认为此法大而无当，现在看来是幼稚和无知的。其实，鲁迅先生在论述如何重建中国文化时，也曾大力提倡"拿来主义"，还说只有拿来，才有鉴别，才能进步。本书告诉我们，作为一线教师，师法前人，书读同人，善于学习借鉴古今中外成功的母语阅读教学经验，然后在自己的教学中进行实践运用，逐步加以改进和创新，这是提高自身专业素养的不二法门。

我向来对"××语文"、"××式教学"之类的"戴帽理论"保持高度警惕，因为一个不成熟、没有经过实践验证的理论，可能使丰富多彩的语文教学实践滑向模式化和狭窄化。纵观全书，我觉得"开放式阅读教学"是一种胸怀，是一种姿态，更是一种精神。希望张老师继续高举改革开放的大旗，解放思想，勇于实践，引导语文教师走出传统低效和无效阅读教学的"泥潭"，培养具有创新精神、合作意识、开放视野的一代新人。不知我的感悟是否符合"开放式阅读教学"的本意？

（作者系浙江省教育厅教研室副主任、中国教育学会小学语文教学研究会副理事长）

二〇一二年九月

目　　录

第一章　开放式阅读教学的背景生成 ……………………………… 1

第一节　开放式阅读教学的现实背景 …………………………… 1

第二节　课程改革呼唤开放式阅读教学 ………………………… 7

第三节　开放文化滋生开放式阅读教学 ………………………… 15

第二章　开放式阅读教学的体系构建 ……………………………… 19

第一节　开放式阅读教学的核心概念 …………………………… 19

第二节　开放式阅读教学的基本形态 …………………………… 24

第三节　开放式阅读教学的目标体系 …………………………… 29

第三章　开放式阅读教学的原则与特性 …………………………… 36

第一节　开放式阅读教学的本质特征 …………………………… 36

第二节　开放式阅读教学的基本原则 …………………………… 40

第三节　开放式阅读教学的传统性与现代性 …………………… 43

第四节　开放式阅读教学的人文性与科学性 …………………… 48

第五节　开放式阅读教学的整体性与阶梯性 …………………… 54

第六节　开放式阅读教学的规范性与创新性 …………………… 60

第四章　开放式阅读教学的分类 …………………………………… 66

第一节　开放式阅读教学中的汉语拼音教学 …………………… 66

第二节　开放式阅读教学中的识字与写字教学 ………………… 74

第三节　开放式阅读教学中的词语教学 ………………………… 83

第四节　开放式阅读教学中的句子教学 ………………………… 89

第五节　开放式阅读教学中的段落教学 ………………………… 98

第六节　开放式阅读教学中的篇章教学 ………………………… 106

第七节　开放式阅读教学中的单元整体教学 …………………… 119

第五章　开放式阅读教学的课型 ……………………………… 133

第一节　"窗口型"的开放式阅读教学 ………………………… 133

第二节　"打井型"的开放式阅读教学 ………………………… 137

第三节　"主题型"的开放式阅读教学 ………………………… 141

第四节　"比较型"的开放式阅读教学 ………………………… 145

第五节　"风筝型"的开放式阅读教学 ………………………… 149

第六节　"无声型"的开放式阅读教学 ………………………… 153

第七节　"慢读型"的开放式阅读教学 ………………………… 157

第六章　开放式阅读教学的方法 ……………………………… 162

第一节　开放式预习自读教学……………………………………… 162

第二节　开放式内容理解教学……………………………………… 168

第三节　开放式领悟表达教学……………………………………… 177

第四节　开放式欣赏交流教学……………………………………… 181

第五节　开放式质疑辩论教学……………………………………… 190

第六节　开放式比较联系教学……………………………………… 194

第七节　开放式读写结合教学……………………………………… 204

第七章　开放式阅读教学的路径 ……………………………… 211

第一节　开放式名著引读教学……………………………………… 211

第二节　开放式时文引读教学……………………………………… 219

第三节　开放式网络引读教学……………………………………… 225

第四节　开放式诗歌引读教学……………………………………… 231

第五节　开放式名言引读教学……………………………………… 241

第六节　开放式绘本引读教学……………………………………… 245

第七节　开放式国学引读教学……………………………………… 257

第八章　开放式阅读教学的评价 ……………………………… 265

第一节　开放式阅读教学评价的基本要求………………………… 265

第二节　开放式阅读教学评价的价值取向………………………… 269

第三节　开放式阅读教学评价的标准确定………………………… 271

第四节　开放式阅读教学评价的方法对策………………………… 275

附：教学实录

  1.《乡下人家》 ························· 289

  2.《推销我读过的一本书》 ················· 297

写在后面 ····························· 304

主要参考文献 ························· 307

第一章 开放式阅读教学的背景生成

新修订的《义务教育语文课程标准（2011 年版）》在"前言"中指出："当今世界，经济全球化趋势日渐增强，现代科学和信息技术迅猛发展，新的交流媒介不断出现，给社会语言生活带来巨大变化，对中华民族优秀传统文化的继承，对语言文字运用的规范带来新的挑战。时代的进步要求人们具有开阔的视野、开放的心态、创新的思维，对人们的语言文字运用能力和文化选择能力提出了更高的要求，也给语文教育的发展提出了新的课题。"在"课程基本理念"部分明确地提出"努力建设开放而有活力的语文课程"，同时指出："语文课程应该是开放而富有创新活力的。要尽可能满足不同地区、不同学校、不同学生的需求，确立适应时代需要的课程目标，开发与之相适应的课程资源，形成相对稳定而又灵活的实施机制，不断地自我调节、更新发展。"这无疑是小学语文教学实现开放式教学的一个指导性纲领。新课程改革为开放式教学提供了更深的内涵，拓展了更广阔的空间。

我们提出的开放式语文教学，是对传统教学"课堂中心、课本中心、教师中心"的封闭性教学的挑战。开放式教学的实质是要解除传统观念对教学的各种束缚，拓宽教学的"开放度"，让教学回归生活的海洋，彰显师生的生命状态。

第一节　开放式阅读教学的现实背景

今天，人类全面进入全球化时代，我们面对着日益激烈的国际竞争与时代挑战。新的时代将人的素质要求提高到历史上从未有过的高度，具体到学校教育，则要求我们培养的人才具备良好的人文素养和科学素养，具备创新精神、合作意识和开放的视野。面对这一时代要求，语文教育责任重大。

一、时代呼唤开放式阅读教学

阅读教学是小学语文教学中十分重要的内容。它是培养学生感悟语言，领会文章思想，形成阅读能力的重要环节。语文课程的性质决定了阅读教学必须开放。语文是最重要的交际工具，人文性与工具性相统一是语文课程的基本特点。语文与社会环境的关系较其他课程更为密切。因而，语文阅读教学不仅是学校的学科教学活动，而且还广泛地存在于学校各学科课程与综合实践活动之中，存在于家庭、社会环境之中。只有开放式的阅读教学才能促进学生语文素养的全面发展，开发其身心素质潜能、创新精神和实践能力。

我们为什么提出开放式阅读教学呢？

一是培养学生思维的需要。语文学科应结合课文教学和语言训练，使学生的思维在每个发展阶段都得到良好的发展，形成听说读写过程中应当具备的形象思维、抽象思维和创造思维等能力，具有独立地分析问题、解决问题的能力，并且养成勤于动脑、善于思考的好习惯。自主开放的阅读教学，鼓励学生大胆地、多角度地思考问题，充分发挥自己的想象，在多向交流的过程中更好地锻炼自己思维的深刻性、灵活性、独创性和敏捷性，能有效地完成语文学科思维培养的任务。

二是适应学生心理发展的需要。当下，受时代背景的影响，少年儿童思想日趋活跃，较之以往更加富有创造性和独立性，自我意识增强，希望教师给予其更多自主学习的权利。就阅读教学而言，如果学生长时间只是被动机械地接受，就会产生麻痹、厌烦的心理。作为阅读主体的学生，应始终是阅读过程的主动参与者。教师无论是把人类的认识成果转化为学生的知识、智力或是把知识转化为学生的思想观点、情感、意志，都要通过学生自己的思考和实践活动，都需要顺着学生的主动性和积极性的方向发散开去，从而达到掌握知识和发展能力的目的。

三是适应未来社会发展的需要。社会的发展对人的素质要求越来越高，高素质的人才必须要有自己的主见并能与别人相互合作。传统的阅读教学模式确实存在弊端，教师的"一讲到底"限制了学生创造性的发挥，师生"一问一答"剥夺了学生与学生之间的合作，即使是"一问一答"这种师生合作，往往也是教师占主动地位，学生被动寻找答案，再加上教师唯自己标准答案是从，也扼制了学生的创造性。自主、开放的阅读教学，可以让学生充分发表自己的观点，在与教师、学生多向交流的过程中完善或修正自己的观点。

二、对阅读教学现状的反思

审视我们当前的语文阅读教学，不难发现，流行多年的"讲读教学法"依然占据语文阅读教学的主导地位，教学过程烦琐冗长，围绕课文的内容情节作大量的"发胖式"的分析，过早过多地强调"讲深讲透"抽象的语言知识，或者脱离具体语言环境进行纯技巧性的语言文字训练。这种重讲读轻思考、重分析轻体验、重结论轻过程、重简单机械训练轻熏陶感染的做法，使语文阅读教学变得缺乏生气、缺乏活力，越来越走向寥落、寂寞、枯燥、乏味。于是，少年儿童的流金岁月黯然失色，教师从事教学的热情与创造性慢慢退化。

尽管我国的小学语文阅读教学改革和建设取得了令人瞩目的成绩，但仔细冷静地审视，足见小学语文阅读教学在以下几个方面存在问题。

（一）教学观念陈旧

1. 忽视了教学的本体

阅读教学的本体是学生，这是我们教学的出发点和归宿点。但现实中，不少教学活动不是培养学生的个性和才能，而是按照想象中的模式去"雕塑"学生。

2. 扭曲了教学的目的

学生的需求、学生的发展淹没在以"应试"为目的的教学过程中，"一切为了学生的发展"实际上却被扭曲和异化为"一切为了考试"。

3. 忽视了学生的主体性

学生被当做是知识的容器，是学舌的鹦鹉，就是没有把学生当做有思想、有潜能、有能动性的主体的"人"。人性的光芒在"命令—服从"式的教学过程中被无情地吞没了。

4. 忽视了教学的教育功能

语文教学不仅仅要培养学生语文的技巧，更应该在这个过程中涵养学生的情操和情趣，培养学生的灵性与想象力、创造力，发展学生的个性。但在实际的教学中，知识和技能几乎成为语文教学的全部，育人成为可有可无的事，语文教学由厚重变得单薄了。

5. 忽视了语文学习的生活性

语文阅读教学一头联系着社会，一头联系着儿童纯真的内心世界。但现实中却将语文学习视为生活之外的事情，使语文阅读教学失去了"生活"这一源头活水，成为无源之水。

（二）教学模式僵化

1. 学生处于被动地位

许多教师对学生的学习始终不放心、不放手、"满堂灌"，认为只有这样才能让学生达到教师所期望的目标。而学生的学习受教师的牵制，在大部分时间里，学生要么是被动听讲，要么是被动回答问题。

2. 以统一代替个性

读者对文本的阅读都是在一个特定的新的社会和历史条件及一个特定的环境中的阅读，总要对文本赋予新的意义和解释；再加上每个读者的生活经验、思想基础和个性的差异，不同的人就会有不同的理解。但在实际教学中，教师总是试图以统一的标准来铸造每个学生的思想。

3. 以理性的分析取代心灵的感悟

课文中有很多具有生命力的东西，如形象、意境、情感、韵味等，这些更多应靠学生的感悟，靠学生用心灵去感悟。而理性的分析看不见课文言语中的人的真性情，看不见读文的学生作为人的真性情，看不见教师作为人的真性情，理性分析使师生失去了感动。

4. 以成人的理解取代儿童的理解

阅读教学在很多情况下忽视了儿童教育的特点，教学缺乏童趣、童真、童情，在更多的时候是以成人的思想认识水平要求学生，学生难以消化，叫苦不迭。

5. 以单项训练取代语文实践活动

机械抄写、题海战术把充满情趣的语文学习变为枯燥乏味的记忆之术。

（三）投入和产出不成比例

语文阅读教学费时多而收效低的状况没有得到根本改变。大量的教学内容局限在教科书中，教学场所局限在课堂里，人为地割断了语文教学和生活的联系，割断了学语文和用语文的联系，使阅读教学效果事倍功半。

要改变上述状况，让小学语文教学符合时代对人的要求，就必须改革，尤其是改进小学语文阅读教学，让阅读教学从封闭走向开放、从课内走向课外、从单纯的说教走向注重实践和能力的培养，引导少年儿童去接触社会、接触大自然、接触先进的科学技术，以适应日新月异的信息时代的需要。

三、国内外阅读教学研究状况

（一）国外阅读教学研究状况

当今国际社会十分重视阅读及阅读教学。早期，许多国家的阅读都以讨论式阅读为主，并建构了颇有影响的阅读教学模式。例如德国莱因的五段教学模式，即"预备、复习旧课—提示—比较—概括—应用"。这些阅读教学模式都对培养学生"整体感知、具体理解、欣赏评价"的阅读技能具有重要的实践价值。再如，美国心理学家布鲁纳的发现式学习模式指出，学生的发现行为有四大优点：有利于激发儿童的智慧、潜能；有利于培养内部学习动机；有利于学生发现的技能；有利于知识的保持。他认为，知识的获得是一个主动的过程，学习者不应是信息的被动接受者，而应该是知识获取的主动参与者。由奥苏伯尔接受学习理论演化而来的组织者教学模式，充分利用学生原有的知识来同化新知识，提倡学生讨论、看教材和直观材料，师生间充分地相互作用。

21世纪以来，西方心理学家对于兴趣在阅读中的作用进行了研究。研究发现，阅读兴趣包括情景性兴趣和个人性兴趣，前者由环境特征激发，后者关乎个体特征。研究者主要关注的问题是兴趣对于阅读成绩的影响，何种因素影响了学生的阅读兴趣等。此外，"出声思考法"也在阅读教学研究中被广泛使用。研究表明，阅读过程中，被测试者的原有经验、能力和个性等会影响对问题的解答，但这类研究因缺乏基本理论的指导而存在一定局限。

（二）国内阅读教学研究状况

在当今的教学改革中，阅读教学的改革已被提到了一定的高度。为了改变传统的阅读教学中存在的种种弊端，人们从阅读的各个角度进行了探讨研究。

在语文阅读教学出路的探讨上，金传富希望全社会的人多研究一些阅读理论及其方法，尤其是从事语文教育的教师，要提高阅读学理论的修养，从而教会学生获取知识和文化的技巧。同时，在阅读教学中，倡导并培养一种良好的、科学的阅读氛围，告诉学生阅读的心理是什么，可以怎么读，怎样读才好，读了做什么。

在语文阅读教学中，在整合现代课程观和接受美学理论的基础上，不少教育工作者都试图构建语文阅读教学的新模式。特别是在跨学科、课内外、校内外结合的课程形式上，特级教师李吉林开发的主题性大单元情境课程，使原本有限的课堂教学从深度、广度上得到了扩展。

也有人从小学语文教学改革角度提出：小学语文课程的开放式是学科发展的必然趋势，对形成学生的语文能力有所裨益。

《义务教育语文课程标准（2011年版）》中，较之识字写字目标、习作目标、口语交际目标、综合性学习目标，阅读目标最为丰富。新修订的课标还提出要正确把握语文教育的特点，注意教学内容的价值取向，语文是母语教育课程，学习资源和实践机会无时不有。

但是，当前我国在具体的研究实践中，尚未从教材资源的开发、阅读评价方式改革方面去深入、系统地触及阅读教学改革的最本质的问题。即使有一些这方面的研究，也只是个体的、局部的。因此，"开放式阅读教学"的研究是具有其深远意义和推广价值的。

四、开放式阅读教学的依据

（一）理论依据

1. 马克思全人教育学说

全人教育鼓励跨学科的互动与知识的整合。只有通过学科间的互动、影响和渗透，超越学科间的各种限制，才能开拓新知识的学习与研究问题的视野，真正将世界还原为一个整体。它启发我们，将割裂的知识整合，强调开放式阅读，即强调学生多元、主动、创造地阅读。在阅读实践活动中，激发学生内驱力，提升学生语文素养，促使学生自主学习，自主发展。

2. 建构主义学习理论

建构主义学习观认为，学习是一个积极主动的建构过程，学习者不是被动地接受外在信息，而是主动地根据先前认知结构注意和有选择性地知觉外在信息，建构当前事物的意义；由于事物存在复杂多样性，所以学习者的建构是多元化的。学生的阅读其实就是一个知识、能力的建构过程，所以，我们的阅读教学也必须是开放的、多元的、富有创造性的。教师应把学习的主动权真正还给学生，培养学生主动探索、主动发现的精神。

3. 陶行知生活教育和创造教育的理论

陶行知强调"社会即学校"、"生活即教育"，主张教育向整个社会生活开放，从书本的到人生的，从狭隘的到广阔的，从字面的到手脑相长的，从耳濡目染的到身心兼顾的，以生活为中心，给学生以活的教育。在教育过程中，提倡解放学生的头脑、双手、嘴巴、眼睛、空间、时间，让学生自由、自主地发展，以创造性的教育培养学生的创造精神。

4. 现代大教育理论

作为一种全新的教育理论，它突破了传统的就教育而论教育的小教育观，而把教育放在整个社会大背景中进行研究，采取全方位的、系统论的观点，将学校教育、家庭教育、社会教育、终身教育、网络教育和个人自我教育纳入整个教育的视野加以综合利用，最大限度地发挥现有教育设施的功能，最大程度地满足学生求知的欲望。让教育向社会开放、向生活开放。

5. 全语言学习理论

全语言教育是一种视儿童语言发展和语言学习为整体的思维方式。它倡导的核心思想就是开放式的语言教学，将传统的"师传生受"的语言教学过程转变为教师和儿童合作学习的过程。

（二）现实需要

首先，世界经济一体化的趋势，信息技术的发展，网络时代的到来，使全方位的开放式教育已经拉开帷幕。教学内容不断更新，教学方法不断改进，教学管理日趋开放，学校、社会、家庭在教育上的全面合作为开放式语文全新教学的实施提供了条件。

其次，开放式教育、创新性教育研究在国内已渐成气候。大语文观、大教育观、开放式创新教学、研究性学习的实验活动在全国各地蓬勃开展，为开放式语文教学实验的开展提供了较好的环境条件。开放式教学必将成为语文教学改革的大趋势。

最后，构建开放式的阅读教学体系，使阅读教学从狭小的一隅走向广阔的天地，努力使学生学习语文的外延与生活的外延相等，有力促进学生阅读语言能力、阅读探索能力、相关性阅读能力的提高，达到新课标规定的阅读教学指标，培育大量的"读书人口"，从而以阅读教学改革为抓手带动整个语文教学的改变。

第二节　课程改革呼唤开放式阅读教学

信息化的时代，全球化的交流，优质化的教育，智能化的学习和个性化的人才，都要求教育必须有全方位的思考、全频道的运作。

实施新课程改革已有十年历程，为了适应教育改革与社会发展的需要，全面提高国民素质，应对未来社会的挑战，国家教育部新颁发了《义务教育语文课程标准（2011 年版）》，新的课程标准进一步强化"三个维度"的课程目标（知识与能力、过程与方法、情感态度与价值观），并使这三方面的目的综合地体现在各个学段目标之中；大力推进新型的学习方式，提倡建立新的评价方式；突出跨领域的综合性学习；强调课程的现代性和创新性。

一、课程改革呈现新观念

从国内的课程改革联系到联合国各机构、世界组织以及一些主要国家对整个教育的改革，特别是课程改革的方案，不难看出某些共同的理念和价值追求，大致有如下一些特点。

（一）关注生命

21 世纪是关爱生命的世纪。具体地说，在自然科学领域里，对"生命科学"的研究处在十分重要的核心位置；在社会科学领域里，对"生命哲学"的瞩目激起了复归"以人为本"的浪潮。叶澜教授的《"新基础教育"探索性研究报告集》中就明确地提出了"生命体"的概念，主张教育要把个体精神及生命发展的主动权还给学生。这对现实的基础教育中常常忽视了对象"人"和人的生命发展，无疑是痛下针砭。本次课程改革强调，每个学生的身心健全发展是教学活动的出发点和归宿。教学过程是在教师的指导下，学生主动的、富有个性的学习过程，是师生互动、共同发展的过程这些无不体现了对师生生命发展的体贴和关爱。

从联合国教科文组织的文件中可以解读国际社会对人的个性和生命重要意义的共识。《学会生存——教育世界的今天和明天》指出：把一个人在体力、智力、情绪、伦理各方面的因素综合起来，使他成为一个完善的人，这就是对教育目的的一个广义的界说。《学习：内在的财富》指出：个性多样性、自主性和首创精神，甚至是爱好挑战，这一切都是进行创造和革新的保证。社会的发展离不开个性的发展，而个性的发展又是一个无止境的完善过程。综观国内外的课程改革，似乎都在传递一个信息：教育应当回归人本。

（二）关注自然

关爱自然，追求人与自然的"可持续发展"，是策划当前世界课程改革的一个重要价值取向，体现了人类的全新价值观，即人不应是自然的主宰者，而应当是自然的看护者，人类应与大自然和谐一致，方能生生不息。我国新一轮课程改革就同时强调了学生对自然和对社会的责任感。而在传统的课程体系中，一直讲解的是"人定胜天"，人控制和主宰自然，这显然与"可持续发展"的当代理念背道而驰。

关注自然、关爱自然，提高对自然、对社会的责任感，是人类的道义和职责。这种"生态伦理观"应当成为21世纪最重要的一个课程思想。

（三）关注世界

"关注世界"成为新课程改革的基本理念之一，无疑也是教育发展的本体追求。世界多极发展的格局，信息化时代的来临，无疑对教育产生了直接的影响，随着西方教育的引入和文化服务性行业的逐步开放，学生广泛接触世界多元文化已成为现实。所有这些都要求我们的课程系统，在加强爱国主义教育的同时，也须注重国际理解、国际竞争与国际合作意识的培养。在继承中国优秀传统文化的同时，也注重世界多元文化的吸收。在各个不同的民族中找出共同的人性，提倡国与国之间的互相宽容，增强友好合作，已成了教育发展的新使命。

（四）关注生活

1996年，联合国教科文组织国际21世纪教育委员会发表了题为《学习：内在的财富》的报告，确立了面向未来的终身教育的宗旨是"四种基本学习"，即"学会认知"、"学会做事"、"学会共同生活"和"学会生存"。"学会做事"、"学会共同生活"和"学会生存"集中体现了教育价值以及课程改革向生活回归的国际性发展取向。

传统教育过分倚重"学会认知"，强调"应试第一"，把学生获取知识的目的仅仅局限于应付考试、取得高分上，这就必然会导致教育与生活的严重脱离。生活，是人类为了生存和发展而进行的活动，它既是教育的活水源头，又是教育的价值归宿。在我国，早在20世纪初以陶行知为代表的一批教育家，就提出了生活教育理论，这是建立在生活基础上的生气勃勃的活的教育。陶行知先生描述这种活的教育，正像"鱼到水里"畅游不已，"鸟到树林"自由飞翔，也像"春光下的花草"，欣欣向荣，"一天新似一天"。《基础教育课程改革纲要（试行）》中把"改变课程内容'难、繁、偏、旧'和过于注重书本知识的现状，加强课程内容与学生生活及现代社会与科技发展的联系，关注学生的学习兴趣和经验，精选终身学习必备的基础知识和技能"，列为基础教育课程改革的具体目标之一，体现了新一轮课程改革向生活回归的明确方向。

二、课程改革带来新气象

新课程改革犹如一股春风为我们的教育注入了生机，给我们带来了崭新的教学舞台，也给我们的开放式语文阅读教学实践带来了良好的环境。

（一）现代教育观念的普遍更新

教育观念普遍更新是教育形式竞相开放的基本条件。现代先进的教育理念、教学方法、教学经验，正在国内广泛宣传和推广。同时，教育界的有识之士对国内教育现状作了深刻的思考与设想。当前素质教育的观念深入人心，应试教育的观念逐渐被素质教育观念所替代。观念更新了，教育形式也随之丰富多彩，争奇斗艳。

（二）考试形式的大胆创新

考试形式的大胆创新是教育内容强劲的根本动力。以前的应试教育考试以繁、难、偏、旧的形式为主，以"分数面前人人平等"、"一考定乾坤"来束缚着学生。而新课程改革以来的语文考试已经意识到要着重考查学生的语文能力，包括阅读能力、口语能力、写作能力等，最重要的是语言交际能力。僵化的考试形式正在被灵活多变的考试形式所代替，应用性的创造性的考试形式也正在逐步出现。这正体现了我们教育蓬勃发展的良好态势。

（三）多样化评价方式的出现

《义务教育语文课程标准（2011年版）》指出：语文课程评价的根本目的是为了考查学生实现课程目标的程度，检验和改进学生的学习和教师的教学。但应试教育观念经过二十年的实践已经根深蒂固，一考定终身的经验已经深入人心。现在转向素质教育，打破原有的观念，只有素质教育这个口号是不行的，必须健全一系列公正、科学的教学与考试评价标准，才能推进素质教育实践活动的长足发展。现在，经过教育界一些有识之士的倡议，教学与考试的评价标准已经发生了深刻变化，多元化的评价方式已经逐步出现，这就有利于素质教育的发展。

三、课程改革呼唤新课堂

语文课程改革，也对语文教学提出了许多新的更高的要求。概括起来，主要表现为要着力培养"五种人"：即乐学语文的人（兴趣领先，快乐第一）、会学语文的人（学法指导，重中之重）、具有文化底蕴的人（积累感悟，尤为关键）、善于运用语文的人（学用结合，实践突破）、具备终身可持续发展素质的人（三维目标，立体推进）。而要实现培养"五种人"的目标，就应该给学生一个快乐、对话、开放、感悟和探究的语文课堂。

（一）呼唤一个快乐的语文课堂

快乐教学是一种成功的教学实践。让每一个学生享受学习的快乐，是新课程的一个最基本的理念。我国古代著名教育家孔子说："知之者不如好之者，好之者不如乐之者。"好之，乐之，就是指学生的学习积极性高涨，求知欲望强烈，以学为乐。苏联教育家苏霍姆林斯基说过，教育的第一条金科玉律就是快乐。怎样才能给学生一个快乐的课堂呢？这就要求教师在确立课堂教学"零"理念（即情感交流的零距离、师生互动的零位差、教学效益的零损失、考试评价的零功利）的前提下，在教学实施过程中做到以下"三个充满"。

1. 充满情趣，让学生热情高涨地学习

兴趣是入门的先导，热情是不竭的动力。要把一节课上得"学生小脸通红、小眼发光、小手直举、小嘴常开"，使课堂真正成为学生学习的乐园，就必须把激发兴趣、调动热情放在首位。

2. 充满激励，让学生信心十足地学习

激励性语言犹如催人奋进的号角，能鼓舞人心、增强自信。长期以来，我们的教育多是批评的教育、挑错的教育，孩子们犯点错误就不依不饶，有毛病就大批特批，实质上这不是在对待学生，倒像在对待敌人。现在的教育应该是充满激励的教育，著名小学语文特级教师贾志敏提出的"二主"（以激励为主、以训练为主），其中之一就是"以激励为主"。那么，怎样使教学充满激励、使学生具有学习的信心感和安全感呢？主要可采取三条策略：（1）确保学生"无错"原则，从多角度评价学生；（2）民主平等的原则，多和学生对话、商量；（3）尊重学生人格的原则，不挖苦、不为难学生，不伤害学生的自尊。同时提倡教师采用激励性的课堂用语。比如，促其成功："你想得真好！为大家开了一个好头"；盼其成功："别着急，再想想，你会想起来的"；帮其成功："你的想法挺好，能把想法说清楚些吗?"

3. 充满赏识，让学生轻松愉悦地学习

赏识能使人快活，赏识能使人心智开启，赏识能使人灵感涌动。相信学生，尊重学生，理解学生，才可能赏识学生。赏识学生，就要蹲下来看学生，细心捕捉学生的闪光点；赏识学生，就要包容学生，在包容中为学生指明前进方向。新课程理念要求教师的课堂评价更有赏识性和期待性——善待每一位学生，赞赏每一位学生的独特性，赞赏他们回答问题中的微小进步；赞赏每一位学生所付出的努力和表现出来的善意；赞赏每一位学生对教科书的质疑和对教师的超越。

（二）呼唤一个对话的语文课堂

对话教学是在新课程背景下出现的一种新的教学形态，是相对于传统"独白式"的教学而言的，以"沟通性"的"对话"为其本质的教学。教育理论家克林伯格指出，在所有的教学中，进行着最广义的"对话"……不管是哪一种教学方法占支配地位，这种相互作用的对话是优秀教学的本质性的标识。目前，对话已经超出了原初的语言学范围，成为一种渗透于人类一切行为的意识或哲学，它不仅指人与人之间透过语言进行的平等交流，也包括人与文本、人与自我的理解或反思。

对话教学主要有言语型对话、理解型对话、反思型对话三种课堂实践形式。言语型对话是指以言语为主要表现形式的教学对话，可分为师生对话和生生对话；理解型对话是指人与文本的相互理解与阐释，包括师本对话和生本对话；反思型对话是指以自我反思为主要手段的师、生的自我对话。在课堂上，几种对话形式密切联系、相互影响，共同构成错综复杂的对话教学实践形态。根据新的教育理念来审视，进入对话状态的语文教学主要由生本对话、师生对话与学生的自我对话所构成，并且具有和谐的师生关系、学生的积极参与、面向生活的广阔天地、能挖掘无限的创新潜能四个显著特点。因此，语文教学要给学生一个对话的课堂，抓住三种对话状态，凸显其特点。

1. 生本对话，充分感悟——让学生与文本对话，使学生在感悟中不断提高

这种对话是指学生对文本的阅读和理解。《义务教育语文课程标准（2011年版）》在"阅读教学建议"中指出，阅读是运用语言文字获取信息、认识世界、发展思维、获得审美体验的重要途径。阅读教学是学生、教师、教科书编者、文本之间对话的过程。阅读是学生的个性化行为……不应以教师的分析来代替学生的阅读实践……应让学生在主动积极的思维和情感活动中，加深理解和体验，有所感悟和思考，受到情感熏陶，获得思想启迪，享受审美乐趣。要珍视学生独特的感受、体验和理解。将学生阅读文本视为对话，强调的是学生在阅读过程中的参与意识，使他们在积极主动的参

与中将个体感受与文本意义交融，与文本共同生成各种带有学生个性色彩的文本意义。所谓"一千个读者就有一千个哈姆雷特"，就是对这种解读的生动形容。

2. 师生对话，丰富引领——让学生与教师对话，使学生在教师的引领下不断进步

对于作为语文教学状态的师生对话，我们并不能简单地将其理解为语文课堂上的师生问答，而应把它视为蕴涵教育性的相互倾听和言说，它需要师生彼此敞开自己的精神世界，从而获得精神的交流和价值的分享。因此，语文教学中的师生对话，是师生心灵的相互沟通，它不仅表现为提问与回答，还表现为交流与探讨、独白与倾听、欣赏与评价。

3. 生生对话，互动交往——让学生与学生对话，使学生在交往中不断发展

合作学习理论认为，生生对话是教学系统中极具潜力的宝贵的人力资源，是教学活动成功的不可或缺的因素。因为，生生对话赋予了教学浓厚的情意色彩，能充分满足学生的心理需要；给每个人提供了发表自己观点和看法、倾听他人意见的机会，能使同窗真正成为学友。生生对话主要有讨论式、问答式、辩论式三种形式。

总之，新课程背景下的语文教学，在方式上不应再是单向的传授与示例，而是平等对话、合作探究。由于对话的地位是平等的，气氛是民主的，内容是"非预设性"的（开放的、动态的）、目标是"非精确性的"，感情是真实的，方法是"非指示性的"，因而对话教学与我们传统的"驯化"教学状态相比较，至少具有四个显著特点或优势：（1）具有和谐的教学氛围；（2）能鼓励学生积极参与；（3）能面向学生的广阔天地；（4）能挖掘师生无限的创新潜力。

（三）呼唤一个开放的语文课堂

新课程追求的教学的开放性主要体现在教学观念、教学内容、学习方式和教师心态的开放等方面。《义务教育语文课程标准（2011 年版）》在"课程基本理念"中指出："语文课程是学生学习运用祖国语言文字的课程，学习资源和实践机会无处不在，无时不有。因而，应该让学生多读多写，日积月累，在大量的语文实践中体会、把握运用语文的规律。"要"拓宽语文学习和运用的领域，注重跨学科的学习和现代科技手段的运用，使学生在不同内容和方法的相互交叉、渗透和整合中开阔视野，提高学习效率，初步养成现代社会所需要的语文素养。"在"教学建议"中指出：语文教学要"沟通课堂内外，沟通听说读写，增加学生语文实践的机会。充分利用学校、家庭和社区等教育资源，开展综合性学习活动，拓宽学生的学习空间。"在课标

精神的指导下，教师在教学中要想真正给学生一个开放的课堂，必须在教学时空、教学课型、教学内容等方面实施开放策略。

1. 教学时空的开放——拓展学习时空，让学生时时处处可以学语文

传统教学的时空是封闭的，以上课、下课铃声为教学的起始和终结，教师走进课堂才表明教学的开始。开放的教学时空是没有严格的起点和终点的，它应当包括向课前开放和向课后开放两方面。（1）课堂的时空向课前开放。比如，课前向学生公布教学内容，学生可先通过查找资料、收集信息，预习新课，以便课堂上与教师、同伴、文本对话，使课堂真正成为自主、合作、探究的场所。特别是作文教学，如果事先让学生拟题、议题、定题，给学生一定的准备时间，到作文课时，学生说不定就会文思泉涌、"下笔如有神"。（2）课堂的时空向课后开放。下课铃声绝不是教和学的休止符，它应成为继续探究的新起点，传统的封闭式教学是把所有问题解决在课内，而开放式教学则提倡把问题带出课堂、带向生活，让学生走出教室而"情未了"、"意未尽"。

2. 教学课型的开放——创新学习的形式，让学生生动活泼地学习语文

开放的教学课型主要包含两层含义：一是将教师从传统的教学模式中解放出来，构建开放的教学课型；二是不搞统一的教学课型，鼓励教师与学生共同构建充满生命活力的课堂，鼓励百花齐放，鼓励争鸣，鼓励大胆尝试。

3. 教学内容的开放——开发学习的资源，让学生的学习内容丰富多彩

教学内容的开放性是由新课程中"课程标准"取代"教学大纲"决定的。以往教师的教学依据是学科教学大纲，关注的只是学科知识本身的输出与输入，完成教材内容的讲授即是教学的目的；新课改中诞生的课程标准，重视对某一学段学生所应达到的基本标准的刻画，而对实现目标的手段与过程，特别是知识的前后顺序、每一节课具体教学什么不作硬性规定，这就为教材的多样性和教师教学的创造性提供了广阔的空间。比如，教师在备教材时，可以以某一版本教材如人教版为标准，向苏教版、北师大版开放，向国民教材开放，向古今中外的经典开放。

（四）呼唤一个感悟的语文课堂

《义务教育语文课程标准（2011年版）》在"教学建议"中指出："阅读是学生的个性化行为。阅读教学应引导学生钻研文本，在主动积极的思维和情感活动中，加深理解和体验，有所感悟和思考，受到情感熏陶，获得思想启迪，享受审美乐趣。"新课程标准从心理学角度来描述语文教学过程的心理动词有很多，比如感受、体验、想象、体会、思考、感悟等。事实上，"感悟"与语文及语文教学有着更为密切的关系，"感悟"一词所提示的心

理特征更真实具体地反映了学生在语文活动中的心理过程。文学作品尤其是诗歌的阅读特别强调"感性、感觉、感悟",文学作品的阅读特别强调"多义性",不能以"一解"去断然地统一"多解"、去否定"多解";不能用"人解"（别人的解）去统一"我解"（自我的解）、去否定"我解"。诗歌的阅读就更应如此,传统的逐字逐句串讲诗意的教学模式不符合新课程的要求,也不符合学生的认知特点和语文教学规律,应树立"以人为本,自读自悟"的教学理念。因为在所有的文体中,诗歌的音乐性是最强的,很讲究韵律和节奏。郭沫若把音乐性看做是诗的生命,只有吟咏、诵读,才能把诗歌的音乐美充分体现出来。因此,朗读应该成为小学阅读教学的主旋律,"读中质疑、读中探究、读中感悟、读中释疑",应该是阅读教学的基本途径。

（五）呼唤一个探究的语文课堂

《义务教育语文课程标准（2011 年版）》在"课程基本理念"中指出:"学生是学习的主体。语文课程必须根据学生身心发展和语文学习的特点,爱护学生的好奇心、求知欲,鼓励自主阅读、自由表达,充分激发他们的问题意识和进取精神,关注个体差异和不同的学习需求,积极倡导自主、合作、探究的学习方式。"可以说,建立和形成旨在充分调动、发挥学生主体性和增强学生创造性的多样化的学习方式,促进学生在教师指导下主动地、富有个性地学习,全面提高学生的语文综合素养和创新能力,是新课改的焦点、热点,也是语文教学改革的难点、重点。探究性学习是学生在教师引导下的一种综合的、自主生成的、创新性的学习活动,给学生一个探究的课堂,有利于克服基础教育课堂长期存在的"三重三轻"（重知识、轻能力,重结论、轻过程,重模仿、轻创新）的弊端,有利于满足学生渴望探究的心理需求。苏霍姆林斯基曾说过,在人的心灵深处,都有一种根深蒂固的需要,这就是希望感到自己是一个发现者、研究者、探索者,而在儿童的精神世界中,这种需要特别强烈。教学实践证明,探究有利于唤醒学生的无知意识,探究能有效促进学生思维能力的最佳发展,探究有利于学生理解知识之间的内在联系,探究有利于学生养成良好的人格品质。

由此可见,开放式阅读教学是对课程理念的确认与落实。新课标提出的上述基本理念和三维目标就像一条跑道,它既是学生认知的跑道,也是学生开放的人生旅程。因此,我们要把偌大的世界变成课程,而不是左手教科书,右手参考书,要把丰富多彩的生活引进薄薄的教科书,让学生的生活走进教科书,走进课堂。如果没有开放的教学,没有把开放的教学落实在课程中,学校就是一座孤岛,课堂就是一个狭小的纸盒。

第三节　开放文化滋生开放式阅读教学

世界文明是在开放中发展起来的。历史证明，谁驾驭了开放文化，谁就驾驭了时代；谁在开放中占先机，谁就在发展中占先机。开放文化在整个文明史中占据了极其重要的地位，成为主导世界历史特别是近代史发展的主流文化。没有开放文化助推下的航海贸易，成就不了早期的英、法、荷兰等经济大国；没有开放自由的文化，成就不了后来崛起的美国；没有改革开放的文化，成就不了今天的中国。

当今社会，现代科学技术突飞猛进，高科技竞争愈演愈烈。全球社会正在经历经济一体化、思想文化多元化、社会生活数字化等一系列根本性变化，这对人们的思想观念产生了前所未有的冲击，我们面临着空前激烈而又应接不暇的挑战。于是，"开放"成为 21 世纪人类社会的一个关键词。

一、开放文化渊源久远

开放文化的起源可以追溯到与文化起源同步。人类交往的开始也是开放文化的起点。

文字的起源、语言的起源就是出于对交流、开放的需要。最早的异种文字、异种语言的交流产生了最早的翻译，而翻译的起源已经被追溯到 3000 年前。早在商周时代，就已经有大臣通晓多国语言文字。"航海起步时期"也起于商周年代，那时，中国就已开始与日本列岛、朝鲜半岛、中南半岛通航。

先秦时期是我国开放文化发展史上的盛世。开放文化促进了春秋列国之间的交流、合作、往来。孔夫子畅通无阻地周游列国，推行儒家学说；稷下学宫开放自由，尊贤纳士，经世致用；诸子百家上至国计下至民生畅所欲言、百家争鸣，开创了我国开放文化的鼎盛时代。

唐代从贞观之治到开元盛世上百年，是我国历史上经济文化最为繁荣的时代之一。经济上繁荣昌盛的背后是那时广泛而深入的开放文化。一条丝绸之路，不只是简单的贸易往来，更重要的是文化的交流、传播；玄奘去印度取经，开始了以佛教为载体的西学东渐；鉴真、徐福东渡日本，开始了汉唐文化的大输出。大唐文化以开放的胸襟，兼容并收，达到了那个时代文化繁荣的顶峰。

明代郑和七下西洋，经过南海、横越印度洋，访问亚非几十个国家，最远到达东非索马里和肯尼亚一带。他打通了由中国横渡印度洋到波斯湾、阿拉伯海、红海以及东南非洲的航路，在亚洲和非洲之间建立了广泛的海上国际交通网路，是地理大发现的先导，也是开放文化的又一个顶峰。

随着中国封建主义日趋保守与僵化，开放文化从明初达到航海强国的鼎盛之后逐步衰落。明朝中后期，政府采取了"禁海"政策，焚毁出海船舶，阻断海外交通，开始闭关锁国。清朝建立以后，还一度实施"迁海"法令，制造沿海 50 里无人地带。这种反开放的文化，结果导致中国经济文化越来越落后，成为西方列强欺凌敲诈的对象。但是，中国人根深蒂固的开放意识很快又一次觉醒，从洋务运动到戊戌变法，从辛亥革命到新民主主义革命，从传播共和革命到传播马克思主义，从建立社会主义新中国到通过改革开放建立社会主义市场经济，中国的开放文化再次走向巅峰。

时至今日，开放，已经是家喻户晓的事情；开放，已经从官方决策层面进入根深蒂固的社会层面、文化层面、价值层面和习惯层面。

二、开放文化就在身边

开放是一种文化，并且就在日常的政治、经济、文化生活中，深刻影响着我们的一举一动。

航海文化是开放文化的先锋。世界范围的贸易、合作、交流崛起于航海运动，开放文化也因为航海运动而盛行。郑和、哥伦布、麦哲伦都是航海文化的先驱，也是开放文化的先驱。郑和曾经指出："欲国家富强，不可置海洋于不顾。"把航海文化、开放文化置于民族先进文化的重要位置。

宗教的传播是开放文化的一支重要力量。宗教是随着跨境移民、航海贸易、殖民主义而到来的文化先行军。这其中，开放文化既得益于宗教流传，也反过来成为宗教世界化的助推器。佛教、基督教、伊斯兰教先后依托开放文化成为世界宗教。我国先秦的儒家文化萌发，秦汉的道教文化发展，唐朝的佛教文化盛行，也得益于开放文化的滋养、浸淫。

华侨文化是一种典型的开放文化。跨境、出国谋生、创业是典型的基于开放文化形成的生存发展行为。这种行为需要开放的文化态度、勇敢的冒险意识、刻苦的创业精神、对浪漫的未来憧憬来支撑，而这些，都是开放文化的精髓。广东华侨文化的繁荣是世界上首屈一指的，其开放精神也是引人瞩目的。

合作文化是开放文化的务实形态。互通有无、合作共赢、相济相成的合作文化，也是开放文化的重要组成部分。社会发展至今，区域经济一体化和经济全球化已经是合作文化的最高形式。通过通信网、互联网、物流网、交通网，地球已经变成地球村。这是开放文化持续催生的结果。

中国改革开放 30 年实践是开放文化最为壮观的舞台。打开国门，敢于向西方学习，吸纳、学习人类文明的一切成果，建设社会主义市场经济，开放外来投资，承办亚运会、奥运会，加入世贸组织，承担更多的国际义务，谋求和平崛起，这些都是兼容、合作、和平的开放文化支撑下的成果。在故步自封的封建文化氛围中，不可能有今天改革开放的巨大成果。

各种各样的文化节、经贸会都是开放文化的具体表现。它们一个共同的使命在于宣扬本土形象，吸引异地交流，助推经贸文化合作。以开放为主旨，打开大门迎四方宾客，共聚一台享万国文明，已经成为这类活动的共同亮点。这些文化现象，共同点是主张区域、民族、国家等利益集团必须打开大门、交流合作、信息互通、取长补短，以这样开放的心理态度、审美标准、价值取向，形成内涵丰富的开放文化形态。

三、广东是开放文化的沃土

广东自古至今都是开放文化的沃土。历数广东发生的重大事件，都与开放兼容、善于吸纳外来文化的特质有关：海上丝绸之路、戊戌变法、辛亥革命、洋务运动得益于开放文化的千年滋养；改革开放先行试验区、特区创办、南巡讲话、粤港澳经济一体化是开放文化的智慧结晶；海洋文化、华侨文化、语言与民俗兼容现象是开放文化的历史沉淀。这些都是开放文化的精髓所在。时至今日，开放文化已经在广东人身上衍射出注重国际交流、善于对外合作、文化兼收并蓄、看齐国际标准、自觉求真趋善的夺目光芒。河南人韩愈，才到潮州八个月，从此山水都姓韩，这是广东人兼容接受外地人的明证；潮州人郑信，到了异国他乡的泰国，被泰国人推举为皇帝，这是广东人走到哪里融入到哪里的典范。一个语言独特并不利于兼容的族群，创造了最兼容的文化，成为外地人喜欢广东、居住广东、创业广东的最朴实的理由。

改革开放以来的30年，是广东开放文化最为鼎盛的30年。广东人率先践行邓小平同志的"黑猫白猫"、"摸石头"理论，大行"拿来主义"，发扬敢闯敢试的大无畏精神，用开放文化化解了改革开放的无数障碍，把开放文化发挥到了极致，为中国特色社会主义制度的完善立下了汗马功劳。外地人一提广东，第一个印象，就是这是一块开风气之先的地方，这里没有太多思想的戒律和条框，这里开明开放，兼容并包，适于创业；"解放思想、改革开放"其实已经形成广东最独特的文化品质，这种精神已经内化为广东的文化基因。广东之所以开全国风气之先，就是因为广东有"解放思想、改革开放"的内在精神。

四、开放的特区催生开放式教学

深圳作为最早的经济特区之一，是改革开放的前沿和先行者，是"解放思想、改革开放"这一时代精神的杰出代表。开放是深圳最鲜明的时代特征和最突出的地域优势。而开放的深圳必然催生开放的教育，开放的教育必须以开放的教学为核心。

我们主张并践行的开放式语文教学顺应了上述开放教育的背景。开放式语文教学将教学置于立体多边的时空中，向社会生活系统开放，培养学生适应现代社会生活的能力；力求开放师生关系，体现学生的主体地位，促进学生的主动发展；它将教学的全过程展示出来，让学生在学语文、用语文的同时感受自然，感受社会，感受生活，最大限度地为学生的可持续发展服务。可以说，开放式阅读教学是对开放特区的回应与体现。

第二章 开放式阅读教学的体系构建

　　开放与创新是《义务教育语文课程标准（2011 年版）》提出的一个明确的要求。开放式阅读教学便是一种以教学的各方面的开放来全面提高学生语文素养的教学观念和模式，它具有鲜明的时代特征。我们应努力创设有趣有益有效的阅读教学，把阅读教学上出味道来，让学生尽情地享受语文课，在享受的过程中学会创新、学会开拓、学会阅读、学会学习。

第一节　开放式阅读教学的核心概念

一、基本概念及表现形态

（一）开放式教学

　　"开放"一词在现代汉语中的意思是"解除封锁、禁令、限制"等。开放式教学，源于科恩（R. C. Cohn）1969 年创建的以题目为中心的"课堂讨论模型"和"开放课堂模型"——人本主义的教学理论模型；也有学者认为它源于斯皮罗（Spiro）1992 年创建的"随机通达教学"和"情景性教学"——建构主义的教学模式。这些教学理论模型强调：学习是学习者主动建构的内部心理表征过程，教师的角色是思想的"催化剂"与"助产士"。开放的对象不仅仅是针对学生，教师也应拓宽视野，解放思想，求异思变，努力营造宽松、启智的空间，使学生达到最佳的思维状态。

　　开放式教学，从广义上理解，可以看成是大课堂学习，即学习不仅在课堂上，也可以通过多种形式进行，如网络学习等；从狭义上说，开放式教学是指学校课堂教学。就课堂教学题材而言，它不仅可以来自教材，也可以来自生活、来自学生；就课堂教学方法而言，即在教学过程中通过对教材的个性化处理，使教学方法体现出灵活多样的特点，并且在教学中广泛运用"探索式"、"研究式"的方法，引导学生主动探索、研究，获取知识；就课堂例题或练习题而言，开放式教学要体现在答案的开放、条件的开放等方面；就课堂师生关系而言，它要求教师不但应作为指导者，更应该作为参与者，它既重视教师对学生的指导，也重视教师从学生的学习中吸取营养。

开放式教学，要求教师在教学活动中，充分挖掘教学中的开放因素，创设学生积极主动学习、自觉参与活动的课堂教学环境和开放的课外发展环境，使学生在充分开放的环境中主动参与，主动思考，积极探索，达成认知、情感、行为目标的统一协调的主动发展。它是以学生的自主学习为中心，尊重学生个体差异和个性需求，充分发挥学生学习的主动性、积极性，促进学生全面发展的教学模式。

　　总之，"开放式教学"就是打破学科界限，探索学科教学向自然、向社会、向现实生活开放，拓宽教育途径，开发和整合课程资源，尝试建构校内外沟通，学科间融合，真正关注学生学习体验、感悟和情感，关注学生创造潜能开发的课程行为。它是以学生生命的表达、沟通，情感的交流、滋润为本，既关注学生知识的增长，发展学生智力，又注重培养学生学习的兴趣，增强学生学习动力，让学生心灵得到解放。

　　对于开放式教学，我们可以从三个不同的角度进一步理解。

　　第一，全域性。开放式教学是一个广义的概念，泛指各方面、多维度的物质和意识的开放。开放性教学要借鉴各种教育理论，吸取百家之长；开放式教学要对教学常规进行反思，突破那些束缚学生个性、阻碍学科沟通和开放的程式，解除那些看似天经地义实则毫无意义的"教学规则"，构建灵活、高效、有序的教学规范；开放式教学要对教学时空进行重新界定，超越传统的学校、课堂概念，引入"大教学"、"大课堂"理念；开放式教学要对教学目标、教学内容、教学方法、教学评价等作出一系列的改革，解除传统教学有形或无形的封锁和限制。

　　第二，相对性。开放式教学是针对传统教学"课堂中心、教师中心、书本中心"的封闭性弊端提出的，传统教学的封闭性根源主要是：教学与社会生活的脱节，教学与学生的主体性脱节。开放式教学力求与现代生活大系统和学生生活经验小系统相贯通，力求把教学建立在相互联系的两个系统上，促进学生主动发展。从这个意义上说，开放式教学是一个相对的概念，是相对于传统封闭、保守的教学体系而言的。开放式教学应该是一个开放的动态发展的概念，而不是绝对的开放。

　　第三，前瞻性。开放式教学是一个前瞻性的概念，它指明了教学发展的新方向。小学语文教学改革在多年的摸索和争论中，方向越来越明晰，道路越来越宽广，语文课程标准的出台，是一个历史性的标志。开放式教学着力于培养学生全面发展、终身发展的语文素养，符合现代语文教学的功能；开放式教学倡导开放语文学习的时空，主张语言熏陶和语文实践，符合语文教学的规律；开放式教学体现"以人为本"的教育思想，尊重学生在语文学习中的独特体验，符合教育发展的潮流。

（二）开放式阅读教学

阅读是语文课程中极其重要的学习内容。现代的阅读观认为，一般意义上的阅读是收集处理信息，认识世界，发展思维，获得审美体验的重要途径，语文课程中的阅读同样也要这样理解。

开放式阅读教学是针对传统教学"三中心"（以课堂、课本和教师为中心）和"三唯一"（以课本为唯一的知识源，以教师为唯一的知识传授者，以课堂为唯一获取知识的场所）的弊端提出的。它是一种以教学的各方面的开放来全面提高学生语文素养的教学观念和模式。开放式阅读教学倡导创设质疑问难的情境，开放思维的空间，挖掘教材中有利于学生创造思维的因素，给予学生充分的时间，使其或独立思考，或互相质疑，或大胆想象，或相互争议。鼓励学生不断生疑，大胆发问，对新知识始终有好奇心与求知欲，培养学生对问题主动思考的质疑态度和批判精神。

语文课程标准中，较之识字写字目标、习作目标、口语交际目标、综合性学习目标，阅读目标最为丰富，各阶段达 10 项之多。在"大语文"教育观深入人心的今天，许多教师都深切体会到"社会处处皆语文"这句话的深刻含义，并能立足课内、校内积极开展一些语文阅读活动课，让学生在学中用、用中学，从而提高学生的语文水平。只是受时间、空间等条件的限制，这类活动往往不能得以非常普遍地开展。我们认为，学生学习语文的主阵地还是在课堂，要想真正给学生创造一个开放式的学习空间，让学生们真正融入"大语文"的学习环境中去，还需要教师在语文课堂上下工夫，从教学环境的创设、教学目标的制定，教学内容的整合，教学形式的选择，课堂练习的设计等方面着手，遵循"开放性"这一原则，大胆改革尝试，让每一堂语文课都成为一个开放式的学习空间，从而为发展学生的语文能力提供更多的实践机会。

开放式阅读教学，作为一种以阅读教学各方面的开放来全面提高学生语文素养的教学观念和模式，始终把学生和教学过程当做是一个动态的、变化的、不断生成的过程；它具有开放性、整体性、全体性、过程性、民主性、时代性等特征。它追求的是小学阅读教学在"大语文"教育观、大课程观的指导下，打破单一的、封闭的教学模式的束缚，根据学生创造性学习的需要，让学生置于一种动态、自由、多元、广阔的阅读环境中，使学科间融合、课内外配合、阅读与体验活动相结合，学生得以在开放的阅读背景下，自主阅读，自主发展。

开放式阅读的意义使我们更加关注教学中理论和实践的关系，使我们的教学做到关注自然、关注社会、关注人生；从题材、兴趣、情感角度出发，使学生联系生活，学以致用，形成知识，提高能力；也使我们冲破封闭的阅读教学模式向开放式阅读教学模式迈进。开放式阅读教学就是让学生自主地感受、理解知识产生和发展的过程，培养他们收集处理信息的能力、获取新知识的能力、分析和解决问题的能力，同时在阅读的心路中，得到审美熏陶、灵魂净化、人格升华。给学生一对有力的翅膀，让他们在阅读的天地里翱翔。

二、开放式阅读教学与一般阅读教学的差异

随着基础教育课程改革的深入推进，在阅读教学方面涌现了不少教学模式，如感悟式教学、对话式教学、诗化教学，等等。可谓百花齐放，万紫千红。我们认为，与其他阅读教学模式相比，开放式阅读教学具有以下特点。

（一）开放式阅读教学比其他阅读教学方式更注重开放

开放式阅读教学的"开放"是从两个方面来讲的。其一，是学生内心世界的开放。内心封闭就无法交流。开放式阅读教学要求学生能与文本对话，与同学对话，与教师对话，进而达到学生的心灵与作者的心灵相通，与同学的心灵相通，与教师的心灵相通，即"三者对话，心心相通"。这种多向的对话与心灵的相通，学生、教师的内心世界是开放的，是无拘无束的，从而形成畅所欲言的教学氛围。其二，是语文课堂对丰富多彩的社会生活的外部开放。语文教学仅仅局限在课本上是远远不行的，必须建立课堂教学与社会生活的联系，让生活的源头活水不断地涌入语文课堂中来，让语文教学延伸到社会生活的各个方面，让语文教学的小小田地里随时能感受到社会生活的新鲜气息，而这正是开放式阅读教学孜孜以求的。

（二）开放式阅读教学更强调语文教学内部的开放

长期以来，语文阅读教学把听、说、读、写训练完全割裂、各自为政。阅读课、写作课、口语交际课，样样都重要，样样都"独立门户"，拆整为零、负担加重、弊多利少、效率下降。事实上，一次高质量的学习就是对同一内容在同一时间内又听又读又说又写。就像给花木松土、除草、浇水、施肥一样，要活动全部而不是某一部分，接连不断地产生整体效应，进而实现效果倍增。因此，开放式阅读教学即倡导（1）以听促读说写：带着任务听一席话。避免将提问内容做课件，听不清、记不得，起码的"听力"训练丧失；（2）以读促说写听，带着问题读一篇文；（3）以说促写听读：回应对方说一席话；（4）以写促听读说：回应课本写一篇文。这样一来，使阅读教学中的听说读写转向连通无间隔，自动不停顿，实现阅读教学中的内部开放。

（三）开放式阅读教学更注重阅读教学的过程

开放式阅读教学认为，一个人语文素养的提高，是人的综合素质的提

升。这种提高与提升是在教学过程中实现的。它是学生作为人的生命活动、心灵活动的过程。注重教学过程就是注重学生作为人的价值和人的意义。也只有注重教学过程，才能真正实现人的语文素养的提高和综合素养的提升。注重阅读教学的过程，一是要深入研究阅读教学过程。学生的语文学习过程是实践、感悟、内化这三者相互影响、同时渐进的生活过程。学生的阅读过程是深入文本领悟形象、意象、情境、哲理和韵味的感受和领悟的过程。学生的阅读所得是他的生命活动、心灵活动的结果。二是要在过程中体现语文教学的价值。开放式阅读教学强调阅读教学中的一切因素都应具有生活的价值与生活的意义，将学生学习语文的活动过程变为学生心灵探险的过程，强调让学生、文本和教师三者的心灵相通，让课内的语文学习与广阔的社会现实生活相通。三是要采用多样化的阅读教学手段和教学手法。"需求是行为的动力，兴趣是最好的老师"，学生对阅读有兴趣，就为其持续阅读和提高阅读能力提供了内因条件；而且因有兴趣就会减轻疲劳感，就不会感到负担过重，这是一种积极的减负措施。不难想象，如果学生对阅读毫无兴趣，没有任何需求，仅凭毅力是难以完成九年义务教育阶段400万字的阅读量的，即使完成了，也是事倍功半。所以，要让学生"喜欢阅读，感受阅读的乐趣"，有了乐趣，才会喜欢。四是要提倡探究式阅读。探究性阅读是《义务教育语文课程标准（2011年版）》非常强调的，它的阅读渠道不仅在课堂，也在课外，可以充分利用图书馆、网络等信息渠道；阅读主题的确定，阅读的组织、途径、方法及阅读结果的总结、整理主要由学生自主完成；探究性阅读也是挑战性阅读，既然是探究性的，也就是未知的，有一定难度的，对学生的各方面能力包括创新能力、想象能力都是一种挑战。

（四）开放式阅读教学更有利于学生创新能力的培养

广义上的创新能力是指人们在社会实践中，通过对客观事物的观察、分析、综合、推理、想象，运用创造性思维，激发出新的灵感，作出新的发明或发现，提出新理论和新方法的能力。教学中的创新能力培养是指在学生获得知识的同时，着重培养其独立获取知识，创造性地运用知识的能力。开放式阅读教学在培养学生创新能力方面，注重在教学过程中充分顾及学生阅读态度的主动性、阅读需求的多样性、阅读心理的独特性以及阅读方式的探究式。

1. 重视学生在阅读过程中的主体地位

美国心理学家罗杰斯认为：要想培养学生的创造力，必须要形成和发展学生的"心理安全"和"心理自由"，因为创造性活动从本质上讲就是与众不同，有创造力的人在心理上必须有"自由"、感到"安全"，自由能使人的潜能得到最大发挥。所以在阅读教学中师生间应当建立一种平等、民主、亲切、和谐的关系，确立学生的主体地位，让学生自由地学、思、疑、问。在开放的课堂教学中，学生是课堂的主人，他们在课堂上敢说敢想，潜能得到最大发挥。这样和谐、活泼的气氛有助于学生的创新意识得到发展。而专制、压抑的课堂氛围则给师生、学生之间的信息交流带来障碍。作为课堂组织者——教师自身也要把自己作为普通的一员置身于学生主体中，与学生和睦相处。

2. 重视学生的独特感受和体验

由于每个学生的生活经验和气质都不一样，所以在阅读教学过程中就应该鼓励学生对阅读内容作出有个性的反应。如对课文中自己特别喜欢的部分作出反应，确认自己认为特别重要的问题，作出富有想象力的反应，甚至是"突发奇想"，将自己的阅读感受与作者的意图进行比较，为文本的内容另作设计，等等。萨特说："阅读是一种被引导的创造。"学生在阅读中并不是消极地接受、索取意义，而是积极主动地发现、建构意义，甚至创造意义。重视情感体验是《义务教育语文课程标准（2011年版）》关于阅读的基本要求，为落实这一要求，在"教学建议"中特别指出"阅读是学生的个性化行为。阅读教学应引导学生钻研文本，在主动积极的思维和情感活动中，加深理解和体验，有所感悟和思考，受到情感熏陶，获得思想启迪，享受审美乐趣。"这有利于改进传统阅读教学烦琐分析的弊端。传统的阅读教学追求的是标准、结论、答案的统一，忽视了阅读中的情感体验，压抑了学生自主学习的积极性，背离了培养学生创新能力这一目标，违背了阅读教学规律。

总之，开放式阅读教学能充分发挥学生主体性和创造性，体现"以人为本"的个性化教学理念。实施开放性阅读教学，不断引导学生理解、认识、探索、发现以及想象和表现的欲望，能激起学生的学习活力，有效地培养学生的创新精神和创造能力。

第二节　开放式阅读教学的基本形态

从古代的摇头晃脑读四书五经，再到现代以学生为主的课堂，语文课堂上从未离开阅读。阅读是以理解为核心的认知活动，即读者以视觉感知书面语言的方式去领会和把握文章的内容实质和表达形式的思维过程。阅读教学就是以语文课程标准为依据，凭借语文课本，在教师的指导下的有目的、有计划、有步骤的学生语文阅读实践活动。但是，长期以来由于教学模式以及应试教育的影响，教师常常强迫学生跟着自己的思路走，按照自己的计划实施教学，学生也习惯性地等待着老师的分析、总结。虽然课堂上不乏互动环节，但学生大多数还是处于被动状态，积极性不高。随着时代的发展和教育改革的呼唤，开放式阅读教学应运而生。

一、开放式阅读教学的基本特点

开放式阅读教学活动，就是充分挖掘教学中的开放因子，创设学生积极主动学习、自觉参与活动的课堂教学环境和开放的课外发展环境，使学生在充分开放的环境中主动参与，主动思考，积极探索，达成认知、情感、行为目标的统一协调，并逐渐升华为主动发展的教学策略。在语文阅读教学中，如果能让学生在阅读中获得独特的体验，在阅读情境中获得情感的启发，在赏识激励下获得成功的喜悦，在不断的阅读中获得知识的积淀，可以说，这就是优秀的开放式语文阅读的教学形态。一般来说，开放式阅读教学有以下几个特点。

（一）教学目标体现多维

叶圣陶先生曾经说过："课文无非是个例子"，在语文阅读教学时教师要充分把握"例子"的示范性，这也是立足文本，但不能被"例子"套牢，要让学生借助自己所了解到的知识、所经历过的事情深入理解教材。教师再从教材中挖掘出各种有利因素对学生进行人文熏陶，利用课本提供的各种信息设计阅读教学的多维目标，对学生进行综合语文能力训练。教师还可以充分发挥课外阅读的作用。例如，人教版四年级下册，第一课《古诗词三首》中白居易的《忆江南》，学习这首词时，完全可以采用"1＋1"的教学模式，即"课文＋《同步阅读》中的《忆江南》"，这样既有助于理解文本完成既定目标，又拓展了学生的课外阅读，让语文阅读向纵深发展，不断靠近我们期望的目标。

（二）教学形式体现灵活

要培养学生的创新精神和开放意识，在阅读教学时教师再也不能牵着学生鼻子走，成为学生解放思维的枷锁。要允许并鼓励学生个性化阅读，让学生有自己的独到见解，甚至"不同凡响"或"异想天开"。这就要求教师在教学时方式方法要灵活，要学会跟着学生走。例如，一位教师在教授四年级下册《生命　生命》一课时，有这样一个环节：在充分阅读的基础上，让学生给"生命　生命"加标点，再说说为什么这样加？（老师事先预定好的答案是"生命！生命！表示强调，说明作者感叹生命的同时也被生命的顽强所震撼"）大多数学生如师所愿。这时一个思维活跃的学生提出了异议，他的意见是"生命？生命！"，同学们诧异地看着他，甚至有人在哄笑，这位教师没有打断他，而是告诉学生安静下来听听他的想法，这个学生回答说，加问号是因为作者第一段不知道生命是什么，在思考；后来在思考中明白了生命的真谛，感叹生命的顽强伟大。正因为这位教师尊重了学生的自主阅读，才有了学生那么精彩的回答。

（三）教学内容体现多样

前面我们提到叶圣陶先生说过的"课文无非是个例子"，有些教师错误地认为只要把文本阅读好甚至是背下来，就是完成了阅读教学任务，这种思想是极其错误的。开放式阅读教学要求我们既要立足文本，又要超越文本，紧密联系生活实际。我们教师的能力是有限的，课堂教学的时间也是有限的，而学生课外的阅读兴趣和阅读时间都是惊人的。教师应把握好尺度，立足文本，充分发挥课外阅读的作用，既可以完成既定目标，也可以培养学生良好的阅读习惯，丰富学生的知识，一举多得。

（四）教学评价体现多元

阅读教学评价的开放，要体现评价指标和评价主体的多元化，体现评价方式和评价目的的多元化，要允许不同声音的存在。长期以来以教师为主导的评价机制，使学生阅读变得机械、乏味，失去了阅读的灵魂、顿悟的机会和自主阅读的意识。因此，教师应采用多种阅读方式对学生的阅读结果进行评价，并以培养学生正确的价值观、树立阅读信心、激发阅读兴趣为准绳。例如，可以采取自评、互评、家长评价等相结合的方式，并在此基础上教师再给予导向性和中肯的评价，从而促进学生自主阅读，培养学生良好的阅读习惯和浓厚的阅读兴趣。

作为学生学习最基本的手段，让学生更好地阅读是语文教学的使命。只有理解了语文阅读教学开放的重要性，掌握开放式阅读教学的基本形态，我们才能把握好语文阅读教学规律，切实提高阅读教学的效益。

二、开放式阅读教学的"开放"密码

《义务教育语文课程标准（2011年版）》指出："语文课程致力于培养学生的语言文字运用能力，提升学生的综合素养，为学好其他课程打下基础"。阅读教学应该"在理解课文的基础上，提倡多角度、有创意的阅读，利用阅读期待、阅读反思和批判等环节，拓展思维空间，提高阅读质量。"因此，革新传统的以情节分析为中心的问答式阅读教学势在必行。那么，在改革的大背景下，重在培养学生的自主阅读、自主感悟、自主探究、自主发展的语文综合素养的开放式阅读教学该如何开放呢？

（一）求活，注意信息交流多向性

课堂是师生交往、生生交往的主渠道。过去的阅读教学耗时多、收效少，教师教得费劲，学生学得乏味，其根本原因就是教学方法存在"填鸭式"的满堂灌现象。其实阅读教学中师生与生生的交往模式有许多：如教师与个体；教师与小组；教师与班级；个体与个体；小组与小组；个体与班级，等等。一位教师在执教古诗《绝句》时，主动走出了演讲者的角色，微笑着和学生商量："这首诗，我们可以用怎样的学习方式来学？"有学生提议："每个人用自己喜欢的学习方式来学，喜欢读的读，喜欢说的说，喜欢画的画。"教师采纳了他的建议，让学生用自己喜欢的方式自读、自悟、自探、自得。学生怀着浓厚的兴趣投入到阅读活动中。几分钟后，便各显身手，学生用自己个性化的方式表达研读的结果：善于说的学生发表了经过自己独立思考的带有个人认识和个人情感的见解、体会和看法；善于读的学生以自己有感情的朗读对古诗作了精彩的诠释；善于画的学生用图画的创造性构思再现了"两个黄鹂鸣翠柳，一行白鹭上青天。窗含西岭千秋雪，门泊东吴万里船"的意境。当学生以不同方式展现他们真切而自在的感悟时，我们不得不赞叹他们的生命是多么烂漫可爱！此外，在阅读教学过程中，对于有些问题，教师可抓住要害，来个小题大做，组织学生进行"三论"，即讨论、争论、辩论。教师灵活地应用"三论"同样能够使学生思维发生碰撞，闪现思维火花，激发学生的表现欲，促进创新思维的发展，培养学生的创新能力。

（二）求异，允许思维感悟多元性

语文阅读教学的目标，应有较大的"弹性"，不可能绝对精确和清晰。其下限目标可以是要求人人能达到的，而上限目标则鼓励学生去自由超越，做到"上不封顶，下要保底"。求异思维就是这样一种开拓性的思路，不依常规，寻求变异，多方面思考问题，探求解决问题的多种可能性。

首先，可以从不同的方面探索问题，开放思维。如教《跳水》一课，在讨论"读了课文你明白了什么道理"时，学生的感受各有不同：有的说，从故事中可以看出小孩不好，太任性；有的说，开玩笑要有分寸，不可过头；有的说，因为风平浪静，水手们才到甲板上来寻开心，麻痹大意就要出乱子；当然也有的学生说，船长了不起，又机智又果断才救了孩子。对照课文编选所确定的教学目标，不可能包容如此丰富，主要是认识、赞赏船长机智、果断的精神，但前面一些孩子的感受也是很有道理的，这种富有个性色彩又无大错的理解，正是阅读教学目标开放的结果。

其次，在文章空白处大胆想象、发展思维。如教学《少年闰土》一课时，可在引导学生概括出闰土的人物特点后，针对"我"的外貌课文中只字未提这一空白，设计如下训练："闰土年少，健康，天真活泼，形象非常可爱。可惜课文中没有写到'我'是怎样一个形象，你们能不能根据'我'的生活经历来想象一下'我'会是怎样的形象？"经过学生短暂的思索，小组同学合作讨论后，纷纷发表自己的见解，推想"我"的形象。有的说：

"我"是一个脸色苍白，头戴一顶瓜皮帽，身上穿一件丝绸小马褂的小少爷；有的说："我"的身体一定很不好，来一阵风说不定就会被吹倒，因为"我"整天待在高墙深院中，连门都不出；有的说："我"整天待在高墙大院中，连门都不出，所以脸又白又嫩，整天不干活，肚子一定是大大的。显然，经过这一填补处理以后，学生无论对文章的内在逻辑和审美价值的认识，还是在创新思维及语文能力等方面，都有了很大的提高。

因此，在小学语文阅读教学中，应注意开发学生的求异思维，培养学生思维的新颖性、独特性、多向性，激发学生的创新能力。教师要善于运用诱导语言，如"你认为他说得对吗？为什么？"、"他这样的回答全面了吗？为什么？"、"对他的理解你有什么看法？"等，进而把学生推进思维的"旋涡"。

（三）求变，讲究方法途径多样性

如果说"求异"讲的是答案结论不要唯一，那么"求变"则是讲得出答案结论的方法途径不要同一。"殊途同归"、"条条道路通罗马"等道理都告诉我们解决问题的方法途径是很多的。首先，一个问题可以有多种解决方法。在教学《鲸》这篇课文时，要求学生给《鲸》分段。标准答案上是分四段：第一段写了鲸的大；第二段写了鲸是哺乳动物；第三段写了鲸的种类；第四段写了鲸的生活习性。但是有些学生将课文分成了三段，也是很有道理的，因为他们将第一段和第二段并在一起，看成是鲸的特点。其次，同一种方法也可以作多角度的思考。如《雨中》这一课，文章写了当一筐苹果被倒翻时，少先队员和行人怎样帮助车主捡苹果的动人故事。文章是从第三者的角度叙述，能不能换个角度进行创造性复述呢？比如，如果你是运苹果的姑娘，是捡苹果的少先队员或行人中的一位，或者你就是苹果中的一个，你会怎样向别人讲述这个感人的故事呢？这样新鲜的故事学生们爱想、爱讲，也爱写。阅读教学中的这种创造性复述从不同人物的角度展开，从神态、动作、对话几个方面放开，有利于培养学生的创新精神和创造能力。

（四）求疑，培养阅读思维挑战性

阅读教学总是要通过学生主体的认识图式去同化课文内容。这种同化，并不完全是"顺应"，也应当引导学生去质疑、去批判、去否定，敢于给课文挑刺，从小培养学生不盲从权威，不唯书，敢于独立思考，追求真理的精神。在阅读教学中，双向培养学生的开放思维和批判思维，具有重要意义，这可以使学生养成遇事、遇理都能分清良莠、明辨是非的良好思维习惯。在《落花生》这篇课文的"预习"提示中有这样的句子："落花生这种植物有个有趣的特点，它的花落了，能钻进地里结出果实。"对照课文的插图，学生提出这个句子表达得不正确，落花生的"花"没有"落"，而是因为它的子房特别，像一根管子插入地里把果实（花生）结在泥土里。显然，学生的意见是很有道理的。读《挑山工》这篇课文，学生发现：文章中写挑山工登山时要横挑扁担斜着上，走折尺形的路线，可插图上画的不是一回事，是一个挑山工的背影，直挑着担子直着登山……所有这些都说明学生在教师的引导下通过开放式阅读，能够养成批判性阅读、敢于向课文质疑、向权威挑战的良好品质。

（五）求广，坚持教学空间多维性

语文与生活有着天然的联系，生活中处处可见语文。小学语文阅读教学不应过分拘泥于课堂，应该提倡课内课外一体化。美国教育家杜威提出："学校即社会"。他认为，把生动的社会生活引入学校，让学生融入社会角色，可以激发、调动学生的学习热情。孩子们通过接触社会，积累生活经验，有了丰富多彩的感受和体验，便会发现生活中的真、善、美和假、恶、丑，从而提高辨别能力。《鸟的天堂》一课，有一句"太阳已经落山，只留下一段灿烂的红霞在天边"。"一段……红霞"是我们很少讲的，这就可以让学生回家后留意，傍晚的红霞何时是一片，何时是一段，何时是一抹，并引导学生看看早晨的红霞是怎样出现的，学生自然兴致很高，不但傍晚看了晚霞，而且还知道了太阳快落山时和刚落山时，红霞面积大一些，就是一片，当太阳落山一阵之后就剩一段，面积比一片小很多，当夜幕快要降临时，红霞是一抹，停留的时间特别短。然后再让学生讲讲早晨看日出的所见、所感，并同以往读过的《海上日出》《日出》进行比较，感受日出的壮美。

29

第三节　开放式阅读教学的目标体系

目标是人们对某一实践活动的结果所呈现的具体状态、水平、程度的设定。它决定了人们实践的努力方向，是人们实践活动的出发点和归宿，对实践具有导向、激励、调控和评价作用。课程目标体现在教师课堂教学的层面，即为教学目标。教学目标涉及教学活动的导向、教学内容的取舍、教学方法的运用以及教学效果的评价等因素。没有目标或目标不甚明确的课堂教学，必然是盲目的、低效的甚至是没有意义的。

一、制定语文教学目标的基本要求

在课程改革实验中，教师们倾心于课程理念的实践，努力改进教学方法，但比较忽视教学目标的研究和探讨。在教学实践中，重教法而轻目标的现象屡有发生：（1）目标定位过高或偏低，或有所偏差，或不尽合理；（2）目标表述笼统，不明确，不具体；（3）强调知识目标而忽视情感目标

第二章　开放式阅读教学的体系构建

的设定；（4）错将教学内容当做教学目标；（5）没有将学生作为表述目标的主体，没有将预期的教学结果作为表述的内容；（6）目标的设定随意性太大，有的教师甚至习惯了照抄教学参考资料上的教学要求，等等。对教学目标理解和执行上的偏差，是导致教学效果不佳的主要因素。

语文课程目标的核心是全面提高学生的语文素养，为学生的全面发展和终身发展奠定基础。《义务教育语文课程标准（2011 年版）》中特别强调教学目标三个维度的有机整合："课程目标从知识与能力、过程与方法、情感态度与价值观三个方面设计。三者相互渗透，融为一体。目标的设计着眼于语文素养的整体提高。""知识与能力"属教学目标的基本层面，是语文学习的基础，是考量教学效果的主要显性因素；"过程与方法"列入课程目标，是语文学习的重点，它是隐性的，但其作用极为重要；"情感态度与价值观"是语文课程标准突出强调的目标，其内容是隐性的，而其形式是外显的，它是语文学习的动力，也是人的发展所必需的。"知识与能力"、"情感态度与价值观"这两个维度是要靠"过程与方法"来实现的。教学过程中不能简单地把内容与目标一一对应，将"三个维度"割裂开来，而是要在钻研文本的基础上，有所侧重地落实"三个维度"的目标。

当前，语文教学尤其重视"情感态度与价值观"的作用。培养学生高尚的道德情操和健康的审美情趣，形成正确的价值观和积极的人生态度，是语文课程的重要内容，而不是一种外在的附加任务。不仅如此，"情感态度与价值观"这一维度还具有串接和拉动另外两个维度的功效。最大可能地挖掘文本中的情感因素，突出"情感态度与价值观"，让课堂上的师生充满激情，得到充分的情感体验，才能提高"知识与能力"、"过程与方法"目标的达成度。

二、开放式阅读教学目标的基本特征

语文阅读教学目标设置的过程，应该是教师完成与编者的对话、与作者的对话、与学生对话的过程。也就是说，设置语文阅读教学目标，教师必须首先考虑到作者、编者的意图和语文教学的总导向性，考虑到学生的接受能力。它应该是整个阅读教学过程中的一个小小的链节，所有的课时教学目标之和就等于整个阅读教学的总目标。所以每一个课时教学目标必须像指南针一样坚定不移地指向阅读教学的总目标。那么，开放式阅读教学目标有哪些基本特征呢？

第一，开放式阅读教学目标应该是和谐三维的。以往，我们很多语文教师在确定一篇课文的阅读教学目标时，过分偏重于关注那些可以"外显和明晰"的知识目标，例如认识几个生字，会写几个词语等。开放的阅读教学目标以精神建构为主线，涵盖了"知识与能力"、"过程与方法"、"情感态度与价值观"三个维度，并使之和谐统一。

第二，开放式阅读教学目标应该允许是模糊和内隐的。以往我们的语文老师，即使是对于"情感态度与价值观"的目标定位，也过于"外显与明晰"，这使语文教学流于形式，浮于表面。例如有的老师上《落花生》，不是让学生自主去体验感受，自主理解，而是一开始就确立中心的问题：这篇文章赞美了花生什么品质？并且强硬要求学生用确切的语言加以描述。这是我们制定开放式阅读教学目标时所摒弃的。

第三，开放式阅读教学目标应该是追求动态生成的。有经验的教师对如何引领乃至控制学生实现预期的阅读教学目标，已经到了信手拈来、应付娴熟的水平。这种实现目标的过程，是"外显与明晰"的，是固定不变的。但是，当我们把阅读教学目标真正开放以后，我们必须根据阅读教学过程的自然进展，根据学生在课堂上随时可能出现的有创见的"节外生枝"，恰到好处地捕捉到那些潜在的、非预期的教学目标，从而使课堂生成新的精彩。

三、制定开放式阅读教学目标的依据

《义务教育语文课程标准（2011 年版）》中对语文阅读教学总目标作了如下表述："具有独立阅读的能力，学会运用多种阅读方法。有较为丰富的积累和良好的语感，注重情感体验，发展感受和理解的能力。能阅读日常的书报杂志，能初步鉴赏文学作品，丰富自己的精神世界。能借助工具书阅读浅易文言文。背诵优秀诗文 240 篇（段）。九年课外阅读总量应在 400 万字以上。"

面对未来社会对人才的要求，我们必须把语文从应试教育的桎梏中解放出来，构建新的开放的阅读教学理念，明确新时期开放的阅读教学的目的和意义。那么，如何制定小学语文开放式阅读教学目标呢？

（一）发挥语文课程的育人功能，加大情感熏陶力度

《义务教育语文课程标准（2011 年版）》在"课程基本理念"中指出："应该重视语文课程对学生思想情感所起的熏陶感染作用，注意课程内容的价值取向，要继承和发扬中华优秀文化传统和革命传统，体现社会主义核心价值体系的引领作用，突出中国特色社会主义共同理想，弘扬以爱国主义为核心的民族精神和以改革创新为核心的时代精神，树立社会主义荣辱观，培养良好思想道德风尚"。在"总体目标与内容"中要求："在语文学习过程中，培养爱国主义、集体主义、社会主义思想道德和健康的审美情趣，发展个性，培养创新精神和合作精神，逐步形成积极的人生态度和正确的世界观、价值观。"这就是说，在阅读教学课堂上，必须充分发挥语文学科自身

的优势，弘扬和培育民族精神，使学生受到优秀文化的熏陶，塑造热爱祖国和中华文明、献身人类进步事业的精神品格；要加大学生个人情感熏陶力度，强化民族感情，尊重多样文化所反映出来的多种民族的情感内涵，营造学生健康、丰富、积极、向上的情感世界，从而发展学生的个性，促进学生身心健康，形成奋发向上的人生态度；同时课堂上应增进课程内容与学生成长的联系，引导学生积极参与实践活动，学习认识自然、认识社会、认识自我、规划人生，实现本课程在促进人的全面发展方面的价值追求。

（二）提高学生语文应用、审美与探究能力

学生身心发展渐趋成熟，已具有一定的阅读表达能力和知识文化积累，应在继续提高学生观察、感受、分析、判断能力的同时，重点关注学生思考问题的深度和广度，使学生增强探究意识和兴趣，学习探究的方法，使语文学习的过程成为积极主动探索未知领域的过程。而文学艺术的鉴赏和创作是重要的审美活动，未来社会更崇尚对美的发现、追求和创造。语文具有重要的审美教育功能，小学语文课程应关注学生情感的发展，让学生受到美的熏陶，培养自觉的审美意识和高尚的审美情趣，培养审美感知和审美创造的能力。

现代社会要求人们思想敏锐，富有探索精神和创新能力，对自然、社会和人生具有更深刻的思考和认识。而传统的"封闭性"的阅读教学严重束缚了学生各方面能力，特别是创新能力的培养。因此，开放式阅读教学不能够再"以本为本"、"以资料为资料"，应该以课本为主干，以资料为繁枝，以学生见解为茂叶。我们要允许和鼓励学生对文本有多角度、多层次的见解。

（三）促进学生均衡而有个性的发展，培养人文批判精神

开放式阅读教学要努力改造"科学主义"教学观（以获取科学知识为目的），着意构建"人文主义"教学理念：以自主性为目标，培养批判能力，形成人文思想。我们要培养学生主动探究科学尤其是人文科学的精神，但是不能再"以科学为本"了，而是要"以人为本"。教学过程中既要尊重定论，又不能迷信定论，要带着批判的眼光引导学生学习，体现教的自主性和学的自主性。在开放式阅读教学中弘扬学生的人文精神，激活学生的活动潜能，唤醒学生的创造热情，塑造学生的人文品质，使其个性价值得以发展，但是还需要在教学中进行批判性阅读，有一个激浊扬清的人文批判过程就显得十分必要，摒弃庸俗观念，对文本核心立意进行批判性解读。学生在怀疑——批判——肯定的过程中完成了一次次理解的深化、内容的扬弃，使批判精神得以张扬。这样，主体的人文主义气息才能体现出来，阅读教学才能血肉丰满。

（四）练就语言的表达能力

表达，包括口头表达和书面表达两种。无论哪种表达，都要求做到用词准确、生动、语句通顺、连贯，句式灵活、多样，内容具体、清晰等。阅读教学可以使学生对阅读的文字印象深刻，积累语言材料，掌握各种句式，学到连句成段、连段成篇的方法。在阅读教学中，我们要重视对学生进行语言表达的训练，让学生感悟到语言表达技巧的优劣与语言表达效果好坏的密切关系，从而加强训练，达到文从字顺和具有日常交际的基本能力的要求。要达到这一目标，阅读教学必须巧妙地组织学生开展讨论、思辨、质疑，鼓励学生大胆假设、多向分析、放心解答，真心肯定学生的活动过程，实意预言学生的成功人生。要适时引导学生在阅读中寻求答案、在答案中提升能力。这样，学生阅读的能动性才能发挥，鉴赏能力才能得到真正的训练和提高。同时，还要指导学生利用图书、刊物、报纸来增加阅读量，帮助学生提高阅读能力，使学生的语文学习潜能得到开发，语言文字功底逐步深厚。

四、开放式阅读教学的目标

（一）开放式阅读教学目标涵盖"三个维度"

开放式阅读教学的目标涵盖了"知识与能力"、"过程与方法"以及"情感态度与价值观"三个维度。

1. "知识与能力"目标

从教的角度来看，知识的获得是从教师的教而得，教师的智慧有限，那么学生的收获也有限；如果从"学"的角度来获得知识，则可以避免这样单调的局面，学生的学是自主的学，是在教师"引导"的情况下学，于是，教的主体不再是教师，而是多方面的综合。知识的获得可以通过自主地去问同学，去查阅资料，去网上查询或者去请教相关的专业人士，这就是开放式阅读教学的"知识与能力"目标。开放给学生带来了生机，把获得知识的主动权交给了学生。如《五彩池》一课可以引导学生上网查找有关五彩池的介绍和图片资料；《春天》一课，可以带学生走进大自然，寻找春天的足迹；《第一场雪》可以让学生堆雪人，打雪仗，观雪景，等等。这样就活化了阅读内容，丰富了阅读形式。于是，学生就有所感悟和启迪，明白了阅读学习必须掌握文章的内容，需要先过字词这一关……学生只要在哪个环节不能通过，自己就必须在哪个环节想办法。学生学习掌握知识也就变得更加积极主动了。

2. "过程与方法"目标

在平时的教学中，教师借助教学过程让学生学会去学，学会去获取知识，而这些知识不只是记忆类的知识，而且是一种方法的获得，是一种思维的训练。从教的角度来考虑这个问题，学生也许能学会怎样去掌握语文知识，获得理解课文的经验。但是，如果把这作为开放式阅读教学的目标，是远远不够的。开放式阅读教学的"过程与方法"目标，就是学生主动去探究的过程，去获取和创造的过程，体现学生个性阅读的过程，在这个过程中，学生获得的不仅是理解课文的方法，更重要的是一种获取人生能力的探求过程。从开放式的阅读中，学生自主去寻求问题，自主去解决问题，"过程与方法"在这个意义上，不仅使学生学到了知识，更让学生从这个过程中去实现人生的追求。如《放风筝》可以带学生去开展放风筝的实践活动；《荷花》可以让学生去荷花池边观赏荷花；《月光曲》一课，找出贝多芬同名曲来让学生结合内容欣赏，加强与音乐学科的联系，陶冶学生情操，体现语文学科的人文性。

对于"情感与价值观"目标，也就不再作为一个独立的目标了，而是在三维目标中不自觉已然完成的一个目标。三维目标的整体性也就体现尤为完整而不可分割了。总之，开放式阅读教学的目标，不仅仅使学生在学的过程中，掌握语文的听说读写能力，而且要能使学生在学的过程中去尝试、感悟人生的追求过程。这样自然有利于学生的全面发展。

（二）开放式阅读教学的"三个层次"目标

语文知识运用、听说读写能力的整体发展、语文课程与其他课程的沟通、书本学习与实践活动紧密结合、学生语文素养的形成与发展，这是开放式阅读教学的基本目标。据此，开放式阅读教学是把教学目标分成三个层次：基础性目标（落实"基本知识"和"基本能力"目标，为后面的教学打下扎实的基础）；提高性目标（激发学生的内在潜能）；拓展性目标（着眼于学生的综合素质发展）。

以《落花生》这篇课文为例，根据课文的内容特点，教师可确立的基础性目标是"理解课文内容和中心"；提高性目标是"教育学生能对照并找出落花生的品质与新时代人才需求的异同"；拓展性目标是"让学生思考是做落花生那样的人，还是想做苹果、石榴那样的人"。这样"三个层次"目标相互渗透，融为一体，构造了一个全面育人的框架，更好地促进了学生的全面发展。

（三）低、中、高三个年段开放式阅读教学的"三个层次"目标

1. 低年段的阅读目标

（1）基础性目标：认识常用汉字 1600 个左右，其中 800 个左右会写；喜欢阅读，感受阅读的乐趣；能初步理解每个自然段的内容；初步理解课文内容，认识课文中出现的常用标点符号，在阅读中，体会句号、问号、感叹号所表达的不同语气。（2）提高性目标：阅读浅近的童话、寓言、故事，向往美好的情境，关心自然和生命，对感兴趣的人物和事件有自己的感受和想法，并乐于与人交流；诵读儿歌、童谣和浅近的古诗，展开想象，获得初步的情感体验，感受语言的优美。（3）拓展性目标：积累自己喜欢的成语和格言警句；在阅读中学感受作者的表达方法；背诵优秀诗文不少于100篇（段）；课外阅读总量不少于15万字。

2. 中年段的阅读目标

（1）基础性目标：累计认识常用汉字2500个左右，其中1600个左右会写；学会用普通话正确、流利、有感情地朗读课文；初步学会默读；能对课文中不理解的地方提出疑问；能联系上下文，理解词句的意思，体会课文中关键词句在表达情意方面的作用；能借助字典、词典和生活积累，理解生词的意义。能初步把握文章的主要内容，体会文章表达的思想感情；在理解语句的过程中，体会句号与逗号的不同用法，了解冒号、引号的一般用法。（2）提高性目标：能复述叙事性作品的大意；学会略读，粗知文章大意；能初步感受作品中生动的形象和优美的语言，关心作品中人物的命运和喜怒哀乐，与他人交流自己的阅读感受。（3）拓展性目标：积累课文中的优美词语、精彩句段，以及在课外阅读和生活中获得的语言材料；在阅读中了解、体会作者的表达方法；诵读优美诗文，注意在诵读过程中体验情感，领悟内容；背诵优秀诗文不少于150篇（段）；养成读书看报的习惯，收藏并与同学交流图书资料；课外阅读总量不少于80万字。

3. 高年段的阅读目标

（1）基础性目标：累计认识常用汉字3000个左右，其中2500个左右会写；能用普通话正确、流利、有感情地朗读课文。学会快速默读；学会预习课文，养成预习的习惯。能领悟文本的表达方式；能初步掌握常见文体的阅读方法。学会归纳文章的主要内容和中心思想。（2）提高性目标：学会浏览，拓展阅读；阅读叙事性作品，能了解事件梗概，简单描述自己印象最深的场景、人物、细节，说出自己的感受；阅读诗歌，能大体把握诗意，想象诗歌描述的情境，体会诗人的情感；阅读优秀作品能受到感染和激励，逐渐形成向往和追求美好理想的品质。（3）拓展性目标：学会由于带着问题阅读，能够在限定的时间里迅速抓住文章的重点，捕捉文章的信息内容；在阅读中分析、理解、学习作者的表达方法，并学以致用；掌握积累课内外优美词语、精彩句段等语言材料的方法，并养成良好习惯；背诵优秀诗文不少于200篇（段）；课外阅读总量不少于200万字。

第三章 开放式阅读教学的原则与特性

阅读教学风风雨雨走过这么多年，期间经过整合、分歧，再到整合的阶段，可以说阅读教学自由发挥的空间非常大：一堂课百样上，一堂课百样评，一时百花齐放，这种蒸蒸日上的趋势也使得语文教师尤其是青年教师迷惘起来："阅读课我究竟该上些什么？我该如何利用我的阅读课培养学生的语文素养？"

第一节 开放式阅读教学的本质特征

对于语文阅读教学的本质特征，不少语文教育的有识之士早在 20 世纪八九十年代已经有了深刻阐述，同时存在着较大的分歧：一派坚持语文阅读教学的工具性，认为语文应该上成语言文字课，而不应该是政治课或思想品德教育课，在教学上更多表现为语言教学，即字、词、句、段、篇的分析。一派坚持语文阅读教学的人文性，认为阅读课上应该侧重于学生的个性思维训练，教学上则更多地表现为对个体的思想品德教育。当然还有许许多多这样那样的论述。新课程改革更注重学生的个性化阅读、个性化体验，不断提升学生的个性发展，这对于进一步认知语文阅读教学的本体又向前迈进了可喜的一步。我们认为：开放式阅读教学应该以个体为主线，以语言为支点，以思维为桥梁，以文本为起点，以学生的个性发展为终点，构建一个文本和个体相互融通的桥梁。

从语文阅读教学的过程论角度来说，阅读教学又分语言教学、思维教学、个性发展教学三部曲。例如拿起文本，首先应构架语言支点，然后探究蕴涵语言支点内部的思维意义，并以此为桥梁，最终促进学生的个性发展。在这一过程中，语言和思维教学是中心环节，而且缺一不可。从某种意义上讲，语言和思维教学构建了语文阅读教学的两大本体。《义务教育语文课程标准（2011 年版）》也明确规定："语文课程应培育学生热爱祖国的思想感情，指导学生正确理解和运用祖国语文，丰富语言的积累，培养语感发展思维，使他们具有实际需要的识字、写字、阅读能力、写作能力、口语交际能力。"可见语文阅读教学必须走一条析语言、探思维的教学之路，二者缺不可。语言是载体，承载着思想文化和情感。它是文体的第一要素，抓住文体首先要抓住语言，一篇优秀的文体小到字词，大到句段的锤炼都体现了作者的匠心独运。一个个"鲜活的灵魂"就隐藏在语言之下，教师应该引领个体剖析语言，触摸灵魂。所以，语言是语文阅读教学活动要解决的第一大要素。

开放式阅读教学活动不仅要进行语言教学，还要进行思维教学。所谓思维教学是指培养学生认识现实世界时主动用脑，对问题进行比较、分析、综合以认识现实的能力。思维教学旨在探究文本内部深层次意义，能够真正意义上触摸文本灵魂所在。在课程改革环境中，教学思想就是"为了中华民族的振兴，为了每一个学生的发展"，要把教学的出发点放在每一个学生的健康成长和终身发展上。从教学层面上讲，要引起我们足够重视的是，教师的解读导向就是要紧密联系学生的生活实际和切身体验，从文化层面切入，解析文本、利用文本、综合文本，最终建构新的意义，激发阅读和探究的兴趣，引导学生去感悟、体验和审美，培养学生的人文精神，促进个性发展。

开放式阅读教学是在语文课程标准指导下，小学语文阅读教学所追求的一种全新的教学。它是指处于平等地位的学生、教师以及教科书编者以文本为中介，精神敞开而相互依存、相互对话与接纳，达成对话各方思维碰撞、心灵交融、心智启迪、人格建构目的的教学形态，即为了人的心灵的全面发展。

真正的开放式阅读教学一定是真正为学生的心灵解放而开放的。我们认为，其本质特征有三个方面。

（一）开放式阅读教学是真人的教育

人不是一个"物"，人是一个生活者，生活是有精神有目的和有价值的创造过程。开放式语文教学就是把学生当做真正的人的教学，承认他们是一个鲜活的生命体。而我们以往的教学往往是见物不见人，缺少对真人的特性的理解，教师的眼里只有分数，只有课本，只有物件。当教师在课堂中只关注多媒体、关注物件时，久而久之学生也把自己的"人性"当做"物性"了。

（二）开放式阅读教学是鲜活的教育

开放式阅读教学把课程与教材当做生命体去对待、去遵循，它是鲜活的教育。开放式教学始终处在开放状态，教育是活跃的，教学是活跃的。它的每一节课都应该有故事，有灵性，每一次下课铃响预示的不是课的结束，而也许正是开始，是求知长智的开始。

（三）开放式阅读教学是大的语文教学观

开放式阅读教学既要根植于丰富多彩的校园生活之上，又要拓展并延伸于校园生活之外。这种大教学观更重要的表现还在于各学科之间的打通，如由语文向音乐、科学、信息学科打通；而语文学科内部也可打通，如"听说读写"的打通，即一次高质量的学习就是对同一内容在同一时间内又听又读又说又写，就像给花木松土、除草、浇水、施肥一样，要活动全部而不是某一部分。避免像过去那样将阅读课、写作课、口语交际课割裂开来，拆整为零，结果导致学生负担加重、教学效率低下的状况。

具体来讲，开放式阅读教学的本质特征表现在如下几个方面。

（一）师生关系是平等的

开放的实质是昭示平等和自由。开放式阅读教学是真人的教育。我们主张把学生当做真正的人，承认他们是一个鲜活的生命体，而不是"物"。开放式阅读教学过程中，教师与学生、学生与学生对文本对话的权利平等，对文本的认知、感悟、体验、质疑、批判的权利平等。师生在教学中没有人格的尊卑优劣，没有解读的标准答案，只有"平等对话与沟通"，只有互相尊重、互相合作、互相激发、互相辩驳、共同创造、共同发展。

（二）教学氛围是民主的

平等的对话需要民主的教学氛围的支撑。师道尊严、居高临下、正襟危坐的教学氛围难以展开真诚的平等对话。教师作为"平等中的首席"，充分尊重学生人格、意志、学习需求、个性差异，营造宽松的环境氛围、民主的人际交往氛围、自由的心理氛围。在这种环境和氛围中，学生积极参与平等对话，师生舒展独立人格、自由意志，张扬丰富独特的内心世界，能够促进平等对话的深入和精彩。

（三）师生行为是互动的

开放式阅读教学是鲜活的教学。我们把课程与教材当做生命体去对待，始终处在鲜活、开放状态。开放式阅读教学过程中，教师和学生都是教学活动的主体，既要与文本潜心对话、感悟体验、质疑批判，又要围绕文本展开多重对话，交换解读文本的信息与方法，交流解读文本所获得的个性化的体验与感悟。师生行为不再是教师讲、学生听，而是相互质疑、共同解答、互相补充、共同提升的行为。

（四）教学目标是整合的

开放式阅读教学是大的语文教学观，既要根植于丰富多彩的校园生活之上，又要拓展并延伸到校园生活之外，各学科之间也必须打通。文本不再是教学的唯一资源，而是师生对话的载体和中介。"用教材教"而非"教教材"的理念使开放式阅读教学的教学目标不再是专注于文本的知识与能力目标，而是将知能目标、情感态度价值观目标与过程与方法目标有机统一，着眼于人的发展的整体性目标。

（五）教学内容是开放的

开放式阅读教学过程中，文本只是一个提供话题的案例，而非教学全部内容。教师凭借文本这一案例展开多视角的对话，教学内容是非常丰富、非常开放的，既有文本中的，也有文本外的；既有现实生活中的，也有过去经验中的；既有真实的，也有虚幻的；既有正确的，也有谬误的；既有国内的，也有国外的；既有当代的，也有先前的，尤其是民国。所有这些古今中外的精髓内容经过师生多重对话，或扬弃，或选择，去伪存真，为我所用。

（六）学习方式是多元的

学生是语文学习的主人，阅读是个性化的行为，我们必须改变阅读教学中强行灌输、消极接受的学习方式，倡导自主、合作、探究的学习方式。在开放式阅读教学中，学生自主参与学习目标的制定，自主选择学习的内容和方法，对自己的学习活动进行监控和调整。小组合作也是可以经常采用的学习方式。根据学生的个性特长组成"异质"的合作小组，让学生学会欣赏他人的学习成果，不断激励自己，达到扬长避短、优势互补的作用。教学中鼓励、帮助学生在探究中尝试采用不同的方法，摸索适合自己的获取新知和能力的途径。

（七）教学过程是动态的

教学目标的整合，教学资源的开放，要求开放式阅读教学过程少预设铺垫，多动态生成。教学过程的预设会束缚、禁锢学生与文本的充分自主对话，使学生在定式和依附中难以超越文本、超越教师、超越自我，唯有动态生成易于引发师生、生生的思想交锋、真情交融、个性飞扬和自主发展。

（八）教学评价是真诚的

开放式阅读教学排斥表演，反对限制，追求师生在同一平台上真实对话、彼此理解、彼此尊重、彼此接纳、彼此欣赏。因此，教学中的评价也是师生发自内心深处的一种真诚、信任、宽容、激励的活动。

总之，开放是为了融合，在融合中求得最佳效果。因此，开放式阅读教学相对于传统阅读教学，其生命力正随着课堂教学改革的深化而不断地展现出来。我们认为，把握开放式阅读教学的基本特征，对于实施开放式阅读教学有着重大的理论意义和实践意义。首先，它表现在让学生们喜欢阅读。让学生喜欢阅读，就得让学生的心灵开放。心灵开放是开放式阅读教学的保障和基础。其次，让学生读自己喜欢的书。开放式阅读教学充分尊重学生的主体意愿，在阅读过程中，学生自主选择与教师引导相结合，这也是开放的具体表现。第三，开放式阅读教学鼓励学生们用自己喜欢的方式阅读。阅读过程中，学生不用整齐划一，不用异口同声，可以根据自己的喜好，采用默读、朗读，或是倾听；也可以不受时间和场地的限制，可以自己选择阅读内容……

因喜欢而阅读，因阅读而自由。教师成为学生学习的支持者，阅读成为学生学习生活的一部分；教师不再刻意追求课堂结构的完整美；学习材料的来源多样化，活动、探究、评价成为学生参与课堂教学的主要形式；享受学习的乐趣成为学习的主要动力，积极的自我激励成为评价的主流；原有的课堂纪律受到挑战，学生参与学习规则的再制定……如此的不拘一格、随心所欲、自由自在，带来的是心灵的放飞，是思绪的驰骋，让生命进入到一种自由呼吸的状态。

第二节　开放式阅读教学的基本原则

阅读教学是语文教学的重要组成部分，是人们提高语文水平和能力的最重要途径之一。小学语文阅读教学是学生今后语文学习的基础，更关系到学生学习兴趣的培养、学习习惯的养成。有位教师执教《鸟的天堂》，讲述和放电影交互进行，学生很感兴趣，听课的教师中也不乏称赞者，认为多媒体教学代表了语文阅读教学改革的发展方向。对此我们不敢苟同。时下一些阅读教学公开课多有表演、看电影之类的活动充斥，可谓"乱花渐欲迷人眼"。

开放式阅读教学给予学生平等的地位，师生以文本为中介，精神敞开而相互依存、相互对话与接纳，达成思维碰撞、心灵交融、心智启迪、人格建构目的。开放式阅读教学本着"为了人的心灵解放"的观点，想方设法调动学生自身的积极性和主动性，挖掘学生自主学习的潜能，培养学生的创新精神和创造能力。实施开放式阅读教学，要把握以下几个基本原则。

一、动态性原则

在开放式阅读教学过程中，教学过程是动态发展的，是适时变化的，学生的课堂表现、课堂需求应成为调整教学活动进程的基本依据。开放式教学在课堂上没有固定不变的教学内容和教学过程。这就要求教师将课堂教学从传统的"事先预设"走出来，走向"动态生成"，还原课堂本真。除了教材内容外，往往会因解决问题的需要而加以调整；教师事先拟就的教学计划被打乱、教学进度或者加快或者减慢的情况也时有发生。因此，教师只有在备课上下工夫，对学生的问题或突发情况才能有备而来，才能控制课堂，适时调整。

开放式阅读教学，看似教师轻松，实则对教师的要求提高了。教师不能把教学内容一股脑儿倒给学生，而是要适当创设情境，善于捕捉反馈信息，适时调整教学。这就要求教师有较高的驾驭课堂的能力，能创造性地使用教材。课堂上，学生的思维一旦真正被调动起来，他们提出的问题就会各种各样、千奇百怪，有些问题教师的确难以解释，但有些学生的解答也会令教师意想不到。所以，开放式教学要求教师不仅要研究教材，还要研究学生，实则是对教师的要求更高了。

开放式阅读教学的动态性还表现在教学活动不完全局限于课内进行，学生思维、讨论和学习的空间可以由课内向课外延伸，由今天延伸到昨天，由国内联系到国外，由语文联系到其他学科。在课堂上，有些问题解决不了时，教师可以引导学生课外调查、访问、查资料。这样，在学生掌握了学习方法、养成了自学习惯之后，他们的学习就会自觉地由课内转到课外，使课堂更加开放，更加灿烂精彩。

二、创造性原则

创造性教育研究表明，创造需要继承，但更需要革新。革新更多的是在否定中发展的。因此，敢不敢怀疑他人的已有成果，敢不敢突破传统观念的模式，尤其敢不敢向权威挑战，也就看有没有创新的勇气和胆魄。它会直接影响创造性成果的孕育和产生。

开放式阅读教学需要教师创新。要提升阅读教学效率，是采取单元整体教学、预习自读教学、内容领悟教学，还是采取欣赏交流教学、质疑辩论教学、比较联系教学？这需要我们在教学方法上大胆创新；是进行"窗口型"、"打井型"、"主题型"、"比较型"教学设计，还是"慢读型"、"无声型"、"风筝型"设计？这就需要我们在设计课型上创新；怎样评价阅读教学效果？这就需要我们在评价上创新。诸如此类，开放式阅读教学在这些方面均有所实践与研究，并有所突破。

为了培养学生的创造性，我们可以践行美国教育心理学家托兰斯提出的助长创造性思维的六条教学原则：尊重儿童任何幼稚甚至荒诞无稽的问题；尊重儿童具有想象性和创造性的观念；夸奖儿童提出的观念是有价值的；避免对儿童的行为作完全肯定的评判；对儿童的见解有所批评时一定要说明理由；鼓励学生自发地学习。对于这些教学原则，都值得我们在教学中自觉地进行运用和验证。

三、主体性原则

《义务教育语文课程标准（2011年版）》中指出，"阅读教学是学生、教师、教科书编者、文本之间对话的过程。"这一理念揭示了开放式阅读教学的基本要求：以教材为媒介，实现师生之间的对话和交流。一直以来，阅读教学遵循着这样的模式：教师拿着教学参考资料，根据时代背景、作者介绍、分段分层、段落大意、主题思想、写作特色的顺序一路介绍下来，硬向学生灌输，这只能算是肢解课文，是程式化的阅读。在这样的阅读教学中，学生是被动的接受者，接受的是教师对作品的解读，这只能算是教师的阅读，而不是学生的自主阅读。对我们而言，这种阅读只能算是统一的标准化的阅读而不是个性化、创造性的开放式阅读。

开放式阅读教学主张在教学中充分尊重学生，重视学生的兴趣爱好，尽可能地把学习的主动权交给学生，从而调动其参与阅读学习的积极性、主动性和创造性，充分发挥学生的主体作用。在教学中，我们始终鼓励学生自主地阅读。通过操作、尝试、交流、讨论、质疑、解疑，把问的权利交给学生，把读的时间还给学生，把讲的机会让给学生，把做的过程放给学生，强调尽可能多地给予学生自主地、创造性地学习的时间和空间，让学生在阅读过程中积极主动地思考理解，感悟体验，受到情感熏陶，获得思想启迪，享受审美乐趣。同时，开放式阅读教学也强调教师的主导作用，认为没有教师的主导，也不利于学生主体作用的发挥。在课堂教学中，教师的主要作用在于调动学生学习的积极性，激发学生的求知欲，创设良好的课堂氛围，并了解、参与、组织、指导学生的活动，调控课堂教学进程，以彻底改变过去那种"注入式"的传统教学模式。

四、引导性原则

在阅读教学过程中，有些教师唯我独尊，完全以权威者的身份自居，这是十分有害的。对小学生来说，教师是他们崇拜的偶像，教师的话就是"圣旨"。如果我们不想方设法改变这种状况，学生的主体作用怎么能充分发挥出来呢？所以，开放式阅读教学的前提就是建立新型的师生关系。教师可以是传道者、引路人，也可以是意见的倾听者、参与者、学习者，可以是长辈、导师，也可以是兄长（大姐姐）、朋友。教师最为重要的任务就是参与学生阅读活动，了解、指导学生的阅读学习。不少学生由于长期缺乏教师的合理引导，逐渐对阅读学习失去了信心，甚至产生排斥和抵触的情绪，这是很危险的。教师还有一项重要任务是创设促进学生学习的课堂氛围，充分尊重和信任学生，把他们看成是知识的主动探求者。一旦形成和谐的课堂学习氛围，就会增强学生阅读学习的信心和动力，随之而来的是学生的自我指向性学习，即积极主动地学习。教师还要充分尊重学生，鼓励他们独立思考。学生提出的问题或解决问题的方法只要有合理之处，教师就应给予肯定，即使有缺点甚至是错误的，也不要泼冷水、全盘否定，而要在肯定成绩的基础上给予正确的引导，帮助学生自主进行修改或完善。这样一来，学生在阅读教学过程中就获得了自由，心灵得以开放，进而喜欢阅读，喜欢读自己喜爱的书，喜欢采用自主的方式读书。

五、综合性原则

语文教学思想强调语文学习是一种综合性学习，既有学习内容的综合，又有学习方式的综合，还有学习评价的综合。《义务教育语文课程标准(2011年版)》也明确指出："综合性学习有利于学生在感兴趣的自主活动中全面提高语文素养，是培养学生主动探究、团结合作、勇于创新精神的重要途径，应积极提倡。"开放式阅读教学就充分体现了这种全新理念，其基本目标就是"语文知识运用、听说读写能力的整体发展、语文课程与其他课程的沟通、书本学习与实践活动的紧密结合"，同时还要"致力于学生语文素养的形成与发展"，实现语文课程与其他课程及社会生活实践的大融合，促进学生的全面发展，为他们的终身学习、生活以及工作奠定坚实的母语基础。因此，在开放式阅读教学中要好好把握综合性原则，处理好教学资源诸多要素之间的关系，实现教学效益最大化。

第三节 开放式阅读教学的传统性与现代性

中华文化源远流长，语文教育历史悠久，其间积累的宝贵经验深远地影响着现代语文教育。然而，自实施新课程改革以来，不少教师采用"头脑风暴"的方式，把"积极倡导自主、合作、探究的学习方式"这一理念作为至高准则，片面地、机械地追求创造，把好的传统横扫一空。这样就割断了继承和发展的关系，致使语文教学出现了尴尬的局面。

开放式阅读教学就是用现代教育的眼光审视传统语文教学，继承和发展传统语文教学的经验，构建关注生命成长的、具有语文特点的小学语文阅读教学体系。它不是对传统语文教学方式的全盘否定，而是在摒弃传统语文教学中那些落后的、陈旧的、不利于学生发展的理念和方法的基础上，坚持传统语文教学中那些仍有生命力的东西，促进阅读教学的传统性与现代性的完美结合。

一、传统性

经过千百年的教学实践，前人为我们留下了许多语文教育的宝贵遗产。它具有不可替代的优越性。今天，这些优秀的传统经验仍能给我们的阅读教学许多启示。

（一）熟读成诵

传统阅读教学十分强调学生"多诵读"、"多背诵"。朱熹在《训学斋规》中强调读书"须读得字字响亮。不可误一字，不可少一字，不可多一字，不可倒一字。不可牵强暗记。只是要多诵遍数，自然上口，久远不忘。"这里的不可"误一字"、"少一字"、"多一字"、"倒一字"，足以看出其"读"的程度。而学生要达到此要求，除了多诵读，恐怕再没有别的好办法。在朱熹的教育思想中，诵读是非常重要的学习方式。今天再体会，仍会感叹诵读这"招儿"真是妙不可言。我们知道，语文素养的内涵十分丰富，语文素养的形成和发展十分复杂，但有一点是大家公认的：语文能力和语文素养的最直观表现莫过于一个人的语感。怎样有效地培养语感呢？特级教师于永正说："培养语感的重要途径是诵读。"他要学生哪怕看课外书，读报纸，都要放出声音来读。只有"一字不差"地多读多诵，才能有好的语感，这就是"窍门"。传统阅读教学在强调多诵读的基础上，还强调要"多背诵"，诵读到"滚瓜烂熟"，直至能背为止。可以说，"多背"也是传统语文教学中的另一法宝。清人陆世仪在《论小学》中说："故人凡有所当读之书，皆当自十五以前使之熟读。"这里的"熟读"就有熟读到背的意思，而所有"当读之书"都要在"十五以前"能熟读到背。陆世仪进一步解释道："凡人有记性，有悟性。自十五以前，物欲未染，知识未开，则多记性。"现代心理学证明，6～13岁的儿童处于记忆最佳时期，但思维能力处于发展阶段，相对较弱，正所谓"多记性，少悟性"。在这个阶段，让儿童多诵读一些名篇，可以"不求甚解"。因此，我们应该趁学生少年时期的优势让他们多记多背。

（二）博览群书

《中庸》把"博学之"放在读书的突出位置，然后是"审问之，慎思之，明辨之，笃行之"。刘勰在《文心雕龙·知音》篇中提出："凡操千曲而后晓声，观千剑而后识器；故圆照之像，务先博观。"博览群书，广泛涉猎，是传统阅读教学的又一条基本经验。博览对儿童发展的促进作用是显而易见的。按照建构主义心理学的观点，学习是新信息与原有认知结构的重组。博览使儿童获得了广阔的知识背景，就有助于新信息的融合和重组，提高了获取新知识的能力。在科学技术突飞猛进的今天，一方面是学科越分越细，另一方面则是学科之间相互渗透融合。当今时代要想做任何学问，博览是不可或缺的基础。从学生个体语言发展的角度看，博览有助于借鉴多种风格，对表达能力的提高大有帮助。在课程改革的背景下，"博览群书"要把握好两个层次。首先，把握好课内阅读层次。《义务教育语文课程标准（2011年版）》推荐读物及课标教材选文，都是被公认的经典之作，这是学生语感能力形成发展的宝贵资源和凭借。对于其中的精读课文，要求学生每篇都能背诵一二甚至全文。其次，把握好课外阅读层次。吕叔湘先生回忆自己的经历曾说："回忆自己的学习过程，得之于老师课堂上讲的占多少，得之于课外阅读的占多少。我想自己大概是三七开吧，也就是说，百分之七十是得之于课外阅读。"可见课外"博览"的重要。

（三）读思结合

前人强调多读，也并不只是糊里糊涂地读，而是要求把阅读和思考结合起来，提倡"熟读精思"。《朱子读书法》对传统阅读有一段经典的描述："读书，始读未知有疑，其次则渐渐无疑，中则节节有疑。多了这一番，疑渐渐解，以至融会贯通，都无可疑，方始是学。"这是朱熹对传统阅读过程规律性的直观描述，反映了语文发展的特殊规律和要求，学生读书从"有疑"到"无疑"是一种进步发展，由"无疑"到"有疑"是在新起点上的新发展。朱熹的这段话还告诉我们，学生的阅读发展是与"疑问"相生相伴的，学生没有疑问不能算"学"。当前阅读课，十有八九都没有学生真正的自主质疑，即使学生质疑了，教师也按自己的设计进行到底。而当学生看似无疑时，很少见教师有意识引导学生去质更深之疑。教师穷追猛问挤占和代替学生自主质疑的课堂教学却屡见不鲜。汲取传统阅读教学经验，我们就应该留出充分的时间让学生质疑，应敢于舍去自己的教学预设，敢于根据学生的有效质疑来组织教学，敢于引导学生在无疑之后有新疑，并引导他们由此去深入感悟。正像朱熹说的："无疑者须要有疑，有疑者却要无疑。""大疑则大进。"

（四）从读学写

南宋的史豪卿说过："读书如销铜，聚铜入炉，大鞴煽之，不销不止，极用费力。作文如铸器，铜既销矣，随模铸器，一冶即成，只要识模，全不费力。所谓劳于读书，逸于作文者也。"这段话非常形象地说明了读书和写作的关系：读书就像熔化铜，极其费力；写作就像铸器，全不费力。郑板桥说："苟能背诵如流，则下笔作文，思潮奋涌，不患枯涩矣。"说明多读多背多积累对习作影响也很大。《东坡至林》中记载了欧阳修关于读写观点的一段议论："无他术，惟勤读书而多为之，自工。"他是说写文章没有什么窍门，只有"勤读书"并多写才能写好。当代著名学者、国学大师张中行先生进一步点明读对写的功效："你不读，或读而不熟，有了意思，可用的表达框架茫茫然，拿起笔就难于得心应手。反之，多读，熟了，笔未着纸，可用的多种表达方式早已蜂拥而至，你自然可以随手拈来，不费思索而顺理成章。"张先生的这段论述不仅是他个人的成功经验，也是对传统阅读教学"从读学写"方法的肯定。阅读教学不光要教会学生读书，体会文章的人文内涵，还应当让学生从读学写。阅读教学无疑兼具指导写作的任务。如果对初学写作的小学生讲写作方法，收效甚微，他们还是不知道该怎样写。读各种不同的文体，读不同风格的文章，读不同作家的作品，学生可以从中掌握一批写作的范式，头脑中有了这些范式，写起文章来才有章法。

（五）文以载道

"文所以载道也。轮辕饰而人弗庸，徒饰也，况虚车乎？文辞，艺也；道德，实也。"宋代的周敦颐最早提出"文以载道"的观念，此后，还有"文以明道"、"文道结合"等多种说法。对于文章总是承载着一定的思想内容这一点，我们与前人的看法是基本相同的。现在，所选入课本的文章都是文质兼美的，不仅可以引导学生学习语言，还同时感悟文章的人文内涵，为孩子未来的发展打下精神的底色。由于我国古代语文教育一直就兼有道德教育和行为习惯培养的任务，所以中国的语文教学一直十分看重道德教育。就目前的阅读教学来讲，都比较关注作品的人文内涵，这本没有错，但是有的开掘得过深，超越了儿童的认识能力；有的过分注重抽象教育意义，使学生缺少真切的"感悟"，这都是有失偏颇的。

二、现代性

鲁迅先生说过："地上本没有路，走的人多了，也便成了路。"反过来，语文教学之路本已有之，是前人为我们摸索出的一条路，这条路不是原始的烂泥路，只是有些路段与现代化的高速公路有一定距离，需要加强建设。如果就因为这一点而废弃这条路，既不经济，也不见得走得通。杨振宁先生就曾明白无误地说过："中国教育没有完全改变的必要。"当然，尽管传统的阅读教学有很多优点，但是，毕竟时代发展了，所以我们在继承的同时也有必要从当代教育理论的高度作新的审视。只有这样，才能让传统语文教育中有生命力的东西再次迸发出绚丽的光彩。

开放式阅读教学是一种全新的教育理念，也是一种崭新的教学形式。它在大语文教育观、大课程观的指导下，打破单一的、封闭的教学模式的束缚，根据学生创造性学习的需要，让学生置于一种动态、自由、多元、广阔的阅读环境中，使学科间融合、课内外结合、阅读与体验活动相结合，学生得以在开放的阅读环境中吸收语文营养。开放式阅读教学有着显著的现代特性，具体表现在以下几个方面。

（一）思想开放

长期以来，一直困扰着我们的阅读教学方式单一、学生被动学习、个性受到压抑等顽疾都没有从根本上得到有效的解决。教育改革的关键是解放思想，更新观念。然而，我们始终固守着陈旧、保守的阅读教学方法，唯恐学生听不懂而循规蹈矩——不厌其烦地将教材内容反反复复地灌输给学生。新课程理念要求我们以人为本，为学生的生存和发展着想。开放式阅读教学就是要着力解决教改中所存在的种种问题，不能让自己永远停留在顾影自怜的状态下。通过学习、讨论、反思，在思想上提高认识，进一步强化教育责任，真正让教育观念的转化焕发出教育的生命力和创造力。只有解放思想，才能使我们的阅读教学不断地远离死板、机械和沉闷，才能灵活多样地面对一个个活生生的学生。

（二）角色开放

教师是学生学习的组织者、激励者、引导者。我们不应把知识的传授作为自己的主要任务和目的，而应成为学生学习的激励者以及各种能力的培养者，把阅读教学的重心放在如何促进学生"学"上，从而真正实现教师的"教是为了不教"。在开放式阅读教学中，教师的角色要由教学中的主角转向平等中的首席。课堂不应只是教师表演的舞台，而是师生交流、互动的天地，随时随地把自己放在与学生同样的高度，尽可能地成为学生的知心朋友。当学生在学习中犯了错误或存在不足时，我们不能简单地予以训斥和责备，给学生造成无形的伤害。当然，体罚或变相体罚更应该远离我们每一位教师。开放式阅读教学必须使学生消除对教师的惧怕和敬畏心理，让学生始终处在一种安全和自由的心理状态下进行阅读学习。

（三）路径开放

开放式阅读教学倡导在教学途径上实现"三大突破"：一是突破课本。要求教师不受现行语文教材的限制，能够站在语文素质教育的高度来驾驭教材，从课本扩展开来，为学生创设更加广阔的阅读空间，进而跳出课本，让学生从大量的报刊和多媒体网络中获取信息，丰富语文素养。二是突破课堂。将学生的阅读学习向生活的各个领域拓展、延伸，让学生懂得生活中的一切时间和空间都是他们阅读的课堂，引导学生走出课堂，走出校园，在社会交际、参观访问、旅游观光等实践活动中学习语文，充分利用和挖掘学生生活视野中的人文教育资源，扩展学生的阅读学习范围，提高学生的人文素养。同时，引导学生关注生活中的热点问题，从日新月异的时代生活中引入新鲜活泼的阅读内容，使学生的阅读学习与生活的需要结合起来，与社会的发展同步。三是突破考试。不受考试内容和考试模式的局限，把阅读学习的注意力集中到学习能力和创新能力的培养上，使学生懂得怎样去思考问题，怎样面对陌生的领域去寻找答案，以丰富多彩的阅读教学活动激发学生的创新欲望。

（四）手段开放

在科学技术飞速发展的今天，我们所面临的挑战不仅仅只是知识的更新，更重要的是要掌握现代教育的发展方向。我们不但要教给学生书本知识，更重要的是培养学生的能力，提高学生的综合素养。开放式阅读教学要求我们必须充分发挥现代科技优势，积极学习现代化教学手段，运用多媒体等现代教育资源，创造条件让学生多渠道、广泛地获取知识，并在学习中体验兴奋和快乐。实践证明，通过现代化教学手段，可以改变陈旧的阅读教学方法和手段带来的事倍功半的教学效果，可以极大地提高阅读教学的效益。

第四节　开放式阅读教学的人文性与科学性

人文性和科学性是语文学科继工具性后，人们关注最多的两大特性。开放式阅读教学十分强调和注重其人文性与科学性的和谐统一。这是一种思想、一种理念，也是实现语文教育返璞归真的关键。

一、人文性

语文是一门人文性很强的学科。语文的人文性，体现在课文的思想内容中，也体现在教学的方式、方法上。在语文教学过程中，既要有对文章内容的理性探究，也要有师生情感的积极参与。正是这种思想与情感的交融使得我们的语文教学充满了魅力。

（一）为什么要重视阅读教学的人文性

1. 它是实践新课程培养目标的需要

《义务教育语文课程标准（2011 年版）》明确指出："阅读是学生的个性化行为。阅读教学应引导学生钻研文本，在主动积极的思维和情感活动中，加深理解和体验，有所感悟和思考，受到情感熏陶，获得思想启迪，享受审美乐趣。要珍视学生独特的感受、体验和理解。"这就要求我们教师用发展的、包容的眼光看待个性鲜明的孩子，让他们在阅读中体验和感悟；要充分尊重和呵护学生的个性，让语文课堂闪烁和煦的人文之光。

2. 它是对传统语文教学的反思

语文是重要的交际工具，是人类文化的重要组成部分。传统的语文教学十分强调语文的工具性，重视听、说、读、写能力的培养，却往往忽视了语文教学的人文性。工具性与人文性的统一是语文课程的基本特点。反思传统的语文教学，我们的阅读教学应该重视提高学生的品德修养和审美情趣，使他们逐步形成良好的个性和健全的人格，促进德、智、体、美等方面和谐发展。

3. 它是审美化教学的要求

审美化的语文教学要求每一位教师在阅读教学中有机地把知识性、趣味性、审美性和道德性融合起来，使学生在轻松愉悦的心境中全面掌握知识、开启智慧、陶冶心灵、培养高尚人格，得到美与善的滋养。我们有责任引导学生带着真挚的情感去体悟语言文字，让我们的阅读教学处处流淌着真情，让课堂充满浓浓的语文味。

（二）如何在阅读教学中体现人文性

在语文阅读教学中渗透人文精神，让学生时刻感受语文带给他们的人文享受，提高学生的语文素养，提升学生的品德修养和审美情趣，使他们逐步形成正确的价值观和积极的人生态度，这是语文阅读教学的基本要义。

1. 挖掘文本中的人文因素，陶冶学生的性情

情感是阅读教学具有鲜明特色的个性目标。培养学生情感，引导学生体会文本感情，让学生与作者同喜同悲，教会学生敢爱敢恨、敢说敢为，是阅读教学的重要任务。如何挖掘文本中的人文因素呢？针对蕴涵着丰富情感的语言文字，教师要善于"披文入情"，通过语言文字让学生徜徉于课文的意境，以陶冶学生的性情，丰富学生的情感体验。比如，教师充满激情的导语和声情并茂的范读，就能把学生带入意境，能使学生增强对语言文字的理解和感悟。语文阅读教学是生命的教学，它本身就栖居着烂漫和诗意，作者情意的表达就隐匿于语言文字的深处。因此，教师要善于引导学生带着真挚的情感去体会语言文字，从而提升他们的人文素养。

2. 重视学生的差异，展示学生的个性

每一位学生都是活生生的有差异的个体，有个性、有喜好、有悲伤、有寂寞。教师在阅读教学中要引导学生充分展示自己的个性，鼓励学生有自己独特的体验、感悟和表达方式。在阅读教学中，每一位学生与文本对话的结论是千差万别的，教师要尊重学生的阅读感受，重视学生独特的阅读体验。教师与学生的体验的共鸣和争鸣都是阅读经验的真实反映。只有这样，阅读教学才能真正体现"以生为本"的教育理念，才能让学生们在学习中获得乐趣，成为用丰富的情感触角去感受美丽人生的人。

3. 进行随文练笔，张扬学生的真情

语文教材中的一篇篇课文都是因"情"而作，字字句句都浸透着作者的"情"，流动着作者的"情"。当学生进入到作者的情感世界，体验到作者在文中所寄寓的特定情感时，教师要善于抓住这个情感交融的好时机进行练笔，帮助学生张扬情感。比如，有位教师在教学《再见了，亲人》一课时，设计了这样的训练情境："既然是话别，就应是双方的，但课文只写了志愿军说的话，此时，朝鲜人民会说什么呢？如果你是大娘、小金花、大嫂，听了志愿军说的话，会说些什么呢？现在我们分三组，分别以大娘、小金花、大嫂的身份，写一段向志愿军告别的话。"学生们被"不是亲人胜似

亲人"的中朝人民间的深情厚谊打动着，他们迫不及待地拿起了笔，直抒胸臆。这样的随文练笔，让学生有话可说，而他们笔下的文字，也是字字真切。

4. 关注课后的语言实践活动，丰富学生的情感

语文课程能使学生得到情感共鸣、审美愉悦和哲理启迪，但如何让学生在生活实践中融入情感，提升情感？这是阅读教学的关键所在。语文教师要做一个有心人，让我们的阅读教学反映生活并服务于生活，让学生在外在活动中激活其内心世界。让他们的思想得到启迪，情感得到陶冶，精神得到铸炼。比如，五年级下册有一首毛主席诗词《七律·长征》。教学中，引导学生感悟这首诗中红军战士的乐观主义精神和大无畏的英雄气概是教学的重点，特别要弄懂"金沙水拍云崖暖，大渡桥横铁索寒"中"暖"和"寒"的真正含义。但仅仅就 56 个字讲，学生是很难领悟到这一点的。所以，教师就抓住文中隐含的"暖"和"寒"这个点，带着学生们读《四渡赤水》《巧渡金沙江》《飞夺泸定桥》《翻雪山》等，大量阅读这些故事，学生就会对这一中国革命史上乃至世界革命史上的伟大创举，了解得更加全面、深入。这种超文本的阅读教学，拓展了语文教学的内涵，丰富了学生的情感。有位教师在教学《奶奶笑了》一课时，设计了让小朋友表演爸爸下班回家时自己的表现。有的表演"我给爸爸拿拖鞋"，有的表演"我给爸爸搬凳坐"，有的表演"我给爸爸倒杯水"……然后请小朋友仿照课文中的故事把刚才的表演说一说，于是师生合作编了一个精彩的故事。这一语言实践活动沟通了大社会与小课堂的距离，缩短了现实生活与学生语言学习的距离，彰显了学生的悟性、灵性与创造性，激发学生自觉地做一个懂得爱护人、体贴人、关心人的具有高尚情操的人。

实践证明，在充满人文气息的开放式阅读教学中，教师更加关注学生个体，充分尊重学生的人格。课堂上总能看到师生荡漾的激情和飞扬的个性，学生学习语文的兴趣倍增。学生想说、爱说、会说，语言表达能力日趋增强。在教学精彩处，为学生提供了练笔的机会，学生写出来的往往是妙笔生花。人文性的阅读课堂十分关注课后的语言实践，学生会接触一部部名著，进行超文本的阅读，从而拓宽了学生语文学习的空间，丰富学生的语文知识和人文素养。

二、科学性

教学是一种规范的社会行为，必须遵循一定的客观规律进行，因此，教学具有科学性。开放式阅读教学也不例外，科学性必然成为开放式阅读教学的特征之一。

开放式阅读教学的科学性要求教学必须建立于科学基础之上。科学是建立在理性基础上的。科学要求正确、准确、扎实。对于学生而言，阅读教学的科学性包含三个方面。第一，通过教学使学生深刻理解语言的科学性，不论是对字词句的理解和运用，还是对段篇的理解和运用，都必须是准确的、规范的、科学的；对语言反映的文化科学知识也应该是科学的。第二，具有科学性的阅读教学，特别注意培养学生科学的思维方法和习惯。通过掌握语言的过程，要养成学生初步的分析、比较、抽象、概括、综合的科学思维方法。要培养学生善于思考、探究以及精确表达的良好习惯。这样才能使学生的语言、思维、认识获得全面发展。第三，通过掌握语言的过程，培养学生的科学精神及科学态度，从小养成讲真话、说实话，坚持真理和诚实的良好品质。强调阅读教学的科学性，是促进学生智能发展的根本保证。

对教师而言，阅读教学的科学性主要体现在以下四个方面。第一，要求教师准确地确定教学目标及教学思路；要求对教学过程的组织工作要科学有序，使教学符合学生学习语文的认知规律。第二，教师要以规范的、准确的语言进行启发、引导、解惑，课堂提问要精、要准、要巧；合理地组织学生的语文能力训练，使学生明确地理解字、词、句、段、篇所表达的内容、思想、情感，理解语言的科学性，获得规范的语言积累。第三，教师要运用科学方法，合理地利用时间，保证学生有足够的时间进行语言实践，使学生获得规范的语文能力。第四，教学要讲求实效，切不可追求形式上变花样。教学方法的使用，要化繁为简，化难为易，要达到短时间内获得高效率。总之，教师要以科学的态度进行教学，只有具备科学性的教学，才能加速学生的发展，实现教学目标，才能提高学生的语文素质、科学的思维方法和科学精神。

开放式阅读教学强调科学性，也是杜绝阅读教学中出现错误的需要。从目前阅读教学来看，一些青年教师，甚至有的老教师在课堂上经常出错。教师读书读错音，学生读错音不纠正；教师写错别字、写字倒笔顺，学生作业、作文中出现错别字、丢字、语法错误的句子，教师也不改正；教师讲课出现知识性错误等，这些都违反了阅读教学的科学性。若是新教师出现这些错误还有情可原，最使人不好理解的是，有的优秀教师在公开课上出错。出现这样的问题，主要是因备课不够认真或语文基本功不过硬。因此，加强阅读教学的科学性具有现实意义。

那么，在开放式阅读教学中，如何按照科学的阅读方法来实施阅读教学，从而不断提高阅读教学效率呢？

（一）强化阅读的"科技"意识

谈到"科技"，传统的见解多认为"只有自然科技，没有社会科技"，而人文社会科学几乎还没有建立起"社会科学技术"的概念。开放式阅读教学认为，"阅读"是一个科技概念，"阅读教学"是一个教育概念。阅读教学靠什么来提高效率？回答是：靠阅读教学的科学技术。

阅读是读者和读物的现实统一。它不但是因文得义的心智活动，是缘文会友的社交行为，而且是书面文化的精神消费，是人类素质的生产过程。阅读科技是一种精神生产力，阅读教学是开发学生智力能源的生产工程。阅读教学只有靠阅读技法来指导，才有希望提高阅读效率。据调查，处在第一线的语文教师，常常对阅读的具体操作方法有浓厚的兴趣，而对阅读的科学技术原理却有一种鄙薄、淡化的心态。这就严重阻碍了我们的阅读教学沿着科学化的道路前进。叶圣陶当年做小学语文教师的时候就认识到："盖理论乃根本，乃原则。根本定，原则立，自能左右逢源，自由肆应。方法则随事而变，难以隅反也。"可见，阅读技法是阅读教学理论联系教学实际的桥梁，不可忽视。

（二）把握阅读的双重转化关系

阅读是习作的逆向运转。如果说习作是"察物—创意—缀文"的过程，那么，阅读则是"披文—得意—及物"的过程。阅读作为读者心智和行为的双线运行过程，先要求"感言辨体，入情得意"，把作者物化的书面言语内化为读者的内部言语，即把原文的思想变成自己的思想，此之谓阅读的"意化"过程，包括文意的具体化、文意的简约化、文意的系统化；后要求"运思及物"，把读者的内部言语外化为口头言语和书面言语，即把阅读所得的精神营养释放出来，转化为改造主客观世界的能量，此之谓阅读的"物化"过程，包括心得的言语化、心得的灵活化、心得的实践化。这就是阅读的"意化"和"物化"双重转化关系。

根据阅读过程的基本规律，"披文得意"只是阅读的前半截路程，"运思及物"才是阅读的更加艰难的后半截路程。检查我们的阅读教学，绝大多数仅仅把"阅读"理解为"披文得意"的"意化"过程，因而只在"感言辨体、入情得意"上下工夫，而对"运思及物"的"物化"过程相当忽视或轻视，表现在只重阅读"吸收"，不重阅读"表达"；只管阅读"认知"，不管阅读"应用"；只讲阅读"有字书"，不讲"有字书"向"无字书"的延伸。这是阅读教学效率不高的"病根"之一。因此，我们的开放式阅读教学强调既重"意化"的过程，又重"物化"的过程。

（三）谙熟阅读的方法

学生阅读方法的掌握与否，直接影响其获取知识的质与量。同时，阅读也是一种较复杂的智力活动，学生在阅读过程中，如果能够运用合理的方法，随着阅读去进行分析、综合、判断、推理、抽象、概括等思维活动，则对于他们的智力发展有着十分重要的意义。然而，合理的阅读方法，并不是天然形成的，而是师生在阅读教学实践中，经过不断地积累和总结逐步形成的。在这个形成的过程中，教师作为学生阅读的指导者，必须对学生阅读过程的一般特点有足够的了解，对学生进行针对性的"授人以渔"，以便使学生尽快地掌握良好的阅读方法，从而提高阅读教学效率。阅读方法有很多，结合小学生的实际，这里介绍几种小学生应该掌握的基本阅读法。

1. 目标阅读法

要求学生根据自己的需要与读物的实际情况来选定阅读目的。大到思想内容、写作特点，小到段落层次、遣词造句，制定明确的阅读目标。

2. 快速阅读法

要求学生从文字材料中迅速接收有用信息。让学生懂得，这是一种在注意力高度集中下的积极的、创造性的阅读过程。

3. 精细阅读法

南宋理学家朱熹关于读书的方法提出了"朱子读书法"六条，其中的第二条为"熟读精思"。朱熹认为，读书既要熟读成诵，又要精于思考。尤其是小学生，理解能力有限，阅读要读够一定的遍数。并且让小学生背诵一些句子、段落，甚至整篇文章是必要的。

4. 以意逆志阅读法

孟子说："故说诗者，不以文害辞，不以辞害志；以意逆志，是为得之。"就是说不能根据诗的个别字眼断章取义地曲解词句，也不能用词句的表面意义曲解诗的真实含义，而应该根据作品的全篇立意，来探索作者的心志。小学课本中出现一些古诗、古代寓言故事以及一些有比较深刻的思想意义的作品，就可以运用这种方法来加深阅读理解。

5. 五步阅读法

这种阅读方法将阅读过程分为五个步骤：（1）浏览。通过看前言、序跋、目次、内容摘要及正文中的大小标题、注释、附录等，概括地把书看一遍，从整体上对全书有个印象，明确书、文的重点和难点。（2）发问。对书、文中的重点、难点之处进行阅读，提出问题以备在深入阅读中思考，寻求答案。（3）阅读。带着所提问题，对书、文进行深入细致的阅读，并做读书笔记，以加深理解、增强记忆。（4）复述。在阅读理解的基础上，对阅读中所获取的知识信息进行回忆检查，掌握重点，突破难点，以提高阅读效果。（5）复习。对阅读过的内容，不断地进行复习，以巩固记忆，保证学习成效。五步阅读法符合感知、记忆与思维相联系的规律，因而是一种行之有效的阅读方法。

总之，开放式阅读教学的科学性就是要保证阅读教学培养目标的实现，为培养学生具有科学的语言能力、科学的思维方式和科学的世界观打下基础。

第五节　开放式阅读教学的整体性与阶梯性

在开放式阅读教学过程中，教师作为教学活动的策划者、组织者、引导者、合作者，其教学思想、方式方法必须对阅读问题的解决或构建作整体性、阶梯性的考虑，以提高阅读教学实效。

一、整体性

（一）阅读教学中整体性把握不当的表现

自《义务教育语文课程标准（2011年版）》提出"整体把握"之后，人们对"整体把握"在阅读教学中的运用格外重视，无论是教学设计，还是课堂操作，都有充分的体现。但从目前情况看，也存在着"整体把握"的运用失误。

1. 顾此失彼，淡忘整体

学生在阅读时，常常是看了后面忘了前面。这是由于阅读时没有对文章从语篇的角度来把握，捧着文章就读，不看标题，不善于抓住主题句，一遇到生字词就停下来查字典，注意力只放在对孤立句子的理解上，到头来满纸汉语注释，可是对文章的整体意思还是不甚了解。

2. 违背规律，机械操作

有的教师将初读机械地分为：第一遍读，画出不认识的字，借助拼音或字典把音读正确；第二遍读，画出不理解的词语和句子，联系上下文理解或讨论；第三遍读，边读边想"读了课文，你知道了什么？"阅读本是一个综合的心智过程。美国学者W. S. 格雷把阅读的心理过程分为感知、理解、反应、综合四步。这四步在每一次的阅读活动中都存在，只是侧重点不同罢了。为了将课文读通读顺，让学生多读几遍课文无可厚非，但像这样违反认知的规律，将读的心理过程分化为几个具体的学习目标分散到每次的阅读活动中，则有可能妨碍学生从整体上把握课文。

3. 匆忙读书，浅尝辄止

有的教师对引导学生整体把握课文有所忽视。才初读一遍课文，教师就让学生说说喜欢哪一句、哪一段，印象最深的是什么，最想解决的问题是什么。结果，学生所说的只是些枝节、琐碎的东西，所提的问题比较肤浅，对主要内容的感知也比较片面。教师在课堂上往往让学生找喜欢的地方，选择喜爱的句段，喜欢的内容来读，这虽然照顾了学生的个性和兴趣，但对于培养学生提纲挈领地获取主要信息的能力是不利的。

4. 割裂文章，只抓重点

有的教师喜欢用屏幕出示重点句子，或在某些段落着重标出重点语句，引导学生进行理解、诵读。但细细想来，脱离大的语言环境和内容情景的词句、语段还会有多大魅力？教学中对于重点内容的理解与感悟，在整体把握的基础上至少要以整段文字呈现，且要加强前后内容的联系，对于关键词语的理解与感悟更是要在师生创设的大的文本背景下进行。

（二）阅读教学中如何把握整体性

《义务教育语文课程标准（2011 年版)》在总结优良的传统经验基础上，提出"语文课程应特别关注汉语言文字的特点对学生识字写字、阅读、写作、口语交际和思维发展等方面的影响，在教学中尤其要重视培养良好的语感和整体把握的能力。"我们倡导的开放式阅读教学的整体性首先表现在以下几个方面。

1. 遵循"整体—部分—整体"的阅读过程

"整体大于部分之和"。我们反对给每篇课文作机械的分段、概括段意，但根据不同课文的不同特点，采用灵活多样的方式让学生理清文章的思路、整体感知课文内容，则是阅读教学应该遵循的规律。如根据课题探索作者的行文思路，用关键词语串联课文内容；以一个重点词句为切入口，鸟瞰全文，等等。这不仅是感知文本的需要，而且是一种重要的阅读能力，绝不可等闲视之。如果为了追求所谓的"尊重学生"，一开始就让学生"喜欢哪一段就读哪一段"，或者把某一段落孤立地进行解读，就会造成"只见树木，不见森林"的局面。应该在整体感知课文的基础上，再分析构成课文整体的各个部分，最后回味全文，得到升华。

2. 字词句的教学，始终要联系课文语境

文章本身就是一个由字词句段组成的有机组合，因此，字词句的教学，要放到课文的具体语境中，不能剥离了课文而独立地去理解。词句教学与课文的整体理解感受是相辅相成的，在整体感受的同时，品味词句含义及其韵味，可以进一步地促成对于文本整体的感悟、中心的领会。假如将一个词一个句从课文的语境中抽出来，离开语言环境让学生去品味、去感悟，或者要求学生对于孤立的一句话读出某种感情，那是极不科学的。因为词和句一旦离开了具体的语境，就变成无生命的抽象的符号了。我们需要的是处理好整体和局部的关系，做到"词不离句，句不离段"。只有这样，不仅能深刻理解词句本身的意思，而且对词句的表达作用、语言的风格、运用的技巧，会有更多的感性认识，从而形成立体化的教学。

目前有一种做法，喜欢把一些词句、语段打在大屏幕上。虽然教学上会带来一些方便，可以强化视觉印象。殊不知，这样做，割裂了上下文的联系，不仅有碍于良好阅读习惯的形成，还会忽视文章的韵味和灵气。而我们的语文教学，恰恰需要引导学生去揭示上下文的联系，去揭示字词句篇之间的联系，培养前后联系、圈点注评的好习惯。

在实际的教学中，我们主要采取以下几种方法。

（1）联系上、下文词句意，直接感知词语意。一些词语在出现时，前文、后文已形象地概括出了词语意，触手可及。引导学生理解这些词语时，就应放手让学生边读边思考，理解词语。

（2）联系上、下文语句间关系，理解词语。语句间关系错综复杂，对于一些比较抽象的虚词，想通过口头释意，会显得吃力不讨好。最实用的方法应是引导学生读懂前、后句子，挖掘语句间的关系，从而理解词语。

（3）联系上、下文语句所述故事情节的发展，理解词语。运用这种方法的前提是被理解的词语大多在记事的课文中，学生往往特别关心故事情节的发展。此时，学生对维持故事的完整性、延续性有强烈欲望。教师可抓住契机，利用故事发展情节来理解词语。

这样的做法也契合了《义务教育语文课程标准（2011年版）》中规定的词语教学的目标——结合上下文和生活实际了解文中词语的意思，理解词语在语言环境中的恰当意义，辨别词语的感情色彩，体会其表达效果。

3. 阐发感悟，要源于文本的整体把握

学生感悟，师生之间的对话，无疑给阅读教学带来生命活力，但感悟不能太细、太碎，也得要把握课文的整体。感悟对话应该要有一个相对集中的源于文本整体的主题。不是所有问题都要有感悟，有些只能是意会，不可言传。否则，感悟会变成无源之水，无本之木，对话也会变成平庸的谈话。对于文本的整体性把握有两种方式，一是把语言文字放在具体的语境中完整地感受其表达的深厚意蕴，而不是训诂式的一个字一个词地解释，把文章弄得支离破碎；二是对言语对象整体、全面、笼统地把握，而不是条分缕析，兼顾方方面面各个层次的具体理解和切分。

4. 作业练习的安排，插入的时机和形式要恰当

处在信息时代，许多作业设计信手可得。但要精心选择，应该考虑是否合适自己这堂课，并且还要考虑出现的时机是否合适。作业始终要为教学目标的达成服务，要统一于教学任务的整体，出现的时间、形式要合理选择安排，不可随意插入，打断整个课堂教学的思路和节奏。理想的做法是与课堂教学的过程协调一致，切忌游离于文本，节外生枝。例如，巧妙地利用文本的空白，让学生根据课文内容，展开合理想象；或者对课文中概括性较强的词句进行具体演绎，等等，既加深对课文内容的理解，又促进学生语言的

发展。

5. 环节衔接自然，统一于课堂整体

一堂好的阅读教学课，是一首诗，是一曲歌，起承转合，自然流畅，环环相扣，富有韵味。教学过程的设计，要从整体出发将教学内容有机融合，各个环节的设计要服务于总的教学目标，环节间的衔接自然流畅，环节的安排能够随着解读的深入层层推进，一气呵成，形成一条课堂教学的主线，将师生情、文本情和谐相融，构成一种和谐的课堂氛围。

除此以外，教学中阅读材料的拓展，语文资料的利用以及媒体的使用等都要寻求与课文保持有机的联系，融合教学的整体。

二、阶梯性

承认开放式阅读教学的整体性，并不否认各个阶段的教学目标与要求，相反，更是恰如其分地承认和正视各个学段的要求与学生身心特点，承认阅读教学的阶梯性。"阶梯性教学"，顾名思义，它在教学的实施过程中应该是递进式、循序渐进的，其教学理念就是本着一条主线，适时地引导学生去完成整节课的教学活动，以达到课前的教学设想与要求。

（一）个体分阶梯，了解学情

心理学研究表明，影响学生学习质量的因素有：课程的因素、教师的因素、环境的因素，还有一个很重要的因素是学习者自身的因素。学生中存在知识程度的优劣，学习态度的不同，生活习惯的差异，智商水平的高低，能力表现的强弱，身心状态的差别，所以学生在学习上产生差异是很自然、很正常的事情。如果我们不了解学生这些差异的存在，就会按照统一的目标、统一的标准、统一的程序去进行教学，学生的学习活动完全服从于教师。这样的教学阻碍了不同学生的个性发展，压抑了学生的学习积极性和独立性。

尊重学生的差异，对所教的每个学生进行了解，了解他们的个性特长，做他们的"知音"，才能因材施教，长善救失。通过理论学习与调查研究相结合的方式，我们把握学生语文阅读素养的发展现状，根据学生的"基础学习、上课表现、作业情况、考试状况、分析概括能力及口头表达能力、学习习惯"等方面将学生大致归为潜能生、中等生和优秀生三个层次。同时向学生说明，这种划分是呈动态变化的，学生可以根据自己的能力确定自己的层次，并按相应的规则要求自己，能上则上，该降就降，教师应不断激励和帮助学生，使其向更高层次迈进。

（二）目标分阶梯，精心备课

每个学生包括学习困难的学生都具有学习的潜能。我们的课堂教学要使所有学生在各自原有的基础上获得充分的发展，那么阅读教学目标就要有利于发展与开发学生的潜能。目标分阶梯，即将传统教学中划一性教学目标改为由学生自行选择的分层弹性目标。传统的划一性教学目标无视学生差异的存在，其结果是课堂教学总是面向部分学习成绩较好的学生，而部分学习成绩较差的学生听不懂、学不会，参与课堂教学活动处于失败的状态。我们要从实际出发，在每个单元的教学中，为不同层次的学生设计"跳一跳能把果子摘下来"的教学目标。教学分阶梯目标，即基础性目标、提高性目标、拓展性目标。基础性目标是每个学生必须而且是可以达到的目标。学有余力的同学还可以选择提高性和拓展性目标。每个人的层次目标选择是动态的而不是固定的。潜能生可以从基础性目标开始，完成以后，可以进行提高性目标，甚至是拓展性目标的学习。中等生、优秀生可以从基本性目标开始，也可以从提高性目标开始，甚至可直接按拓展性目标学习。

确定目标后，精心研究教材，纵观教材全局确定重点，结合学生实际分析难点，深入并超越教材，抓住问题的本质，了解知识的发生、发展、形成过程以及学生学习过程中可能遇到的疑点。在阅读教学目标、学习材料的选择上，在课堂练习题的数量和难度方面深入思考，设置合理的认知阶梯，保证潜能生"吃得了"；中等生"吃得好"，满足优秀生"吃得饱"。分层目标在课堂教学中对各层次学生的学习起了定位、导向和激励作用，并为学生逐层递进设了台阶，既能适应各层次学生的需要，并带有一定的挑战性。实践证明，通过有目标阶梯的课堂学习，基础较差的学生减少了困难和挫折感，体验到了成功的喜悦，增强了学习的自信心；学习基础较好、能力较强的学生领悟到了学无止境、天外有天的道理，从而使学习更上一层楼。

（三）教学分阶梯，着眼差异

根据备课要求，授课着眼于中等学生，实施中速推进，课堂辅导兼顾优差两头。对优秀生少讲多练，让他们独立学习，注重培养其综合运用知识的能力，提高技能技巧；对中等生则实行精讲精练，重视双基教学，着重在掌握基础知识和训练基本技能上下工夫；对潜能生则要求低，坡度小，降低起点，浅讲多练，查漏补缺，弄懂基本概念，掌握必要的基础知识和基本技能。同时，授课过程中把握好课堂提问与反馈的分层。课堂上的提问，决定着学生的求知欲，影响着学生的学习兴趣和学习效果。因此问题设计也需要设置梯度，知难而问，使他们在自己的"最近发展区"中有更高的突破，让所有学生都有所得、有所获。其次，反馈分层。教师在课堂的注意力不在于系统传授知识，而在于从各类学生的学习中，从他们的语言、表情、神态、问答中及时地、最大限度地取得反馈信息，以便有针对性地进行启发、诱导、点拨，从而更好地激发其求知欲和创新精神。

（四）评价分阶梯，激励肯定

教师对学生学习的评价十分重要，不仅能起到导航作用，而且能使每一个学生从评价中体会到成功的喜悦，享受到成功的快乐，使每一个学生在课堂上都能得到不同程度的发展。因此，我们不能用同一根尺子去衡量所有的学生，而是应结合学生的学情，科学地、艺术地进行评价，既有效提高学生的学习积极性，保护学生的自尊，又最大限度地发挥学生语文学习的内在潜力，促进阅读教学质量的提高。具体做法是：（1）对潜能生采用表扬性评价，寻找他们的闪光点，肯定他们的点滴成绩、进步，让他们消除自卑，看到希望，树立自信，尝试成功的喜悦；（2）对中等生采用激励性评价，即指明努力方向，揭示其不足，促使他们不甘落后，积极向上；（3）对优秀生则采用竞争性评价，坚持高标准，促使他们谦虚、严谨、努力拼搏。教师的评价不仅成为强化或矫正学生所学知识的手段，而且成为激发各层学生努力学习的催化剂。如在新知讲解中，对思维迟钝、不爱发言的学生则可采用"不要怕，大声些"、"你还可以说得更好"等语句激励他们积极参与学习；对发言积极，回答正确的学生给予"你很会动脑筋"、"精彩极了"等表扬。这样进行评价，学生就会觉得老师重视自己，对自己期望很大，自然而然地会产生学习的动力，从而增强他们学好语文的自信心。

（五）作业分阶梯，呼唤热情

"作业设计"直接指向阅读教学目标，是学生学习知识、发展思维的一项经常性实践活动，也是师生信息交流的一个窗口。抽样调查显示，大多数学生不能完成作业的主要原因是学习习惯差，作业偏多和偏难。我们知道，学生的认知能力和认知水平是有差异的，此外，学生学习兴趣、学习习惯以至学生的家庭背景、在不同阶段教师教学能力也是有差异的，这些差异造成学生在成长过程中不可能是同步发展的。对于一部分学生来说，有些作业是高不可攀的，是"吃不了"的；而对于另一部分学生来说是不费吹灰之力的，也即"吃不饱"的。因此，我们要根据学生的认知水平和个性特点设计"作业超市"，让学生自由选择，达到"吃得饱"、"吃得了"。把作业灵活地分为基础性内容、提高性内容和拓展性内容。统一规定学生完成基础性内容，这是完成作业布置任务的下限目标，自愿选择提高性和拓展性内容。

分层作业可以促使学生根据自身的能力作出选择，把学生逐渐引入到自觉探索知识的道路上，在不断获得成功体验的基础上，激发学生的学习兴趣和求知的欲望，主动参与到阅读教学活动中，从而使学生的学业不断提高。它更有利于学生学习意志的培养。阅读学习过程是学生克服学习中一个个困难的过程，利用分层作业，给学生设置一个个阶梯，分层递进，使学生逐步在克服困难的过程中增强信心和勇气，练就积极进取的学习毅力。

第六节　开放式阅读教学的规范性与创新性

规范性，即符合一定规范标准，有规可循，有范可依。阅读教学的规范性是指按照阅读教学的规律来实施教学，这是阅读教学的基本要求。创新性，就是在规范中发展，在规范中超越。这种发展和超越是对教育本真的追寻与回归，是对课程理念的确认与落实，是对儿童心性的尊重与满足，是对教育现状的反思与矫正。

一、规范性

开放式阅读教学要求遵守阅读规律，按照学生认知心理和语文教学的规律，组织、引导学生进行阅读学习。教学时，教师要按照学生的学习状况、需求以及教学的内容、目标，选择恰当的教学规范，要特别注意激发学生的思维和情感，为学生提供自我建构、自我生成的条件，同时把组织形式、学习方式、学习内容、学习目标、学习主体整合起来，促进学生的学习向纵深发展。

（一）阅读教学的基本规范

阅读教学的规范会因课文的题材、体裁、教学目的的不同而有所差异。当然，教学也有基本的规范：导入—初读—深究—总结—延伸。导入，是师生心灵沟通的第一座桥梁，在课文教学过程中起着铺垫、定向、启迪、激情、激趣的作用；初读，即让学生熟悉课文、自读自悟，它可以看做是重点探究前的"热身"；深究，即研读、探究课文的重点部分，它是教学的主要环节，通过这个环节学生可以深入地理解、感悟课文；总结，即对课文的研读、探究加以归纳和升华；延伸，就是引导学生向着相关的知识领域进行拓展。语文阅读教学如果能让学生带着新的问题、新的疑惑走出课堂，便是成功的。

在阅读教学中，由于学生年龄小，生活经验有限，知识储备不足，所以，小学生的阅读方法需要教师进行精心、具体的培养和指导，使他们逐步掌握一些阅读方法，形成好的阅读习惯。具体到一篇课文的阅读教学，应突出以下几个基本的教学规范。

1. 初读感知

引导学生从整体上感知课文，对课文内容有一个大概的了解。如果课文是写人的，就要大体上知道这是一个什么样的人。如果是记事的，就要知道这件事的大致过程。如果是说明性的，就要知道这篇课文说的是什么事物，是从哪几个方面说明的。

2. 精读理解

当学生对课文有了全面把握和整体认识之后，就要针对课文的重点、难点，帮助学生体味、领悟。所谓重点，就是课文中具有关键性、主导性的内容。所谓难点，就是学生在初读课文时难以理解的地方。

3. 熟读迁移

通过熟读、背诵形成的语言积累要经过迁移性的练习才能逐步实现内化。熟读迁移阶段引导学生感悟，主要是通过文本语言的迁移运用，让学生学会举一反三，逐步地形成对语言文字的悟性。有了这种悟性，亦必将迁移于表达，使学生懂得分辨语言中的优劣高下，逐步达到准确、得体、生动地运用语言。

（二）阅读教学的规范性体现在语言训练上

阅读教学的规范性主要体现在语言训练的规范性上，体现在学生所掌握的字、词、句、段、篇和听、说、读、写能力是否规范、准确、扎实、牢固。

1. 字词训练的规范与准确

首先，要准确地掌握字词的音形义。组成词的字，字音要读准，字形要写得正确，词义要理解清楚。准确地理解词义，并不是要以词解词，给词下定义、加注释。最好的方法是举例说明、联系上下文，有的词不好用语言解释清楚的可以运用多媒体手段。当然，随着年级的升高，学生理解力增强，有的词要查字典、词典，因此要教会学生查字词取义的方法。其次，对关键词语要理解其在句子中的含义。每篇课文中都有关键性的词语，要结合课文内容准确地理解其含义。最重要的是指导学生区别易混的词语。如"清晰"和"清楚"，"周密"和"精密"，"恬静"和"幽静"，"亲热"和"亲密"，等等，教师要引导学生在具体的语言环境中，体会其差异，使之能准确运用。

2. 句子训练的规范与准确

句子是语言运用的结构单位，是表达一个完整意思的语言单位。不论是听别人讲话、读书，还是说话、作文，都要一句一句地听、理解、表达。就训练学生阅读能力而言，理解词语的目的是理解句子，理解句子是理解文章的基础。就训练学生语言表达能力而言，也必须从句子开始。首先训练学生说话、造句的能力，话要说得清楚，句要写得完整，能准确地表达意思。只有一句一句把话写通顺、连贯，并积累了一定数量的句式，才能写好文章。句子训练的规范性、准确性，一方面要求准确地理解句子表达的内容，并从语言形式上初步理解句子结构，能分辨最常见的几种句式。另一方面要求学生说话、写话、作文要合乎语法，作文要不违反语言规律。在训练句子规范性、准确性的同时，必须进行语言逻辑、思维逻辑训练。句子（包括句与句之间）是反映事物间、人物间、人与事之间各种联系和关系的，它体现了判断、推理的思维过程。句段的语言训练和逻辑思维训练是完全统一的，因此我们要把阅读方法和逻辑思维方法的训练密切结合起来。

3. 准确把握文章的中心思想

教师备课首先要准确地理解和确定课文的中心思想。有的教师认为小学语文教材大都是些篇幅不长的文章，中心思想教参上也都写明了，照抄一下就可以了。但问题并不如此简单。凡有经验的教师，备课时从不先看教参，总是先反复阅读教材。因为课文所蕴涵的作者的思想感情及语言表达特点绝不是一读就能理解的，要反复钻研。即使看教参，也要把教参上写的变为自己从教材中体会出来的认识。况且教参上写的也并不完全正确。有这样一个例子，是讲李吉林老师如何钻研教材的。《麻雀》是俄罗斯作家屠格涅夫的小说，不少参考资料都认为这是一篇歌颂母爱的作品。而李吉林老师认为母爱是一种社会的情感，是人的感情。而老麻雀对小麻雀的保护纯属动物的本能表现，上升为母爱是不当的。她反复阅读教材，反复思考：作者对麻雀这个弱小动物如此热情赞美，究竟要表现什么？她带着这个问题读了屠格涅夫传记及其代表作《猎人笔记》，从而了解了他的身世。屠格涅夫是 19 世纪俄国的现实主义作家。其童年是在他母亲的庄园里度过的。他母亲是位贵族，既聪明有文化修养，又非常专横。屠格涅夫从小目睹了农奴主的残暴、霸道，使他从小就痛恨农奴主，认为农奴制度不合理。在《猎人笔记》中，大部分描写都是从不同角度来揭露农奴制的，写出了两个敌对的世界，歌颂了农民高尚的心灵，指出农奴制必然灭亡的趋势。作者写老麻雀为了掩护小麻雀不顾自己安危敢于和猎狗搏斗的题材，实际上表现的是弱者只要敢于决一死战，必然能战胜强暴的庞然大物的思想。这样把握该课文的中心思想，教学重点就要放在老麻雀敢于与猎狗决一死战上，情感上是同情弱者憎恨强暴。从这件事情来看，对课文中心思想和情感的把握，不是那么简单的。有的课文中心思想明显，有的是蕴涵在字里行间的，所以必须认真钻研，多读些参考书，从作品写作的时代背景上，从作者的其他作品中，深入体会作品的思想感情。

二、创新性

开放式阅读教学的创新性，体现在对阅读教学的理念、内容、方法、形式、课型等在继承传统、遵循规范的基础上，通过发展、超越和创新，以实现学生的语文素养提升、独特个性发展和创新思维培养。值得注意的是，我们切不可把阅读教学的创新与发明创造等同起来。

（一）基于学生自主学习的策略创新

"学生有主见"是我们坚持的培养目标之一。如何在教学中彰显学生"自主"精神，实现真正意义的自主学习，一直是我们开放式阅读教学探究的重要内容。我们从学生实际出发，从创新教学与常规教学的比较出发，努力营造生动、活泼、开放的教学氛围，从而提高阅读教学效率。我们为此采取了以下策略。（1）以思为悦的策略。运用各种教学要素，激发学生自觉主动学习的积极性，使他们在多思多问、质疑解难中，真正成为乐学善思的学习主人。（2）合作竞争的策略。教学活动贵在师生之间的真诚合作、学生之间的真诚合作，但是良性的竞争是不可少的。竞争中实现合作，合作中体现竞争。（3）尊重差异的策略。实事求是地承认与尊重学生知情意行的层次差异，把因材施教、分类指导真正落到实处。（4）自然和谐的策略。教学正道是自然，自然是和谐的基础，和谐是自然的结果。教学中充分体现民主、平等、自然，促使阅读教学返璞归真，焕发活力。（5）发展创造的策略。加强学生设计、学生指导，实现学与教的同步创新；以培养创新意识、提高创新能力为核心，形成师生共同的发展创造。

（二）基于丰富教学内容的教材创新

长期以来，阅读教学都是把语文教材作为主要工具的。教师围绕教材展开课堂教学活动，学生借助教材习得语文知识，这本来是无可厚非的。但是在新课程改革不断向纵深发展的今天，如果我们的阅读教学所使用的教材还仅仅是开学时学校发给师生的那一本语文课本，就不能说没有问题了。开放式阅读教学以丰富课堂教学内容为目的，在教材开发方面进行了有益的探索。

1. 选用现行的各种版本教材

现行的小学语文课程标准实验教科书，有人教版（人民教育出版社出版）、苏教版（江苏教育出版社出版）、北师大版（北京师范大学出版社出版）、语文版（语文出版社出版）等多个版本，可以说每个版本都有其鲜明的特点，不乏精彩的课文。比如，人教版教材中有蕴涵传统文化又体现意趣的《风筝》，有体现古代智慧、启迪思想的故事《找骆驼》《矛与盾的集合》；苏教版教材的编者在让古诗进入课本时，较多地采用"文包诗"的方式，如课文《每逢佳节倍思亲》一文就是在古诗《九月九日忆山东兄弟》的基础上，根据写作背景扩写而成的。类似的文章还包括《英英学古诗》《登鹳雀楼》《母亲的恩情》《但愿人长久》《黄鹤楼送别》等。因此，我们在以某一版本为主要教材的同时，通过选用其他版本教材的优秀文本来丰富阅读教学的内容，是行之有效的。

2. 选用民国时期的国语教材

目前受到关注和好评的民国时期国语教材，主要是上海科学技术文献出版社出版的《世界书局国语读本》《商务国语教科书》和《开明国语课本》三种。得到最高评价的是叶圣陶撰文、丰子恺作画的《开明国语课本》。该教材中的课文均出自叶圣陶先生的手笔，有的是创作，有的是再创作。课本中的文字采用学生喜欢的手写体，全部由丰子恺先生亲笔书写。丰先生还给每一篇课文精心绘制了插图，插图不仅仅是文字的说明，而且起到了启发思考和想象的作用，图画与文字融为一体，相得益彰，使教材锦上添花。一个是大作家，一个是大画家，他们能为小学教材倾注这么大的精力，这在中外教材编写史上不说绝无仅有，也恐怕是很少见的。也可以说，在现行的小学语文教材编写队伍里，已经无法觅得如此水准的编写者了。该教材中有许多诸如《太阳》《小猫姓什么》《绿衣邮差上门来》等精彩课文，都是深受师生喜爱的优秀文本。

3. 选用古今中外经典著作

经典，就是古今中外重大知识领域的原创性著作，是被历史证明最有价值、最重要的文化精髓。最能代表中华民族五千年文化精髓的经典有四书五经、唐诗宋词、历代散文等重要著作。这些著作都可以选作阅读教学的教材。自 2004 年开始，我们根据学生身心发展规律，结合学生年龄特点，精选经典内容编印了校本教材《正蒙宝典》《国学风雅颂》和《古诗词八十首》，供各个年级阅读教学使用。里面选取的内容主要是一些篇幅较短、容易牢记成诵的中国古代儒家经典、古诗词、典故、童谣、名言警句等。我们对各年级学生诵读的内容作了一些达标规定：一年级必须完成《正蒙宝典》中的"三字经"、"百家姓"、"千字文"；二年级增加了《正蒙宝典》中"弟子规"、"名贤集"等内容；到了三年级必须完成《国学风雅颂》中所有的名言警句；四年级必须完成《古诗词八十首》；对于五年级、六年级，要求在熟练掌握前面内容的基础上，诵读《论语》《大学》及其他古今中外经典篇目。

（三）基于阅读教学的方法、形式及课型创新

在开放式的阅读教学活动中，我们以研为乐，自觉地在某种理论或经验的指导下，进行着旨在提高阅读教学实效的方法、形式及课型的创新性探究，并获得了一定的成果。

开放式阅读教学的这些具体方法、形式及课型是在一定的教学思想指导下，围绕着阅读教学活动中的某一主题所形成的相对稳定的、系统化和理论化的教学范式。比如，开放式阅读教学的基本方法有"单元整体教学"、"预习自读教学"、"领悟表达教学"、"欣赏交流教学"、"质疑辩论教学"、

"比较联系教学"、"读写结合教学"等；开放式阅读教学的基本形式有"名著引读教学"、"时文引读教学"、"网络引读教学"、"诗歌引读教学"、"名言引读教学"、"绘本引读教学"、"亲子引读教学"等；开放式阅读教学的基本课型有"窗口型"、"打井型"、"主题型"、"比较型"、"风筝型"、"无声型"、"慢读型"等。

以上所述的不同的教学方法、形式及课型，反映了不同的教学思想和教学价值观、理念以及对教学过程各要素的不同认识和组构，后面章节将作具体介绍，这里就不再赘述。

第四章　开放式阅读
教学的分类

　　开放式阅读教学的分类，是根据开放式教学的原则和特性，以激发学生阅读的兴趣，拓宽学生阅读空间和视野，发展学生合作、创新的阅读能力，培养学生的阅读情感，提高学生的阅读实效为目的而划分的。开放式阅读教学可以分为汉语拼音教学、识字与写字教学、词语教学、句子教学、段落教学、篇章教学等。

　　当然，阅读教学是一个整体的活动，进行开放式阅读教学的分类，并不是人为地把阅读教学分割为拼音、识字写字、词语、句子、段落、篇章的教学，而是为了阅读理解的方便，进行有重点的阐述。在实际的阅读教学中，教师要明白理解课文需要从整体着眼，从部分入手，针对每个年级教材和学生的特点，来激发学生的读书兴趣，不应只重视阅读方法、技巧的传授，以及对学生所进行的阅读感知力、理解力的训练，而忽视了对学生的自主思考的启发，忽视对学生的阅读鉴赏力、迁移能力和阅读创造力的培养。开放式阅读教学应珍视学生独特的感受、体验和理解，让学生在主动积极的思维和情感活动中，加深理解和体验，有所感悟和思考，受到熏陶，获得思想启迪，享受审美乐趣，从而培养学生的读书习惯，提高学生的阅读能力，进而增强他们的写作能力。

66

第一节　开放式阅读教学中的汉语拼音教学

　　"万丈高楼平地起"，如果把语文学习当成修建一栋高楼，那么，汉语拼音学习就像是打地基，地基打得好，高楼才牢固。反之亦然。汉语拼音是小学语文教学的一个重要部分，它既是帮助学生识字、阅读和学好普通话的有效工具，也是学生认知衔接的纽带和桥梁。可以毫不夸张地说，学拼音是人生整个学习的奠基工程，拼音教学的成败直接影响甚至决定了学生对语言文字的学习。

　　拼音教学的难度也是众所周知。拼音只是一些符号和规则，没有实际意义，让一些六岁左右的孩子用几十天的时间来记住这些抽象的符号、呆板的规则，可以想象那是一件多么枯燥无味的事。反思当前的汉语拼音教学，教学中存在着较为封闭、限制的现象。如教学手段贫乏，较多地采用从拼音到拼音的单调的教学形式，引不起学生的学习兴趣，影响教学效果；教学空间较多地局限在课堂和书本之中，忽视了社会环境对语音学习带来的影响因素，不能给学生创造更多使用汉语拼音的条件和机会，拼音得不到很好的巩固和使用。汉语拼音教学也存在着"低年级学，中年级忘，高年级丢光"的"回生"问题。这完全不适应当今信息化社会的要求，也不符合素质教育的新形势。

立足于大语文观，贴近儿童生活，培养儿童个性特点，着眼于儿童全面发展的开放式汉语拼音教学模式，在反思当前拼音教学的基础上，打破教学时空、方法、环境、评价等方面的局限，把汉语拼音教学从封闭、刻板的教学方式中解放出来，延伸到课内外，校内外丰富多彩的活动中，让汉语拼音与识字、写字，与阅读，与口语交际各方面有机地整合在一起，赋予汉语拼音诱人的色彩，吸引孩子们的注意力，激发孩子们的学习兴趣，为新课程标准赋予汉语拼音教学的全新理念注入更鲜活的生命力。

一、激发学生学习兴趣，引导发现、尝试创造

汉语拼音本身是抽象的，枯燥的，对刚入学的学生来说要掌握这一工具有一定的难度。因此，在教学中教师要积极运用灵活多样的教学形式，来保持学生的注意力，激发他们的学习兴趣。编诵儿歌、创设情境、组织游戏等丰富多样的形式能为学生创设一种轻松、愉快、生动的学习氛围，使学生在整个学习过程中全身心地投入，享受学习的快乐。此外，教师还应运用各种学生乐于接受的形式让拼音游戏和活动走进学生的课外生活。比如，用拼音卡片编制一套"打牌游戏"——

学生1：我出"b"。
学生2：我出"ei"。
抢答：我们拼成"bei"。杯子的杯，北京的北，被子的被。

这套游戏综合性很强，既有利于区分声母韵母，熟练拼读方法，又有利于建立拼音和词汇的联系，让学生们在轻松愉快的游戏中记住拼音，熟练拼读。

俗话说，"条条大路通罗马"，"一万个人可能有一万种学习方法"，"适合自己的记忆方法才是最好的方法。"因此，开放式汉语拼音教学除了注重激发学生的学习兴趣外，更加注重培养学生掌握自我发现、自主探究的学习方法并养成良好的学习习惯。

学生对拼音字母的开头发音，都有自己的理解。在教学过程中，教师要让学生按照自己的个性和兴趣，发挥自己在某一方面的优势、特长，探索发现适合自己的学习方法。如，学了书上的拼音字母识记方法之后，让学生想一想：你还有更好的办法编顺口溜吗？学生会热情高涨，他们的生活经验及自己接受到的多方面信息，都在五花八门、生动有趣的顺口溜中体现出来了，如——

结合家乡特色的：杭州西湖 x x x   西湖藕粉 ou ou ou

结合日常生活的：阿姨梳头 a a a   小鱼在游 ü ü ü

结合时尚广告的：波导手机 b b b   可口可乐 l l l

结合热点话题的：大气污染 u u u   飞向宇宙 ü ü ü

结合四字词语的：月儿弯弯 an an an   春回大地 un un un

实践证明，学生的创作比教参上提供的内容更有童趣，更贴近生活，更富有时代气息。引导学生自编顺口溜，既让学生记忆了字母，又训练了学生的口头表达能力，而这又是提高学生思维能力的重要途径。教师如此"放权"，为学生创设了表现自身创造才能的机会，把他们的想象、创造等多方面的智能开发出来。

二、指导扎实学好拼音，更注重实践运用，发展语言

《义务教育语文课程标准（2011 年版）》在汉语拼音教学目标中指出："学会汉语拼音。能读准声母、韵母、声调和整体认读音节。能准确地拼读音节，正确书写声母、韵母、声调和整体认读音节……认识大写字母，熟记《汉语拼音字母表》。"为指导学生掌握拼读方法、正确熟练地拼读，教师们进行了多方面的探索，积累了很多卓有成效的教学方法。

（一）几种有效方法

1. 利用插图，感知发音

巧妙地利用教材插图，将字母的音、形结合起来，帮助学生读准音、记住形。如，"b"的插图画的是小朋友在听广播，"i"的插图画的是一件衣服。

2. 通过示范、指导发音

比如教学"f"，教师先示范：上牙轻轻放在下嘴唇。检查学生的口型都正确后，再指导发音：让气从牙齿与嘴唇间出去，要轻、短。通过示范口型、范读，学生能很快模仿读音。

3. 运用手势，帮助发音

比如翘舌音 zh、ch、sh、r，学生读不准往往是忘了翘舌或舌尖抵错了位置。可以用两只手简单地模仿舌头在口腔中的位置。以后遇到学生忘了翘舌，教师只需做做手势就能提示学生。

4. 加强对比，辨析发音

比如教学"b"与"p"，为了让学生区分发音时送气与不送气，可将一张薄纸放在嘴前看发音前是否摆动，通过比较而掌握了 b、p 读音。

从目前汉语拼音教学实际情况来看，教师们对汉语拼音的发音方法非常重视，指导也很到位，但最大不足是：只是就拼音教拼音，对语言积累重视的程度不够。从某种程度上说，在这个阶段一年级教师脑海中只装着汉语拼音，发展语言的意识是后置的。

根据心理学家的研究，小学阶段正是孩子语言积累的黄金时期，在这个阶段一定要抓好学生对语言的积累。开放式汉语拼音教学也十分注重指导学生扎实地学好拼音，但更注重不失时机地对学生进行语言积累训练。例如：在教第3课 b—ā→bā，b—á→bá，b—ǎ→bǎ，b—à→bà 这些音节时就让学生用"bā"、"bá"、"bǎ"、"bà"口头组词；在学习"bàba"、"māma"、"wǒ"音节词时引出词语"爸爸"、"妈妈"和"我"，然后让学生用"爸爸"、"妈妈"和"我"进行说话训练；这就把学习汉语拼音同识字、学词、学句及说话训练有机地结合了起来，使汉语拼音课堂教学密度大于单纯地学习汉语拼音或单纯地识字、识词的课堂训练密度。

（二）从多方面入手发展学生语言

1. 在学习拼音中规范语言

小学阶段，属于人生学习的起步阶段，要重视、规范、发展语言。指导学生使用规范的语言，尤其是规范发音，汉语拼音教学有着得天独厚的先决条件。（1）学习字母时纠正不良的发音习惯。如，"n"和"l"不分，平时把"拿东西"，说成"lá"东西；"前鼻韵母"和"后鼻韵母"不分，一些人把"明天"读成"'mín'天"……这些问题，教学中，要引起重视，及时发现，予以纠正。（2）学习拼读时纠正学生的错误读音。学生学习拼读音节，教师应善于把音节与语言联系起来。如，教学"zh、ch、sh、r"这一课时，教师可以让学生拼一拼音节"shū zhuō"、"zhú zi"、"chá bēi"，等等，然后，再想一想平时自己对哪些读音读得不准，说一说，错在哪里，再一起纠正。

2. 在背诵儿歌中积累语言

在汉语拼音教学中，人教版教材每课都编排了一首儿歌，这些儿歌语言规范，内容清新，非常适合一年级儿童阅读。不仅如此，这些儿歌，每一首都标有拼音（新学的声母、韵母还作了标红处理），这既可以巩固学生当堂所学的拼音，又为学生发展语言提供了条件。在教学这部分内容时，教师应该很好地把学习汉语拼音和发展学生的语言联系起来。

3. 在综合练习中发展语言

新教材图文并茂，富有童趣，可以说，教材资源程序十分丰富。教学时，教师要充分利用这些资源，帮助学生学好拼音，发展语言。（1）利用插图进行练习。拼音教学中的图画十分丰富，教学中，可以根据图画的内容，对学生提出不同层次的要求，让学生练习说话。如在字母教学中可以请学生说一句完整的话；在拼读音节的练习中，对一些较复杂的图画，可让学生学说一段话，描述图上内容；对一定情节的图画，还可以让学生进行一下对话交流。（2）自编拼音句子进行练习。结合教学实际，教师可以编一些拼音句组，让学生练习拼读，既可以巩固所学的拼音成果，又可以发展学生的语言。（3）借助复习题进行练习。利用拼音教材中的各个复习题，也能起到既巩固拼音，又发展语言的作用。如在教学《复习四》的第四题时，学生可以先拼读音节，再进行连线，然后，让学生互相交流一下："你最喜欢哪种动物，为什么？"（4）重视口语交际课。在拼音教材中安排了四次口语交际课。我们要格外重视。在课堂教学中，教师一方面要为学生创设交际环境，另一方面要注意体现双向互动的特点，让学生人人参与，人人得到锻炼。

三、夯实基础，反复训练，贯穿始终

在一年级学生一入学短短的四五周时间里，教师只能完成拼音教学的基本任务，要想熟练掌握汉语拼音这个工具，就必须在整个学期，整个低年段，甚至整个小学阶段的语文教学中，反复训练，以彻底解决汉语拼音教学一直以来面临的"低年级学，中年级忘，高年级丢光"的"回生"问题。

（一）在审题中巩固汉语拼音

低年级的课后练习题都是注音的，教师在指导学生做练习时，应充分利用这一时机，让学生利用拼音独立读通题目，使学生得到训练，不要因学生费劲而全权代理。

（二）在识字、阅读课上鼓励学生自己读准字音

学生在学习新课时，教师最好不先范读或领读，而应让学生利用拼音独立读准字音，遇到难点时再示范；学生读错字音时，教师也不要立刻示范，而应在自己的教学中，经常耐心鼓励学生自己看着音节改正。

（三）经常设计一些有关拼音的练习

语文教师一定要摒弃"拼音教学就是一年级语文老师的事"的错误观

念，而应在自己的教学中，经常设计一些有关拼音的练习，如选择读音、纠正错音、读字比赛等，让学生反复练习，不断巩固。

（四）鼓励学生在课外阅读、练笔中巩固汉语拼音

学生在课外阅读或练笔中经常会遇到不认识的字和不会写的字，有些学生因为没有好习惯，不愿意查工具书，一带而过或用同音字代替，错过了练习的大好时机。教师应该鼓励学生积极主动地使用工具书，巩固汉语拼音。

 教学片段

（复韵母的引入：韵母森林里来了几位朋友）

师：你们看，第一位客人是（点击出示 ɑi）——他叫什么呢？

（有学生学过，抢先大叫 ɑi）

师：有的小朋友已经认识了，请你读一读，说说你是怎么认识的？

生：ɑi。是妈妈教的。

生：ɑi。我是看"蓝猫学拼音"学会的。

生：ɑi。我在幼儿园就学会了。

师：大家的学习能力真强呀！

师：你们发现了吗？这位客人和我们以前学过的韵母有什么不同？

生：是由两个单韵母组成的。

师：对，像这样由两个单韵母组成的韵母叫复韵母，请跟老师读。

师：复韵母，有的同学已经认识了，我们请会读的小朋友来读读看，不会读的小朋友请你竖起小耳朵认真听，睁大眼睛认真看，看看你能发现什么。（学生上讲台示范发 ɑi 的音）

师：你发现了什么？

生：我发现他的嘴巴开始是大的，后来变小了。

师：大的是哪个单韵母的口型？小的是哪个单韵母的口型？

生：大的是 ɑ 的口型，小的是 i 的口型。

师：你们真是神耳朵，亮眼睛。发现了读准复韵母的好方法。（演示：ɑ→i 的变化）发 ɑi 的时候，就是先张大嘴巴发 ɑ 的口型，马上滑向 i 的口型，口型由大变小，读得快一些，请跟老师一起读。

师：大家真棒，这个好方法是你们自己发现的，我们就用这样的方法，读读复韵母 ei。

尽管是一年级刚入学不到一个月的孩子，但对于汉语拼音他们并不都是白纸一张。教师在学习复韵母时，放手让学生用自己的眼睛去观察，发现复

韵母是由两个单韵母组成的；用自己的耳朵去倾听，用自己的方式去尝试发音，探究发音方法，再从熟悉的单韵母中找到新的知识点，在自主感悟中发现复韵母的发音规律。事实证明，凭借学生已有的经验，让学生自主探究，自主尝试，就能让他们品尝到成功的欢乐，同时树立起学好拼音的信心。

师：小朋友们，我们已经认识了六个复韵母朋友，老师看同学们把他们忘了没有？（ai、ei、ui、ao、ou、iu，开火车读，教师及时纠正错误读）

师：（出示"白、每、水、老、头、九"），谁能给生字组词或说一句话？

师：同学们，我们今天再来认识三个新的复韵母朋友。这幅图画的是什么？（课件展示，出示绿叶图）

生：是叶子。

生：是一片叶子。

生：是一片绿叶。

师：（课件展示，在图旁出示复韵母 ie）这是我们今天认识的第一位朋友，谁会读？（多指名读，让读得好的学生带全班齐读）

师：同学们仔细观察这个复韵母，谁能想个好办法记住它的样子和读音？

生：单韵母 i 和 e 连起来写就是 ie。

生：先读 i 再慢慢地读 e 就发出 ie 的音了。

生：我编了一首儿歌，一片绿叶 ie ie ie。

（学生纷纷举手，编了各种各样的儿歌，有的脱离了这幅图的内容，有的甚至带着调唱出儿歌）

师：［课件展示，在 ie 的下面出示生字"写"（xiě）］谁能拼一拼这个生字？（学生回答，教师相机出示课件在 ie 的前面写 x，在 e 的上面写上三声调号，全班齐读拼音）

师：同学们快看，谁跑来了？（课件展示：草地上跑来一只小狗）小狗看见同学们学得很认真，也想向你们学习。（课件展示：在小狗下面出现要拼读的音节）谁愿意拼一拼？（指名拼读后集体拼一拼）

师：小狗跑呀跑，一直跑到晚上，天空中出现了什么？（课件展示：深蓝色的天空中升起了弯弯的月亮）你们看天上的月亮像什么？

生：像小船。

生：像香蕉。

生：像一个月饼被小狗偷吃了一半。

师：今天我们认识的第二位朋友就是月亮的 üe。

师：小朋友们，下面以小组为单位讨论一下怎样记住 üe，看哪个小组的办法最好。

（以看谁的办法最好来激发他们的竞争意识，从而达到最好的学习效果，讨论学习后，每一个小组选一名代表汇报学习情况，特别是关于 üe 的儿歌内容更加丰富，对把儿歌说得又对又长的小组，给予鼓励）

师：这时，草地上又跑来了小兔，它想和小狗做朋友。（课件展示：草地上跳来一只小兔，在小兔下面出现要拼读的音节）谁来拼一拼？（指名拼）他们俩成了好朋友，非常开心，他们会说什么呢？同桌互相说一说。

师：小朋友们仔细观察这些音节，有的 üe 上面的两点没有了，为什么？

生（异口同声）：jqx，小淘气，见了鱼眼就抹去。

师：你们观察得仔细极了，而且以前学过的知识你们掌握得也很好。

师：小朋友们，我们摸一摸自己的小耳朵，说说小耳朵都能帮我们干什么？

生：听声音。

生：听故事。

生：听老师讲课。

师：我相信同学们的小耳朵都能认真听老师讲课。大家一定非常着急，想知道我们的第三位朋友是谁，对吗？它就是耳朵 er（课件展示 er），谁愿意告诉老师怎样记住它的样子和读音？

（学生回答，略）

师：（课件展示：带四声调号的 er）因为这是一个特殊的韵母，所以不与声母拼，自成音节，我们一起来读一读。（学生齐读）

师：今天我们学习了三个复韵母 ie、üe、er，学会了拼读又编了儿歌，同学们表现得也很棒，老师相信在今后的学习中，同学们会表现得更出色。课后，以小组为单位，到语文书中或学校图书室找带有九个复韵母的字，学会它，看哪个小组学得多，上语文活动课时，咱们比一比！

在以上教学片段中，学生基本上是在编儿歌、讨论、自学中度过的，教师有效地激发了学生的学习兴趣和积极性，训练了学生的口头表达能力和思维能力，扩大学生的知识面，提高了教学效率。我们从中可以发现一些值得借鉴之处。

第一，形式多样，激发兴趣。本堂课能根据教学内容，采取灵活多样的教学形式与方法，如编儿歌、做游戏、课件展示，进一步激发学生的学习兴趣。

第二，训练思维，发展语言。本堂课利用小组合作学习，教师与学生谈话交流，充分发挥想象力，走出了为教拼音而教拼音，把拼音教学与语言学习割裂开来的误区。进一步训练学生的思维，丰富了语言积累。

第三，教给方法，熟能生巧。拼音教学中，注意教给学生声韵成音的方法，使之达到自主学习拼读音节的目的，并形成能力，提高识字和学习普通话的效率，发挥汉语拼音多功能的作用。

第四，创设情境，学以致用。教师适时创设情境，让学生能用上所学的拼音知识，体验到获取新知识后的成就感，并再次激发学生的学习欲望。让学生读一读，说一说，还可以跳一跳，演一演，这样既符合儿童特点，又加强了汉语拼音学习的实效性。

总之，汉语拼音教学有法而无定法，"善教者，师逸而功倍，不善教者，师勤而功半。"只有教师不断创新，采用切合实际的教法，多种方法相结合，使拼音教学融知识性、趣味性和实践性于一体，充分调动学生的学习积极性，才能让学生真正做到爱学、善学、乐学，从而成为学习的主人，为学生的全面发展奠定坚实的基础。

第二节　开放式阅读教学中的识字与写字教学

汉字是中华文化的载体，是中华文化的瑰宝。中华民族五千年的灿烂文化主要就是通过汉字传承下来的。因而，识字与写字的过程，是吸收民族文化智慧，提高文化品位的过程。学生只有了解汉字，才会产生主动识字的愿望，激发学习汉字的兴趣，并逐步养成主动识字、认真写字的好习惯，进而提高文化品位。

近些年来，关于识字、写字和汉字教育，比较突出的问题有三个方面：一是错别字情况严重。不光是中小学教育，社会用字错误情况也很严重。二是书写质量普遍偏低。学生写的字歪歪扭扭，很多老师的字也难称美观。有的老师甚至只做PPT，不敢写字。三是有的地区学生写字教学负担过重。有的地区，特别农村地区，识字环境比不上城市，对识字写字的量反映比较强烈。在本次修订后的《义务教育语文课程标准（2011年版）》中，对各个学段的"识字与写字"教学目标有改动，其实质就是：控制识字写字的字量，提高常用字的书写质量要求。

识字与写字教学是语文教学的基石，是阅读与写作的基础，又是低年级学生学习的重点和难点。小学的各个学段都有识字写字任务，只是侧重点不同，分量不同而已。传统的识字写字教学局限于课堂、教材，教学上往往耗费了大量的时间却未能取得识字量的突破，导致阅读教学的质量大受影响。在阅读教学中也存在着识字写字的训练与课文的讲解分离的现象，导致阅读的效率低下。阅读教学中识字与写字分离，时间久了，学生对要求写的字和识记的字，印象模糊，造成生字遗忘率较高。还有的教师在教学中过分注重深挖课文内容，对课文内容进行烦琐的分析，导致学生学习生字、写字的时间无法保障。

倡导开放式阅读教学中识字与写字教学，旨在摒弃传统的识字写字教学中的弊端，立足于学生，从学生的实际出发，打破时间、空间和教材的限制，让识字写字教学走向生活、走向童话，并与汉字运用相结合。

一、让识字写字教学走向生活

教室是学生学习的主要场所，但不是唯一的场所。在学校，学生学习的大部分时间是在教室中进行，开放式教学遵循这一规则，同时也注重打破空间的限制，带领学生走向生活，在生活中识字写字，让汉字在孩子们的心中生根发芽，结出丰硕的果实。

生活处处皆语文，生活中孕育着汉字，教师要善于引导学生走出课堂，走进校园，走近社区，走入家庭，赋予识字写字浓郁的生活味。

（一）让校园成为学生识字的乐园

校园一砖一瓦，一花一草，都带着文化的味道。校门、墙壁、标语牌，皆是文字频繁出现的场所和载体。学生每天生活在美丽的校园中，如果教师加以留意，巧妙加以利用，就如得到了一块天然的绿色园地，不仅让学生认识了大量的汉字，而且增强了学生对校园的了解，增进了爱校的感情。

比如，一年级学生入学之初，教师可以利用一次语文课，带领学生进行"校园一日游"的识字活动，站在学校大门口，"坪洲小学"四个大字映入眼帘，一进校门，大显示屏上闪烁的是学校的校训："蒙以养正、文明以健"，教师先让学生认这些字，重点教读"蒙、养、健、坪、洲"等难认读的字，告诉学生上面的字分别为校名和校训。每一层教学楼都有不同的功能室，门前是别致的名字："形体空间"、"网络世界"、"艺术天地"、"科学走廊"……每一个地方都让孩子们感到新奇，他们用渴望的目光期待着教师的讲解，记住这些汉字也就成了轻而易举的事了。走进教室，学校的教风和学风又出现在眼前："教起于思、开而弗达"，"学起于悦、活而有序"，这一条条标语让人备感亲切，顺着孩子们的记忆，再读这些字的时候，学生对字形的记忆就更深刻了。课堂上还要引导学生养成看到汉字就认读的习惯，不认识的字，要及时问老师、问父母。养成良好的识字习惯，对学生的帮助是非常大的。

（二）走近社区，让识字写字呈现精彩

有句歌词写得很好——"外面的世界很精彩"，是的，外面的世界有多大，识字的场所就有多大。让学生走出校门，走近社区，不仅可以体验与学校不一样的生活，还可以认识一些在课本上学不到的字，或者纠正一些易写错的字。

在教学人教版一年级上册《自选商场》一课时后，学生已经认识了许多有关商品名称的字，为了让学生了解更多的商店名称，在课外认识更多的汉字，更好地写好汉字，教师特设计了《走近大街》一课，带着学生来到学校附近的一条有许多商铺的街上。

教学片段

师：同学们，上一节课我们逛了《自选商场》，现在我们开始逛大街。请你们认真看，仔细找，看谁找到的商铺多？并能说出商铺的名称，不会认的字可以问老师。

（学生开始找商铺、认店名）

生：老师，我看到的这家店叫"外什么服什么"，我不会认第二个字和第四字。

师：谁会认这两个字？

生：我会，第二个读"mào"（贸）。

生：第四个读"shì"（饰）。

师：这两个同学真聪明。大家来读读这两个字。

（生读）

生：老师，我看到的店叫"南溪谷茶庄"。

师：五个字你全会读，真不简单！有的大哥哥大姐姐会把"溪"字右下角的"大"写成"小"。他们以为"小溪"是"小"，其实小溪很"大"哟！

（学生哈哈大笑）

师：好，让我们一起把这个"溪"字书空一遍。

（生书空）

生：我找到这家饭店，叫"翠竹亭"。

老师抬头一看，发现"竹"字写得不规范，于是问学生：你们认真看看，发现"翠竹亭"这三个字有没有写错的？

生：没有啊！

师：再认真看一看，"竹"字——

生：我看出来了，"竹"字的最后一笔不是竖，应该是竖钩。

师：对啊！这一根根竹子可不都是一样的哦，你看，这是一个没穿鞋的，那是一个穿了鞋的哦！谁能勇敢地去向店老板指出这个错误。

（有几个胆大的承担了此任务）

生：老师，我在这家"奥博琴行"学过钢琴！

师：你还会弹钢琴，真棒！教大家读一遍！

生（齐读）：奥博琴行。

生：这家店叫"新兴布艺窗帘"。

生：那家店叫"富威卡行（xíng）"。

生：不对，应该读"富威卡行（háng）"。

……

以上教学片段，通过"逛商铺"，让学生走入生活，提高了学生学习汉字的积极性和主动性。在继《自选商场》之后，教师把识字写字与生活结合起来，学到了许多课本上无法学到的汉字，还发现生活中的一些错字，避免了以后写错。

二、让识字写字教学走进童话

教材是学生学习的主要工具，但不是唯一的工具。开放式教学以教材为依托，还善于走出教材，进一步拓展学生的识字量。其中，童话就是深受小学生喜爱的一种体裁，它那美丽动人的故事，优美清新的语言，总能把学生带入到美好的情境中，走进奇妙的童话世界里，学生往往会受到真、善、美的熏陶。

小学生喜欢的不是"字宝宝"，不是2500常用字，而是童话故事。如果领着学生阅读童话故事，学生在欣赏童话故事的过程中学习阅读，在学习阅读的过程中不知不觉就会认识许多字。开放式阅读根据小学生的这一特性，把识字教学渗透到童话阅读之中，让学生在享受优美故事的同时，还能认识更多的汉字，随文理解汉字的意思。

对于童话内容的选择，可根据年段不同而有所侧重。低年段的学生，侧重于情节性强的童话，比如《安徒生童话》《格林童话》。对于中高年段的学生，涉及阅读的童话就更广。

如第八册第三组的主题为"中外童话"，在学习这一单元课文的过程中，可推荐阅读一些童话，上一节"童话阅读与识字"的汇报课。这里以《夏洛的网》为例，设计以下几个环节：走近作者—人物点评—情节分享—生字汇报。前三个环节，主要是考查学生对童话内容的理解，对语言的品味，对童话特点的体会，最后一个环节着重通过阅读童话，扩大识字量。

师：同学们，读了《夏洛的网》，很多同学为蜘蛛和小猪的深情厚谊而感动，有的欣赏文中幽默风趣的语言，有的为蜘蛛夏洛的爱心而唏嘘。那么，同学们，在文中，你们认识哪些你平时不认识的字？你采用哪些方法认会了这些字？

生：我认识："鲑鱼"的"鲑"、"嗜好"的"嗜"、"胫节"的"胫"、"吸咐节"的"咐"，我是通过问我妈妈认识这些字的。

师：善于请教别人，很好！请教大家读一读这些字。

生：我通过查字典认识了：打盹、嘟囔、油腻、岌岌可危、熏肉、围涎、车轴、泔脚、藜草、瞌睡……

师：字典是我们忠诚的老师，以后在遇到不会认的字时，也可以像这位同学一样，请教字典。请你带领大家读读这些词语。

孩子们天生都是记忆的天才，而兴趣就是开启记忆之门的金钥匙。小学生喜欢童话，童话识字的设计理念之一就是要让孩子们每天开心、快乐地学习。著名的童话故事，可以让孩子们在进入如梦如幻的童话世界时，积极参与到识字、写字的过程中来。

三、识字写字教学与运用相结合

学以致用是学习的最大价值体现，识字写字教学也是如此，就好比一把磨得锋利的刀，如果把它束之高阁不用来砍柴，也失去了其利用价值。最好的识字写字方法，除了与生活相结合，还与运用相结合。

"人生识字聪明始"，"开放识字"的教学方法，力争营造出一种自主、协作、开放的新型课堂教学情境，寓教于乐。在科学理念的指导下引领学生多形式、多途径的识字，效果会更理想。

（一）开设识字活动课，激发学生认读兴趣

在正常的语文课时不变的基础上，每周安排一节"识字活动课"。这节识字活动课是一种语文"综合性学习"，与语文课相辅相成，互相促进，协调发展。它以学生为识字的主体，在教师的辅导下，通过识字活动，发挥汉字的特殊育人功能，从而开启学生智力，开发学生大脑潜能。

识字活动课的内容丰富多彩，主题都取材于儿童生活，来源于儿童兴趣，真实、淳朴、自然；孩子们喜欢什么就玩什么，什么能勾起孩子们的兴趣就学什么，身边发生了什么令人关注的事就聊什么事情……一般来说，一节识字活动课围绕一个共同话题进行，这样便于师生、生生之间互动、合作、交流。可以"自我"为话题，如"我有一个'好名字'"，让学生认读名字里的汉字，说说名字里的故事。可以"生活"为话题，让他们收集自己喜欢的食品包装，课前认一认，读一读，然后拿到识字活动课上来交流。学生识字教学资源无时无处不在。通过这种识字活动的开展，学生充分体验了汉字的魅力和识字活动的乐趣，也就为提高学生语文能力奠定了基础。

（二）编制识字剪贴本，促进动手动脑能力

教学实践中我们发现小学生对剪剪、贴贴、画画情有独钟，于是就巧妙地引导他们制作识字剪贴本，在制作过程中活学活用。

由于低年级学生年龄小，他们最初收集资料时只求多，不求有用，因此教师要给予指导。生活中可制成识字本的资料很多，可以引导学生选出自己感兴趣的内容先读一读、说一说，不认识的问问家长。接着动手剪一剪、贴一贴。贴好了再认一认、读一读。学生还可以根据各自的喜好，根据内容画画、写写，进行简单装饰。这样，每一本识字剪贴本都闪着学生的灵气，凸显其个性。教师再科学合理地引导学生活用剪贴本，充分发挥其最大效益。（1）让剪贴本成为活动中的"新课本"，识字活动课上，让孩子们捧着这样鲜活的"课本"互相交流，合作学习，感受认读汉字的快乐。（2）让剪贴本成为日常学习中的"活字典"。孩子起初认读词语时，一般都是整体辨认，当词分散开时，他不一定能认读。因此在他们碰到这些似曾相识又读不准的字时，翻出剪贴本查找，从而就能读准字音。（3）让剪贴本成为家庭教育的"亲子本"。家长对孩子剪贴识字十分支持，有的还和孩子一起认一认、读一读、剪一剪、贴一贴，加深了学生对字的认识。这小小"剪贴识字本"既锻炼了学生动手动脑的能力，又让学生学习自主性得到了体现，一举多得。

（三）运用识字小游戏，激发学生联想思维

中国汉字是"智能型"文字，汉字具有联想功能，学习汉字有利于开发学生大脑潜能。教学中，可以运用"汉字开花"的游戏，引导学生联想，拓展识字范围。以某一汉字为"中心"，引导学生展开联想，发散思维，就像一朵绽开的花瓣向四周展开一样，学生可联想到带有中心字某个部件的字；可以用中心字连词、连成语、连谚语、歇后语；可以说与其有关的谜语、古诗、广告语等。

识字活动课上，用哪个字开花，怎样开花，这一切由儿童做主，一旦学生情趣被激发出来，思维进入联想状态，所开的花就是"个性之花"。这样使汉字的智能型、复合型特点和优势得到体现，也开发了学生的智力，激发

了学生的思维。

（四）营造识字小乐园，引领学生健康快乐成长

儿童天性爱表现，给他们提供一个展示的舞台，其学习动力就会源源不断。教师可利用教室墙壁"巧"布置，使每一块墙壁都说话，让教室成为学生快乐识字，快乐成长的乐园。

比如，教师可以利用教室一面墙开展"百草园"活动。让学生自己动手写画布置。可以分季节性的，如读赞美春天的古诗，认读夏虫的名字，诵读丰收的儿歌，朗读描写冬日的成语。及时在班上展示学生在识字活动中的点滴成功，鼓励学生把生活中认识的字制成彩色字卡，贴在玻璃或墙体上，一方面形成学生交流认读成果的展示台，另一方面又发掘了认读的"素材"。在此基础上引导孩子找朋友，组词、造句或说一段话，让学生有成功感，体验识字多的快乐。

（五）开展识字写字竞赛，激励创新思维

这是一种类似"智力竞赛"的方法，这种教学方法是根据儿童争强好胜、自尊心强，爱表现自己的特点，有意引进竞争意识，激发学习兴趣。"好表扬"是小学生的重要心理特点，鼓励是促进学习的重要手段。因此，在教学中，教师应随时注意学生心理效应，善于发现学生的闪光点加以肯定，使学生产生一种愉快的情感体验，它会有效地支持学生奋力向上，最大限度地调动学生的学习积极性，增强克服困难的勇气，增添对学习语文的兴趣。

将竞争机制引入课堂教学，特别是发挥有效表扬的促进作用，学生在自学的基础上，以抢答记分或当场评分表扬等形式进行比赛，如"小兔跳高"、"小燕飞到优秀组"、"谁的红花多"，等等。如将分插在各组的潜能生定为该组"识字代表"，让他们开火车比赛读字卡，让他们为自己组争光，既帮助他们克服了学习困难，又帮助他们增强了学习信心；教学偏旁相同的生字"树"、"桥"、"棉"、"村"等，看谁识字的速度快，就评他为"识字小能手"；教学"眼、耳、鼻、脖、胸、手、腿、脚"等字时，先让学生比赛见字做动作，再让学生像接力赛跑一样，将字卡一边读一边贴到黑板上贴图旁相应的位置。最后评议哪组表现最棒，奖励小红花。

在激烈的竞争中，学生情绪高昂，学习生动，记得牢固。

（六）创造新奇引趣法，激发学生学习兴趣

兴趣是最好的老师，有了兴趣，学生才能主动、愉快的学习，才能在课堂上发挥主体作用。

低年级儿童喜爱猜谜，如果能让儿童把某些识字内容编成谜语，通过猜谜来巩固所学知识，既可调动学生的学习积极性，又可通过对谜语的综合分

析；培养逻辑思维能力。而根据字形的特点用谜语识字，更能激发学生的情趣，活跃学生的思维。

"顺口溜"这种形象化的语言是比较受学生欢迎的一种形式，它能让学生在兴趣盎然、轻松愉快中掌握生字。如在教学《识字一》里的"金"字时，有几个学生把里面的两点写成一点，教师让学生在分析汉字结构的基础上，对组成汉字的个别笔画或部件进行联想后编进顺口溜。"金：一个人，他姓王，口袋装着两块糖。"学生听了觉得非常有趣，很快就能记住。又如学习《植物妈妈有办法》一课时，有一个生字"已"，有好几个小朋友写成"己"。于是教师又让学生观察比较两个字的异同，使学生注意识记容易忽略的部分。并启发学生编顺口溜区分并记忆两个字。这种方法很灵验，在老师的启发下，"开口己，半口已"就深刻地留在了学生的脑海里，两个字自然地得到了有效区分。

另外，还可让学生任意选择课后词语中自己喜欢的两个或两个以上的词语，进行口头或书面的创新表达，将选择的词语巧妙地组合在一段有意思的句段里，争造"五星句"，激起孩子们强烈的新奇感和创作欲望，既积累了识字量，又锻炼了表达能力。

（七）让多媒体走进课堂，进行创新识字写字教学

电化教学是现代科学技术在教学上的运用，它具有"形、声、光、色"等特色，是得天独厚的先进教学手段，能优化教学过程，促进单纯知识传授型的传统教学模式向德、智、体、美整体的创新教学模式转化。特别是信息技术与课程整合后，创新教育理念的树立，传统教育精华的积淀，以及多媒体技术的介入，使得一节语文课让学生不仅能学会二三十个生字，还能学会汉字输入，将认字、阅读、写作相融合，其容量之大，效果之佳，负担之轻，兴趣之浓，能力培养之快，是前所未有、前人梦寐以求的。

计算机创设的多媒体情境使学生在学习过程中遇到的知识难点、重点化解在声情并茂中。学生的学习也在毫无负担、压力的情况下顺利进行。同时，计算机多媒体信息能有效地吸引孩子们的注意力，并调动起孩子们的学习热情。据心理学研究表明，"注意"其实是一种有限的资源，一般情况下，年龄较小的学生的注意只能持续15分钟。要使这种资源得到发掘和扩展就必须利用多媒体计算机来激发学生的学习兴趣。只有这样才能有利于知识的获取与保持；有利于实现能培养学生合作精神的协作式学习；有利于实现能培养学生创新精神的发现式学习。

形象、直观的电化教学手段，可以使抽象的内容具体化，静态的内容动态化，复杂的内容简单化，符合学生的认识心理规律，有利于调动学习语文的积极性，而这也是"教育面向未来"的有效手段之一。

教学片段

　　师：请你（刘圳虎）上来。

　　师：他是谁？

　　生（齐答）：刘圳虎。

　　师：刘圳虎同学，请把你的名字的最后一个字写在黑板上，请大家看他怎么写这个字的。

　　（刘圳虎写"虎"，其余学生观察）

　　师：写得刚劲，好一个"虎虎生威"！

　　（生笑）

　　师：刘圳虎的"虎"跟动物有关，谁还能说出哪些跟动物有关的字？提示：可以按天上飞的，地上跑的、爬的，水里游的来归纳。

　　（学生争先恐后地回答）

　　师：请刚才回答的同学上台书写。

　　（陆续上台，天上飞的那一栏写下了"老鹰、大雁、燕子"等鸟名；地上跑的爬的一栏写下了"猪、牛、羊、蛇、虫"等；水里游的一栏写的"鲨鱼、海豹、鲸"等）

　　师：同学们都是动物专家，不但认识这么多动物，还会把它们的名字写下来，真不简单！接下来，让我们齐读这些动物名字，好不好？

　　生：好！

　　（生齐读）

　　师：都会读了吗？

　　生（齐答）：都会了。

　　师：好！请拿出你们的写字本，把黑板上的字词写一遍。

　　以上教学片段，教师以班级一位学生的姓名中的"虎"做文章，利用学生们喜欢动物这一特点，先说自己知道的动物，然后进行识字，最后写字。由一"虎"带出了一连串的动物名称，把识字写字与运用巧妙结合起来，有效地进行了归纳识字写字。

　　小小汉字，奥妙无穷，教师要按新课程标准的要求，结合学生的思维特点，培养学生的创新精神，自主识字，认真练字，只有这样才能将新课程标准的精神真正落到实处，从而提高识字写字教学效果，让孩子们在成长的道路上，去共同体验学习的快乐，成长的快乐！

第三节　开放式阅读教学中的词语教学

词语教学是语文教学中最基础、最根本的内容，让学生有效地理解课文中的重点词语是一项重要的教学任务。有时候抓住课文中的一两个关键的词语，往往可以起到"牵一发而动全身"的效果。因此，教给学生理解词句的技能，是一项非常重要的任务。

审视当前的词语教学，我们的语文老师总是竭力回避之，甚至是许多"公开课"，也很少有教师把词句作为主要内容来教。在一些教师看来，教词句不能"出彩"，不"出彩"就不能出名。而在平时的常规教学中或者似蜻蜓点水一笔带过，让学生听了如过往烟云；或者教得一丝不苟，从字音到字形到字义进行科学准确的诠释，教学形式枯燥乏味使学生失去了学习的兴趣。还有一些教师死搬教条，要求学生照搬、照抄、照背参考书或字典对词语的解释，学生不能真正理解词语的含义。因此一些学生在说话、写作时出现了语言干瘪贫乏，词不达意的现象，甚至张冠李戴。阅读中，如果学生连词语、句子都没有理解，怎么能正确理解课文内容？怎么能体会课文的思想感情？而照搬参考书或字典对词语的解释，只能是就学词语而学词语，显得呆板，缺乏生命的活力。

《义务教育语文课程标准（2011年版）》在小学阶段的三个学段阅读目标中都提出了了解或理解词句的要求，这些要求随着年级的升高而升高，理解的方法要求也不一样。开放式阅读教学遵循这些要求，明确教学中教师必须把词语教学列入阅读教学的主要内容之一。"联系课文内容"、"结合生活实际"、"在运用中理解"是语文课程标准中提出的理解词语的有效方法。因此，不仅要教会学生能联系上下文理解词句的意思，体会课文中关键词句在表情达意方面的作用，还要教会学生借助工具书，调动生活和知识积累，理解或推想出词句在语言环境中的恰当意义，体会其表达效果。学生掌握了理解词句的技能，不仅能加深对课文的理解，还能丰富自己的语言积累。那么，在开放式阅读教学中，怎样让词语教学真正落实到位并超越词典而彰显生命的活力？实践证明，表演、朗读与训练是三类行之有效的方法。

一、表演让词语教学变得形象

表演原本是指戏剧、舞蹈、杂技等演出，是通过演员把情节或技艺表现出来。在课堂中运用这一形式，让学生充当演员，能够很好地为教学服务。儿童天生就是一个演员，他们特别喜欢模仿和表演。因此，在词语教学中，借助有效的表演，可以使学生获得亲身体验，通过形象的动作、神态、声音来理解抽象的词语含义，这比借助工具书或教师的讲解来得更形象。学生在表演过程中，他们的心灵得到放飞，想象得到展现，创造力得到开发。

低年级的学生尤为如此，他们的抽象思维还没发展起来，在阅读教学中理解词语时更适合用表演法。即使在其他年段，对于那些抽象的词语，表演也能使词语变得形象易懂，对于那些表现人物内心情感的动词也可以运用表演来理解，进而达到以表演带出词语的形象意义，带出人物丰富的情感世界。

执教人教版小学语文二年级下册《揠苗助长》这一文时，教师引导学生利用表演的方法，巧妙地理解了"揠苗助长"的含义。

教学片段

师（出示"揠苗助长"）：谁会读这个词？

生：揠（yà）苗助长。

师：谁知道这个词语的意思？

生（几个小朋友举手）：就是把禾苗拔高帮助它长高。

师：谁愿意上台来表演？

生：很多学生举手。

师：老师叫十个小朋友上台，一个扮演农夫，九个扮演禾苗。

（生上台后都站着）

师：禾苗有那么高吗？（台下学生大笑，扮演禾苗的学生赶紧蹲下）

三、二、一——开始！

（"农夫"使劲把第一棵"禾苗"扯起来）

师："农夫"真是力大无穷！

（台下学生大笑）

师：你们觉得这个"农夫"怎么样？

生：他太急了！

师：你们认为他应该怎样拔？

生：力气小一点，要不禾苗一下子就死掉了！

生：应该温柔一点拔！

生（一个学生比画手指）：要拔一大截！

师："农夫"，你知道应该怎么拔了吗？

生：知道了！

师：你先说说。

生：要温柔一点拔，拔出食指和大指分开这么一大截！

师：那你再试试！

生：（轻轻地把第一棵"禾苗"拔出一大截，接着又拔了第二棵，第三棵……）

（生纷纷鼓掌）

师：通过刚才的表演，你知道农夫是怎样拔的吗？

生：他是轻轻地拔，因为他担心禾苗被他拔断了！

生：他是不停地拔，因为禾苗太多了！

生：农夫想到禾苗一下子就会长高，我想他一定是很开心地拔！

（生略）

师：看来通过刚才的表演，小朋友们不但理解了"揠苗助长"这个成语的意思，还猜测出了农夫的心情，你们真了不起！

教师在引导学生理解"揠苗助长"这一成语意思的教学过程中，先引导学生读准字音，再抽查学生在预习过程中对"揠苗助长"的初步理解，然后借助表演这一特有教学方式，有效地引导学生通过表演获得亲身体验，通过形象的动作理解抽象的词语含义。

在教学过程中，教师语言幽默风趣，善于启迪和引导，教学氛围轻松、和谐、富有情趣。在课上，学生通过自己对课文的预习，对"揠苗助长"成语有了初步理解，运用形象的动作将其把对成语的感悟表现出来。学生在表演过程中，思维得到训练，想象得到拓展，情感得到了开放。学生表演之后，教师的引导并没有到此结束，而是进一步拓展，以词带动对主人公内心世界的理解。"通过刚才的表演，你知道农夫是怎样拔的吗？""他是轻轻地拔，因为他担心禾苗被他拔断了。""他是不停地拔，因为禾苗太多了！""农夫想到禾苗一下子就会长高，我想他一定是很开心地拔！"这样的表演、这样的引导，赋予了词语以生命力，把语言文字所描述的故事情节巧妙地设计成一个情境的"场"，把抽象的文字符号还原成鲜活的生活画面。这样，走进学生视野的就不是一个孤立静止的词语符号，而是一个个立体的可触可摸的人物形象，一组组鲜活的可视可感的活动画面。当这些人物形象和活动画面在学生的脑海中跳跃时，词语的意思已经跃然纸上、令学生豁然开朗，语言的意义就在学生的心中创生了、活化了、灵动了、定格了。淋漓尽致的情境表演，恰到好处的智慧点化，能使学生敏锐的窥测到课文中的丰富内涵；能使学生迅捷地捕捉到语言中的美妙声响。这远比教师理论化的口头说教，学生借助工具书理解词语，来得形象，来得真实。

第四章 开放式阅读教学的分类

二、朗读让词语教学变得生动

古人云："读书百遍，其义自见"。朗读是语文教学的基本手段，阅读教学应以读为本，让学生在读中感悟，在读中感知，在读中培养语感，在读中受到情感的熏陶，促进学生对语言的感受、积累、内化。通过朗读学生感受作者遣词造句的准确、鲜明、形象，掌握语言的结构美、音韵美、节奏美等，使其对字、词、句获得整体的感知，加深对词语和文意的理解和感悟，并且在情感体验上得到升华。开放式阅读教学不仅注重对学生朗读课文能力的培养，还注重对学生朗读词语能力的培养，教给学生朗读词语的方法，激发他们朗读词语时的情感。

在平时的教学中，如何培养学生通过朗读理解词义，进而理解文意，感悟文章所表达的情感？除了要激发学生对朗读的兴趣之外，更重要的是要教给学生一些朗读的方法。一般来说，最常见的方法可归结为表演读、句中朗读、归类读、换词读等，通过形式多样的朗读，让学生获得极大的满足和快乐，让一个个词语在学生的头脑中生动而鲜活起来。

执教人教版小学语文二年级下册《从现在开始》一文时，教师引导学生利用通过齐读、指名读等理解"议论纷纷"和"叫苦连天"的含义，收到了很好的教学效果。

教学片段

（学习"议论纷纷"一词）

师：好一只神气十足的猫头鹰，动物们，猫头鹰大王让你们白天睡觉，夜里做事，你们愿不愿意？

生：不愿意！

好，赶快把你想说的跟周围的伙伴说说。

（生议论）

师：刚才大家七嘴八舌，你一言我一语，纷纷表达心中的愤怒或意见，这就叫——议论纷纷（点击课件）。

师：齐读这个词？

生（齐读）：议论纷纷。

师：能不能用这个词说话？

（生练习说话）

（学习"叫苦连天"一词）

师：听了猫头鹰大王的话，大家议论纷纷，可是又不得不服从命令，一个星期下来，动物们都——

生（接读）：叫苦连天。

师（故意扮演猫头鹰，委屈地）："奇怪了，我猫头鹰白天睡觉，晚上做事，天天如此也没事啊！你们怎么叫苦了呢？马大哥，你平时最能吃苦，为什么熬不住了？

（生略）

师：小猪，你说说？

（生略）

师：小公鸡你呢？

（生略）

师：大家都在——

生：叫苦连天！

师：齐读"叫苦连天"这个词！

（生读）

师：不够苦，谁再读？

（生读）

师：你读出了"苦"！

尽管学生大概知道"议论纷纷"和"叫苦连天"的意思，但教师引导学生进行有效的朗读，就使学生不但真正记住这两个词语的意思，而且懂得这两个词语的感情色彩，知道这两个词应该在什么样的语境中运用。此时，"议论纷纷"和"叫苦连天"在学生眼里不再是平面单调的词汇，它有声有色、有面部表情、有肢体动作。这样，一下子拉近了学生与语言文字的距离，使学生对语言文字有了感情，有利于学生深刻理解和"学以致用"。

读书的作用显而易见，更是有目共睹，但我们教师如何让学生一遍又一遍地朗读，又不厌其烦呢？

一些教师在上阅读课的时候，让学生感悟。总爱抛出一个永远也不会过时的问题："你感悟到了什么？"任由学生天马行空地肆意想象，或许真能感悟到点什么，明白些什么，但那也不过是班中少数几个聪明孩子学习的结果。如果此时再加上让他们把感悟到的读进去，那更是折磨人。他们不得不被牵着鼻子走，在一无所获的时候一遍遍地朗读，渐渐地失去了耐心，原本快乐的朗读却成了他们痛苦的旅程。

同样是词语朗读，为求同样的目标，明知一遍遍机械、烦琐地朗读会让他们厌倦，会让他们不开心。那么，我们教师何不豁达一些，转换几种朗读的形式，通过多种形式的朗读帮助学生加深对词语和文意的理解和感悟呢？

这样，既可以使学生在情感体验上得到升华，同时又能让他们在快乐的氛围中享受阅读。

三、训练让词语教学变得深刻

小学语文教学的目的，是培养和提高学生理解和运用祖国语言文字的能力。儿童要理解和运用语言文字，首先要正确理解和运用词语，儿童要认识周围世界，进行思维活动，必须依靠词，词是语言的基本单位。所以，词是字、句、段、篇的纽带，以词语训练为核心，可以带动学生对字、词、句、段、篇的学习以及听、说、读、写能力的全面学习和训练，进而更深层次地感悟理解课文。因此，要培养学生理解和运用语言文字的能力，必须以词语教学为基础，我们认为词语的教学和训练，方法很多，比如说直观演示、换词训练、填词训练、比较训练、变化句式训练、写话训练等，以下重点谈谈换词训练和写话训练。

（一）换词训练，体味妙处

从平时的教学中，我们不难发现，对于课文中出现的许多美轮美奂、生动传神的词语，学生往往是似懂非懂，他们不明白作者为什么要用这个词，这个词好在哪里。因此，教师应引导学生进行品评、赏析。

如四年级上册《鸟的天堂》一课中，"一部分树枝垂到水面，从远处看，就像一株大树卧在水面上。"一句中的"卧"字就是一例。怎样才能使学生体会到"卧"字好在哪里呢？教学时，可以通过换词训练来进行比较。

师：这句话中哪个词用得传神？

生：是"卧"。

师：对了，请大家看动画。（出示："卧"的动作画面，由"卧"字逐渐演变成一株榕树）你有什么感觉？

生：我感觉到这株大树像人一样躺在水面上。

师：能否将"卧"字换成"站"、"立"字？

生：不能！因为"卧"字写出榕树的占地面积很大。

生："卧"还把榕树美好的姿态展示出来。

师：一个"卧"字不仅写出榕树的占地面积很大，还写出了远处看这株榕树时的美好姿态。谁愿意再把这句话读一读？读出"卧"的感觉。

（生练习朗读）

师：再看"那翠绿的颜色，明亮地照耀着我们的眼睛，似乎每一片绿叶上都有一个新的生命在颤动。"这一句中的哪个词需要提醒大家注意?

生:我认为是"颤动"。

师:对!作者用了"颤动",为什么不用"抖动"或"振动"?

生:"颤动"一词让我们从绿色中感受到有一种生命力在涌动!

生:我感受到了榕树充满活力的蓬勃生机。

(生略)

师:请大家把这种感觉读出来。

(生练习朗读)

我们从以上教学片段可以看出,一字传神,意境全出。教学中抓住重点词语,通过换词训练来比较品味与揣摩,可以帮助理解文章的内涵,达到了"一字未宜忽,语悟其神"的教学效果,从而实现由情到理的过渡。

(二)写话训练,玩味情感

词语教学本是小学低年级的教学重点,但在高年级阅读教学中也不能忽略词语训练,此时,重点应放在对词语的品味与运用上。让学生在教师指导下理解、品味课文中的重点词语,对体会文章思想内容、领悟作者表达方法、提升学习习作水平起着十分巨大的作用。

一位教师在教学人教版六年级上册《詹天佑》一文时,先将文中的重点词语"杰出"、"阻挠"、"毅然"、"勉励"、"悬崖峭壁"、"狂风怒号"、"竣工"、"藐视"投影在大屏幕上,检查了学生预习中对词语的理解情况,然后解决预习中的问题:"课文主要讲了一件什么事?"要求学生归纳课文内容时必须用上这些重点词语。此举不仅训练了学生的概括能力、口语表达能力、遣词造句能力,更重要的是让学生明白了文中的重点词语对表现文章内容、表达作者情感所起的关键作用。

词语教学是阅读教学中不可分割的一部分,要重视它的基础作用,让词语教学融入阅读教学之中,开辟词语教学的新天地,让阅读教学有更坚实的支点。

第四节　开放式阅读教学中的句子教学

句子是语言的使用单位,一个句子能够表达一个相对完整的意思,能够完成一次简单的交际任务。句子处于字词和段落、篇章教学之间,起着承上启下的作用。话是一句句地说出来的,文章是一句句地写出来的,要想理解一篇文章的内容,了解作者所要表达的情感,就必须把每一句话理解清楚。从这个意义上来说,理解句子是理解课文的基础,因此,在开放式阅读教学中抓好句子教学，对于发展学生的思维，增长知识，提高阅读能力和思想认识，增强学生的口头和书面表达能力，都有着举足轻重的重要意义。

开放式阅读教学反对那种把课文进行支离破碎的分析，把阅读课上成是字、词、句的训练课，也反对在课上让学生毫无目的，想到哪里，说到哪里，不着边际地漫谈。在整个阅读活动中，重视句子教学非常有必要，教师理应成为学生阅读活动的组织者，引导学生潜心读书，放手让学生抓住课文中的重点句子加以讨论，激活他们的思维，丰富他们的情感，进一步加深他们对课文的理解和体验，从而产生独特的个性化感悟。

开放式阅读中进行句子教学，不是单独地讲语法知识，分析句子的各种句型特点及其表述作用，分析句子的词语搭配规律和修辞手法，分析句子与句子之间的逻辑关系以及其中关联词的用法，而是针对课文类型，抓住重点句子通过形之有效的教学和练习，让学生逐步掌握用词造句的规律，理解句子所表达的意思，从而更好地理解课文的内容和情感。

在小学阶段，所选编的课文很多与学生的生活实际有一定的距离，加之文章多数为成人所作，因此成人化的色彩浓厚。但是，学生又不得不去试着走进成人所描绘的世界，不得不去理解成人式的表达。因此，在教学中，就很有必要引导学生抓住重点句子，进行理解感悟，从而更好地理解课文内容，走入作者的内心，更好地转化自我的体验。那么，在开放式阅读教学中，句子教学的内容重点体现在哪里，有哪些行之有效的理解句子的方法，又将如何加强句子的训练呢？中心句、含义深刻的句子以及有象征意义、表达生动形象的句子是我们在句子教学中首先应当注意的。

一、理解和掌握文章的中心句，把握课文的主旨

一篇课文，是由诸多句子连缀而成的。这诸多句子，在课文中的地位不是平分秋色，而是有主有次。有些文章的作者，常常在文中精心安排了中心句，或揭示题旨，或点明中心，或概括内容，或凝聚情感。像这样能够概括文章主要内容、点明主题、揭示作者表达情感的句子，就是中心句，也叫主旨句。在阅读教学中，抓住了这些中心句，就等于找到了一根金线，把散落的珠子串联起来，以一句串联全篇。教师讲清中心句，就能帮助学生更好地理解课文，掌握课文的中心，体会作者所要表达的情感。

如何找文章的中心句呢？教师要教会学生了解中心句在文章中出现的位置。从位置上来看，一般为文章或自然段的首句、末句，也有出现在文章或自然段的中间，但比较少。更准确地讲，确定文章的中心句需要阅读者注意两个方面。首先，观察哪句话是讲全文或全段主要意思的，哪句话就是文章的中心句。其次，观察全文或全段是围绕哪句话写的，哪句话就是文章的中

心句。此外，还可以通过分析、比较，以最能概括主要内容或是中心思想的句子作为中心句。

三年级上册《富饶的西沙群岛》一课，首先是启发学生找出篇首"西沙群岛是南海上的一群岛屿，是我国的海防前哨。那里风景优美，物产丰富，是个可爱的地方"这个中心句，其次是读懂这个中心句是如何简明扼要地概括课文的主要内容，揭示文章的层次和思路的。重点是教师在备课时，要抓住这个中心句进行教学设计。（1）自读全文，画出概括全文内容的一句话。引导学生画出"那里风景优美，物产丰富，是个可爱的地方"。（2）从这句话中画出重点词语。引导学生画出"风景优美"、"物产丰富"。（3）找一找，课文哪些自然段写西沙群岛的"风景优美"，哪些自然段写西沙群岛的"物产丰富"？（4）想一想，西沙群岛的"风景优美"，"美"在什么地方？西沙群岛的"物产丰富"，课文写了哪些物产？从哪些地方看出"丰富"？这样抓住一句话来教，就把全文联结成一体了，犹如用一条线串联起无数珍珠。

在小学语文教材中，用一个句子串联一体的课文也有不少。《詹天佑》一课，开篇就写"詹天佑是我国杰出的爱国工程师"，这就是联结课文思想内容的开篇句；还有出现在篇末的总结句，既概括了全文的主要内容，又在文中起到提示主题、点明中心的作用，在教学中应该重视指导理解好这种类型的句子。如《草船借箭》一课，有"周瑜长叹一声，说：'诸葛亮神机妙算，我真比不上他！'"，抓住这一句，就抓住了课文的纲。让学生找出诸葛亮的神机妙算体现在他知天文、懂地理、晓人心，这也是让周瑜自叹不如的原因，从而更加清楚人物的性格特征。教句子，不在多，而在于精。精教一句，胜过泛教十句。

二、理解课文中含义深刻的句子，体会句中的情感

小学生在阅读中容易犯的毛病是蜻蜓点水、不求甚解地读书。在考试中，理解句子的题目也是学生失分较多的题目。那么如何教会学生开动脑筋把书读懂呢？我们认为，教会学生读明白含义深刻的句子是基础，也是阅读教学的重点和难点。

什么是含义深刻的句子？按照一般字面的理解，就是无法通过句子本身理解句子的确切含义，这类句子表达上大多含蓄，但蕴涵着道理，寄托着作者强烈的思想感情。

人教版的语文教材中很多课文也出现含义深刻的句子，例如："虽然明天还会有新的太阳，但永远不会有今天的太阳了。"（三年级下册《和时间赛跑》）"什么都没有了——所有靠斧头得到的一切，包括那些锋利的斧

头。"（三年级下册《一个小村庄的故事》）"在我的眼前，那片爬山虎总是那么绿着。"（四年级上册《那片绿绿的爬山虎》）"我可以好好地使用它，也可以白白地糟蹋它。"（四年级下册《生命　生命》）"道德只是个简单的是与非的问题，实践起来却很难。"（五年级上册《钓鱼的启示》）"在一棵高大的白杨树身边，几棵小树正迎着风沙成长起来。"（五年级下册《白杨》）"四周黑洞洞的，还不容易碰壁吗?"（六年级上册《我的伯父鲁迅先生》）"那年春天，父亲每天夜里回来得很晚。每天早晨，不知道什么时候他又出去了。"（六年级下册《十六年前的回忆》）

　　针对含义深刻的句子，少数语文学习能力较强的学生可能一点就通，但对于大多数学生来说，要想让他们很好地理解这些句子，还是有一定的难度。因此，在教学中，应该采取由浅及深、先易后难的教学原则，具体步骤如下。（1）扫除词语障碍，为理解句意打基础。画出句子中不理解的词语，如关联词、成语等，将它的作用或含义解释清楚。（2）分析句子的字面意思。将句子中的字面意思，连起来说说，讲讲这句话说的是什么。（3）体会深刻含义。句子的隐藏意思，从字面上无法洞察，但是通过提出问题，就能渐渐明朗化。要引导学生多问自己："为什么?"那么，在开放式阅读教学中，如何引导学生理解含义深刻的句子呢?

（一）结合生活实际来理解

　　有些句子，需要运用生活的例子，才能理会清楚、明白，这是阅读文章的基本方法之一。比如《钓鱼的启示》中的句子"但是，在人生的旅途中，我却不止一次遇到了与那条鲈鱼相似的诱惑人的'鱼'。"这句话比较难懂，需要认真思考，联系实际来理解。首先让学生问问自己："诱惑人的'鱼'"指的是什么?理解"诱惑人的'鱼'"，是指吸引人的，让人动心的事，比如，金钱、荣誉、地位、暂时给自己带来好处的事等。其次，引导学生讨论，让他们举出自己生活周围有没有发生诱惑自己的事。在经过思索之后，讨论发言，比如，试卷上老师多给了分，老师和同学不知道，是改，还是不改?买东西时，收银员多找了钱，是去归还，还是把多找的钱据为己有等。这样句子的内在含义就能揭示出来了。

（二）抓住句中的关键词语来理解

　　抓住一句话中的关键性词语理解句子，这也是理解含义深刻的句子的常用方法之一。采用这种方法，首先要熟读句子，了解句子的基本内容，并在阅读中找出句子的关键词语。弄清关键词的本义及其在具体语言环境中的意思，从而理解句子的深刻含义。如《卖火柴的小女孩》是这么结尾的："谁也不知道她曾经看到过多么美丽的东西，她曾经多么幸福，跟着她奶奶一起走向新年的幸福中去。"我们可以抓住两个"幸福"之关键词，引导学生质疑两个"幸福"的区别。在幻觉中，小女孩得到了温暖、食物和快乐，享受到了唯一亲人的疼爱，这让"她曾经多么幸福"。其实哪里是什么幸福啊，分明是现实中极度的寒冷、极度的饥饿、极度的痛苦的写照。只有死了才能摆脱出来，才能"走向新年的幸福中去"，即小女孩死了就没有了寒冷，没有了饥饿，没有了痛苦，就彻底幸福了。

（三）联系上下文来理解

有些句子含义与上下文有着密切的联系，理解这种句子不能脱离语言环境，只有联系上下文，多问几个"为什么"，从课文的内在联系入手，才可以理解句子的深刻含义，明确该句在文中的作用。

例如《草原》一文中有一句话："这种境界，既使人惊叹，又叫人舒服；既愿久立四望，又想坐下低吟一首奇丽的小诗。"如果从句子本身看，我们会认为这句话是写作者初次看到草原美景时的心情，但我们只要联系上下文认真读一读，就会明白，这种理解虽然正确，但却很肤浅、笼统。草原的景色奇异而美丽，是作者从未见过的，景色的美丽出乎他的意料，所以他才感到惊讶，由衷地赞叹这美丽的景色。"愿久立四望"反映了作者想尽情欣赏美景的心情，此时作者的感情已由初见草原时的激昂豪放转为细腻深沉，心中充满了遐想，他被这"奇丽"的美景陶醉了，所以"低吟"一首小诗最能表现此时的心境，而不再是"高歌"一曲。通过贯穿前后，上下联系，就会由浅层次的认识发展到深层次的理解，准确地把握句子的含义及其在文中所起的作用。

（四）联系时代背景来理解

有些句子从表面上来看，很难读懂，因此一般都要首先了解文章的写作背景，然后结合文章的写作背景来理解句子的含义。如《我的伯父鲁迅先生》一文中有这样一句话："四周黑洞洞的，还不容易碰壁吗？"作者用"黑洞洞"形容旧社会非常黑暗，用"碰壁"比喻革命者没有自由，到处受迫害。从而理解这是鲁迅先生用诙谐的笑谈来讽刺、抨击旧社会的黑暗。

（五）通过展开想象来理解

课文中有些句子，如写景写场面的，一般可以通过想象，联系生活中、电影、电视中看到过的情景去理解。在四年级《七月的天山》这篇课文中"蓝天衬着高耸的巨大的雪峰，太阳下，雪峰间的云彩就像白缎上绣了几朵银灰色的花"一句，只要引导学生想象一下句中的情景，就会产生一种身临其境的感觉，学生们还可联想到电影、电视中类似的镜头，脑海里马上绘制出一幅美妙的图画来，从而自然地进入到句子所示的意境中去。

总之，如果教师能够引导学生在平日阅读时注意围绕含义深刻的句子开动脑筋多问为什么，善于联系生活实际、抓住句中的关键词语、联系上下文、联系时代背景等来理解，那么学生收获的就不单单是更多的好词佳句，而是阅读质量上的一个飞跃。

三、理解有象征意义、表达生动形象的句子，体会表达的效果

在小学语文教材中，有些句子运用各种修辞方式，如比喻、拟人、排比、夸张、设问、反问等使文章更加生动、形象，表达意思更为准确、清楚。这些句子往往能更好地表现课文的中心，在教学上更要重视讲解清楚，使学生能理解、掌握，并在实际上运用。开放式阅读教学重视这些运用各种修辞方式的句子，但并不直接向学生传授关于修辞方面的知识，而是自觉地从课文中提取实例，体会其表达效果，提高阅读欣赏和习作表达的水平。以下重点谈谈比喻、拟人、夸张、排比、设问、反问等修辞的句子对文章表达所起的作用。

（一）体会比喻的表达作用

比喻就是打比方，利用甲乙相似之处来打比方。比喻手法最突出的特点就是突出事物的某一特点，化陌生为熟悉，化抽象为具体，更好地表达作者的感情。如："桂林的山真奇啊，一座座拔地而起，各不相连，像老人，像巨象，像骆驼，奇峰罗列，形态万千……"（《桂林山水》）没去过桂林的人对桂林山的形态很陌生，可是用"老人"、"巨象"、"骆驼"这些我们常见的人或事物一比，各种形状的桂林山就清晰地呈现在我们面前。又如："桃花潭水深千尺，不及汪伦送我情。"（《赠汪伦》）汪伦为"我"送别深厚感情是抽象的，看不见，摸不着，可是用奇深无比的桃花潭水作比，理解就很容易了。再如："几对燕子飞倦了，落在电线上。蓝蓝的天空，电杆之间连着几痕细线，多么像五线谱啊！停着的燕子成了音符，谱成了一支正待演奏的春天的赞歌。"（《燕子》）把停息着燕子的电线比做五线谱，把停在电线上的燕子比做音符，把整幅画面比做赞歌，自然而又巧妙地流露出作者对春景图的喜爱之情。还有："人呢？战争一开始这里就没有人了。"小孩不慌不忙地回答，"刚刚一开火，村子就着火了，大家都喊：'野兽来了，野兽来了'——就都跑了。"（《夜莺的歌声》）把德国鬼子比做野兽，表达了说话人包括作者对敌人的仇恨与愤怒。

（二）体会拟人的表达作用

拟人就是把本来不会说话的动物、植物或者无生命的东西当做人来写。也就是把事物当人来描写，能够让人产生亲切感。如《林海》中的"兴安岭多么会打扮自己呀：青松做衫，白桦为裙，还穿着绣花鞋。"如《大海的歌》中的"船头飞溅起来的浪花，唱着欢乐的歌。"又如："桃树、杏树、梨树，你不让我，我不让你，都开满了花儿，赶趟儿。"运用此方法使描写

对象具体、形象、生动、亲切、感人。再如："猫的性格实在有些古怪，说它老实吧，它的确有时候很乖。它会找个暖和地方，成天睡大觉，无忧无虑，什么事也不过问。"（《猫》）猫的可爱溢于言表。

（三）体会夸张的表达作用

为了达到某种目的，故意把事情夸大或缩小，这种修辞方法就叫夸张。夸张手法的主要表达作用是凸显事物特点，以强烈的视觉冲击，给人留下深刻的印象。在阅读教学中，教师要善于引导学生掌握这些句子。如："五岭逶迤腾细浪，乌蒙磅礴走泥丸。"（《长征》）又如《金色的鱼钩》中的"我端起搪瓷碗，觉得这个碗有千斤重，怎么也送不到嘴边。"再大的碗也不会有千斤重，是心情沉使然。这种方法渲染气氛，启发联想，突出事物的特征，留给读者深刻印象。如："日照香炉生紫烟，遥看瀑布挂前川。飞流直下三千尺，疑是银河落九天。"（《望庐山瀑布》）"三千尺"和"落九天"，突出了庐山瀑布高和长的特点。"浪潮越来越近，犹如千万匹白色战马齐头并进，浩浩荡荡地飞奔而来；那声音如同山崩地裂，好像大地都被震得颤动起来。"（《观潮》）"千万匹白色战马齐头并进"、"山崩地裂"、"大地都被震得颤动起来"突出了浪潮涌来时气势的强大和声音的宏大猛烈。

（四）体会排比的表达作用

排比就是将语气一致、结构相同、内容密切关联的句子成串排列，就是把三个或三个以上内容相关、结构相同或相近的句子连在一起组成一个长句子。排比句里每个分句中往往会有相同的字词。这相同的字词可以在每个分句之前，也可以在每个分句当中，还可以在每个分句的末尾。如："他们的品质是那样的纯洁和高尚，他们的意志是那样的坚韧和刚强，他们的气质是那样的淳朴和谦逊，他们的胸怀是那样的美丽和宽广。"它的作用是有力地表达强烈的思想感情，同时，使气势畅达，铿锵有力。

（五）体会设问、反问的表达作用

自问自答的修辞手法叫设问。设问的作用是引起人的高度注意，让答案深深印入人的头脑。如："谁的尾巴长？谁的尾巴短？谁的尾巴好像一把伞？猴子的尾巴长。兔子的尾巴短。松鼠的尾巴好像一把伞。"（《比尾巴》）前三句提问，引起注意；后三句回答，让人产生较深的印象。

反问是无疑而问，答案就在疑问之中，其作用是加强语气。有两种情形。（1）句子本身表示肯定意思，反问句就表示否定意思，而且比一般的否定句语气更强烈。如："看啊，这就是我们中华人民共和国的总理。我看见了他一夜的工作。他每个夜晚都是这样工作的。你们看见过这样的总理吗？"（《一夜的工作》）"你们见过这样的总理吗？"句子本身是肯定的，但反问句表示的是否定的意思，即没有看见过这样的总理，而且否定的意思特别强烈，实际为绝对没有看见过这样的总理。（2）句子本身表示否定意思（谓语前有表示否定的词如"不"、"没有"等）反问句就表示肯定的意思，语气更为强烈。如："直到今天，谁读了这个故事不受感动呢？"（《小珊迪》）意思是谁读了这个故事都会受感动，但有毋庸置疑的意味。教学中，引导学生正确理解这类语气很重要，同时，教师还应请学生在课堂上练习说一说这种句式，从而提高学生用词造句的能力。

总之，句子是词语、段落和篇章的桥梁。在小学语文句子教学中，我们必须认清它的重要性，准确地把握内容，扎实训练，以提高句子教学的效率，把语文教学落到实处，提高学生的语文素养。

《一夜的工作》（人教课标版六年级上册）

师：书读百遍，其义自现。请同学们自由地读一读这篇课文。我建议，难读的地方反复读，围绕总理一夜的工作，特别让你有感触的地方也反复读。（学生自由读课文，教师巡视）

师：读完了吗？你反复读了哪个地方？

生："那是一间高大的宫殿式的房子，室内陈设极其简单，一张不大的写字台，两把小转椅，一盏台灯，如此而已。"

师：你为什么还要反复地读？

生：这句话可以看出总理的简朴。

师：总理的简朴首先体现在哪个词语上？

生：极其简单。

师：哪里具体能够感受到"室内陈设极其简单"呢？

生：一张不大的写字台，两把小转椅，一盏台灯。

师：除了这些，还有别的陈设吗？

生：没有。

师：所以，课文说——

生：如此而已。

师：可是，这房子毕竟是"宫殿"式建筑，是不是我们小老百姓就能居住的地方？（稍作停顿）猜猜：这样高大的宫殿式的房子曾经可能是谁住的地方？

生：何其芳。

生：朱德。

（生略）

师：他们都没有资格去居住。我提示一下，应该是清朝的，官位很大。

（学生想了一会儿）

生：大将军。

生：元帅。

师：这些官还是小了点。

生：应该是皇上。

师：差不多了，可是这个人的官比皇上还大一些。（学生很吃惊）

生：太上皇！

师（笑着说）：可是太上皇退休了。告诉大家，他就是专管皇上的摄政王！（稍作停顿）想象一下，这样高大的宫殿，里面应该有哪些陈设？

生：奇珍异宝。

生：奇花异草。

生：黄金美玉。

生：名人字画、红木桌椅。

师：曾经是那么昂贵的陈设，曾经是那样位高权重的摄政王居住的地方，但是，当这座高大的宫殿成为我们新中国第一任总理的办公室以后，读下去——

生（齐读）："室内陈设极其简单，一张不大的写字台，两把小转椅，一盏台灯，如此而已。"

师：读到这里，你想说什么？

生：总理生活是非常简朴的。

生：我还发现，课文中说花生米好像没有增加，可以数得清颗数，但实际是讲花生米增加了，只是平时数量太少，进一步说明总理生活简朴。

师：你真会读书，能够前后联系、比较着读，这个习惯好。

生：我们的总理和摄政王就是不一样，是一个生活简朴的好总理！

生：我们的总理心里装着老百姓，装着国家大事，他根本没有想到自己！

师：（出示新中国刚成立不久有关国家贫穷落后的资料）请大家细细阅读，想象：作为新中国第一任总理，他可能在想些什么？把它写下来。

（学生想象，写相关片段，学生反馈交流）

生：总理可能在想，我们的国家才解放，老百姓还吃不饱，穿不暖，天又冷起来了，得解决老百姓的实际困难啊！

生：总理可能在想：我们的国家刚刚经历了一场战乱，国家这么贫穷，我们要努力工作，让全中国人民过上幸福的生活……

……

师：我们的总理真了不起！让我们怀着崇敬的心情再读这句话。

（生齐读句子）

《一夜的工作》以小见大，介绍了总理一夜工作的劳苦和生活的简朴。教学这篇文章，不能够仅停留在文字的表面，重要的在于引导学生去体会、去感受、去入情入境地品味字里行间那份隐藏的东西。所以，在粗略地了解了总理生活的简朴之后，教师紧扣"宫殿"一词，设置教学环节：

环节一，猜猜：这样高大的宫殿式的房子曾经可能是谁住的地方？通过看似不经意的聊天，激发了学生的探究兴趣，又为下文想象其繁华作了极好的铺垫。环节二，想象：这样高大的宫殿，里面应该有哪些陈设？想象的过程不是简单的罗列，而是进一步感受宫殿的豪华，进而对总理的简朴作了极好的烘托，两者形成了极大的反差。环节三，比比：曾经是那么昂贵的陈设，曾经是那样位高权重的摄政王居住的地方，但是，当这座高大的宫殿成为我们新中国的第一任总理的办公室以后，又怎么样？从而达到了清楚、真切地理解总理的目的，其生活简朴的品质凸显出来。环节四，写写：出示新中国刚成立不久有关国家贫穷落后的资料之后，引导学生写总理可能在想些什么的片段，既实现了阅读教学与习作教学的有机融合，又让学生在想象与习作之中感受到了总理一心为民、一心为国的崇高品质，进一步理解了"生活多少简朴"、"工作多么劳苦"的深刻含义。四个环节的教学，或深入浅出，或读写结合，或思维激活，或资源整合。看似简简单单的一番品析，实则真真切切地感受。

第五节　开放式阅读教学中的段落教学

从《义务教育语文课程标准（2011年版）》对各学段的教学要求来看，段落教学是第二学段（三四年级）阅读教学的重点，是由词句教学向篇章教学过渡，夯实段落教学，既可以运用和巩固词句教学，又可为高年段的篇章教学打下基础，因为篇章教学也要建立在段落教学的基础上。

从段落在文章中的作用来看，一篇文章是由多个自然段组成的，它是构成文章的基本单位。文章中的段与段之间是连贯的，段与段之间的联系体现了文章的内线，即作者的写作思路，教学中弄清段与段之间的联系，可以很好地把握作者的写作思路，学习作者布局谋篇的方法；段落使文章眉目清楚，便于读者阅读、理解，给读者回味的余地。教学中引导学生很好地阅读段落，掌握阅读段落的方法，能使学生很好地理解和回味，能更好地理解课文的内容。一篇文章总有重点段落，它揭示了文章的主旨，蕴涵着作者的情感，在文章的表情达意方面起到重要的作用，所以抓住重点段进行教学，可以很好地把握文章的主旨，体会作者的情感，体会文章所表达的思想感情。每一个段落是句子的集合体，正所谓句不离段，而且每个段落都体现了句与句之间的关系，如总分式、因果式、并列式等。那么，如何有效进行开放式的段落教学呢？

一、上下贯通，巧妙联系

"上下贯通"指的是教学中要把各段巧妙地结合起来，使学生体会段与段之间的内在关系。这样做便于学生从整体上感悟课文内容，避免琐碎的分析，也便于把握作者的写作思路。方法有：由果探因巧联系、抓过渡段巧结合、遵循作者的情感线等方法。

《掌声》一课是三年级上册的一篇课文，对于三年级学生来说，如何理解好上下段之间的关系，是教学的重点。所以教学时，可分以下几个步骤引导学生理解上下段之间的联系。

第一步：引导感悟掌声的句子，体会句子的含义，运用因果的句式，探究鼓掌的原因。

引导学生画出描写掌声的句子（第一次，就在英子刚刚站定的那一刻，教室里骤然间响起了掌声，那掌声热烈而持久；第二次，故事讲完了，教室里又响起了热烈的掌声）。

接着用因果关系的句式，引导同学寻找给英子掌声的真正原因。学生通过读书找到英子落下残疾的句子（即同学们给予她掌声的原因）："因为她得过小儿麻痹症，腿脚落下了残疾，不愿意让别人看见她走路的姿势。"从中体会到英子的自卑和伤心。这句中只有"因为"没有"所以"，问学生在这个句子中加"所以"应该加什么地方？根据学生回答完成："因为她得过小儿麻痹症，腿脚落下了残疾，（所以）不愿意让别人看见她走路的姿势。"学生在加"所以"时，体会到"不愿意别人看到她走路的姿势"原因，感受到这个句式是因果关系，也体会出表示原因的句子是写英子身体的残疾，表示结果的句子是写英子心理的不健康。

第二步：运用因果的句式，体会段落之间的关系，探究句子的内涵，感悟掌声的内涵。

把"所以"加在句末：因为她得过小儿麻痹症，腿脚落下了残疾，不愿意让别人看见她走路的姿势，所以（　　　　）。

引导学生找出英子"不愿意别人看到她走路的姿势"原因，体会段与段之间的关系。

学生读第一段和第三段，思考填写。完成句子如下：

其一：因为她得过小儿麻痹症，腿脚落下了残疾，不愿意让别人看见她走路的姿势，所以（她总是默默地坐在教室的一角）。

其二：因为她得过小儿麻痹症，腿脚落下了残疾，不愿意让别人看见她走路的姿势，所以（上课前，她总是早早地就来到教室，下课后，她又总是最后一个离开）。

其三：因为她得过小儿麻痹症，腿脚落下了残疾，不愿意让别人看见她走路的姿势，所以（英子犹豫了一会儿，慢吞吞地站了起来，眼圈红红的）。

再引导学生抓住重点词语（默默地、一角、最后一个、早早地、犹豫、慢吞吞、眼圈红红的），体会英子的忧伤和自卑，体会出因为同学们同情英子，有一颗关心弱者的爱心，才在英子站定的那一刻，给予她热烈而持久的掌声。这样，学生通过段与段之间的联系，悟出掌声中蕴涵的鼓励，蕴涵着爱。

通过因果关系的训练，学生便能很好地理解自然段之间的逻辑关系，同时那爱的掌声也深深地刻在学生的心里。

第三步：体会英子内心，几次诵读"掌声句子"，深刻感受同学的爱心。

通过因果关系的句子的理解，学生体会到英子的内心，然后不失时机地引导学生朗读"就在英子刚刚站定的那一刻，教室里骤然间响起了掌声，那掌声热烈而持久。"让学生真正体会到学生的爱心，使学生爱的情感螺旋式上升。

由于抓住因果关系的句式，把各段巧妙地结合起来，可使学生体会了句与句、段与段之间的内在关系，整体感悟课文内容，并在语言文字训练的基础上，使学生真正体会文章的人文内涵，做到工具性与人文性的和谐统一。

二、层次朗读，理清脉络

"层次朗读"就是根据段落内容及作者思想情感，引导激发学生由浅入深、层次递进地去读，体现朗读的层次性。这是学习段落的好方法，以读代讲，避免烦琐的分析，在读中感悟，在读中培养语感，在读中受到情感的熏陶。层次朗读大体上可分为以下几个层次：读通读顺，了解学习的段落内容；引导学生抓住重点词语体会作者情感读；营造氛围，引导学生入情入境地读；提供背景资料，激发情感地读；创造广阔的想象空间，让学生们去感受着读；音乐图像渲染气氛，创设情境地读等。读是语感生成的基础，有了读的积淀，将来才会有"风行水上，自然成文"的能力。

《特殊的葬礼》的第四自然段这样写道："这条瀑布曾经是世界上流量最大的瀑布，汹涌的河水紧贴悬崖咆哮而下，滔滔不绝，一泻千里。尤其是每年汛期，大瀑布的气势更是雄伟壮观，每秒钟有1万立方米的水从几十米的高处飞流直下，落地撞开万朵莲花，溅起的水雾飘飘洒洒，水声震耳欲聋。据说在30千米外，瀑布的巨响还清晰可闻。"这一段描写了昔日大瀑布的雄伟壮观，理解好这一段，可以让学生燃起崇敬之情，为学生学习枯竭的瀑布一段作好铺垫形成对比，学生才能真切地感受到保护环境的重要。

教学时，首先引导学生读这一段，从整体上感受昔日的瀑布雄伟壮观。引导学生抓重点词句来体会大瀑布的雄伟壮观，学生有的从"汹涌的河水紧贴悬崖咆哮而下，滔滔不绝，一泻千里"体会到瀑布的流量大，看出瀑布的雄伟壮观；有的从"尤其是每年汛期，大瀑布的气势更是雄伟壮观，每秒钟有1万立方米的水从几十米的高处飞流直下，落地撞开万朵莲花，溅起的水雾飘飘洒洒，水声震耳欲聋"体会到瀑布的气势大，读出了雄伟壮观；有的从"据说在30千米外，瀑布的巨响还清晰可闻"体会到瀑布的声音大，感受到了瀑布的雄伟壮观。然后引导学生抓住重点语句，带着自己的体会读出流量之大，气势之大，声音之大，来感受瀑布的雄伟壮观，这是第一层次的由文悟情的朗读指导。适时补充大瀑布壮观的录像，补充大瀑布宽度的数字资料，让学生感受到流量之大、气势之大，学生的心灵得到震撼，然后再读这一个自然段，这是第二个层次的补充资料，拓展空间，渲染情景的朗读指导。当学习完第五自然段的时候，学生感受到了大瀑布给巴西人民带来的骄傲和自豪，然后引入文章最后一段："菲格雷特总统用饱含深情的语调，讲述了塞特凯达斯大瀑布曾经给巴西和其他国家人民带来的骄傲与欢乐……"引导学生像总统一样用饱含深情的语调再读这一段，这是第三层次联系上下文的情感升华的朗读指导。

就是这样有层次的朗读，雄伟壮观的大瀑布在学生心中树立起来了，这一段的教学是通过朗读完成的，体现了"以读代讲"的教育思想。可见，读是学生语感形成的基础，有了读的积淀，将来才会有"风行水上，自然成文"的能力。

三、抓住要点，感悟内容

文章中的段落都有作者要表达的主要意思，这就是这段文本的要点，抓住了段落的要点，就能很好地把握课文的主要内容。这个要点可能是一句话，如《孔子游春》的第四自然段"水是真君子啊！"；可能是一个词，如《三顾茅庐》中第三次请诸葛亮一段中的"恭恭敬敬"等。我们在教学生时就应该引导学生抓住段落的要点，然后辐射全段，紧扣要点学习段落，牵一发而动全身。

《孔子游春》中有一段的内容是这样的："孔子凝望着泗水的绿波，意味深长地说：'水奔流不息，是哺育一切生灵的乳汁，它好像有德行；水没有一定的形状，或方或长，流必向下，和顺温柔，它好像有情义；水穿山岩，凿石壁，从无惧色，它好像有志向；万物入水，必能荡涤污垢，它好像善施教化……由此看来，水是真君子啊！'"这一段是文章的重点段，主要讲孔子借着泗水河中的水教育弟子，让他的学生做一个真君子。如何让学生体会这段文字的内涵，如何引导学生做水一样的真君子是教学的重点，教师在教学中可采用围绕核心层层递进，循序渐进升华情感的方法来突出教学重点。

首先，让学生体会"水是真君子啊！"中"君子"的意思就是"有道德的人"，接着引导学生细读本段，结合具体的句子谈一谈对"水是真君子"这句话的理解。然后拓展，"孔子的学生明白了，你明白了吗？你想做一个怎样的人？"通过读下文知道子路和颜回懂得了孔子的意思，并试图做一个真君子。学生分别从不同方面谈自己的感受：做一个有理想的人；做一个帮助他人的人；做一个影响他人的人等。然后再有感情地朗读课文，升华情感。

这一段的教学，让学生围绕"水是真君子"这一核心，抓住具体语句感受水具备的道德品质，感受到水真是君子，理解孔子的用心，可以说如剥竹笋，先由文悟情，再动情读文，然后拓展、感悟、生情。

四、掌握结构，学会构段

段落是句子的集合体。但是每一个段落中的句子绝不是拼盘，是作者为了表达自己的思想，按照一定的结构顺序进行表达的。这种结构安排使得段落中句子巧妙联系，很好地体现了句子之间的关系。有的段落中的句子是"总—分"关系的；有的段落中的句子是"分—总"关系的；有的段落中的句子是"因—果"关系的；有的段落中的句子是并列关系的……这些在中年段教材中经常见到。所以，我们在教学中应该用有效的教学策略掌握文章结构，弄清句子之间的关系，学习作者构段的方法。

（一）学习段落中句子之间总分关系的教学策略

总分结构的段落大体分为三种形式：总—分；分—总；总—分—总。

教学时，我们首先要引导学生通过读文、抓词、抓句明白这个段落的主要内容，然后让学生看一看段落的哪句话能概括这段的意思，接着引导学生读分述的句子，体会这些分句都是为了说明总起句的，学生感受到以后，教师可以用巧妙的方法告诉学生这种"总—分"的构段方法。

《莫高窟》第二自然段就是"总—分—总"的结构。教学时，教师可以首先让学生自由读第二自然段，思考主要写了什么？（主要描写了莫高窟的彩塑）接着让学生画出概括彩塑特点的句子。（这些彩塑个性鲜明，神态各异）再引导学生读文，看看哪些语句体现彩塑的个性鲜明、神态各异，并结合具体的词句谈自己的感受。然后教师要适时点拨：这些语句都是围绕第一句话写的，都是为了体现彩塑的个性鲜明、神态各异的。最后体会最后一句话，总结了彩塑是惟妙惟肖的，令人啧啧称赞的。教师总结：作者运用了"总—分—总"的构段方式，让我们感受到结构严谨，更好地体现了彩塑的特点，我们阅读时掌握这种构段的方式能更好地理解课文内容；习作时运用这种构段方式，能使我们的习作锦上添花。

（二）学习段落中句子之间因果关系的教学策略

句子之间是因果关系的段落大体分为两种形式：一种是为了突出果，先交代原因，后交代结果；一种是为了强调原因，先交代结果，后交代原因。教学时，可以抓关联词来体会句子之间的关系；可以用分析法理解句子的意思，再思考句子之间的关系；可以用引读的方式（加上"因为……所以"）来感悟句子之间的关系等。

《挑山工》一课的结尾是这样的："从泰山回来，我画了一幅画——在陡直的似乎没有尽头的山道上，一个穿红背心的挑山工给肩头的重物压弯了腰，他一步一步地向上登攀。这幅画一直挂在我的书桌前，多年来不曾换掉，因为我需要它。"

作者运用了因果关系的倒装句，强调了作者需要这幅画，更需要挑山工向着目标、脚踏实地、一步一个脚印向上攀登的精神。教学时，我们可以引导学生理解这个结尾写了两层意思：一层是我画了一幅挑山工肩挑重物向上攀登的画；一层是我需要这幅画，一直挂在书桌前。这幅画是通过挑山工的形象展现挑山工的精神，而我挂在书桌前，说明我需要这种精神。弄清楚意思后，紧紧抓住最后一句，来体现句子之间的因果关系，进而明白作者的心声。首先启发学生明白这句是因果关系，并弄清"因"是什么，"果"是什么。接着用"因为……所以……"的句式说一下。（因为我需要它，所以这幅画一直挂在我的书桌前，多年来不曾换掉）然后引导学生思考：作者为什么先说结果后说原因？（强调作者需要挑山工的精神）这样，在引导学生体会因果关系的同时，也明白了作者的心情。

（三）学习段落中句子之间并列关系的教学策略

句子之间是并列关系的段落，句子与句子之间不分主次，它们巧妙地组合在一起，往往集中表达了一个意思。教学时，应引导学生抓住每一句话的要点，概括出句子的意思，然后引导学生进行对照明白每一句话都写了一个方面，不分主次，是并列关系，接着再引导学生体会这段中采用并列的构段方式，要表达什么意思。

《桂林山水》描写水的特点的段落："漓江的水真静啊，静得让你感觉不到它在流动；漓江的水真清啊，清得可以看见江底的沙石；漓江的水真绿啊，绿得仿佛那是一块无瑕的翡翠……"我们在教学时可引导学生抓住每个句子要点：主要写了漓江水的"静、清、绿"的特点。然后引导学生体会这三句话不分主次，是并列关系，这样写就把漓江水的特点清晰地写了出来。

（四）学习段落中句子之间承接关系的教学策略

这种构段的方式多半是按着事情的发展顺序构段的，有的按时间顺序，有的是按空间位置顺序。教学时，我们可以按着起因、经过、结果的顺序、时间的顺序、空间位置的顺序弄清层次，并抓住重点词句体会段落的内涵，从而掌握段落内容，体会作者的情感。

教学《伟大的友谊》的第二自然段可以用引读的方法来体会句与句之间的承接关系。

师：因为马克思受到反动政府的迫害，所以——
生：所以长期流亡在外。
师：因为长期流亡在外，所以——
生：所以借钱买邮票……
师：马克思穷苦的真正原因是什么？
生：受到反动政府的迫害。
师：因为马克思从事革命活动，为了革命生活才困窘。

这样，学生体会了句与句之间的关系，也弄清楚了马克思困窘的原因。

（五）学习段落中句子之间转折关系的教学策略

句子之间的转折是指句与句之间，分两层意思，肯定一方面，否定一方面，常用"但是"等转折词分开。教学时，应引导学生抓住表示转折的关联词语体会作者肯定的一个方面，明白作者所表达的意思，同时学习作者这样构段的作用。

五、细读文本，学会造段

沉潜读书，注重细节，慢慢读、细细品，从细微之处入手，从字、词、句等言语材料的释读入手，细致分析言语的表达手法、修辞手法，层层解剖言语内在的组织结构，全力开掘言语的多侧面内涵，这就是文本细读。所以我们在引导学生学习段落时，要启发学生从细微处入手，抓住能表达文本情感的重点的字、词、句甚至标点，来体会所学的段落写什么，为什么写，怎么写的。

（一）抓重点词语学习段落的教学策略

抓住重点词语来学习段落是很重要的阅读方法。因为在一段文字中，有一些词语很打动人心，指导学生抓住这些重点词语不仅能够体会文本暗含的东西，还能很好地体会段落的情感。

操作时大体可分以下几步：通读全段掌握内容，体会情感；再细读段落，哪些词句打动你；抓住重点词语谈体会；抓住词语带感情朗读。

《伟大的友谊》中有这样一段话："……生活这样困窘，马克思毫不在意，仍然从事革命工作……"，教学时就可以引导学生抓住"困窘"一词体会段落。

> 师：困窘怎样理解？
> 生：就是生活困难。
> 师：读读这一自然段，看看从哪些语句看出马克思的生活很困窘。
> 生：马克思借钱买邮票，一个邮票才多少钱，可是马克思都要去借钱，可见他的生活很困窘。
> 师：不是一般的困难啊！
> 生：他把衣服当了买面包，可见他生活多困窘啊！
> 师：真不是一般的困难。
> 生：由于到时还不清除购货物的欠款，常常受到杂货店老板的责备。可见多么困窘。
> 师：是啊，的确不是一般的困难。

学生读到这里的时候，已经感受到了"困窘"的含义——"不是一般的困难，非常困难。"同时也会被马克思坚定的革命信念所感动，很好地体会了本段文字的内容。

（二）抓住重点句子学习段落的教学策略

抓住重点句子来学习段落可以很巧妙地把握段落主旨，体会作者情感。操作时可分为以下几步：找出段落中最能说明问题、最能表达情感的句子；揣摩句子的含义；通过重点句子体会作者的情感；引导学生与文本对话；联系全段体会重点句的作用。

《献你一束花》中有这样几句描写女运动员神态的句子：

"她一直垂着头。"

"现在她回国了，走入首都机场的大厅，简直要把脑袋藏进领口里去。"

"她赶紧垂下了头。"

"她听了这话，重新抬起头来。"

这几组句子，可以看出女运动员内心的变化。这里有痛苦；有愧疚；有沮丧；有失落；有得到理解后的感激；有得到鼓励后燃起的信心。

在教学这几组句子的时候，首先让学生充分地读书，然后找到对女运动员头部描写的句子。学生找到后，引导学生读句子并结合上下文体会这些句子的含义。在学生谈自己的感受后，再引导学生读句子，读出感受。当学生对每个句子理解完之后，又引导学生对比着读这组句子，深入地体会句子内在的情感，体会人物的心声，洞悉女运动员的情感变化。

抓住人物头部的神态描写的句子对比着品读，学生就能对女运动员失落、沮丧和愧疚的心情体会深刻，同时在理解课文内容的基础上，更深刻地理解女服务员献上一束花的含义。

第六节　开放式阅读教学中的篇章教学

一篇文章是一个整体，如一只瓷花瓶，整体观赏十分美丽，一旦把花瓶打碎了，一堆瓷片就会失去花瓶的美。同样，一篇文章，只有从整体上把握，才能体现出文章的思想感情和美感。读一篇文章的目的，从理解的角度讲，就是要理解全篇的思想内涵，理解字词句的目的也是为了能读懂全篇。从运用的角度讲，学了语言就是要会表达，学会说话、作文，学习遣词造句，也是为了能作文成章。所以小学语文教学必须着眼于整篇，不能只见树木，不见森林。

开放式阅读教学中的篇章教学要从文章的整体入手，经过必要的词句段的理解和感悟，最后必须落实在篇章上去理解，去感悟，去欣赏，去运用。

《义务教育语文课程标准（2011 年版）》强调："阅读教学是学生、教师、教科书编者、文本之间对话的过程。""阅读是学生的个性化行为。阅读教学应引导学生钻研文本，在主动积极的思维和情感活动中，加深理解和体验，有所感悟和思考，受到情感熏陶，获得思想启迪，享受审美乐趣。"可见阅读教学活动应聚焦文本，以文本为依托，在充分尊重文本的基础上，引领学生走近文本，走进文本，体会作者的思想，在接受中激活自己的情感，形成自己的观点，和文本作者对话，将文本内化为学生的思想感情，走出文本。

一、走近文本——搭设学生与文本之间的桥梁

（一）巧设问题，让学生自读自悟

抓住课文内容，巧设问题，能有效搭建读者解读文本的桥梁。例如，在教学小学四年级《猫》这篇课文时，由于该课文不长，也没有难懂的词句，且贴近学生生活，即使没有老师的引领，学生也完全可以自己把这篇课文读懂。为此，在学生整体感知了课文内容后，教师巧设问题："你见过的猫是怎样的？作者家的猫又是怎样的？"这两个问题，拉近了学生和文本之间的距离。学生联系生活实际，再与作者笔下的猫作对比，学生求知的欲望被激起，畅所欲言，在孩子们讨论，交流中师生就都体会到了"猫的性格古怪和小猫的可爱"。

（二）挖掘文本资源，丰富学生语文素养

《义务教育语文课程标准（2011年版）》指出："阅读教学应重点培养学生感受、理解、欣赏和评价的能力。"在教学中，注意挖掘教材的潜在资源，有利于培养学生感受、理解、欣赏和评价的能力。例如，在体会猫的性格温柔可亲时，教师注意"蹭"这个词的表演，表演中使学生模拟当时作者会说什么？想什么？猫会说什么？想什么？这样做，既填补了课文空白，又使学生更深地感受到人和猫之间的亲密，喜爱。又比如，教师可通过指导学生用"既……又……"进行说话训练，在这一过程中，学生不仅对"猫的性格古怪，小猫的活泼可爱"有了更深的体会，而且教师也可预见到，一只性格古怪的猫，一只活泼可爱的小猫已经走进了学生的心里。在这一过程中，学生积累语言，内化语言，并灵活地运用了语言。

所以，挖掘教材的潜在资源，可以培养学生感受、理解、积累和运用语言的能力，丰富学生的语文素养，让每一位学生得到扎扎实实的发展。

二、走进文本——引领学生体会文本意图

对文本的理解，彰显教师的功力。现在教师备课的主要精力其实也就在理解文本、确定教学思路上。因此，首先要求的是教师要走进作者、走进背景、走进文本，并对文本进行深入的挖掘。惟其如此，才能更好地带领学生走进文本，学生也才能学到东西，最终才能做到举一反三。

（一）走进作者，品味文本意图

如果你想更深入地了解文本的话，那就去看看当时的社会背景。白居易说过："文章合为时而作，诗歌合为事而著"。只有明白作者，作者写作的社会背景，站在作者的立场上，才能体会作者的写作用意，为什么要这样

写？换个角度是怎样的？例如，小学四年级的《为中华之崛起而读书》，是一篇时代性极强的文章，现在的孩子很难理解：周恩来为什么说"为中华之崛起而读书"？作者写作意图是什么？如果教师能通过各种渠道介绍文本社会背景再联系课文第八自然段讲解，那这篇课文的重、难点"中华不振，为中华之崛起而读书"就能不攻而破，学生也就能真切地感受到文本的内涵，也才能明白作者的写作意图：激发学生爱国的情操，摆正自己的读书目标。

（二）走进教材，理解文本本质

首先，教师要认真阅读教材，走进文本，弄清知识的来龙去脉；其次，教师要咬文嚼字、反复揣摩，充分挖掘出隐藏在文字背后的思维过程，全面而深刻地理解文本，把握住教学的重点、难点和教学的关键；最后，教师在充分理解教材的基础上，充分挖掘教材中可利用的各种教学资源，思考教学时需要调动学生的哪些知识和经验，为进行新知学习作铺垫。

（三）走进学生，因材施教

学生的学习是以一定的知识为基础、以一定的认知水平为前提的。由于知识本身各有特点，学生的认知水平各不相同，学生的学习能力又存在差异，因而学生的学习过程会受诸多因素的制约。但人的认知过程存在着一定的规律，有很多共性的东西，学生在学习过程中出现的问题往往也是极其相似的，造成同样的理解上的偏差，产生同样的困惑，所以教师在与文本进行对话时还必须考虑学习的主体——学生的因素，思考学生在学习时需要调动哪些基础知识和生活经验，学生对这些知识的学习可能存在哪些共性的问题，会遇到什么样的困难，教师应怎样对学生进行有效的点拨和引导，为学生提供哪些有效的学习材料。

在课堂教学中，要给不同学习水平的学生安排不同的语文基本功训练内容。对于学习水平较低的，应以一般性的记忆和理解水平的训练项目为主，而对于学习水平较高的，除了一般性的项目之外，还可相机进行一些属于运用水平的难度较大的项目训练。

课堂提问要有针对性，要有坡度，要通过课堂提问给不同学习水平的学生开辟通往教学目标的渠道。

如引导学生理解课处拓展课文《囚蚁》的内容和思想，可分别给学习水平处于上、中、下三个层次的学生分别设计以下三组思考题。

第一组：
①"我"和妹妹为什么想养蚂蚁，两次养蚂蚁的结果如何？作者的感受又是什么。②"没有什么比自由的生活更为可贵"怎么理解？

问题总括全文，跨度大，有相当大的思维价值，有利于培养分析概括能力，适宜于学习水平较高的学生。

第二组：

①"我"和妹妹为什么想养蚂蚁，两次养蚂蚁的结果如何？②养蚂蚁是关爱他们，为什么他们还逃跑了？③你怎样理解"没有什么比自由的生活更为可贵"？

化解了难点，放缓了坡度，适合中等学习水平的学生思考。

第三组：

①"我"和妹妹两次是怎样养蚂蚁的？②养蚂蚁是关爱他们，为什么他们还逃跑了？③你怎样看待蚂蚁的这种行为？④作者写囚蚁的目的是为了说明什么？

问题具体，答案明确，带有较多的暗示，能较好地帮助学习水平较低的学生"跳摘桃子"。

殊途同归，这三组思考题，将有效地引导不同学习水平的学生深入浅出地理解课文内容和中心，并在各自的基础上得到相应的思维训练和能力培养，从而使课堂教学真正面向全体，获得较好的整体效益。

走进学生，就要走进他们的生活，认真倾听他们的心声。这样有利于教师在执教过程中灵活调整教学预设的方法，用贴近学生生活的方法（即学生语言）引导学生深入体会文本；有利于教师从实际出发，确定除文本作者所认为的重、难点之外的，学生自己的重、难点，实现真正意义上的师本对话，达到深刻地研究教材、正确地理解知识、准确地把握重点和难点、充分挖掘出教材中各种教学资源的目的，为课前的教学预设提供科学的依据，为课堂上的精彩生成提供有效的保证。

三、走出文本——文本内化为读者思想感情

走出文本，强调文本与作者、与社会生活、与读者群体的联系，就是把文本内化为读者的思想感情，在每次精读中，进入的是一个"读者旧我"，出来的是一个"读者新我"，建构"个性化阅读"、"创造性阅读"。

（一）走出小课文，进入大文本

世界上没有哪一个文本是单一的，孤立的。法国朱丽娅·克里斯蒂瓦在《巴赫金：词语、对话、小说》一书中说："任何文本都是作为引文被建构的，任何文本都是其他文本的熔铸与变形。"这启示我们，任何意义都不会孤立地存在，必须依赖共生的语境和意义。不要将课文孤立看待，而要把课文放进与内容、形式相关、相类的教材中，放进整册语文教材中，放进与课

文作者的其他相关文本、乃至其全部著作的互文本中，放进相关链接的网络超文本之中，去互文对读。互文对读也就是我们通常说的"比较阅读"，将两种或多种文本对照阅读，分析其相同点或不同点，评价其优劣高下。那么，应当怎样指导学生"对读"呢？

第一，文和文对读。小学四年级有丰子恺的《白鹅》一课，再对读俄国作家叶·诺索夫的《白公鹅》。

第二，文和图对读。小学课文《长城》有画，《雅鲁藏布大峡谷》配有摄影。

第三，文和电影对读。读《愚公移山》看电影《王屋山的传说》。

第四，书和网上兼读。读某课文再到网上以同名点击会立即找到一个超文本。

"出文"包括从这一文本跳到另一文本的"出"。冰心在《忆读书》里写道："书看多了，从中也得到一个体会：物怕比，人怕比，书也怕比，'不比不知道，一比吓一跳'。"互文对读就会有"吓一跳"的体验。

因此，出文对读不仅产生"互文见义"的深度理解效果，还能产生"互文生义"的创造性阅读奇迹，因此，作为小学语文教师要多开展有目的的课外阅读。

（二）内化文本，应用实践

辩证唯物主义的"理论联系实际"，在阅读的过程中的表现就是把阅读文本的内涵"内化"（意化）后的应用"外化"（物化）。它包括吸收后的表达、借鉴后的迁移、认知后的实践。具体表现为两方面。

一是心得的言语化。即读者把从读物中"意化"过来的内部言语物化为口头或书面的外部言语。如朗读原文、复述原意、讲说体会、辩论是非，是把"心语"物化为"口语"；又如笔注生词、摘记警句、布列提纲、批改文稿、评点名篇等，是把"心语"物化为"书语"。

二是心得的生活化。即用文本之"意"去照射客观实际之"物"，触发联想，使"有字书"向"无字书"延伸。也就是把阅读心得迁移到相同、相似、相类、相关的阅读新情境中去，进行文事的类推、文理的演绎、文情的升华、文思的变迁、文技的转用、文辞的活用，使阅读心得在文本以外的生活空间得到拓展。

（三）出文察己，超越读者自我

每次精读，进入的是一个"读者旧我"，出来的是一个"读者新我"。因为，读者通过文本与作者的精神相遇，实际是读者灵魂的脱胎换骨，是一次精神洗礼！

读英国作家王尔德的《巨人的花园》，你会有快乐是要和大家分享的冲动，读竹林的《跨越海峡的生命桥》，你会获得生命如此可贵的体验，受到台湾同胞无私奉献的精神的洗礼。当然，读者超越自我的保证是对文本的深入理解之后的超越，还得冷静处理好情感与理智的问题。所以，文本的精读要适应学生读者的需求和水平，防止失去童真童趣，将思想和艺术拔高到专家阅读的水平。

综上所述，我们认为小学语文篇章教学的"近，进，出"三部曲能让学生沉浸到文本之中，体验文本意蕴，提高个体的语文素养，是小学语文阅读教学中最响亮的一支乐曲，能孕育出合格的"读书种子"。

 教学设计

不塌的桥，人性的美

《桥》（人教课标版第10册）这篇课文为我们讲述了一个震撼人心的感人故事，情节跌宕起伏，扣人心弦，处处充满着人性的美。作者满怀深情地塑造了一位普通的共产党员的光辉形象。老汉是父亲，更是村党支部书记。"沧海横流方显英雄本色"，面对滔滔山洪，人们惊慌失措，而老汉却站成了一座山。他以自己的威信、沉稳、果决和高风亮节，将村民送上跨越死亡的生命桥。他大公无私地揪出了企图逃生于群众前面的儿子，最后竟与自己的儿子一同牺牲于木桥之上！他用自己的血肉之躯筑起了一座不朽的桥梁。这座桥梁是以老汉为代表的优秀共产党员密切联系群众的"桥"，这正是课文以"桥"作为题目的深刻内涵。

悲剧将人生有价值的东西毁灭给人看。（鲁迅语）当我们知道老汉揪出的是自己的儿子时，当我们面对英雄的消失时，没有人能抑制住自己内心的悲情！教学如《桥》这样人文精神深沉、博大、炽热的文章，我们没有任何理由可以忽略人性的伟大。老汉的无私、公正、严于律己是这篇课文最值得突出的文本价值，是最值得我们汲取的人性力量！这也正是需要我们语文教师在教学此类课文化大力气浓墨渲染之处！因此以"美"为主线，引领学生深刻地认识和感受老汉这一形象，让人性美在学生心中扎根、升华，是本课教学最有价值的挖掘。

一、把握环境描写——烘托人性美

1. 出示《小桥流水人家》一文的精美句子："溪的两边，种着几棵垂柳，那长长的柔软的柳枝，随风飘动着。婀娜的舞姿，是那么美，那么自然……一条小小的木桥，横跨在溪上。我喜欢过桥，更高兴把采来的野花丢在桥下，让流水把它们送到远方"。

引导学生美读，感受和谐之美、幸福之美。

2. 谈话：小桥还是这样的小桥，人家还是这样的人家，只是——一天黎明，流水突然咆哮起来，变成了势不可当的洪水——播放洪水的声音，引导学生想象洪水来临的后果，感受洪水的可怕。

3. 这到底是一场怎样的洪水呢？浏览课文《桥》（板书"桥"），把描写洪水的句子画下来，读一读。

4. 交流反馈：这只是一般的洪水吗？

指名3~4个同学朗读，读出洪水的可怕，读出洪水的凶猛。

出示关于洪水的句子，引导学生回环朗读，深入感受：

◆山洪咆哮着，像一群受惊的野马，从山谷里狂奔而来，势不可当。

◆近一米高的洪水已经在路面上跳舞了。

◆死亡在洪水的狞笑声中逼近。

◆水渐渐窜上来，放肆地舔着人们的腰。

◆水，爬上了老汉的胸膛。

简简单单的几句话，呈现出来的只是一般的洪水吗？请你读出那份可怕。（第一组读：山洪咆哮着，像一群受惊的野马，从山谷里狂奔而来，势不可当。第二小组读：近一米高的洪水已经在路面上跳舞了。第三小组读：死亡在洪水的狞笑声中逼近。）

……

提问："跳舞、狞笑"本是人的动作和神态，在这里，是人的动作、神态吗？是什么？（是魔鬼的笑声，这是野兽的舞蹈，这是死亡的威胁！）

5. 引导学生想象：这样可怕的洪水，又是这样的黎明，将会是怎样的后果？

6. 引导学生找出睡梦中人们逃生的语句。

南面有路吗？引读："近一米高的洪水已经在路面上跳舞了！"东面、西面有路吗？没有！人们只得"跌跌撞撞地向那座木桥拥去"。

7. 感受木桥的重要：对乡亲们来说，此时此刻，木桥是一座怎样的桥？（逃生的桥，活命的桥，木桥成了一百多号人、成了整个村庄唯一的希望！）

二、品味大山形象——展示人性美

1. 想象：这样窄窄的小桥，这样可怕的洪水，这样危急的情况，这样慌乱的人们，又是这样一齐向小桥拥过去，后果是什么？

是谁，在关键的时候起了关键的作用？（板书：老汉）

2. 朗读课文7~13自然段，找出描写老汉的句子，感动的地方好好地读一读。

3. 交流：关于老汉的描写，哪句话深深地打动了你？

A. 老汉清瘦的脸上淌着雨水。他不说话，盯着乱哄哄的人们。他像一座山。

（1）在这些惊慌的村民的眼里，老汉像什么？（板书：老汉如山）

哪个动作，让你感觉到此时的老汉就像一座山？（站）老汉怎样站着？（感受老汉的镇定、威严、可靠）

（2）引导学生猜测老汉的内心世界，感受一个老党员、老支书舍己为人、临危不惧、尽职尽责的情怀。

（3）品读句子。谁来轻轻地读读这句话？你该怎样读它？"像一座山"，你为什么读得那么重？（读出老汉的威严，读出他的临危不乱，读出他的镇定）

（4）课件出示作者的原句："木桥前，没腿深的水里，站着他们的党支部书记，那个不久就要退休的老汉。他像一座山。"

引导学生轻轻地读一读。

提问：读到哪里的时候，心会久久难以平静？为什么？

引导学生设想一个即将退休的老汉在危难情况下的种种可能的行为，然后教师深情地引导学生朗读：但是——

①木桥前，没腿深的水里，不久就要退休的老汉，他——"像一座山"！

②木桥前，没腰深的水里，不久就要退休的老汉，他——"像一座山"！

③木桥前，没胸膛的水里，不久就要退休的老汉，他——"像一座山"！

这是一个怎样的老汉？（板书：老汉：爱民如子）

B. 老汉沙哑地喊话："桥窄！排成一队，不要挤！党员排在后边！"

教师激情地说：好一句党员排在后边！谁排前边？老汉的心里，装的是谁？

谁来读一读这句话？应该怎样读？指名读。读出老汉对乡亲们的关心与提醒，读出老汉的威严和命令。

三、鉴赏矛盾行为——提升人性美

（一）感受老汉形象——他是一个父亲

1. 除了老汉，课文还写了谁？默读15～22自然段，画出描写老汉与小伙子动作的语句，细细地读一读。课件出示相关语句。

让学生感受到：老汉的行为与小伙子的态度，似乎充满了矛盾。

2. 呈现原文最后4个自然段，有感情朗读，让学生明白：老汉与小伙子原来是父子关系。

3. 品味老汉和小伙子的动作，设想其复杂的内心世界：木桥前，他们可能说些什么呢？先补充完整，再有感情地朗读出来。

①父亲从队伍里揪出儿子，说：儿子啊，＿＿＿＿＿＿＿＿＿＿＿＿

②儿子瞪了父亲一眼，说：父亲啊，＿＿＿＿＿＿＿＿＿＿＿＿

③儿子推了父亲一把，说：父亲啊，＿＿＿＿＿＿＿＿＿＿＿＿

④父亲推了儿子一把，说：儿子啊，＿＿＿＿＿＿＿＿＿＿＿＿

引读，交流：此时此刻，你又明白了什么？

4. 替换词语，深情朗读：把文中的"老汉"换成"父亲"，把"小伙子"换成"儿子"，深情地朗读，进一步感受老汉"爱民如子，父子情深，生死关头却把生的希望给了乡亲们"的高尚情怀。

（二）感受老汉桥的形象

1. 教师叙述："突然，那木桥轰地一声塌了"，倒掉的是什么？（小木桥）但是，另一座"桥"却永远地刻在人们的心中，这，又是一座什么桥？（让学生感受到老汉就是一座桥！）

2. 给石桥取名，深化理解。洪水过后，人们在小木桥倒塌的地方，又建起了一座新的石桥。你准备给它取个什么名字吗？为什么？

3. 体会文章的写法：本文是为了写桥而写桥吗？那前面的有关洪水的描写、小伙子的描写，能少吗？（用来衬托老汉的形象，烘托他的大山般的临危不乱、舍己为人）

4. 重复"品位老汉和小伙子的动作"的环节，一咏三叹，让学生在想象中感受洪水造成的严重灾难，体会老汉的高贵品德，提升对文章的认识。

四、感受桥的形象——升华人性美

1. 引入新闻报道《雪灾中温总理的足迹》，学生细细品读，字里行间感受总理的不辞劳苦、临危不惧、情系百姓的情怀。

2. 点拨：我们忘不了大山一样的老汉，也忘不了临危不乱的总理。2007 年年底那一场持续将近一个月的雪灾，那些电力职工，那些铲雪官兵，那些温暖的问候，那些真诚的关切……他们就是一座桥，一座架设在灾区人民心间的爱心桥、民心桥！

深情地朗读课题。

3. 学生谈自己对桥的认识。

4. 课外阅读：《"诺曼底"号遇难记》《丰碑》。

附：板书设计

$$桥 \longleftarrow 老汉 \begin{cases} 老汉如山 \\ 爱民如子 \\ 舍己为人 \end{cases}$$

教学设计

"道"贯始终，乐在其中

《自然之道》是四年级下册第三组中的一篇课文。课文按照事情发展的顺序，讲述了一个发人深省的故事。一群旅游者出于同情心，从食肉鸟口中救下一只幼龟，却使龟巢里的幼龟得到错误信息倾巢而出，导致成百上千的幼龟受到伤害的事，揭示了"自然之道不可违"的自然规律。

编者选编这篇课文的意图旨在增长学生的见识，丰富学生的思考，使学生认识到凡事都要按照自然规律办，如果违背了自然规律就要受到一定的惩罚；同时培养学生把握文章主要内容、体会文章思想感情的能力。

设计理念

以疑促读，以读促思，读中感悟，让学生在自主学习中与文本进行心灵对话，领悟课文所蕴涵的道理，帮助学生形成正确的情感、态度和价值观的过程。

学习目标

1. 认识7个生字，会写14个生字，正确读写"旅游、侦察、愚蠢、争先恐后、若无其事"等词语；

2. 有感情地朗读课文，理解课文内容，体会文章表达的思想情感，从中受到做事要遵循自然规律的教育；

3. 丰富见闻，激发探究大自然对人类启示的兴趣。

学习重点

了解课文的主要内容，并从中受到启示。

学习难点

理解向导的话，体会文章所表达的思想感情。

教学流程及设计意图

一、导入新课，引出"道"

今天，我们来一起学习一个真实而令人难忘、引人深思的故事。（板书课题）

齐读课题，思考提问：你认为这里的"道"是什么意思？

二、初读发现，感知"道"

1．读文

（1）请大家自由读全文，要求：读准字音，读顺句子。对于自己感兴趣的内容，可以多读几遍，遇到自己不能解决的问题，请在书上做好记号。

（2）指名分节朗读，注意正音。重点朗读难读的句子。

（设计意图：给学生充分的读书时间，运用各种方法，引导学生一遍一遍地读，让学生切切实实过好"认读关"，经历"与文本对话的过程"）

2．质疑

初读课文后，你发现自己遇到哪些不懂的问题？

让学生说出在初读课文中遇到的不懂的问题，如我和同伴在小龟遇到危险时很焦急，为什么向导却"若无其事"？向导明知道把小龟抱到大海会害了小龟，可他却还是抱起小龟朝大海走去？向导的话是什么意思？这个故事告诉我们什么？……

3．筛选

你认为上述问题哪一个最有研究价值？

（设计意图：如果对提出的问题不加整理，就无法突出重点、把握关键，研讨的效度和质量也会随之大打折扣，因此在学生提出了不懂的问题后，教师应引导学生对提出的问题进行筛选，确定具有研究价值的问题，在下面的教学环节中进行讨论与交流）

4．再读

想解决问题吗？是老师直接告诉你们答案呢，还是同学们自己解决？请大家认真读书。多读一遍就会多一分收获。

（设计意图：问题源于学生，终于文本，教师应注重"诱疑导读"，充分关注学生的认知状态，同时又始终坚持把学习的主动权交给学生）

三、研读体悟，领悟"道"

1．出示句子、理解含义

"我们干了一件愚不可及的蠢事。"

这是一件什么"蠢事"呢？怎样理解"愚不可及"。请自由读第三、四、五自然段，并分角色表演这三个自然段叙述的情景。如果你会表演了，也就读懂了。

2．演中促读，演中理解：

请两个学生扮"幼龟"，带头饰上台表演。表演后评价，教师引导学生抓住"欲出又止"、"踌躇"评议"幼龟"的表演，并理解这两个词语的意思，引导学生抓住"突然"、"啄"、"拉"评议"嘲鸫"的表演。

3. 填空比较人物对话时的情感

我和同伴_____地对向导说："你得想想办法啊！"

向导_____地答道："叼就叼去吧，自然之道，就是这样的。"

A. 先让学生找出第四自然段中表示感情或表情的词语，自由读对话，要求读出各自的表情。再分角色朗读，教师引导学生通过范读、模仿读、比赛读，初步读出感情。

B. 引导学生初步理解"叼就叼去吧，自然之道，就是这样的"这句话的意思。

C. 想象两者对话时的心理活动：他们说这句话时心里是怎么想的？

4. 第四自然段中还有哪些句子表明了他们情感的不同？引导学生理解"冷淡"、"极不情愿"等词语。

5. 谁的想法正确呢？引导学生观察课文插图，说说图意。

6. 课文第六、七自然段就描述了这幅图的情景，请大家再自由读一读。

7. 展开想象：食肉鸟是怎样"饱餐一顿"的？请大家用几句话描述一下，并说一点自己的感受。

8. 填空，理解"我"和同伴此时的心情：

"天啊！"同伴_____地说， "看我们做了些什么！"我也_____地说："_____。"

9. 比较句子，体会"悲叹"、"根本"在表情达意上的作用。

A. 向导一边走一边感叹说："如果不是我们，这些海龟就不会受到伤害。"

B. 向导一边走一边发出悲叹："如果不是我们，这些海龟根本就不会受到伤害。"

10. 讨论：向导明知道那样做会害了小龟，可他为什么还是抱起小龟朝大海走去？

11. 回答：我们干了一件什么样的"蠢事"？"自然之道"指的是什么？

12. 比较句子：下面两个句子有什么异同？

我们干了一件蠢事。

我们干了一件愚不可及的蠢事。

通过比较，并联系课文明确：我们的确是弄巧成拙，好心办坏事，是"愚不可及"。

（设计意图：新课标积极倡导自主、合作、探究的学习方式，此环节力求让学生在充分研读的基础上，自主感悟，自觉内化，真正懂得文本所承载的价值内涵，同时也潜移默化地对学生进行人格熏陶）

13. 感悟启示：同学们，如果你们就是当时在场的作者和他的同伴，你们一定从这件事中受到了教训，得到了启示。请把你的收获告诉给大家。

（设计意图：学生与文本多次对话后，必然会有自己的收获，此处提供平台让学生交流、倾听，营造了一定宽松的对话氛围，有效地发挥了学生的主体作用）

14. 有感情地朗读课文。

这是一篇反映人与自然的关系的课文。自然万物，有着它自己的生存方式和规律，在自然面前，我们人类该做些什么呢？课文通过具体事例告诉我们，如果不按照自然规律办事，往往会产生与我们的愿望相反的结果。这就是自然之道。

请大家再次用心读课文，细细体味吧。

（设计意图：通过交流、讨论，在分析和比较中，学生更深入地感受到人类应按自然规律办事，并从自然中受到启示，更好地为人类服务这一思想。有感情地再读课文，会掀起课堂教学的高潮）

四、拓展延伸，内化"道"

1. 拓展：像这样的例子还有很多，请同学们打开书再读一读《大自然的启示——"打扫"森林》，看看你还有什么样的感受？

2. 引导：让学生举出生活中的具体例子谈体会，使"道"得以内化："生活中不是缺少美，而是缺少一双发现美的眼睛。"我们的生活是那么丰富多彩，只要你用心去捕捉生活中的各种现象，就会有新的发现，新的感悟，在日常生活中，你有过这样的体验吗？当时是怎么想的？现在又有了什么新的体会？

3. 实践：请大家选择其中一题认真准备，下节课交流。

（1）读自己最想读的段落。

（2）记录自己的感悟。

（3）明确要求，启动"综合性学习"。

（设计意图：三种不同的课后作业设计，留给了学生较大的空间，便于他们自主选择适合其个性特征和个体需求的方案）

附：板书设计

第七节　开放式阅读教学中的单元整体教学

系统论告诉我们，整体大于各部分之和。20 世纪教育家鲁道夫·斯坦纳早在 80 多年前就提出整体教育思想："在教育中，我们必须理解，人作为一个整体，他在总体上是身体的、心灵和精神的。如果我们想从事教育，我们就必须尊重精神。"因此，我们不应当把语文教学肢解成一个个孤立的部分，而应把它看成是一个完整的体系，完整地来影响一个人。

一、"单元整体教学"的目的

过去语文教学的模式是以"篇"为单位的，每篇课文的教学都是"各自为政"，没有站在宏观的位置上来预设一节课的学习重点，教学缺乏整体性和系统性，以至于"篇"和"组"严重脱节。学生对语文知识的学习也是零星的，杂乱的，因而造成长期以来"费时多收效低"的现状。

如今人教版课程标准实验教材以"主题单元"取代"知识体系单元"。每组教材围绕单元主题，合理有序地组织内容，精心设计学习活动。这样的编排体现了《义务教育语文课程标准（2011 年版）》提出的"教材要避免烦琐，简化头绪，突出重点，加强整合，注重情感态度、知识能力间的联系，致力于学生语文素养的整体提高"的总的指导思想。但如果课程标准变了、教材变了，而我们教学的思路没有改变，仍然按照"知识体系单元"的形式一课一课地教，学生一课一课地学，那么课程教材再先进，新课程带来的变革也将是浮光掠影。

我们在系统论和建构主义理论的支持下，提出"单元整体教学"，把研究的重点从"篇"转移到"单元组"，围绕"单元主题"，引导学生自主建构，在主体需求的基础上进行主体探求，做学习的主人，并充分融入教师的智慧，将听说读写、综合活动等加以优化整合，以获取语文教学整体综合的效应。

二、"单元整体教学"的实践模块与策略

（一）单元整体感知——"与可画竹时，胸中有成竹"

目标导向的过程，是一个自我调节和反思总结的过程，可以让学生带着一种求知的心向，去主动完成对知识的自主建构。对于课堂，目标导向是至关重要的。对于整个单元，目标导向就更显得举足轻重了。因为，它将在一个单元的范畴里发生影响。我们将"单元整体感知"作为一个独立的课时，其中导趣、导学、导读、导行，较大程度地激起了学生的求知愿望，使学生

树立了"主人翁"的学习精神。

1. 导趣——唤起体验，贯穿始终

单元整体感知，强调学习中的"经验渗透"。教师以唤起个体亲身经历中所涌现出来的经验和体验为基础，来铺垫整组课文的底色。教学第一组课文"自然奇观"，聊谈的话题是"你曾经去过哪些地方游玩，最神奇的是什么地方？"第四组课文"作家笔下的小动物"，聊谈的话题是"在你的童年时光里，有哪些小动物与你朝夕相处过，给你留下美好回忆？"

"我去过仙境一般的九寨沟……"

"我去过神奇秀丽的玉龙雪山……"

"在我童年生活里，曾有许多小动物陪我玩儿，有跑步超快的小猫'贝贝'，有嗅觉特灵敏的小狗'阿东'，有笨拙的乌龟，伶俐的小白鼠……"

这些鲜活的、生气勃勃的、温暖亲切的经验与体验，真实地影响过个体过去的生活，或许还会继续影响个体当下与未来的生活。

在单元整体教学中，我们以聊谈同一话题入手，以唤起学生的经验开始，让说的、读的、写的都围绕这个话题展开，让个体的感受和体验贯穿始终。阅读每一篇课文时，学生很自然地将自己的经历与作者的经历相联系，一边倾听作者的聊谈，一边为作者能够形象地表达经历而折服，自己想要去学习，想要去积累，想要去更好地表达自己的经历。

2. 导学——读好导语，渗透目标

单元导语中的文字，低年级是一两句，中年级则为一段话，这些导语文字优美，语言涵盖力强。但它虽然处在单元的首席位置，却常常受到不屑一顾的冷遇。原因就在于教师没有充分认识到单元导语的内涵价值，以及它对于学生特别是中高段学生能起到的指引作用。单元导语实际上是学习该单元的"路标"，几乎覆盖了学习整个单元所需要达到的三维目标的要求，把握了它，也就把握了学习该单元的方向。

随着中年级学生自主意识的觉醒，学习自主能力的增强，教师要利用好单元导语，让学生根据单元导语的指向和自己的求知兴趣，来形成自己的单元学习目标。要让学生自由地读、反复地读，从读通读顺，到读出思考、读出目标。

尝试之初，可以用教师引读来理清句序，读懂意思。如"大自然中有哪些奇观？""我们可以怎样来学习？"逐渐的，教师可以让学生自己画出要点。要点中往往既有"人文感受"，又有"学习方法"，还有行为实践的目标。

试看人教版语文四年级上册教材八个单元的导学框架：

单元主题	人文目标	学法目标	实践目标	代表性课文
自然奇观	感受神奇	边读、边想、边体会	收集自然奇观资料	《观潮》
观察发现	观察事物，发现奥秘	细心观察，用心思考	写观察日记	《爬山虎的脚》
中外童话	感受真善美	品味童话语言、体会童话特点	综合性学习	《巨人的花园》
作者笔下的动物	感受动物的形象	比较不同特点	写动物	《白鹅》
我国的"世界遗产"	感受景观魅力	想象描写情境，留心表达方法	收集我国的"世界遗产"	《长城》
人间真情	感受人间真情	体会字里行间的真情	了解身边的动人故事	《搭石》
成长故事	体验成长	深入思考发现问题	综合性学习	《为中华之崛起而读书》
科技成就	感受惊人威力	形象表达科学知识	畅想科学技术带来的变化	《呼风唤雨的世纪》

学生通过读好单元导语，多了一份理性思考，也多了一份阅读期盼。学习目标确立起来的同时，学习主人翁的意识也随之大大增强。

3. 导读——全面感知，整体接触

导读，让学生浏览整个单元的全部内容，从总体上接触，让学生自由地读、反复地读，从读通读顺，到读出思考、读出目标，从而感知教学内容，明确本组训练重点。同时，让学生思考在学习本组课文之前、之后还可以做些什么，从哪些方面去做。让学生根据单元导语的指向和自己的求知兴趣，来形成自己的单元学习目标，自主做好学习规划，并考虑选择适合、有效的学习策略，扩大语文学习的平台，将本组课文的学习与生活实践紧密地融合在一起。

比如人教版第七册第五单元的主题是"了解世界遗产"。学生在导读基础上，带着对世界遗产"世界突出，罕见的，有价值的"的模糊印象，带着"为什么我国的长城、颐和园、秦始皇兵马俑称得上是世界遗产"的思考，去阅读本组课文，在浏览中不时惊叹，并关注到了"独一无二"、"享誉世界"、"举世无双"这样一些词汇，鲜明地获得了对这三处景观的整体印象，从而自然地唤起崇敬祖国灿烂文化的情感。在此基础上，教师可以引导学生阅读教材补充的资料袋，了解我国更多的"世界遗产"。这样获得的一种整体感受的力量是逐篇教学所不能比拟的。这一种力量为深入感悟打下了基础，成了整个单元教学的情感主旋律。

4. 导行——收集资料，全面铺垫

单元整体感知，除了整体感知单元的学习内容以外，更重要的是铺垫一种共同的学习情绪，营造一种共同的学习氛围。

（1）情绪铺垫。在"单元整体感知"这一课时的结尾，可以让学生想象一下，这两周的语文课堂生活将会怎样度过。如第四单元"小动物"专题，"我们将会过得很快乐"、"将唤起我们对自己相处过的小动物的美好回忆"、"我还会去细细观察我家的小猫咪"、"我要给我家的小狗阿东画张像"……

（2）阅读铺垫。读课文以外，多读同题文章，吸收一些好的语言，增添感性体验。语文教师还可以再推荐一些相关的好书，将《义务教育语文课程标准（2011年版）》提出的"多读书，读好书，读整本的书"落到实处。如第七册的语文学习中，推荐学生人人读好两本书：《昆虫记》和《爱的教育》。另外，学了萧红的《火烧云》，可以向学生推荐原著《呼兰河传》；学了丰子恺的《白鹅》，就向学生推荐他的漫画集和《丰子恺文集》……

（3）习作铺垫。引导学生收集资料，如第一组"自然景观"，可以是自己去拜访过的名山大川的门票、地图、照片，可以是无名小景的照片、图画，唤起自己对过往经历的深切回忆，并加深景物特点的印象。我们都知道单元教学的最后一站——写作往往让学生焦头烂额，让教师心力交瘁。可是如果从单元教学的第一课时就蓄势的话，何愁无米下锅呢？

"单元整体感知"正是起到了这样一种整体导航的作用。可以说，进入单元教学的第一个课时，就为单元的最后一课时埋好了伏笔。真可谓"一卒虽小，可夺帅也。"

（二）单元部分感悟——"疏可走马，密不透风"

经历了整体感知，学生好像什么都知道了，又好像没有什么铭记在心上。走马观花的时代已经过去，需要不时下马停赏。有人会说，不还得回到老路逐篇教学吗？

传统画论中有两句形象化的诀语，曰："疏可走马，密不透风。"一个有创造才能的画家，他知道在该疏的地方就大胆地疏，即使"疏可走马"也不会空洞无物；在该密的地方就大胆地密，哪怕"密不透风"也不致窒息闷死。这是因为他有全局在胸，并不把疏或密当做孤立的部分来看，故能刻意经营，大胆放笔，该疏则疏，该密则密。

"单元整体感知"已经让师生全局在胸，具备了基本条件，故或疏或密，能大胆放笔。那么，何处着密，何处从疏，如何疏密有致？

1. 密在学生"着疑"处

学生求知的积极性和主动性很大程度上来自于充满问题的情境，教师要在教材内容与学生求知心理之间设置认知冲突。让学生在冲突中由"无疑"而"生疑"，由"有疑"而"释疑"，建构知识的"顺应"过程，并充分感受到思维之趣。

（1）立足单元整体，引导学生善于质疑。

单元整体教学，使学生立足于单元整体来思考，有利于在一个相对大的范围内，提出更有思考价值的问题。有的问题不仅覆盖面大，穿透力强，而且思维容量大。如第七单元"成长的故事"——"周恩来和肖复兴从小立下了志向，是什么力量支撑他们坚持到底的？"第八单元"科技成就"——"植物种子登上太空，未来住宅电脑控制，这些都发生在近20年里，为什么近20年能够带来这样大的变化？照这样的速度发展下去，21世纪会给世界带来怎样的变化？"类似这样的一些问题，涵盖着整组或整篇课文，能够唤起学生对文本的深入思考，并使学生学会用联系的眼光看问题。这就不是一般意义的质疑，而是对问题的发掘和重组，是教师价值引导下的自主建构。这种建构是主体自觉的，是联系和发展的。这些有价值的疑问，完全可以成为教师教学的提升点与制高点。

（2）立足学生认知，灵活调整教学预设。

如学习第八单元《飞向蓝天的恐龙》，学生围绕第一节课文提出了许多问题，一些问题接近本质性学习目标，如"笨拙的恐龙怎样演化成轻灵的鸟儿？""漫长的过程，到底有多长？""恐龙的哪一支能够演化成鸟儿？"有一些问题看起来离开了本质性学习目标，"鸟类的骨骼是中空的，所以才能飞翔。难道笨拙的恐龙在演化中，也能变得中空吗？""有一种恐龙，骨盆像蜥蜴，属蜥龙类，是不是恐龙的一支后来变成蜥蜴了呢？"这些问题看起来离谱，事实上很有思维价值，恰恰让同学们能够去关注课文"演化过程"部分里非常严密的表达，不是恐龙全部上天了，而是恐龙当中的一支，且是猎食性恐龙中的一支，体型较小、形似鸟儿、骨骼中空、带羽毛的一支，在亿万年的岁月里，在奔跑跳跃过程中逐渐演化，学会了滑翔，终于飞上了蓝天。这样一来，就自然而然地将语言的目标、人文的目标融合在一起。而蜥蜴呢，资料表明"恐龙出现以前，地球上已经出现蜥蜴类型的物种，古生物学家相信它们就是后来出现的恐龙的雏形。"虽然不是恐龙的一支变成了蜥蜴，而是蜥蜴的一支变成了恐龙，但学生的思考力让人折服，同时也留给了教师许多思考：知识之间有内在的联系，知识与学习者的已有经验之间更是一种强大的联系，只有建立联系，达成理解，完成新知识与旧知识的合并，意义才会建构，记忆才会永久储存。

（3）立足知识与技能的转接，启迪思维开拓思路。

俗话说：学以致用。其实，学生对生活中的某些现象、事物是了然于胸的，如果学生善于把课堂上学到的知识与这些事物联系起来，进行比较，那他们就算把知识真正学会了。但实际上，学生们往往到了实际应用时就会有想不起来或来不及想的情况出现。在这种情况下，教师若能从旁设疑，给予指导，学生就会有恍然大悟之感，把学到的知识迅速转化为技能运用上来。在学习完《乌塔》后，教师可以启发学生们也要像文中的小主人公乌塔一样写一份自己的出行计划。任务布置下去后，大部分学生都会胸有成竹，很快地写好计划并跃跃欲试，但一定会有个别学生思索了良久也下不了笔，总是写了又划，划了又写，更不必说准备出行计划了。此时，教师不妨趁机引导学生体会，乌塔为计划这次旅游，整整花了3年的时间来准备，每到一地就要先查警察局的电话号码，还要给家里寄张明信片或打个电话报平安。在感受到乌塔自立、自强的精神的同时，反省一下自己，比如：周末之前是否制定了作息时间表？周末时又是否遵守了呢？要从身边的小事做起，来逐渐养成自立、自强的精神。学生如梦方醒。可见，在知识与技能的转接处设疑，能帮助学生开拓思路并把学到的知识转化为一种技能，而且经过这一过程思考，学生对某一范围内的知识将会掌握得较好，记忆犹新，何乐而不为呢？

（4）立足课堂实效，给予时间空间保证。

比如在第一单元《雅鲁藏布大峡谷》的学习中，学生一边默读，一边静思，在语段旁写下了对"峡谷高深"的赞叹，写下了对"九个垂直自然带"的疑问，还写下了对教材改写的建议，何不将"真不愧植物类型博物馆和动物王国的美誉"一句，改成"真不愧大自然生态博物馆的美誉"？教师就将这些有价值的问题及时纳入了教学预设，学生强烈地感受到，课堂解决的是自己的问题，自己才是学习的主人。

2. 密在值得"感悟"处

"单元整体教学"过程中的部分感悟，主张让学生自己去感受事物的个性，领会文章的个性，捕捉语言的个性。让学生在赏析与研读中，在整合与比较中，积累个性语言，领悟表达规律，并迁移和渗透到表达自己熟悉的个性事物上。

（1）体悟个性化语言，透视个性化事物。

感悟感悟，非"感"不实，无"悟"则浅。"感"是触摸语言，刘语言文字有感觉，"悟"是与"文心"心合神契，与"文意"潜脉暗通。如《颐和园》的学习，学生能够捕捉课文的个性：既有"理趣"，游览顺序清晰了然，又有"情趣"，以"佛香阁前看昆明湖"的一段描写最为突出。学生反复读，反复体悟，感觉到有两个词妙极：一个是"滑"、一个是"掩映"。在这里，根本用不着去解释什么叫"滑"、什么是"掩映"，而是引导学生说出整体感受到的画面：风和日丽，昆明湖上，碧波绿水，轻舟慢移，其柔和与美妙，如在丝绸、碧玉上"滑"过，用"划"则太有力，破坏了柔感。从佛香阁上俯视颐和园，葱郁的树丛之"掩"和万绿丛中显红黄之"映"，又掩又映，躲躲闪闪，欲说还休，韵味无穷。这里的"滑"和"掩映"这两个词语与两幅生动的画面连接在一起，能看到画面，就积累了词句，积累了段落。在今后的生活中，若碰到相通情境，学生的头脑里自然能浮现这些词语，并恰如其分地运用到自己的表达中去。

（2）"整合—对比"式阅读，感悟表达规律。

郑板桥有一首诗"四十年来画竹枝，日间挥写夜沉思。冗繁削尽留清瘦，画到生时是熟时。"我们语文教师的作为就在于帮助学生"由表及里，由此及彼，见微知著"，整合学生的体验与知识，课内与课外的文章，以及其他各类资源进行教学设计，建立起整体、丰厚、深广的联系，使得学生学会比较、鉴赏、积累与运用，逐渐建构起自己的知识体系，从而辐射到学生课外的广泛阅读与习作中去。

因此，课堂教学目标的达成，仍需要教师充满睿智的有效引导。譬如第六单元"人间真情"，学生在读两首古诗《黄鹤楼送孟浩然之广陵》和《送元二使安西》时，只是读得了诗人当时感觉的"特征碎片"，诸如情意绵绵，依依不舍之类。通过对比，深入到了诗人所送友人的不同处境：一者游江南，一者戍边关；一者烟花三月，一者大漠茫茫；一者喜中带怅，一者怅中无限隐忧！从而感受到了诗的深层意蕴，完成了对诗人当时体验的解读，真是：

孤帆远影碧空尽，帆远情更长。

劝君更尽一杯酒，酒尽意难别！

在此基础上，教师再引入《赠汪伦》《别董大》等送别诗，让学生在比较中感悟，在感悟中吟诵，领会送别诗的表达规律。

（3）调动多种感官，促进多维感悟。

感觉是人类认识世界的第一通道。感悟，首先是有所感。在深入感悟的过程中，不仅需要丰富的文化积累和反复吟诵，同时在阅读教学中，还需动用声音、录像、画面等手段，让学生通过听觉、视觉或加上嗅觉、触觉等综合作用，来体验文章丰富内涵。语言文字是描绘客观事物的符号，这是比较抽象的。学生由于生活阅历的限制，有时很难将抽象的语言文字同客观事物联系起来，这给理解课文带来了一定的难度。运用音、像、画等手段来进行阅读教学能使学生从对文字的简单理解，变为浮现在眼前的画面。这是一种很好的感悟教学手段。如在讲授《月光曲》一课之前，播放音乐《月光曲》，让学生聆听着美妙的音乐，这是"感"，通过各种感官获得感性体验，之后教师引导学生回到抽象的文本，把音乐的起伏与课文所描写的画面对照起来感受，体会贝多芬谱曲时心中所蕴涵的情感。这就是悟，是理性思考的过程了。这样，学生就能比较自如地体会到贝多芬的创作的《月光曲》的思想境界了。利用这种直觉反馈，启迪学生的感悟能力往往可以收到事半功倍的效果。

在实际的教学中，教师应注意通过多种媒体的运用来使学生在身临其境中体会作品的内涵。这种方法在诗歌教学中的效果尤其明显，因为诗歌的语言非常简练，意在言外，能带给阅读者广阔的想象空间。如在教学《忆江南》《渔歌子》时，可根据诗意绘制一些精美的图片，上课时先要求学生找出与图片相应的诗句，通过这样一些图片，让学生首先从视觉上感受到诗中所描绘的美景，然后，播放配乐朗读。学生在教师的引导下边观察、边倾听、边思考，感受诗歌的独特魅力。

（4）创新想象，丰富感悟方法。

想象，是阅读教学中引导学生感悟的有效方法。想象就是学生利用原有知识、表象或经验，对课文描写的人物形象或事物、意境展开再造想象，还可以就课文的描述进行创造想象，从而使人物、事物形象更鲜明、意境更丰富。描写生动、意象丰富的课文可以在想象中体验。如童话《巨人的花园》中冷酷无情的巨人大声地训斥孩子，小男孩在文中是个奇异的人，他用会说话的眼睛凝视着巨人。小男孩专注的眼神，仿佛在跟巨人说着什么，孩子用他那双会说话的眼睛，给了巨人怎样的震撼？巨人从小男孩的眼里读懂了什么？课文略去不写，给读者留下了无限的想象空间。此时，教师不妨让学生想象小男孩想说些什么。学生在教师引导下，合理展开想象，学生的想象，不但丰富了人物的形象，还透析了童话所包含的哲理。其实在阅读感悟中我们常常运用想象，如教《白鹅》，白鹅见到生客，必然厉声叫嚣；篱笆外有人走过，它也引吭大叫。我们让学生想象白鹅会说些什么话。小珊迪悲惨地死去，把小利比托付给作者，三年后的一天，作者带小利比来到珊迪的坟前，小利比会对小珊迪说些什么呢？充分发掘课文的想象空间，鼓励学生大胆想象，你会看到学生智慧的火花在闪现。我们完全不必对孩子们天真的想法作过于苛刻的要求，而应该看到他们在读书过程中投入的主观感受、展开丰富联想的良好阅读品质。应该看到，某些时候他们对所阅读的作品已经形成了自主感悟的习惯。这种习惯最终必将使他们终身受益——不管他们以后所学的专业是什么，也不管他们以后去从事什么样的工作。

由此可见，在阅读教学中，学生学习语言不是一种纯客观的认识过程，而是一种带有浓厚主观色彩的感性与理性相统一的感悟过程。引导感悟——是在教师的引导下，让学生的思维、想象、情感等心智活动积极地参与到阅读实践活动中去，达到对文本内涵及语言组织形式等方面深层把握和领会。所以，教师在教学中，必须有意识地给学生提供语言实践的机会，带领学生进行语言的朗读、品味、分析；引导学生去把握、领会语文内涵和语言形式，从而积淀和培养语言的感悟能力。

3. 疏在略读浏览处

人教版教材选编的课文有精读课文、略读课文与选读课文之分。略读是一种应用精读所学到的阅读技能进行广泛、独立的阅读的形式。四年级上册的教材中，略读课文 14 篇，占课文总量的 43.8%，加上选读课文 8 篇，共占课文总量的 68.8%。

略读不容忽略，同时不能忽略的是阅读能力的培养。事实上，相当一部分教师对此缺乏充分认识。唯恐学生不会读，陪读到底，讲问到底，剥夺孩子应有的学习自主权。有的甚至把略读课文当成精读课文上成几个课时，抛不开精读课文串讲的惯性，放不开手脚，致使略读不"略"，包办太多。这样的现状，学生如何做得了主，自主能力又如何提高呢？

荀子说："略则举大。"东汉郑立的《诗谱》中说："举一纲而万目张，解一卷而通篇明。"阅读教学的总体目标是培养读者能够有效地处理书面语言并从阅读中领会其意。在学生阅读过程中，学习动机、技能培养、实际运用三者之间相互作用，相互加强。前两者可以理解为是求知乐趣的驱动，感悟能力的培养，后者"实际运用"则需要培养学生能够熟练地广泛阅读，需要教师不遗余力地让学生学会自行阅读。

很多教师把略读课文上成精读课，因此也存在着略读课文怎么上的问题，什么可以略，什么不可以略？略读课文可以上成精读课文吗？还有，学生的阅读能力不高，一个重要的原因是：教学中，略读课文把握得不好。这些问题都困扰着我们，所以，略读课文的专项研讨变得非常重要。

叶圣陶先生曾经指出："就教学而言，精读是主体，略读只是补充；但是就效果而言，精读是准备，略读才是应用。""如果只注意于精读，而忽略了略读，功夫便只做得一半。"这些话十分精辟地阐述了精读与略读的关系，道出了略读课文教学的重要功能。《义务教育语文课程标准（2011 年版）》也指出："学会运用多种阅读方法。""加强对阅读方法的指导，让学生逐步学会精读、略读和浏览。"略读课文的教学方法包括以下几个方面。

（1）明确目标。

人教版课标实验教材从二年级下册开始安排略读课文，教学要求是：内容上，理解内容的要求要低于精读课文，一般是"粗知文章大意"，只要抓住重点、难点，帮助学生大体理解课文内容即可，词句的理解不作为重点；方法上，教师要更加放手，要让学生运用在精读课文学习中获得的知识与方法，自己把课文读懂，在实践中掌握读书方法，提高阅读能力。

（2）因"材"施教。

教材虽然不是唯一的教学资源，但它是重要的教学资源。

根据课文结构因"材"施教。每一篇略读课文前都有阅读提示。阅读提示从激发阅读兴趣入手，一般提出一两个问题，侧重引导学生理解主要内容、揣摩教学思路，或引导学生从所阅读的文章扩展开去。对大多数略读课文来讲，教师根据阅读提示组织教学活动，皆可做到"提纲挈领"；学生根据阅读提示自主阅读学习。

根据课文特点因"材"施教。每一篇略读课文，皆有它自己的特点。我们应根据课文自身的特点展开教学，既遵循文本正确的价值取向，又注意提高学生的学习兴趣。

（3）把握好教学的尺度。

在略读课文的教学中，要把握好尺度，既不搞过细剖析，也不作随意教学，要确立略读课文教学的明确地位，发挥其应有的作用。教学中尤其要注意以下几点。

第一，让学生自主学习。略读课文要突出"略"字，略的是教师的精讲细说，强调"以学生自读为主"，让学生唱"主角"。教师不要包办代替，不要强行"灌输"，而应充分信任学生。教师甚至可以组织学生围绕某个重点、难点问题展开讨论、辩论，充分展示学生的独特思维和阅读体验，从而使学生既获得了知识，又锻炼了能力。

第二，重"导"轻"教"。自读课文的教学强调"以学生的自读为主"，并不意味着忽视教师的"主导"作用。相反，略读课要真正达到"略"，教师就必须更加注重引导和调控。为了使教学中充分体现出"导"，教师应策划好课堂教学方法，及时、准确地评价学生的表现，激发学生的兴趣和自信心。同时，略读课强调的是让学生学会阅读，教师要教学生如何去快速阅读，如何把握文章内容，而不是教学生具体的字、词、句等实实在在的考试知识。重"导"轻"教"，不是让教师退居幕后，而是要求教师发挥主导作用，引领学生深入、有效地开展有层次的阅读。

第三，略读教学不等于略读，粗知大意并不是浅知。略读教学是一种教学活动，它承担着更为广泛的任务，不仅是让学生在略读实践中获取信息，更重要的是要让学生在不断的实践中学习、学会略读方法，从而培养学生的阅读能力。教学中要授之以法，"教是为了不教"。

略读课文只要求粗知文章大意，但并不意味着就可以马马虎虎、草草了事。其实，"粗知"是相对精读课文而言的。略读课文少了识字、学词学句等许多环节，教学目标更为集中，教学重点更为突出。但在阅读方法上，也不排斥精读。对文章的重点、精彩之处，还是要引导学生细细品读，并且在内容理解、情感与语言感悟上也要达到比较理想的效果。

（三）单元整体回顾——"会当凌绝顶，一览众山小"

一个单元的学习犹如攀登山峰，到了尾声，就等于接近了山顶，有一种"会当凌绝顶，一览众山小"的感觉。如果教师不去着力引导学生综观全局，发现新规律，那就错过了整体把握学习内容的最佳时机。教师要在单元整体回顾中增强思维训练的力度，实现一些置身山下或登山过程中所无法企及的学习目标。

1. 整体探求学习规律

（1）参与"主题汇谈"。

四年级开始，语文园地里"我的发现"由以往发现字词的规律转变成了关于阅读、写作方法的对话，呈现方式很新鲜：由"小林"和"小东"两个学习伙伴，结合本单元的学习体会，围绕一个主题进行交谈。教师要充分运用这样一种学生喜闻乐见的方式，来引导学生加入他们的谈话，进行交流。如第三单元"神奇的童话世界"单元——

> 小林说：我发现童话中的主人公大多是神仙精灵、山魔水怪、鸟兽虫鱼，它们都有超常的魔力，还能像人一样说话。
>
> 小东说：我发现童话想象丰富，故事都很有趣，我很喜欢读。
>
> 小林说：我还发现不少童话既引人入胜，又给我们有益的启示……
>
> （以下为本班学生说）
>
> 小南说：我发现童话中的主人公常常是来无影，去无踪，比如《幸福是什么》里的那位仙女，突然出现，突然消失……
>
> 小天说：我很喜欢读童话，因为故事很吸引人，里面常常有一些善良的人，遭遇到了不幸，我都掉下眼泪来了。故事结尾总是坏人得到惩罚，好人得到幸福。就是启示我们要做善良的人。
>
> ……

（2）归纳"发现要点"。

学生在主题汇谈的基础上，尝试自己来归纳"发现要点"，先个体概括，再小组筛选，最后全班讨论。以下是我们师生在课堂中讨论得出的八个单元的学法：

第一单元：边看边想过电影；

第二单元：仔细观察写具体；

第三单元：神奇有趣寓道理；

第四单元：明贬实褒显亲昵；

第五单元：事物比照写形象；

第六单元：联系语境悟词义；

第七单元：深入思考多体会；

第八单元：遣词用语要合理。

这是由各单元课文支撑起来的8种阅读、写作的方法，从四年级上册开始积累到六年级，那就是48种方法，散落在各个单元里看不出是珍珠，一串起红丝线，就感到它在熠熠生辉了！学生感到这些精练的语言来自他们自己的思考和甄别，总是非常喜悦地回顾和记取，并有意识地将这些方法用到自主阅读和自由习作中去。

我和学生每到一个单元，都会把前面各单元的发现串联起来说一遍，有一个同学在我们进行到第六单元时，欣喜地发现：我们的"发现"押的是"i"韵！这一刻，作为教师，深深感受到了学生作为学习主人那种莫大的欣喜。

2. 整体提升表达水平

单元整体教学，旨在打通生活、阅读、习作的通道。我们不能直到教学完一单元的课文，才去涉及语文园地里的"口语训练"和"习作"，那是一种为交际而交际、为习作而习作的应付行为。事实上，"单元整体感知"的第一个环节，当师生开始围绕单元主题聊谈的时候，口语交际就已经开始了，习作训练也悄然酝酿了。要想整体提升表达能力，必须按照由易到难，由浅入深，由分解到整体训练的原则，以发展孩子的语言能力和思维能力为重点，增强孩子的自信心，激发孩子的说话欲望，大面积进行口语训练。

譬如第一单元"自然奇观"，初步聊谈的话题是"曾经去过的哪个地方令你感到最神奇，那里怎么样？"要求用一两个词说出特点。学生的回忆被激活，过去生活体验的指向性开始明确。有个学生说：我曾经去过空气新鲜的黄山。教师反诘道："有谁去的自然风景点空气不新鲜吗，黄山有别于其他景点的奇特之处在哪儿？"这位学生笑了起来，说："我去过山石奇特的黄山。"

随着部分感悟的深入，话题也进一步深入。在学习第1课《观潮》之后，赏析《观潮》的开头，"钱塘江大潮，自古以来被称为天下奇观。"接着就让学生接着聊自己的旅游经历，"你怎么会想到去黄山玩的？""你呢，怎么想起去云南了？"在师生、生生聊谈的基础上，适时引导学生阅读教材后面的选读课文《五彩池》和《迷人的张家界》的开头，学生发现这些课文均以景点的名声开头，"我小时候听奶奶讲……真想去看看。没想到今年夏天去四川旅游……我真的看到了……""未到张家界，我就听人说，湖南的张家界……这次来到张家界，我真正领略了……"。在这谈兴正浓的时候，引导学生提笔把自己旅游经历中那一种"慕名而往"的真实心情记叙下来，可以借鉴，也可以不拘一格，自由抒写。

学习进入到第2课《鸟的天堂》，赏读了巴金"从远处看，榕树就像一株大树卧在水面上。"近看，"那么多的绿叶，一簇堆在另一簇上面……"之后，又让大家续谈"旅游经历"，远远地看，看到了什么；近处细看，又看到了什么，围绕"是否表现了事物的特点"进行评价。学生与作者的经历有着共同的因素，课文为学生的表达提供了一个很好的范例，学生领会课文内容、情感、表达等方面的特点之后，达到由感性认识到理性认识的逐步提升，并潜移默化地完成由吸纳到倾吐的迁移。

如此，一路随作家游玩，一路畅说自己的旅游经历，一路抒写自己的亲身感受，经历了两周左右时间的"说—读—写"，学生说畅快了，读充分了，写真切了，也就自然而然地逼近了口语交际以及习作训练的目标。在单元整体回顾时，教师主要给予必要的技术指导，指导如何构思、提炼、剪辑与优化，引导他们多角度、多侧面、多层次来表达。并在习作指导课上，组织评议与赏析，整体提升表达水平。

孩子的生活永远是阅读、写作体验最重要的源头，语文学习完全可以和孩子靠得再近些，没有比让孩子在阅读写作中感受生活，体验生活，回味生活并抒写生活更自然有效的语文学习方式了。学生从回忆体验开始，经历了吸纳、感悟，又与有意义的现实生活相联系，用美好的文字描绘了自己丰富的人生体验，记录下美好人生的足迹。可以说，学生经历一个主题单元的学习，就经历了一段弥足珍贵的生命体验。

3. 综合展现学习成果

综合性学习是整体感很强的学习活动，但容易被教师忽视。原因主要是活动组织起来费力，加之质量无从检测。而实际上，综合性学习为学生学语文、用语文开辟了广阔的时空领域，有利于全面提高学生的语文素养，做到深入人心，往往能达到传统课文教学难以企及的深度和高度。

在综合性学习中，"学什么"、"怎样学"都是学生自主解决或在教师的指导下自行解决的问题。在学习过程中，教师只是一个平等的参与者，参与选定主题，制订研究方案，在实施中提供一定的咨询。第七册语文第三单元主题是"中外童话",我们进行了一次综合性学习的尝试,主要采用"课外活动,课内展示"的方式,以"活动"为主线来进行课内外一体的学习。学生积极性之高,远远超越了教师的预估。

综合性学习中一系列活动设计都来自于学生的创意:

（1）课前大量阅读,看童话（童话名典故事绘画比赛）;

（2）课上尽情交流,讲童话（童话故事赛）;

（3）课后大胆创作,写童话（"开心童话"接龙）;

（4）编后激情展示,演童话（童话剧表演）。

学生尤其喜欢进入模拟中的童话世界——演童话。经过近两周的准备,学生把童话世界里的一幕幕搬上了"荧幕":瞧那去年的树,那巨人,那仙女、那小木偶……尽管他们的童话世界里道具如此简单,演技也不高明,但一个个生动的情节还是演绎得有模有样,让人不得不佩服孩子的天真与淳朴,大胆与魄力。

学生在这个单元的学习中,还展示了办的墙报,编的童话故事集,经典童话绘图本……这些成果的展现,既有内容的结合,又有能力的综合,融聚了学生的智慧和心血。更重要的是,整个学习活动都以学生为主,学生在学习活动中拥有充分的自主权,有效地培养了学生的自主意识和自我发展的能力。在综合展现学习成果的过程中,学生充分品尝到了收获的快乐,学习的欢乐。综合性学习,以它焕发出来的整体力量走进了孩子的心灵。

一个单元各类课文的教学,如果在学完之后不从整体上加以总结概括,学生所获得的知识便是零散的。感性知识只有上升到理性认识的高度,才能完成认识上的飞跃。

教师引导学生回首两周左右的学习历程,通过比较、讨论、归纳等方法整理本单元的学习内容,突出重点,强化单元目标,使之条理化,系统化,使学生获得整体性的认识,融会贯通,达到"会当凌绝顶,一览众山小"的境界,并带着成功的学习体验,浓厚的求知乐趣,积极投身到下一单元的学习中去。

第五章 开放式阅读教学的课型

在传统的阅读教学中，作为课本的文本具有标准的解读取向，教科书的提示"预设"着编者的价值判断，教学参考书中的教材分析就是文本的解读指南，教学就是"教教材"。这样师生的阅读创造就被忠实执行的阅读取向所扼杀。新的语文课程强调由忠实执行走向自主创生，《义务教育语文课程标准（2011年版）》指出："阅读是学生的个性化行为。""教师应加强对学生阅读的指导、引领和点拨，但不应以教师的分析来代替学生的阅读实践，不应以模式化的解读来代替学生的体验和思考；要善于通过合作学习解决阅读中的问题，但也要防止用集体讨论来代替个人阅读。"由此可见，新课程的阅读教学关于文本的理解与处理强调基于文本的内在超越。

语文课程理念的更新，也带来课堂教学方式的变化，阅读教学成为学生、教师、文本之间对话的过程。在此视野观照下，我们认为开放式阅读教学对文本的解读应是开放式的、多元化的、个性化的，追求"用教材教"而不是"教教材"，追求文本的实践性转化，追求超文本的感悟，从而诞生了具有创意的教学课型。

第一节 "窗口型"的开放式阅读教学

多少年来，语文阅读教学总是处于一个相对封闭的系统中，在这个封闭的系统里，课堂教学的任务仅仅交给老师，交给黑板和粉笔，交给40分钟。事实上没有几个学生能忍受这种"全封闭"的没有生机的教学环境。

如果我们把封闭的教材内容比做是一个房子，我们为什么不打开窗户让新鲜的空气浸润孩子的心灵，为什么不去外面采撷一些漂亮的花木来装点房子呢？我们应当将课内教材作为一扇窗口向外部世界开放，正所谓"窗含西岭千秋雪，门泊东吴万里船"。

一、以教材相关要素为线索的拓展阅读

作家邓友梅曾这样表述自己读书的心得："好书，尤其是经典著作，是作者对世界探索、认识、研究、思考的成果。人类总要以前人的成就为阶梯

攀登新高度。书是最好的阶梯。"我们为什么不能尝试将课内所学经典著作与课外阅读内容联系起来,以拓宽学生的知识领域,提高学生的语文整体素质呢?

(一) 作者延伸

学完某位作家的一篇作品后,推荐并指导阅读该作家的其他作品,以满足学生的好奇心,并将阅读的触角延伸到课外,让学生自主寻觅知识的宝藏。

如,教学六年级朱自清的作品《匆匆》,可以这样进行拓展性阅读教学,具体框架如下。

课前查阅资料,如阅读有关朱自清的文章,欣赏相关的影视,了解朱自清的生平、生活、背景、文品和人品。

在课堂中学习《匆匆》;研究朱自清的语言风格和思想感情。

课外阅读他的代表作品,包括家庭生活、爱国忧民、自然美景等方面文章12篇,研究朱自清的文风和情感。

(二) 内容延伸

在教学过程中,适当选择一些与精读课文内容相近但观点不一的阅读素材,让学生阅读,对比,讨论,辨别,让学生碰撞出思维的"火花",培养他们同中求异的创新思维能力。

如,学完朱自清的《匆匆》,可读读赵丽宏的《光阴》,读读《明日歌》《今日歌》等,比较古今文人表达珍惜光阴的主题其表现手法有什么不同。

又如,学完《凡卡》《卖火柴的小女孩》,可以联系《小珊迪》《小音乐家扬科》等课文学习,还可以推荐阅读高尔基的《我的童年》等,进一步了解外国孩子的生活和命运。

(三) 人物延伸

向学生推荐的文章与精读课文中所写的人物有关,使精读课文中的人物形象更加饱满,对学生更具感染力,让学生在学知识的同时也学会"做人"。

如学完《一夜的工作》,可以联系《十里长街送总理》《温暖》《总理的睡衣》《周总理,你在哪里》等文章,使学生对总理有更全面更深刻的了解,从而学习总理那种热爱人民、先人后己、艰苦朴素的美好品德。

(四) 文体延伸

以体裁为主题的拓展式阅读也是我们常常在试行的。我们可根据教学的巩固性原则,选择与精读课文文体相同的文章进行延伸阅读,使学生及时巩固所学知识,掌握同类文章的表达技巧。

如古诗教学中,我们以所学古诗为基础,积极拓展古诗教学的内容,引导学生进行广泛的古诗词诵读，激起他们对古文化一生的向往。

此外，通过散文、科普、儿童诗等体裁主题的研读，将学生的视线引向广阔的空间，为学生打开更多认识世界的窗户，从而建构良好的语文学习背景，让孩子那空洞疲乏的心灵运动起来，从而获得更充分的成长。

（五）背景延伸

在教学诗词等有一定阅读难度的文章时，通过背景延伸阅读，让学生既了解历史知识，又能运用历史知识解决课内外难题，领悟作者情感。

如学习陆游的《示儿》，如果学生对陆游在诗歌中所表现出来的爱国精神缺乏深切的了解，不能产生共鸣。我们就可以把时代背景以及陆游的生平作一些适当的补充介绍，学生就会对诗人因见不到国家统一而死不瞑目的心情有更深一层的了解。

（六）单元主题延伸

人教版的单元教材中都能凝练出诚信、友情、尊严、科学精神、民风名俗、先烈足迹等有价值的主题。学完每一单元，从单元中提炼主题，辅之以其他阅读资料，使文本与主题相遇，使散落在文本中的价值主题更突出，从而擦出解读的火花，点燃学生的精神火把。

如人教版六年级上册有一个关于鲁迅先生的单元，选取了《少年闰土》《我的伯父鲁迅先生》《有的人》《一面》等文章，有的是鲁迅作品，有的是别人写的纪念鲁迅的文章。为了更好地了解鲁迅先生，我们可以推荐《故乡》《给颜黎明的信》等作品。

又如，学完《忆江南》《春夜喜雨》后，可组织学生继续欣赏关于春天的文学作品，增加学生的积累，加深学生对春的感悟。通过推荐朱自清的《春》，留下春日美好的初步印象；通过钱钟书的《窗》，让学生感知春天也有"高贵"和"下贱"之分，初步感受新鲜思维的碰撞。最后，从南唐后主李煜的"问君能有几多愁，恰似一江春水向东流"中感慨说不尽的春天的惆怅和落寞。因此，学生对春的感悟就不会仅限于一种：春既可以春色满园，又可以萧条悲苦，无论什么样的春，都是作者个人情感的流露。

二、以教材文本内容链接生活的拓展阅读

（一）文本阅读向生活环境阅读的拓展

"天地阅览室，万物皆书卷。"可尝试让学生在阅读课内文本的基础上和生活中的阅读结合，让学生在源远流长的民族文化中，在书本和生活中享受博大精深的文化传统和独特的语言艺术魅力，从而激发民族自尊心和自豪感。

如，学了人教版六年级下册"民俗文化"单元后，可以让学生收集春

联，介绍家乡的特色食品、民俗习惯等，还可以组织学生到"民俗文化村"去游览参观等。

（二）语言文字的阅读向课间游戏整合阅读的拓展

游戏是儿童的天性，我们可根据童谣、儿歌和中国的游戏文化，从提升语文素养和精神境界出发，收集、整理、组合部分对韵内容，并和日常游戏整编，开发成新的游戏童谣。这样以趣为线，巧妙串联，开发成有价值的阅读、诵读的材料，从而欣赏对子韵律的活动内涵，了解游戏和体能活动中的韵律；体会对子韵律的节律美感和快意，尝试创编对子来游戏。在"游戏（阅读）—感受—研读—尝试—创编—再游戏（阅读）"六个板块中，引领学生层层深入探究对韵在游戏中的美妙，在与游戏和童谣、儿歌的亲密接触中，学生感悟到对韵的精练、节律和祖国传统文化艺术的无穷魅力。

三、根据语文学科特点进行的多维立体阅读

（一）横向式阅读

在语文学科中常常有经典的童话、神话、寓言等，这些是学生喜闻乐见的读物。学生学习这些课文后产生了阅读期待，但在课外的阅读中感到盲目又茫然，可根据各年级学生阅读实际，举行阅读指导课和读物推介活动。

如学了《丑小鸭》《卖火柴的小女孩》之后，可以推荐《安徒生童话集》，还有郑渊洁的"皮皮鲁"系列丛书等。学了《守株待兔》后，可以推荐《伊索寓言》等。

（二）纵向式阅读

学科间单打一的局面越来越显现出很多不足与弊端，为能和谐地整体提高学生的素养，学科间的整合式阅读活动成为学生"多维"阅读的一个新亮点。可以尝试在语文、数学、音乐、美术、体育、常识等学科中进行有机融合，让孩子在一定时间里进行阅读、实践、交流、汇报等活动，使他们在这个过程中懂得生活还有这样多元的意义。

（三）组合式阅读

通过对语文课程标准的细化分析，制定各年级语文知识、能力的基本框架，组成主题单元为基本结构，从人与人、人与自然、人与社会的关系出发，提出生活、自然、天文、生态、习俗、学习、修养、文化、其他等线索，让学生去阅读名家名篇、讨论交流、个性评价。

"不积跬步，无以至千里，不积小流，无以成江海"，语文之塔是一砖一瓦构建的，没有开放的阅读，就没有学生的语文功底，就没有丰厚的智力背景。但开放的目标必须是朝着语文的，拓展的方法必须是科学的。语文学科首先姓"语"，其性质的核心是工具性和人文性的统一。在阅读教学中，

首先必须从语言文字入手，引领学生对文本反复涵咏体会。其次，才可以围绕"语文本体"引导学生在更大的思维空间中开放阅读，感悟文本。如果目标偏离，方法不当，只是一味地追求开放的形式，流于表面，结果只能得不偿失。

第二节　"打井型"的开放式阅读教学

先看看《凡卡》的一个教学片段：

教学片段

师：同学们，在第8自然段中写到凡卡几次挨打呀？

生：三次。

师：文中怎么写的呀？

生1：老板揪着他的头发，把他拖到院子里，拿皮带揍了他一顿。

生2：老板娘叫他收拾一条青鱼，他从尾巴上弄起，老板娘就捞起那条青鱼，拿鱼嘴直戳他的脸。

生3：一次，伙计们捉弄凡卡，他们打发凡卡上酒店去打酒，叫他偷老板的黄瓜，老板随手捞起个家伙就打他。

师：大家说得很好。你从中看出凡卡的生活怎么样？

生（木无表情地）：痛苦。

教师课堂上的教学之"教"关键在于引领学生发现问题，解决问题，走进"问题"现象的纵深，攀向思维的新高。如果只是像案例中那样，让参与学习和研讨的学生陈述与展现自己关于"问题"的结论，而没有关于问题解决的过程性的深度交流，更没有教师在这一交流过程中的"点拨"，这当然是"教"的缺位。这样一种"缺位"带来的直接问题是，学生的学习始终是在一个平面上徘徊，而且还是一种完全"自己的"封闭状态的学习，这种学习，与通过课堂获得提升、发展这样的教学追求和理想距离十分遥远。可以说，这样的课堂，这样的教学设计和实施，这样一种几乎没有什么"难度"系数的教学，常常多数是低效、无效、甚至负效的。

《义务教育语文课程标准（2011年版）》对于阅读教学指出要"在理解课文的基础上，提倡多角度、有创意的阅读，利用阅读期待、阅读反思和批判等环节，拓展思维空间，提高阅读质量。"要引导学生"多角度、有创意的阅读"，我们以为要像打井一样深层次挖掘。

一、研读文本，涌出泉眼

教师与文本对话的过程，实际就是"备课"、"钻研教材"的过程。想要拥有让人感到灵动、鲜活的开放阅读课堂，首先教师要清醒地认识到自己是读者，是阅读的主体，要用整个心灵去浸润文本——对文本有深层次的解读。文本作为作者思想和体验的载体，有其独特的内涵。对它的价值和内涵的发觉，是进行"打井型"教学设计的前提。所以，教师必须与文本进行深层次的对话，充分发掘文本的潜在价值，解读其负载的文化思想内涵，善于把握作者语言特点和运用语言的特色，把握文本的系统性和整体性，提炼文本中的养分。与文本教材"零距离"接触，采取不同的读法来评价、鉴赏、品味，读出自己独特的思想与感受，这样才能进行富有创意的教学设计，才能在课堂对话中游刃有余，才能引导学生创造性地参与文本意义的生成过程。如，在对《长征》进行教学设计之前，应反复地诵读、默读这首七律诗《长征》，一边读一边思考：红军长征已经过去七十多年了，学生对长征的了解又有多少？能否理解《长征》所蕴涵的意义？如何引导学生钻研文本教材，如何启发学生自省，主动探究？假如我是学生，我又会是怎样想的……考虑到学生以前学习过关于长征的文章，如《倔强的小红军》《飞夺泸定桥》《丰碑》《金色的鱼钩》，学生对长征或多或少有些了解，教师可创设情境——设计观看相关的电影和"话说长征"的环节，来引导学生入境悟情，激发学生解读文本的兴趣。教师只有这样与文本深层次对话，读出自己的心得后，在课堂上才会变得得心应手，犹如鱼得水的快乐。课堂交流才会成为"一口泉眼"，不断涌出鲜活的水来。

二、开掘意蕴，深刻探讨

语文教学不可把文学意蕴视为某种抽象、简单的概念，用知性化的概念来代替文学意蕴的发掘，而应该从作家的个体情感，所处的时代精神及其共性审美意识，去对意蕴作深层次的品味。如《我的伯父鲁迅先生》"救助车夫"一段中用了两个"清清楚楚"，不少学生在读到此处时并没有细细揣摩，而教师却不能放过这一细节，应引导学生好好思考：（1）当时小周晔"清清楚楚"，她清楚什么？（2）此刻伯父的脸变得如此严肃，她在想什么？（3）如果说小周晔在当时，她年幼的时候，清清楚楚记得的仅仅是伯父那严肃的面庞，直到周晔长大成人以后的现在，她还清清楚楚地记得的，难道还仅仅是伯父那严肃的面庞吗？她清清楚楚地记得的还有什么？就这样，教师牢牢扣住"清清楚楚"这一细节，运用品一品、写一写、说一说的方法，透过字面意义领悟到语言内涵，机巧地将问题引向纵深，将学生的思维引向辽远，不但避免了教师的说教，挖掘出了课文意蕴，更使这一细节深刻化，形象化，呈现出五彩光芒，语文教学的"井"也就有了深度。

三、指引回望，走向反思

反思是对过去经历的再次认识，并由此产生观念自律和策略调整。就阅读教学而言，反思是指学生对自己学习活动过程的再思考、再审视。在反思中，学生的思维可由"个体、表层"走向"全面、深刻"，由"草率"走向"成熟"。例如，在学习《将相和》时，通常情况下教学目标都如下面的"教学片段"，都是凭借语言文字体会作品中主要人物的性格特征。

 教学片段

（在充分初读课文后）

师：同学们对廉颇、蔺相如、秦王这几个主要人物，都有了自己的喜恶判断，那么你为什么这么判断呢？下面就让我们走进文中，来透彻地了解一下这三个人物。

不少同学都喜欢蔺相如，那就从蔺相如这个人物谈起。请拿出笔来，在文中画出描写蔺相如语言、动作、神态的有关语句，读一读，想一想，他是个怎样的人？可以在书旁空白处写下关键词。

（学生自读自悟，圈点批注；教师巡视，个别指导）

生：我读出蔺相如的智慧……

生：我读出蔺相如神勇无比……

生：我读出蔺相如很聪明，有勇有谋……

生：我读出蔺相如很能容忍，气量很大……

师：读经典的感觉真好！接下来我们来读一读廉颇、秦王这几个人物……

师：刚才大家的体会很好，你能通过自己的朗读把自己体会到的内容表现出来吗？请从三个人物中选择一人，自由练读相关描写片段。

（生自由练读后，指读）

一般教师便会在此环节止步。在这一环节中，教师以极大的热情鼓励学生发表自己的读书感悟，值得肯定。但建构主义学习理论告诉我们，不同的人往往看到的是事物的不同方面，如果任其而为，不加以引导，那么交流终究是一种形式上的热热闹闹、个体的片言碎语罢了。再教这一课，教师在引导学生自由感悟人物形象后，接着进行了下面的引导：

师：刚才，我们置身于文中，看到了（　　　）的蔺相如，（　　　）的廉颇，（　　　）的秦王。

生：我看到了智勇双全的蔺相如，盛气凌人的秦王，知错就改的廉颇。

师：这是你自己体会到的，那么，通过刚才的交流，你对他们还有哪些新的认识？

生：我不仅看到了一个有勇有谋的蔺相如，还看到了一位顾全大局的蔺相如，他和秦王斗智斗勇，对廉颇宽宏大量，归根结底都是为了自己的国家。

生：其实廉颇也是爱国的，他一直承担着保卫国家的重任，虽然他有小小的嫉妒心，但他只要明白了道理，就勇于认错。他是一个心胸坦荡的人。

师：你的发言让人很惊喜！你在已有认识的基础上，还发现了蔺相如、廉颇将相和好的根本原因，真好！

……

师：通过交流，我们学会了多角度评价人物，我们对人物的认识也就更全面、更深刻了。

（最后教师鼓励学生通过自己的朗读，力求表现出蔺相如的机智和勇敢，廉颇的勇敢和坦荡）

交流的过程不仅仅是学生在展示自己的解读，教师能够指引学生回望，让学生置身于一种"合作"的氛围中，发现自己认识上的局限，从而促成了他们认识上的全面、深刻，同时也使他们明白了倾听、吸纳他人发言的价值和重要性。看来，同样的一节课，留给学生的收获也是多层的。

引导学生对一节课的学习过程进行反思，可以从学习内容入手，如，这节课我们学习了什么？掌握了哪些知识？大多数的课堂在课后小结时仅仅停留于此。还可以对学习策略进行反思，如，这节课我们学到了哪些思考问题或语言学习方法？哪些方法是合理的？哪些是有效的？还可以引导学生从经验和教训方面进行反思，如，你遇到问题，是独立思考，还是等待老师讲解？你看出了课文中有什么优点或缺点，哪些方面记忆犹新？

没有难度来适度"抑制"和支撑的课堂，经常会表现为热闹非凡，不少水平一般的学生兴高采烈，老师也常常会自鸣得意。这正犹如经济上的"虚热"、股市上的"虚高"，今天看不出来，明天还是无所谓，但一旦膨胀到顶，大盘崩溃，才恍然大悟，却又于事无补。这就特别需要我们语文老师的清醒，宁取表面平静却有深度的探究思考，摒弃缺乏思维、只有热情的虚假繁荣，像打井一样，将阅读"追问"到底。

第三节 "主题型"的开放式阅读教学

主题原指文章的主旨、立意、中心思想等，后来又被引申为题材概念，是社会生活或现象的某一方面，如改革主题、战争主题等。主题型的开放式阅读是由后一个引申意产生的，围绕课文的某一方面或单元的某一方面拓展延伸的阅读，即主题阅读，或者叫专题阅读。它像一条丝线，将散落在书海里的美文按主题、作家串联起来，使一篇篇灵动鲜活、文质兼美的文章变成为孩子们继课文学习后的又一道精神大餐，并完成从"例文—主题—专题—文化成果"的逐次提升。打个比方，一次主题拓展阅读就像是种植一株榕树，课文是榕树主干，与主题相关的作品就是枝枝叶叶，其中的一个作品都可能成为一条须根，只需加以"灌溉"，又能散发枝叶。久而久之，在学生心中，就培植了一片茂密的"文学丛林"。

比如《詹天佑》一课，讲的是詹天佑主持修筑京张铁路的事。教学本文就可以围绕"铁路"这一主题，拓展阅读一系列有关中国铁路建设的故事，如《建好又拆掉的铁路》《驴拉的火车》《中南海中的人力火车》《青藏铁路》《中国的磁悬浮铁路》《世界最快的武广高速铁路》等，使学生对中国的铁路发展史有一个全面的了解，这就是主题式阅读，是由一篇课文产生的主题阅读。再比如围绕"科学精神"（人教版六年级下册）主题，阅读有关科学家的文章，探究中外科学家们所共有的科学精神，这是由单元生发的主题阅读。开放式阅读教学如何结合文本进行主题拓展阅读呢？

一、精选内容，增强主题阅读的针对性

在学习每册教材之前，不妨发挥教研组集体智慧，精选主题阅读材料，增强阅读针对性。

一是细化单元解读。现行教材已明确指出了每单元的主题内容、训练重点、精读与略读篇目，我们在集体研讨时侧重于对单元内容具体解读，对每篇课文的内容、写法等做到心中有数。在依照课程标准、参考相关资料、结合学生实际的基础上，设计较具体的可操作的单元知识目标、情感目标和能力训练目标，以此为指南去收集阅读材料，增强针对性。

二是精选拓展材料。围绕本单元的"主题"或针对精读篇目收集扩展阅读的材料。教研组成员分工协作，利用网络、书刊、杂志等多种渠道广泛收集资料，各自准备好后再进行共同研讨，优中选优，最后精心筛选出拓展阅读的材料，统一印发给学生。所选材料力求在内容或写法上与本单元的"主题"相近、相似、相关。要求选材角度、写法风格的多样性、时代性、

可读性，切合学生已有的知识水平和生活体验，有助于激发学生阅读兴趣。学生也可根据单元主题主动参与材料的收集，他们个人收集的材料经过小组精选、科代表和教师的层层筛选确定的文章也可统一印发给学生，这样可以避免阅读的盲目性。拓展材料，除文本形式以外，还适当增添了一些歌曲、图片、录音、视频等，形式多样，极大丰富了学生的阅读世界，激发了阅读兴趣。

二、取舍整合，增强主题阅读的实效性

教材内容、拓展材料如何取舍整合，这是一大难题。如果对课文精读细品，就不能在有限的时间里实现大量阅读；如果在一节课内阅读几篇文章，就会出现蜻蜓点水式的泛泛而读、面面俱到又面面不到的现象。其实主题阅读的课堂教学模式可以灵活多样，教材内容、拓展材料可以大胆取舍，灵活整合。

一是精读一篇，学习方法。语言精美情感动人、内容上有代表性、写法方面有示范性的文章，尤其是教材每单元的某些重点篇目，都可以采用传统的教学模式，细到字词句篇、修辞写法，引导学生品味感悟、积累运用，并注重指导学生掌握学习方法。

二是课内外结合。以课内一篇课文为立足点带动几篇课外主题材料的阅读，是主题阅读课堂教学最基本的模式。例如，学习《北京的春节》一文时，补充了梁实秋的《过年》，斯妤的《除夕》两篇文章进行拓展阅读。通过品味生动传神的词语和含义深刻的语句，激发了学生对民俗文化的关注，并引发对祖国的热爱之情。

三是课内综合阅读。人教版六年级下册"外国文学"单元，内容丰富，文体多样，情节引人入胜，学生较有兴趣。本单元中的四篇课文《卖火柴的小女孩》《凡卡》《鲁滨逊漂流记》《汤姆·索亚历险记》，可在学生自主阅读的基础上，通过一两节单元综合课对各知识点进行了梳理归类：（1）重点字词；（2）作家作品；（3）主题；（4）写作技能：细节描写、虚实结合、对比、暗示手法；（5）重点品味《卖火柴的小女孩》和《凡卡》。

四是课外主题阅读。有的课外材料在内容、写法方面都具有代表性、示范性，并切合学生的知识水平，就整合成一个主题，纳入课内进行阅读学习。围绕"父爱"这一主题可以收集整理三篇文章：（1）朱自清《背影》；（2）《爸爸的白发》；（3）《爸爸的双手》。三篇文章表现父爱的角度不同，但写法基本相似，都是选取了人物在典型环境下的典型形象作为感情的聚焦点。在课堂上，可引导学生品语言，悟真爱，重点是学写法。

三、指导方法，增强主题阅读的多元性

阅读教学的方法多样性决定了主题阅读的多元性。

一是从课题入手进行主题阅读。有的课题包含着丰富的阅读因素，在预习时可让学生从题目入手，围绕题目进行拓展阅读，了解相关知识或写作背景。如在教学《与象共舞》一课前，先布置学生预习：象是一种非常有意思的动物，它的身上发生过很多有趣的故事，请同学们回家后在百度中录入"象的故事"，看你能了解到哪些有关象的有趣故事。结果第二天，学生带来了很多关于象的故事。课文还没学习，学生对象已经有了一个比较全面的了解，达到了未学其文、先爱三分的效果，有助于学习课文时对文本进行细致深入的理解。

二是从矛盾点入手进行主题阅读。有的课文有很多前后相矛盾的地方，而这些矛盾的地方又恰恰是需要深入探究的地方。教学中，如能抓住这些矛盾点，激发学生探究的欲望，进而进行拓展阅读，不失为一种有效的主题阅读方法。如《草船借箭》是一篇古典文学作品。很明显，如何通过教学激起学生阅读古典文学的兴趣呢？智慧的教师会抓住课文中的几个矛盾点，有效地激发了学生阅读名著的兴趣：（1）鲁肃是谁的人？诸葛亮明知鲁肃是周瑜的人，为什么还敢把准备草船这样重要而机密的任务交给他？（2）鲁肃在草船借箭这件事中帮了谁？他为什么不帮他的上司周瑜对付诸葛亮反而帮助诸葛亮？这几个矛盾点，在学生心里形成了一个结，他们有强烈地要解开这个结的愿望，而这几个矛盾点仅靠阅读《草船借箭》是无法解决的。于是教师趁热打铁，进行拓展：事实上，鲁肃在周瑜屡次陷害诸葛亮的过程中不止一次地帮助诸葛亮渡过难关，要想知道鲁肃为什么要帮助诸葛亮，诸葛亮为什么敢于信任鲁肃，请大家阅读《三国演义》第四十三回《诸葛亮舌战群儒，鲁子敬力排众议》。这样，学生带着强烈的疑问阅读，兴趣就有了，就明白了，鲁肃之所以屡次帮诸葛亮，是因为他就是孙刘联合抗曹的创始人，他屡次帮助诸葛亮，就是要顾全大局，加强团结，共同抗击强大的敌人曹操。再如教到"雾中借箭"这一段时，教师问：当诸葛亮下令让二十支小船靠近曹操水寨擂鼓呐喊时，曹操如果出兵迎击会怎么样？诸葛亮一生谨慎，从不弄险，此时为什么敢冒如此大的风险去借箭？他怎么就算定曹操一定不敢出来？显然，这几个矛盾点在课文中也找不出答案，要想解决这个问题，还要读《三国演义》。在充分激起了学生产生强烈的疑问欲罢不能时，教师把拓展书目展示给他们：欲知个中原委，请阅读《三国演义》第四回和第七十二回。这样，不仅激发了学生研读《三国演义》的兴趣，而且使学生明白：诸葛亮是人不是神，他知天知地知人心的智慧都是平时留心

观察思考的结果，同时教给学生用前后联系的方法读名著。

三是从人物命运入手进行主题阅读。人都有关注人物命运的特点，所以善于制造悬念的导演都会在每一集连续剧的结尾吊足观众的胃口，吸引人一集又一集地看下去。其实，我们也可以根据人的这一特点，学学导演，在学生阅读文本，对课文产生兴趣后，引导学生关注课文中人物的命运，从而有效地进行主题阅读。比如教学《景阳冈》一课，在学生品读了武松打虎，感受到紧张、精彩、神勇、刺激后借机拓展：马上看林冲，马上看武松。武松的拳脚功夫最是厉害。他性格豪爽，"路见不平一声吼，该出手时绝对出手"，武松在《水浒传》里演绎了一个又一个痛快淋漓，荡气回肠的故事。武松打虎与那些故事相比，不过是小菜一碟。比如飞云浦脱险，当时武松因打了蒋门神被张员外陷害，手脚都带上了铁链，脖子上还带着枷锁，被两个捕快押到一个叫飞云浦的险境，前后出现了四个杀气腾腾的执刀杀手，再加上两个已经抽出刀来的捕快，共六个人要杀他。这飞云浦，就是悬崖上的一座独木桥，两边都是万丈深渊，他的手脚又都被铁链枷锁缚住了，逃是没法逃了，一般人只能引颈受戮了。当时，一个捕快趁武松不注意，把绑在武松脚上的铁链一拉，就把武松拉倒了，然后顺着地面只顾拉着跑，武松站都站不起来。而那几个杀手拿着刀对着武松只顾乱砍，在这种情况下武松的命运如何呢？请同学们阅读《水浒传》第三十回《施恩三入死囚牢，武松大闹飞云浦》。第二天学生只要读了肯定会争着说武松是怎样脱险的。然后趁热打铁，引导学生阅读"怒杀西门庆，醉打蒋门神，血溅鸳鸯楼，单臂擒方腊"等一系列有关武松的故事。一星期下来，正好是一个武松专题研究阅读，使武松在学生心里留下了深刻的印象。

四是从课文作者入手进行主题阅读。大家知道，小学生对作者的认识大都始于具体的课文。比如林清玄，学生就是从课文《和时间赛跑》《桃花心木》开始认识他，并渐渐喜欢上这个作者，再去找更多他的书来读。渐渐地就形成以课文作者为中心的主题阅读。因此，我们在日常教学中，或课前，或课尾，或课中，要适时地把作家请出场，推介给学生，帮助学生建立起对作家的初步认识，开启一扇以"课文作者为中心"的阅读大门，从而对其作品产生阅读期待。推荐内容大体包括个人生平、对世界文学的贡献、后人评价、典型作品等。如教学《卖火柴的小女孩》就可在课前这样推介安徒生：

一、竞猜导入

师：在儿童文学界有一项最高荣誉，它以一个作家的名字命名；他的名字在某种程度上，比他的国家更响亮；他将一种文学形式从神话、传说中脱离出来，称"童话"。他是谁呢？

二、全面推介

1. 出示一组安徒生画像。

师：请同学们仔细观察他的服饰、发型、神情等，看能发现什么？

2. 交流：安徒生生活的年代、国家，以及个人生活经历等。

3. 推荐两个安徒生主题网。

4. 推介安徒生作品。

师：安徒生一生共写过168篇童话故事，如《丑小鸭》《卖火柴的小女孩》《拇指姑娘》《皇帝的新装》，等等，今天我们要学习的是《卖火柴的小女孩》。

学生一旦对某一作家的作品产生阅读期待，教师就可趁势开展以该作家为中心的主题拓展阅读。当然，对不同作家的作品，要采取不同的推介方式。比如故事性强的作品，讲一个有趣的情节；语言优美的作品，朗读一段；知识丰富的作品，讲一些前所未闻的知识；篇幅较长的作品，可以简介全书内容，也可运用现代化媒体播放书中一段精彩场面的人物道白或叙述，或播映改编的电视剧或电影中的一个场面激趣，引起学生的阅读兴趣。

需要注意的是，主题拓展阅读不一定每课都要进行，不求多，要求质。如果一学期有效地进行几次像武松专题或安徒生专题这样的主题阅读，学生的语文素养必定能得到有效提高，实现"扎根课内，拓展课外，大量阅读"的目的。

第四节　"比较型"的开放式阅读教学

看电影时，经常会出现"蒙太奇"式的镜头：画面上一边是歌舞升平，一边是凄风苦雨；一边是欢声笑语，一边是啼饥号寒；一边是美轮美奂，一边是惨不忍睹……

这些画面把不同的生活场景或事物连接在一起，造成了强烈反差，给我们留下了深刻的乃至无法磨灭的印象。这就是对比的妙处。教学中有意识地运用对比，可以给学生一种全新登场的感觉，使他们在一种新奇、轻松和愉快的学习环境中接受知识、认识世界、了解自然、改造自然，达到事半功倍的教学效果。

所谓"比较阅读"，就是把两种或多种文章（或语段）对照阅读，通过辨析其异同，发现其共性和个性特征，以加深认识和理解的一种阅读方法。比较的目的在于异中求同或同中求异。同中求异是为了明确其差别，以防混淆；异中求同是为了探寻其规律，归纳要点。

引导学生运用比较法进行阅读教学，可以增大教学容量，提高阅读效率，为提升学生的审美情趣和阅读品位奠定坚实的基础。

一、在比较中读懂题意、补充文本

读懂题目，可以更好地阅读一篇文章。教学《我最好的老师》可以引导学生比较：《我的老师》《我的好老师》《我最好的老师》有何不同？然后对课题进行质疑：（1）我最好的老师是谁？（2）他好在哪里？（3）为什么说他是最好的老师？然后引导学生通过阅读课文来解决这些问题，采取个人自主阅读的方式，在自主阅读的基础上，可让学生采用小组合作学习的方式，进行探究。再引导学生反复思考，提炼他人的精华，增补自己的独特感悟。引导学生通过自读自悟，潜心会文，在各自与文本作一番深入的独立对话以后，再来与老师、同学进行交流。这样，有利于学生探究热情的激发。

同一体裁的两篇或者多篇文章，由于所需表达的主旨不同，在写法上、内容的剪裁上的侧重点也有所不用，但比较阅读恰好起到了一个帮助学生拓宽视野、丰富知识、形成一个完整的知识体系的互相补充的作用。如《一夜的工作》和《温暖》，体裁都是记叙文，所表现的主要人物是同一个人，但根据主题的需要选材上又各有侧重点。前者主要写的是作者陪同周总理审阅一篇稿子，亲眼见到周总理一夜工作的情况，歌颂了周总理不辞劳苦的工作精神和简朴的生活作风。后者则是写周总理工作一夜之后，迎着朝阳走出人民大会堂亲切地问候一位普通清洁工的感人场景，歌颂了周总理热爱人民、平易近人的崇高品质。两篇文章从情节上恰好能链接，从时间、结构上又恰好能顺承，学生阅读后对脑中的周总理的原有形象自然进行了叠加，有了更全面的了解。

二、在比较中走进人物世界、丰满作品形象

阅读作品，是从对语言文字的感知开始的。读者要想了解作者作品的内容，就必须先通过对语言文字的感知去领会它所表达的意义。在教学《十六年前的回忆》时，为了体会人物的内心世界，领悟文章的情感，可创设两个相关的比较文本。比较文本一："瞅"、"瞪"分别是什么意思，各是一个怎么样的动作？引导学生比较。比较文本二："'什么？爹！'，我瞪着眼睛问父亲。"和"我的心剧烈地跳动起来，用恐怖的眼光瞅了瞅父亲。"在这三个句子中"瞅"、"瞪"分别表示什么意思？引导学生解读，透过文学语言的表层意义体会到它的丰富内涵。

教学《凡卡》，引导学生读课文，从字里行间体会沙皇统治下俄国社会

中穷苦儿童的悲惨命运。"同学们，凡卡在乡村的生活到底是快乐的还是悲苦的？从文章中体会、比较。""快乐组"、"悲苦组"两大阵营的同学各抒己见，说出自己的理由。"快乐组"："他想起到树林里去砍圣诞树的总是爷爷，爷爷总是带着他去。多么快乐的日子啊！""天空撒满了快活地眨着眼睛的星星，天河显得很清楚，仿佛为了过节，有人拿雪把它擦亮了似的……"从这些描写可以看出凡卡在乡下是愉快的。"悲苦组"：如果乡下生活很快乐，那爷爷为什么要在寒冷的天气里守夜，"他冻得缩成一团，耸着肩膀"？如果生活幸福，爷爷怎么舍得把凡卡送到城里来受苦？通过比较，孩子们明白了，凡卡在乡村的生活显然也是很苦的，但凡卡回忆起来却感到很美好，很快乐，可见在城里的日子是怎样的痛苦。阅读教学应珍视学生这样的独特感悟和体验。

　　阅读中原有知识和文章提供的信息并不完全一致，甚至相悖，这就需要学生不唯从、不盲从。如《草船借箭》，作者既浓墨重彩描绘了神机妙算的诸葛亮，也刻画了心胸狭隘的周瑜和生性多疑的曹操形象。学后，学生对"曹操"提出质疑，文中所写与"史料"不符，经查史料，知道曹操是三国时期著名的政治家、军事家、文学家、诗人。至此，学生对曹操有了一个公正的认识和客观的评价，同时也明白了小说中的人物形象多是经过作者艺术加工过的，与史料记载是有区别的。

三、在比较中突出作品主题、领悟文章中心

　　对于内容和形式都相同或相近的课文，不妨采用比较阅读的方法，获得新的思维视角，以加深认识、彰显特点，从而收到触类旁通的功效。教材中对照参阅同一性质、相似内容的两篇或者多篇文章，虽有不同，但有交融之处，有异曲同工之妙。如同是赠别之诗，王维的《送元二使安西》取象于"客舍青青柳色新"的咸阳古道之后，感到的是"西出阳关无故人"；而高适的《别董大》却在"北风吹雁雪纷纷"的恶劣环境中想到了"天下谁人不识君"！两相比较，所写的节令分别是一春、一冬；天气各为一晴、一阴，一雨后、一雪中；而思想感情却一凄凉、一豪雄，反差是极为明显的。通过比较阅读不难发现两首诗都突出了一个深刻的主题："人生自古伤离别，人间最美是真情。"

　　《义务教育语文课程标准（2011年版）》提出"要珍视学生独特的感受、体验和理解"。《林海》一文作者老舍以细腻的笔触描绘了大兴安岭的美丽风光，抒发了自己对祖国壮丽河山的热爱，并由此展开联想，赞美了大兴安岭在祖国经济建设和政治稳定方面起到的巨大作用。课文三次出现"亲切、舒服"都与本文中心有关，又有各自不同的内涵，它体现了作者对

大兴安岭认识的逐步深化："第一次亲身来到大兴安岭之中，亲眼看见其美景，感到亲切、舒服"；"第二次联想到大兴安岭在祖国社会主义建设中的巨大贡献，更觉亲切、舒服"；"第三次联想到大兴安岭'兴国安邦'的重大作用，备感亲切、舒服"。教学中出示三个句子，引导学生比较探究，说说亲切、舒服感产生的原因，在朗读中进行情感体验，获得思想启迪，领悟文章中心。

四、在比较中培养学生鉴赏能力、拓展知识

教师有意识地抓住课文中的一些字眼、词眼进行适当的变化，可引发学生对语言质量的辨析，进行语言感悟。如在教学《临死前的严监生》时，问学生："你觉得严监生是个怎样的人？"学生很快就说出了答案：吝啬。老师再问："你从哪儿看出来的？"学生找到了文本："严监生喉咙里痰响得一进一出，一声不倒一声的，总不得断气，还把手从被单里拿出来，伸着两个指头。""他把两眼睁的溜圆，把头又狠狠摇了几摇，越发指得紧了。""他听了这话，把眼闭着摇头，那手只是指着不动。"老师没有浅尝辄止，引导学生进行文本的比较："严监生的神态和动作有什么不一样的吗？说明了什么？"这样一来，学生在老师的引导点拨下，通过意境的比较、品味、交流，潜心在比较中对话，提升了对文本的理解力。

通过比较阅读，可以发展迁移思维，提高对语文知识系统化、条理化的梳理水平。同一题材的作品，可以进行比较教学。如教学老舍的《北京的春节》，可安排梁实秋的《过年》，斯妤的《除夕》进行阅读比较，开展小组交流研究，比较探究三篇文章的异同之处。最后在比较中收获"相同点"：都是关于春节习俗的文章，体会文章的"不同点"：作者不同，写作方法不同，表达的情感不同。比较阅读，实现了"1＋1＋1＞3"的阅读教学效果。

在教学中，为了开阔学生的阅读视野，提升学生的阅读品位，教师可以根据文本的内容以及学生的实际进行纵向或横向比较阅读。纵向比较，可以是选文与原文的比较，或是作者不同时期作品的比较，也可以是不同时期、同一题材作品的对比；横向比较，可以是同一流派不同作者作品的比较，也可以是同一时期、同一题材不同作者作品的比较。至于具体运用哪一种方式，或是二者兼用，还得根据比较阅读的教学目标来确定。

五、在比较中倡导文本的多元解读

在教学实践中，要引导学生对作品的主题作出多元的解读。比如在《两小儿辩日》的阅读教学中，为了探究孔子实事求是、孜孜好学的品质，

引导学生从不同人物入手，画出描写人物言行的词句，抓住重点语句，反复研究，从中体会。然后成立研究小组，开展比较探究学习。学生从"孔子不能决也"、"两小儿笑曰：'孰为汝多知乎'"的表现中，更深刻地体会了孔子的"知之为知之，不知为不知"的美好品质，运用比较，突现了人物可贵的精神品质。接着探究作品的主题，学生有的从做人要真诚的角度去解读；有的从观察角度不同结论不同的角度去理解；有的从善于观察，善于探索角度去思索……时代赋予了作品新的主题。教学中引导学生发现作品多元性的主题，有利于培养学生的创新思维。

第五节　"风筝型"的开放式阅读教学

教科书课时有限，只凭一套教科书培养语文能力，显然是难以奏效的。因此，"风筝型"的开放式阅读教学就是加强课外阅读，扩大视野，增加积累。开展课外阅读活动，是课程标准的要求，是语文教学的要求，也是时代的要求，更体现了开放式教学的本质。如何进行课外阅读教学指导？我们认为应该像放风筝，有紧有松，有收有放。风筝飞得再高再远，都有一根拴着的线。放线，是为了让风筝自由自在地飞得更高；收线，是让风筝"飞累"后真实而温暖地回归。线收得太紧，风筝会觉得累，会挣脱线的控制；线放得太松了，风筝无所适从，迷失了方向……所以，放与收，全凭自己用心把握手中的线。

在课外阅读中，教师的正确引导就是手中风筝的线，它掌握在教师的手中，无论放还是收，都是爱的体现。当学生刚开始阅读时，我们应该"放"，放手让学生自由地、尽情地阅读；当学生对阅读有了兴趣，已经"飞"起来的时候，我们该"拉"一下手中的线，让他有个更明朗的、更利于他高飞的方向。否则，刚起飞也许会被狂风卷走，再或俯冲向地面，那是我们不想看到的。我们在指导课外阅读中往往容易犯以下两方面的错误。

第一，"紧而不放"。教师在要求学生课外阅读时，因为害怕课本知识落实不下，把课外阅读搞成"变相作业"，要求学生读课外书籍必须摘抄多少警句，分析多少问题，写出多少字的读书心得……对学生绳之以法，束缚了学生的手脚。课外阅读成了一件苦差事，学生读书根据教师的要求"按图索骥"，走不出教师的影子。这样带着教师的眼睛去读书，不仅窒息了学生的活力，还丧失了自我感知阅读的能力。培养出来的学生也只是"匠"气十足，而"才"气不足。

第二，"放而不收"。有的老师在指导学生进行课外阅读时，忽略了读书的目的性、有效性，让学生"天马行空"，"自由驰骋"，一发不可收。学生阅读课外书籍，只追求外在的形式，感官的刺激，而不注重独立阅读能力的形成。虽然读了不少书，但往往是"消化不良"，学过的知识犹如过眼烟云，似懂非懂，知而不化。更有甚者，有些学生以读"垃圾文学"为乐，身心受到毒害，把书读"歪"了，贻害不浅。

如何把握课外阅读中的"放"与"收"，像放风筝一样有益有趣，是迫在眉睫必须解决的问题。

一、先放后收，先宽后严

课外阅读必须先培养学生的阅读兴趣，放手让学生选择喜爱的书籍。教师不应过多的干预，不要一开始就训导学生"非正统书莫读"。无论是名著与俗作，高雅与诙谐，还是历史掌故、现实状况、发展前沿，只要能读就是好学生，从而激发学生的阅读兴趣，尽可能多地让学生投身到课外阅读中去，即使是"囫囵吞枣"也行，不求甚解亦可，引导学生走进文学的殿堂，跳出狭小的思维空间。

坦然面对阅读过程中的"不作为"。书读完了，一定要摘抄一些精美的语段，一定要写出自己的读后感言。这是很多老师、家长对孩子提出的要求。"不动笔墨不读书"，这当然是一条读书的好经验，但如果把"做读书笔记"变成一种硬性要求，效果往往不会太好，还会限制孩子读书的热情。时间长了，孩子会认为读书是一种负担。于是，为做笔记而读书、怕做笔记而怕读书，几乎成为一种通病。如果"做读书笔记"成为学生的负担、读书的障碍，为什么一定要任性地坚持呢？美国著名语言教学理论家克拉申在谈到如何提高美国人母语识字读写能力时，特别推荐一种阅读方法——随意自愿阅读，也就是所谓的无意识阅读。在这个过程中，教师不必过多介入学生的阅读活动，只需随着阅读活动的不断深入逐渐加大学生的阅读量和加快学生的阅读速度。当我们把眼光再放长远一些，就能坦然面对孩子们在阅读时的种种不作为了。

允许学生有"无为而读"的大自由。"无为而读"，就是"不为应试而读"，"不为功利而读"。《红楼梦》中的贾政把《西厢记》《牡丹亭》一类的书籍斥为"闲书"，逼着儿子读能通往仕途的四书五经，宝玉常常因为偷读"闲书"而遭责罚。读书本是为了愉悦身心，结果却这等受罪，确实令人扫兴。今天的学生，也常常陷入"宝玉"的窘境。在考试的压力下，教师和家长对孩子的课外阅读通常持"有分寸的限制"态度，怕过多过滥的课外阅读影响孩子的学业。其实大人不必以成人的世故和功利作出限制，这是孩子们成长中的自然需求。

当学生已然漫步在广袤的文字世界，拓宽自己的视野后，教师再渗透教学目的。比如，摘警句、析任务、分层次、纳中心……把学生的发散思维集中起来，就会收到"以面援点"的奇效，即用广博的知识来落实具体的知识点。语文教师要善于把握"放"与"收"的尺子，提高阅读的质量。

当然，书籍不再是现代学生课外阅读的唯一选择。一些健康、鲜活的影视作品、报刊、少儿网站等均可以成为学生的精神食粮，让他们在生活中学会欣赏和判定。这样，学生不再被"捆"在书山上，灵活、自由的阅读内容和方式激起了他们的阅读欲望。

二、由少到多，先易后难

指导学生阅读应遵循"由少到多、先易后难"的渐进原则。有的教师在指导学生阅读时，一开始就要求读名著与杰作，这样做的结果往往是事与愿违，欲速则不达。开始可选取一些寓言故事、童话故事等一些趣味性、故事性、可读性较强的书。读书要求也只是能够重复故事情节即可。这些作品独立成篇，短小精悍，语言浅显，学生爱读，亦能读懂。不要害怕现在的"浅阅读"影响到孩子未来的深刻。我们每个人的读书生涯都是从《诗经》《楚辞》这样的经典阅读开始的吗？我们也不要害怕孩子们在阅读的过程中只注意"兴趣"，而忽略了所谓的"收获"。

阅读，不是硬性的规定，不是绑紧的绳索，而是像候鸟在冬季向南方迁徙，像鱼儿逆流而上回到故乡，是一种自然的需要，一种风筝似的放松状态。在此基础上，让学生慢慢过渡到名著欣赏，读书要求也随之提高。学生的知识储备也会由少到多，理解能力自然会由弱到强，有了这些能力"垫底"，学生即使在解答语文题、做作业时，大脑中也会呈现相关联的知识，举一反三，得心应手，从而达到课外课内相辅相成。

三、时间合理、事半功倍

在应试教育大行其道的当下，"没有时间"成了许多人不读书的借口。清代才子张潮说：有工夫读书，谓之福。现在，孩子们忙得似乎连这样的福气也没有了。怎样让孩子有时间阅读呢？

统筹安排，用好"整块"时间。每逢节假日，繁重的家庭作业是孩子们最头疼的一件事。因此，鼓励教师在假期尽量少给学生布置书面作业，取而代之的应是阅读活动。学校制订假期亲子阅读活动计划和实施方案，开展丰富多彩的亲子阅读活动，让家长认识读书的重要性，指导家长按照学生要求为学生提供读物，给孩子一定的课外阅读时间，并且建立家校联系卡，让家长定时在联系卡相应栏上记下学生的阅读情况，如：书名、时间、字数、专心程度、是否背诵……定期将孩子阅读的内容、数量、质量反馈给教师，及时评价，给予鼓励或引导，从而保证了假期课外阅读的有效进行。

见缝插针，用好"盈余"时间。我们应该倡导：提高课堂教学效率，挤出时间阅读；优化课堂作业设计，省出时间阅读。孩子终究还是孩子，弦儿不宜绷得太紧，否则会断的。我们宁愿让他们少做几张试卷，少抄几个词语，把时间用来看中央十套的《子午书简》栏目，带着孩子们一起聆听哲学大师冯友兰的《我的读书经验》、鲁迅的《随便翻翻》、王蒙的《学习是我的骨头》、宗璞的《恨书》、史铁生的《我与地坛》，等等。这些书看上去和课本知识没有太多联系，但是没有关系，孩子们所收获的比我们想要的多得多。

化整为零，用好"边角"时间。永远不要等有时间才阅读，见缝插针，想读就读；永远也不要坐进书房才阅读，任何地方都可以阅读；永远不要有用才阅读，急功近利、立竿见影是妄想；永远不要嫌自己读得太晚，只要行动就有收获。可采用"化整为零"的阅读策略，引导学生用好"边角"时间，具体做法是：（1）每天早晨的晨读 10 分钟，师生共读；（2）每天晚上临睡前 10 分钟，亲子共读；（3）每天中午半小时，午间阅读。

四、注重指点、鼓励交流

现在的文化市场可谓好坏并存，良莠不齐。教师在放手让学生读书的同时，也要善于"收"。所谓"收"就是帮助学生选取有一定阅读价值的课外读物，让学生能真正鉴定书籍的优劣度。应及时指点，引导学生读扬善警恶，励人向上的好书，学会区分作品中的糟粕与精华，学会取舍。用正确的人生观去引导他们，感化他们，使其思想沿着健康、正确的方向发展。可根据教学实际推荐一些学生阅读的文章供其参考，以此来补充学生的精神食粮。再者帮助学生制订切实可行的阅读计划，以免学生在阅读上走弯路。

教师应开拓开放的、多元化的阅读交流平台，可在班上集体交流，也可小组内交流；可口头交流，也可书面交流。在交流中，教师应扎实地做好"收"的工作，要求学生在阅读、交流中有计划、有体验、有实效，让他们做好读书笔记、交流心得、读书感想等。教师及时评价、鼓励，以宽容的心胸、赞赏的眼光来对待，引导学生正确对待尚未成熟的阅读和交流，以进一步加强对书的认识与理解。真正让阅读成为自身不可或缺的精神食粮，让健康的书籍永远伴随左右。

五、读写结合、形成能力

课外阅读的目的一方面是为了提高自身素养，另一方面则是表达、应用的需要。常见一些孩子爱阅读，也读了不少好书，但就是只见"进"，不见

"出"。虽然读了很多书，但在表达写作方面却不见起色。其实这是课外阅读的营养没有被有效消化、吸收，多半流失了。他们大部分只浏览书的表面，没有沉下去理解，只能在表面上泛泛其谈。因此，我们要让学生又读又练，把知识变成能力。练的形式多种多样，可以仿写、评写、改写，让学生沉到作品中去，结合学生亲身经历，把学到的知识和现实生活结合起来，在大脑中酝酿、发酵，去再创造，去写自己所熟悉的生活，体验创作的苦与乐，若能做到这点，我们就能看到语文教与学成功的曙光。

课外阅读的整体推进与深化，需要教师教育观念的彻底转换，需要教师具有较强的内功和张力，需要教师掌握切实可行的指导方略，需要教师旷日持久地热情和坚持。只要我们把握好课外阅读的"放"与"收"这一关，相信这只风筝有一天会自生出自己的导航仪，向着自己的方向高飞。那时，我们不觉间收回手中的线，笑望蓝天……

第六节　"无声型"的开放式阅读教学

曾几何时，教师常这样教导学生：上课时要安静、认真地听教师讲课——"绣花针掉地也能听到"。可是，在实施新课程改革、崇尚学生自我、发展学生个性的今天，想不到课堂上学生的"安静"却成了我们做教师的尴尬。

当我们进入新课程后，语文课堂的确可以用"热闹"一词来形容：要么，教师精雕细刻一讲到底，直到把学生的瞌睡虫勾起；要么，教师无论面对什么样的文章，或自己提出几个"问题"，或让学生提出几个"问题"，一节课带领学生围绕这几个"问题"谈天说地，美其名曰"互动"、"合作学习"、"研究性学习"。这样的课堂教学形式，无一例外地存在着"声多"和"声杂"的问题。倘若哪天学生积极性不高了，教师们就会埋怨："太气人了，课堂怎么这么沉闷！"——言下之意是，学生发言积极，气氛活跃的课堂是最好的；而学生沉默不语就是思维不灵活、被动接受，就是阅读教学的失败。

可是在一次次热闹的阅读教学活动中，我们不断地发现，在热闹的背后，存在着问题：发言多的孩子不见得成绩都好；成绩好的孩子不少都是沉默寡言。孩子们真的需要在热闹的环境中展开阅读吗？谁的发言越多，就一定代表他对阅读感兴趣吗？他在探究感悟中收获越多吗？似乎不是那么回事。

细细品味名师的课堂，你会发现它们总是那么从容朴素，沉静本色。似乎也在提示我们，我们的课堂气氛闹了些，课堂环节的进展急了些，教学内容杂了些，方法手段花哨了些……语文课堂应该多份真实的精彩，多些本色的空灵。

语文课堂教学过程实际上是教师引导学生学习语文的过程，学生在课堂的活动过程是心智活动过程，其核心问题应该是思维训练。

如何在语文课堂中让学生真正走进文本？如何让学生思维得到发展？如何在阅读中促进学生的写作？通过实践，我们认为给热闹的语文课堂设计无声的教学环节不失为一种办法。即在课堂上教师有意识地留出一个或多个短小时空，给学生自由支配，让他们在无声的课堂氛围中处于思维活跃的状态，以达到一种"大音希声"、"此时无声胜有声"的教学效果。可以说，语文阅读，"有声"地讲，更多的是解决学生的语文知识问题，而"无声"的教学环节的构建，可能更有利于培养学生独立阅读能力、思考能力和创新思维能力，有利于学生形成良好的语文素养。

一、让学生在无声中感知文本

众所周知，"有声"的诵读在学生的语感培养上能起到很好的效果，但真正能提高学生对作品的理解力和鉴赏力的是"无声"的感悟。越到高年级，"无声"的感悟可能越重要。

其一，阅读需要联想与想象思维，以完成对作品的再创造。

例如李白的《静夜思》，学生可能都会诵读，都会背。当你问学生："你能理解李白当时的情感吗？"学生也能准确回答"思乡"。但再追问你能否感悟到李白写这首诗时的心情，学生就很难表述清楚了。仅就李白的《静夜思》而言，没有"无声"的感悟，那种客居异乡，到了夜晚在床上辗转反侧难以入眠的诗人李白形象，就不会清晰地浮现在学生面前，诗人思乡之痛就不会真正被学生理解。

再比如李白的《黄鹤楼送孟浩然之广陵》，阅读这首诗也需要"无声"，才能更好地想象出作者在江边站立的时间之长，怀念朋友的情之切。"无声"的阅读又能使读者想象到诗人站立江边的姿态、远望的表情和思念的心情，诗人的形象就会动态地呈现在读者面前，读者也就能很好把握作者在这首诗中描绘的意境了。

联想与想象思维的构建，靠"有声"应该是无法完成的，或者说，学生在阅读过程中，必须靠"无声"才能更好地形成联想和想象思维。教师在课堂教学中，就要适时给学生创造这样"无声"的教学环节，让学生在"无声"的阅读中，运用联想和想象思维，动态把握作者的情感和思想，而不是运用教师给的概念为所阅读的作品贴标签。

其二，阅读需要比较思维，以强化对作品的深度理解。

诗人个体情绪的差异，生存处境的不同，情感遭遇的不一，咏愁诗所表现的内容和形式也不尽相同。《静夜思》中的"举头望明月，低头思故乡"是李白对月思乡之愁；而《秋浦歌》则是他被权贵排挤后，过着凄然的漫游生活，积怨日益深沉，于是发出"白发三千丈，缘愁似个长"的感叹。我们把这两首诗放到一起比较，就能更好地理解不同际遇对作者的影响和他在表现情感方面产生的差异。这个层面上的理解，也是要靠"无声"去构建，即使声音再大，背得滚瓜烂熟，没有这种"无声"的比较，你就无法理解作家借助自然景物表现人的情感方面的差异。

对于大多数文学作品的教学而言，因为涉及形象、主旨、情感和写作意图，如果失去"无声"的揣摩、体会，学生就会丧失阅读的兴趣。所以，教师在课堂教学过程中，要给予学生"无声"的思考时间，让学生在和作品完成自主性的对话过程中，欣赏到文学作品的美。

二、让学生在无声中训练思维

教师的课堂教学组织，只有关注学生的思维层面，才能创设符合现代教学理念的课堂。但遗憾的是，在现今的语文阅读教学中，关于作品解读提出的很多"问题"，多半是教师在备课过程中"挤"出来的，而不是源于学生自主阅读中产生的内心世界的疑惑，也就不可能激发学生的阅读兴趣。我们很少去反躬自问：我们给学生到底提供了多少供他们独立思维的空间，我们的教学内容和课堂问题设计有多少能调动学生思维能力？正是缺少对这些问题的思考，我们的阅读教学有时甚至到了令人难以忍受的地步。如在布置学生阅读完老舍的《北京的春节》后，问题设计的是：这篇作品的文体是什么？文章写了哪些内容？文章运用了哪些写作手法？而全然不让学生去领悟文章所描绘的那一幅幅北京春节的民风民俗画卷，所展示的中国节日习俗的温馨和美好。这样的教学，不仅激发不了学生的学习兴趣，更会扼杀学生的思考力和创新思维能力。

其一，让学生在无声中深入思考。

学生只有在"无声"阅读中才能发现问题，形成个性化思考。如果停留在"有声"的阅读层面，或者不加思考地阅读，都不可能发现问题。语文大师于漪说："教师应从学生思想感情、知识能力的实际出发，运用文章精要之处，开启学生思维的窍门。"每个学生都有挑战难题的需求，所以教师要善于提出有价值的问题，让学生去思考，不必担心因学生无法脱口而出而浪费宝贵的课堂时间。只要这个问题有价值，只要我们给够他们思考的时间，相信这种静默是最美的。它有利于调动个体思维的积极性和主动性，促进思维的广度和深度。因此给学生足够时间思考，换来的是个性的解读，思维的深刻，又何乐而不为呢？

其二，让学生在无声中驰骋想象。

《义务教育语文课程标准（2011 年版）》指出，语文教学"要注重激发学生的好奇心、求知欲，发展学生的思维，培养想象力，开发创造潜能，提高学生发现、分析和解决问题的能力，提高语文综合应用能力。"中国的语言文字博大精深，对于只可意会不可言传的情境的体会，最好的方法便是展开想象的翅膀，任由心灵飞扬。而想象和创造的灵感需要静谧的氛围。因此我们认为在课堂教学中创设一个无声的思维环节，可以让学生驰骋想象。比如教学《黄鹤楼送孟浩然之广陵》，在进行语言品味的基础上，使学生沉下心来，闭上眼睛想象眼前会出现什么画面，再让学生描述。在想象的静默中，相信有无数画面在学生的脑海中浮现，在描述中每个学生的想象画面似乎都带有个性色彩，假如教师用多媒体中的一个图片呈现出来的话，势必扼杀学生丰富的想象。而这每一份美丽的想象正源于课堂的静默，缘于学生心灵的沉静。

三、让学生于无声中畅写心灵

叶圣陶先生说过：语文教学的根在听、说、读、写，语文教师要做的是听、说、读、写之内的挖掘与创新，而不是听、说、读、写之外的花样翻新。但阅读教学中，大家比较重视在听说读中培养语感，而忽视通过写来训练语言与思维。我们总把"写"挤出课堂，以为这样可以让学生再多听点我们老师的"精彩言论"，殊不知却使语文在我们的课堂中丢失本性。我们若创设一个无声的教学氛围，让学生在课堂上沉静地书写，语文听说读写的综合能力就得到历练。

其一，在无声中培养良好的书写习惯。

良好的书写习惯是帮助学生学好语文的一个有效手段。在课堂上设置一小段无声的静默空间让学生进行书面练习，教师在巡视中，可指正学生的不良坐姿，指出有些学生字迹潦草的不良的书写习惯，帮助督促改正。有的学生在书写时总爱写错别字等，这些都可以在课堂上纠正。

其二，在无声中学会书面表达。

阅读与写作是相互的。在无声的语文阅读课堂氛围中，教师引导学生飞扬思绪，写下自己独特的体验，写下自己深沉的思考，学生会享受书面表达的快乐。学《风筝》时，请学生展开想象，当弟弟的风筝被哥哥践踏后，写下弟弟此时此刻的表现和心理想法，等等，学生的写作内容与表达精彩纷呈。因此课堂中留足书写心灵的时间，在静默中让学生去思考，去搜索语言，去尽情有序表达，这样会胜过诸多有声的课堂活动。

语文课堂需要教师的讲授，也需要学生的"互动"，但同样也需要教师给学生创建"无声"的学习环节，让学生在无声的空间中真正走进文本、发展思维、促进表达。这样，我们的语文课堂才会多些从容朴素，多些本色的沉静，多些真实的精彩，真正让我们的语文课堂达到一种和谐、紧张、有序、高效、开放的氛围。

第七节　"慢读型"的开放式阅读教学

捷克小说家米兰·昆德拉写过一本书，书名《缓慢》，他在开头这样写道："慢的乐趣怎么失传了呢？古时候闲逛的人都去了哪里？民歌小调中游手好闲的英雄，这些漫游各地磨坊的流浪汉去了哪里？他们随着乡间小道、草原、林地空间和大自然一起消失了吗？"

信息时代，人们用吃快餐的方式对待阅读，希望用尽量少的时间把尽量多的信息吞到肚子里去。于是随着快餐文化的流行，日本已进入"读图时代"，漫画读物高居畅销书前列。由于浅阅读的侵蚀，法国的阅读传统受到了严重的冲击，有人甚至预言"书将死亡"。在学校，速读盛行，阅读已经变成竞赛：孩子们掐着秒表读书，看谁一分钟里读的文字量最多。有的专家研究出让视线在书页上走 Z 字的快速扫描方式，教孩子们怎么用最短时间读完一页书。这些都在灌输一种观念：快即好。

速读和浅阅读可以激发阅读兴趣，但它是只停留在文章表面，只注重故事情节、人物形象的阅读。如果长期不加思考地浅阅读，那么读者的见解和思考力，势必会走向浅薄。浮光掠影式的浅阅读只能让书中的营养如过眼烟云。那种反复思索回味经典名著，细品慢嚼的读书感受，那种废寝忘食的读书之乐，是浅阅读者所无法达到的境界。

美国新罕布什尔大学托马斯·组柯克教授则反其道而行之，提出了"慢阅读"（Slow Reading）概念；他主张细细阅读一本好书，反对一目十行，反对在网上瞄几眼内容梗概。他说，在这个只顾快读的年代，"慢"能唤回阅读的愉悦，从高品质的文字中找到乐趣和意义。他在自己的课堂里，鼓励学生重拾大声诵读和背诵的老办法，帮他们重新起步"琢磨"和"品味"文字。

加拿大的一位学者约翰·米德马出版了一本书，叫《慢阅读》。他认为，慢阅读并不是主张一切东西都应该慢慢读，而是提倡一种观念，慢阅读的目标是拉近读者和所读信息之间的距离。

与速读、浅阅读相对应的慢阅读、深阅读，是要引导学生透过文字的表面，深入理解作者的感情和思想的阅读。这是形成语文能力和素养的关键之处。不少名人都是注重"慢阅读"的。北宋文学家苏轼读《汉书》就抄过三遍。明末复社领袖张溥每读一书要抄七遍，每一遍都要经历一个"抄—读—焚烧"的过程，直到自己牢牢掌握为止。他把自己的书房取名为"七录斋"，他的文集就叫《七录斋集》。清朝文人梁章钜提倡"精通一部书"的读书法。他说，"不拘大书小书，能将这部烂熟，字字解得道理透明。此一部便是根，可以触悟他书。"所谓举一反三，触类旁通。大文学家卢梭也曾说："读书不要贪多，而是要多加思索，这样的读书使我获益不少。"

对于中小学生来说，"慢阅读"尤其重要。儿童文学大都来源于实实在在的生活，必须慢慢体会，正如文学也要慢慢地体味。以"读"为主线，提供一个自由的空间，让其自由地读，有感情地读，有见解地读；同时倡导"思"，让儿童独立地思考，在思考中获得启发，鼓励他们自由讨论、发表意见，尽情抒发自己的感慨。而这一切的前提，都离不开"慢"字。只有"慢阅读"，才能营造一个良好的阅读氛围，用生命和心灵去与作者进行交流，真正体验阅读和思考带来的乐趣，在琢磨和咀嚼中品味享受文字背后作者的内心和要传达的浓浓温情，让生命更加充盈和宁静。我们难以想象一个孩子花了三天时间看完了《红楼梦》，他能对这部博大精深的作品精华吸收多少；一个孩子花半天时间看完了一部《伊索寓言》，他在哲理和幽默方面又能有多少长进。青少年的价值观念还不够成熟，在潮流上喜欢"跟风"，在学习上易浅尝辄止，引导他们具有正确的阅读理念和阅读方法，无疑是我们应当承担起的责任。

我们相信，慢阅读，是一种阅读姿态，这种姿态如果能变成一种阅读习惯，我们一生都会受用无穷。如何引导学生进行慢阅读呢？

一、在反复慢读中品味语言蕴意

叶圣陶先生说："阅读教学总得读。"张田若先生说："阅读教学，第一是读，第二是读，第三还是读。"但凡名家都不会轻易放过"读"。于永正老师在教学《全神贯注》时，就有情有趣地引导学生朗读课文七遍之多。引导"读"，确实是阅读教学不二法门，它是读者与文本的一种对话，是激活、唤起感受体验的根本方法。学生用自己的声音把对文本的理解感悟表达出来的过程，就是他们的内心与文本产生共鸣的过程。在指导课文诵读时，教师可先作示范朗读，适当点拨，明确停顿、重读、语气、语调，再让学生在反复诵读中揣摩文本的情感，口与耳会，眼与心谋，整体感受文本的情味理趣，并学会捕捉文本中传情的文字，品读其丰富的内蕴。

如在教学纳兰性德的《长相思》时，可让学生在诵读文本的过程中品味语言，体会纳兰性德缠绵而不颓废，柔情之中露出男儿镇守边塞的慷慨报国之志的复杂情感。"山一程，水一程"寄托的是亲人送行的依依惜别情；"身向榆关那畔行"激荡的是"万里赴戎机，关山度若飞"的萧萧豪迈情；"夜深千丈灯"催生的是"大漠孤烟直，长河落日圆"的烈烈壮怀情。"山一程，水一程"又暗示出词人对风雨兼程人生路的深深体验。越是路途遥远、风雪交加，就越需要亲人关爱之情的鼓舞。因为她是搏击人生风浪的力量源泉，有了她，为了她，就不怕千难万险，就一定会迎来团聚的那一天。从"夜深千丈灯"壮美意境到"故园无此声"的委婉心地，既是词人亲身生活经历的生动再现，也是他善于从生活中发现美，并以此创造美、抒发美的敏锐高超艺术智慧的自然流露。吟咏悟情，我们既看到词人对故乡的深深依恋，也反映出他渴望建功立业的雄心壮志。

二、在慢读反思中挖掘文本内涵

学生与文本深层对话的过程，就是在慢读反思中发现问题，并通过探究文本去解决问题的过程。教师要充分利用文本，在疑点处引发学生探究的兴趣，激活学生思维；而后因势利导，鼓励学生大胆质疑，在问题驱动下挖掘文本的内涵。如在教学何其芳的《一夜的工作》一文时，教师可以抓住"花生米并不多，可以数得清颗数，好像并没有因为多了一个人而增加了分量"来探究，先让学生说说花生米到底增加没有，这个问题立刻激发了学生阅读文本的兴趣，自然地产生了进一步探究的欲望：有人说没有增加分量，因为"花生米并不多，可以数得清颗数。"有人说增加了，因为是"好像并没有因为多了一个人而增加了分量"，大家众说纷纭。接着让学生想想：为什么作者在"并没有因为多了一个人而增加了分量"加上一个"好像"？作者想要说明什么。通过思考和分析，学生恍然大悟。面对学生的质疑，老师没有越俎代庖，直截了当告知"增加了分量"，而是引导学生去发现，去讨论，去构建，学生在再次走入文本中知道了增加分量后仍然"数得清颗数"，可见没有增加时也就更少，至此学生对总理生活的简朴就有了深刻的理解。

三、在个性化慢读中重新构建

阅读是个性化的行为，学生凭借自己的经验积累和知识结构，从不同的角度和层面解读文本，对文本作出自己特有的分析和判断，从而获得新的阅读体验，这实际上是对文本意义的再一次建构。如台湾著名女作家林海音在《窃读记》一文中，细腻生动地描绘了"窃读"的独特感受与复杂滋味，并用"我很快乐，也很惧怕——这种窃读的滋味"这一句进行总的概括。教学前，教师对于文本进行了认真的阅读、细心的揣摩，在正确地把握文本的价值取向后，精心设计了两个贯穿全文的问题：（1）"我很快乐，也很惧怕——这种窃读的滋味"，这是一种什么样的感受？请结合你所画出的描写动作和心理活动的语句来说说自己的体会。（2）作者快乐的源泉从何而来？试图引导学生对文本进行感受、体验和理解，从而体会到"窃读"的独特感受与复杂滋味以及作者对读书的热爱和对知识的渴望这一文本的价值取向。随着课堂教学的推进，教师、学生、文本之间对话的深入，学生对"窃读"滋味的理解不再局限于"快乐与惧怕"的表面意思，而是出现了"乐、累、苦"、"酸、甜、苦、辣"、"忧中有喜，苦中有乐"等学生体验的多元化局面，面对课堂精彩的生成，教师胸有成竹，及时表扬了学生个性化的、多元化的、有创造性的理解和深入地体会出作者"快乐与惧怕"的独特感受和复杂滋味，并乘胜追击，把学生的思维引向文本的高潮——"作者快乐的源泉从何而来？"让课堂精彩不断，高潮迭起。

四、在慢读链接拓展中升华感悟

任何文本都不是一种孤立的存在。在阅读活动中，教师要注意会聚与文本相关的信息，链接相关的拓展阅读材料，帮助学生深化对文本的解读。如有一位教师在执教《半截蜡烛》时，在体会"杰克的表现"这一环节中，教师引用了美国巴顿的一句话："所有的人都害怕战争，然而，懦夫只是那些让自己的恐惧战胜了责任感的人。责任感是大丈夫气概的精华。"不仅使学生体会出杰克面对危险的从容，体会出杰克的勇敢，还进一步体会出杰克的责任感。在体会"杰奎琳的表现"这一环节，教师又引用了一段话："在纳纳粹集中营里，小女孩对德军说：'请你埋得浅一点，埋得太深了，我的妈妈会找不到我的。"加上凄凉、悲怆的背景音乐的烘托，教师饱含深情的朗诵，把孩子带入了那个血淋淋的战争当中，再让孩子来谈谈感受。通过这样适时适当的有效的拓展使学生走进了作者的心中，所理解的不仅是杰奎琳的勇敢，而是战争给我们整个人类带来的灾难。我们还可让学生通过查阅有关资料，了解作品相关的作者经历、时代背景、创作动机以及作品的社会影响，学会知人论世，将文本架构到作者思想的坐标中，接轨到作者的文化视野中去对话，实现读者与作者之间的"视域融合"。

拓展阅读的材料可以是课外的作品，也可以是现有教材。教师可以根据教学需要，大胆打破模块界限。灵活地"用教材教"，选取作者同题材的其他作品进行补充阅读，教师还可以选取不同作者的相同题材的作品进行比较阅读，求同辨异，如在教学纳兰性德《长相思》时，可将李白《静夜思》、王维《九月九日忆山东兄弟》等同样表现思乡主题的诗词串联起来，让学生比较几首作品在意境、风格、结构、艺术手法等方面的不同点，从而提高他们的阅读鉴赏水平。

其实，速读与慢读并非水火不容，快读和慢读是辩证的，有快就有慢。快读和慢读又是常常交叉重叠的，即快读中有慢读，慢读中也有快读。一般读物我们通常是快读，但遇到佳处或自己认为是重要的地方，我们会自然而然地放慢速度阅读，甚至反复阅读；名著经典通常是慢读，然而由于种种原因我们会快读，甚至越过几页续读——这种情况并不少见。

当我们打开书本，我们就开始了精神世界的浪漫之旅，快读和慢读，犹如在广袤的历史原野上行进，有时步履匆匆，急如星火，有时又放慢脚步，甚或驻足停留，若无其事。速度不同，感受也不尽相同，或跋涉戈壁，风沙扑面，或徜徉草原，放歌千里，或濯足山涧，流水淙淙，或乌云密布，山雨欲来，或撷一片竹叶吹口哨唤来百鸟婉转，或摩挲一片古化石抚今追昔……

博尔赫斯说："书是人类的记忆和想象力的拓展。""我想书是我们人类可能拥有的诸多幸福中的一种。"在这个浮躁喧哗的年代里，能够静下心来阅读的确是一种难得的幸福。而灵活运用速读与慢读无疑会使我们的学生对这种幸福的体会更加深切。

第六章 开放式阅读
教学的方法

学生阅读能力和语文素养的培养，与阅读教学所采用的方法有着十分密切的关系。我们不仅要根据新的课程标准构建新的课型体系，把课程改革的目标和理念具体化，还要探索阅读教学的有效方法与途径，使之成为教师可运用的、可操作的教学行为。开放式阅读教学的核心理念就是开放，基于这一点，我们以为开放式阅读教学并没有固定的模式，但根据教学对象、教学内容及其侧重点，会有相对应的方法和相对固定的流程。选择恰当的方法是搞好开放式阅读教学的重要环节。教师可以根据自身的特点，不同的课文，不同的学生，选用不同的方法，循序渐进进行教学。在开放式教学理念指导下的阅读教学体系中，按照一定流程，我们主要呈现了开放式预习自读教学、开放式理解领悟教学、开放式欣赏交流教学、开放式质疑辩论教学、开放式比较联系教学等。当然，开放式教学鼓励自主创新，选择行之有效的方法，优化阅读教学过程，提高阅读教学效率。

第一节 开放式预习自读教学

古语云："凡事预则立，不预则废。"战士打仗之前要进行备战，农民种地之前要进行备耕，工人生产之前要进行备料和检修机器，教师上课之前要备课，学生上课学习之前当然也需要有充分的准备。学生课前的准备，除了书本文具方面的准备之外，还要有课文学习、思想认识上的准备，这就是预习。《现代汉语词典》对"预习"解释为："学生预先自学将要听讲的功课。"预习自读自古有之。

一、预习自读教学的目的

叶圣陶先生说过："练习阅读的最主要阶段是预习。"通过开放式的预习自读训练，能全面提高学生的独立阅读能力。

预习自读教学，能使学生在听课时将注意力集中在预习中出现的问题上，做到听课有的放矢，有效地提高语文学习的效率。以往我们语文课的预习主要是熟悉课堂学习的内容——课文，认识生字生词，找出疑难问题，为上课学习作好准备。而开放式预习自读教学是在此基础上再引导孩子抓住文本中自己喜欢的某一个方面或几个方面做课前了解，或纵向或横向，以便能全面地了解作者本人及时代背景；能由点及面阅读相关题材的文章。这里的课前预习自读并不一定是指上某一课之前，可能是某一单元之前，也可能是某一册之前，这是开放式预习自读有别于传统预习的地方。

合理、科学地帮助学生掌握有效的开放式预习，会使学生学得主动，学得生动，知识掌握扎实，智力得到锻炼，能力得到培养，收到事半功倍的学习效果。正如19世纪德国教育家第斯多惠所说："一个真正的教师指点给他的学生的，不是已投入了千百年劳动的现成大厦，而是促使他去做砌砖的工作，同他一起来建造大厦，教他建筑。"

二、预习自读教学的作用

（一）帮助学生变被动学习为主动学习

传统的预习通常是按照教师提出的几点预习要求，学生被动地按照这几点要求去做，其意识与行为都是完成任务式的。而开放式预习自读活动是学生选择自己喜欢或是愿意探究的一方面进行自读、了解，其意识与行为都是一种主动的活动。例如，预习《鸟的天堂》，学生除了常规的预习自读课文后，可以选择自己喜欢的一个方面进行预习，如选择了解作者巴金，关于他的作品，关于他的人生；又如选择了解课文中描写的那棵大榕树在哪里，具体有多大，这些是课文中没有提到的，也是学生的兴趣点；或是选择了解文人墨客对这棵大榕树的溢美之词。这些预习方式以及切入点都是学生主动探寻的，而非被动完成任务。从而使学生较好地改变自己的认知前提条件，比较容易掌握新知识，增强了学习的自信心，提高了学习兴趣。

（二）丰富学生的课外知识，拓宽学生知识面

传统预习方式通常都是字词段篇，围绕的是课本中已有的知识进行预习感知，而开放式预习自读活动不仅限于课本内容，还要从多角度、多方面进行预习，课文只是个引子，我们由这个引子进行开放式的思考，拓宽知识面，开阔视野，丰富知识。例如四年级下册第四单元的主题是战争与和平，这一单元共有四篇课文，讲的是第二次世界大战中与儿童有关的故事，有中国的，也有外国的，这些故事主要唤起人类对和平的渴望，也是告诫我们应该珍惜和平生活。如果学生要对这一主题进行预习自读，除了预习课本中已有的文章之外，还要对相关的内容进行了解。比如了解第二次世界大战发生的背景，了解中国抗日战争的历史进程，了解在抗日战争中涌现的小英雄及他们的事迹，了解外国小英雄的事迹，了解当今世界的局面。学生选择自己感兴趣的一个方面进行了解，然后在班里进行汇报，孩子们所知道的就不仅

仅是那四篇课文所呈现的内容了，而是涵盖了中外的历史，激发学生对战争小英雄的敬仰，也让学生深刻体会到和平来之不易。

（三）培养和提高学生自学能力

从小培养学生的自学能力，具有十分重要的意义。有效地提高学生的自主学习能力也是教师最为值得探究的课题。预习正是过渡到自学的必要步骤。著名教育大师叶圣陶先生说过："教师之为教，不在全盘授予，而在相机诱导。"综观国内外各种学习理论，无不强调"预习"这一环节。捷克教育家夸美纽斯说过：一切后教的知识都要根据先教的知识。理解新知识需要旧知识作基础，预习可以使自己发现旧的知识结构中的薄弱环节，在上课前迅速补上这部分知识，为听课扫清障碍。例如，学生在预习课文时遇到不理解的字词，就可以运用教师平时教给的方法或者运用工具书等去理解。扫清阅读障碍后再根据教师教给的分段方法理清文章脉络。这样一来，学生在课堂上学到的知识方法就可以得到充分运用，达到学以致用的目的。

（四）有利于学生提高听课效率，扭转学困生学习被动的局面

学生在预习新课文时，会有不懂的地方，这属于正常现象。课本中看不懂的地方，往往就是教材的重点、难点，或学生学习中的薄弱环节。弄懂这些不明白的地方，恰好是学习深入的关键所在。预习时可以把这些看不懂的地方记下来，上课时特别注意听教师是怎么解决这个问题的。这样，听课的目的非常明确，态度积极，注意力也容易集中，听课效果肯定会好。

学习困难的学生存在的问题，主要是基础不牢，已学的知识不巩固，课后用于复习、做作业的时间相应增加，以致越学越困难，造成"恶性循环"。为了扭转这种被动学习的局面，有效的办法就是争取在教师的指导下进行预习。经过预习，一方面，课堂上可以听懂，或基本上能理解，增强了学习的信心；另一方面，因为上课听懂了，课后用于复习的时间相应减少，做作业的速度相应加快。预习虽然用掉了一些时间，但从听课、复习和作业的效率上得到了提高。时间一长，就能赢得一定的时间，用在回头系统地复习过去学习上没有弄懂的地方，或遗忘了的地方，扭转学困生的被动局面。

由此可见，预习是学习的一个重要的环节，是培养学生学习能力、体现学生主体地位的主要途径。正如叶圣陶先生所说："一篇精读教材放在面前，只要想到这是一个凭借，要用来养成学生阅读书籍的好习惯，就自然非教他们预习不可。"开放式预习自读激发了学生主动学习，主动探寻未知，并且学生在探寻未知的过程中进行了大量的阅读，扩大了学生的阅读量，积累了不少课外知识。

三、预习自读教学的策略

开放式预习，按其内容的多少可分为课前预习、阶段预习、学期预习。若按照预习的方式的不同，又可分为笔记预习和思考预习等。

（一）课前预习

它是指上课前先自学下一节课的内容，可用四个字概括：读、画、写、记。

读，即课前预读。也就是阅读新课教材及参考资料，必要时还需要阅读与新课有关的已学课文。课前预读对阅读的理解层次要求不高，如果将读书划分为粗读、细读和精读三个层次的话，那么课前预读只要求达到由粗读到细读的层次。粗读，即用较快的速度概览全篇课文，观其大略，了解梗概，从而对新课有一个粗略和直观的印象，并对课文中讨论的主要问题做到心中有数。粗读课文以后，往往会产生一种"欲知后事如何"的感觉，这证明对课文内容的思考已经有了一定的意识指向，它会驱使自己的思维向更深入的方向发展。

画，即阅读时对课文中的好词佳句或疑惑用自己习惯的标记画下来。但要注意：有所不画，才能有所画。阅读中也不要到处去勾画，勾画的太多反而有碍于重点的突出。但有时单靠画是不能完全表达其意义的，这时就需要眉批，一般在书的天头、地脚、段尾或篇末的空白处都可以随读随写。内容诸如段落篇章的简单提要，阅读中的个人见解，一闪而过的思想火花以及对课文中的问题质疑，等等。阅读中不要急于加批语，一知半解，支离破碎，没有领会课文精神实质的批注，不仅毫无意义，而且会造成误批。眉批的语言应简短精练，力求抓住要害，不要期望把一切问题都写透，也无须对个人见解加以发挥，更深入的工作应放在写预习笔记中去完成。

写，即写预习笔记。根据不同的学习内容，不同的学习要求，以及个人自由支配的时间多少，预习笔记中的书写有不同的方式。最简单的预习笔记可以只写出本节课文的重点和难点、个人的初步见解，以及阅读中提出的疑难问题。最复杂和要求最高的预习笔记，则是在自己对课文已经初步理解的基础上写出的阅读笔记，这种笔记能反映全篇课文的知识结构以及各知识点的内容提要，且重点突出，层次分明。能达到这种高标准要求的，一般是有充裕的课前预习时间或是有较强自学能力的学生。在写预习笔记时应留出一定的空白，以便听课时把教师讲授的有价值的内容补充进去。

记，即预习的最后阶段对新课重点知识进行记忆。如重要的词、句和段落，要求能基本记住。分段细读之后，为了整理自己的预习思路，可以把课文从头到尾再细读看一遍，或者是合上课本，闭目反思，把新课内容从头到尾过一遍。这时如果感到知识连贯、脉络清晰、有条理，就说明对课文的内容梗概和中心思想已经比较熟悉了。回读、默想、反思是一种有效的阅读记忆法。在阅读记忆中，尽量让新课知识与学过的旧知识建立联系，也就是说在预习时应先复习有关的旧知识。这样不仅为新课学习作好了知识准备，有利于对新知识的理解，而且记忆起来也容易多了。

（二）阶段预习

阶段预习是指预习下一阶段的学习内容，所需时间较长，语文阶段预习通常都是预习下一单元或下几单元的主题内容。通常在周末可以进行下一单元的阶段预习，在长假里进行几单元的阶段预习。学习者以概要了解为目的，对近期将要讲授的功课内容从整体上进行粗线条式的浏览，以求得初步印象的一种预习方法。阶段预习主要可以采取读导语、看课题、读语文园地等办法。从单元导语中大致了解本单元的学习主题，再看看单元中列出了哪几篇与之相关的文章，可以粗略地读读单元中的文章，加强对本单元主题的理解，再回忆学过的与之有关的文章，并可以将之前学过的与之有关的文章进行比较，明白本单元的文章在内容上以及表达方法上与过去学过的文章有哪些区别，也就是明白文章的新意在哪儿。接下来读读语文园地中的各部分内容，通常语文园地中的内容是对本单元所学内容的一个小结，尤其是要读读语文园地中的作文要求，提早准备素材。比如以生活观察主题单元，作文也是写生活观察，如果学生作了阶段预习，那么就可以在预习后的这段时间里有目的地进行观察，因为观察是个长期性的活动，所以当我们两周之后学完本单元课文，学生的观察活动也差不多完成，到习作时已经积累了足够的素材，写起来就得心应手。

（三）学期预习

学期预习是指开学前，在假期中预习下一学期的教材，从整体上把握一本教材的知识结构，锻炼自己独立驾驭教材的能力，即学习者学会自己分析教材的知识结构，运用学期预习法，应从以下几个方面着手。首先看目录，通过目录了解所预习的课本内容的组成部分，比如小学语文通常由八个单元以及自读课文组成，目录中每个单元的主题是什么，单元与单元之间是否存在联系，与上册内容显著的区别在哪里；其次逐个单元进行自读，当然逐个单元自读与前面提到的阶段预习有区别，阶段预习是目的明确的一个预习，而学期预习中逐个单元自读是大致了解本单元的基本内容，单元中几篇课文的共性是什么，而对于课文中的字词句段不需要作精细的预习；最后，逐个单元自读后回顾本册内容在结构上与上册内容的共同之处与不同之处，确定本册学习的重点、难点，对于重难点，还可以查找与之相关的学习资料，攻破学习难点，使得在下学期学习过程中轻松自如。也可以对本册教材中的一些基础知识进行初步的识记，减轻下学期的学习负担。

（四）笔记预习

预习笔记有两种，一种是做在书上，一种是做在笔记本上。在书上做的预习笔记要边读边进行，以在教材上圈点勾画为主。所圈点勾画的应是教材的段落层次，每部分的要点，以及一些生僻的字句。同时，也可以在书面的空白处做眉批，写上自己的看法和体会，写上自己不懂的问题。在笔记本上做的预习笔记既可以边读边做，也可以在阅读教材后再作整理。整理的内容包括本节课的重点、难点部分的摘抄及心得体会；本节课讲授的几个主要问题是什么，以及它们之间的前后关系、逻辑关系。预习时遇到的疑难点是什么，自己是如何解决的，查阅了哪些参考书或工具书，所查阅的资料中有价值的部分的摘抄及心得体会。比如在预习《蝙蝠和雷达》时，可以采用笔记预习法，当学生扫除字词障碍后可对文章的条理进行表格式的整理，通过整理，会发现三次不同的试验证明了蝙蝠夜里飞行靠的不是眼睛而是耳朵，而后科学家从蝙蝠身上受到启发发明了雷达，飞机夜飞的原理与蝙蝠相似，通过表格整理，显而易见。接下来联想到人类的其他发明是否和动物有关，学生通过各种途径收集信息，记在笔记本上，复杂的知识简单化，这是一种有效的预习方法。

（五）思考预习

思考预习是较高层次的要求。要求学生根据提示、课文及练习题进行思考。如提示的内容是否真懂了，文章主题的概括、层次的划分、段意的归纳、句子的理解、写作特色的分析等问题能否解决，课后习题是否能够回答等。当学生阅读课文的时候，可以带着问题（课文后面的练习题）进行阅读，看到课文中有问题的答案就直接在书上画出来，并做必要的眉批。同时也可以将你认为作者写得比较好的地方，或你认为有疑问的地方，在书的边角上做记号，如，不懂之处用"？"，重点之处用"△"等符号。这样，当教师在讲解课文的时候，学生们也就容易心领神会。以《掌声》为例：可以把描写小英的表情、动作的句子画出来，并在书旁注上自己的评点。再如《白鹅》一文中的拟人化的描绘语句及作者的反语十分有特色，预习时就可以将其画出来，在自己的赏析下，再经老师课上的点拨，领会就更快了，理解就会更加深入。应注意的是在指导学生进行预习思考时定要结合文章体裁的特点。如在预习说明文时，要引导学生去思考归纳出作者是抓住事物（事理）的哪个主要特征进行细致说明的，在这说明的过程中运用了哪些说明方法，这些说明方法在文章的表述中起到什么样的作用，特别是要引导学生去思考品味说明语言的准确性。

第二节　开放式内容理解教学

叶圣陶先生在《语文教学二十字韵》里说："作者思有路，遵路识斯真。作者胸有境，入境始与亲。一字未宜忽，语语悟其神……"其强调是学习语文离不开理解内容，离不开对语言文字表达的感悟。理解内容是语文阅读教学的重点，每个语文教师都会在这个方面采取各种教学手段，帮助学生理解内容。

开放式内容理解教学主要是教师在启发学生理解内容时不局限于某种固定的思维模式，主张思维开放，视野开放，资源开放，使学生在理解内容时不会千篇一律或人云亦云，而是具有自己独到的见解，培养具有独立思考能力的学生。

一、内容理解教学的必要性

《义务教育语文课程标准（2011年版）》在阅读教学建议中强调："阅读教学是学生、教师、教材编写者、文本之间的对话的过程"。"提倡多角度、有创意的阅读，利用阅读期待、阅读反思和批判等环节，拓展思维空间，提高阅读质量"。阅读和写作个性化的提出可以说是对于我国长期以来语文教学盛行"标准化"的强大的冲击和反拨，从历史角度来说，这无疑是一大进步。但我们在听课过程中常常会发现，教师在教学中为了引导学生回答出教师预设的答案而循循善诱，绞尽脑汁，不达目的不罢休，等到学生们异口同声说出了答案才肯"鸣锣收兵"。在文本的解读上，不同的教师教相同的课，文本解读也是相同的，解读大多来自于教参，也就是说许多教师将教参当做了绝对答案，而非参考书。这样的做法完全违背了教育的宗旨。

正因如此，提出开放式内容理解教学非常必要。开放式内容理解教学将实现学生充分的、有个性化的发展放到了突出的地位，强调注重个体差异，允许学生从不同的角度来认识问题，采用不同的方式来表达自己的想法，用不同的知识与方法来解决问题，鼓励解决问题策略的多样化，以实现多元化、个性化的学习。我们分明感受到学生"晶亮的眸子在稍稍的迷惘之后绽放出嫣然的欣喜"。

开放式内容理解教学出现了新景观：对课文的理解不再定于一尊，允许有多种答案；对课文的评价不再定于一尊，允许有个人偏爱；让学生从课文的理解和评价引申开来，观察讨论社会现象。课堂教学由"群言堂"取代"一言堂"，给课堂带来了生动活泼的新局面。学生的开放意识在觉醒，开放能力在增强。所以，只有尊重学生的解读结果，才能激发学生的主体精神，才能使他们树立起自信心，有自信心才会有创造力。

二、内容理解教学的方法

（一）整体理解法

指导学生从整体上理解课文内容，把握课文内容，是阅读教学一项十分重要的任务。它肩负着培养学生理解能力的重任。在整体感悟教学过程中，学生可以通过整体阅读，整体感受，接触到作者所描述的丰富多彩的社会生活，体会作者的深刻的思想和美好丰富的感情，这对丰富学生的生活经验，增长学生见识，陶冶学生情操，提高学生文化素养，培养学生高尚道德品质和对是非美丑的鉴别能力都会起到积极的促进作用。在这样的教学过程中，学生语言的能力，分析、综合的能力，抽象、概括的能力，审美能力，鉴赏能力以及自学能力，都将得到提高和发展。下面，是一位教师在教学《为中华之崛起而读书》一课时采取整体理解法的实录。

 教学片段

师："没事可不要到那个地方去"中的"那个地方"是什么地方？

生甲：外国租界地！

生乙：繁华、热闹的地方。

生丙：灯红酒绿、热闹非凡的地方。

生丁：外国人住的地方。

师：周恩来听了伯父的这番话，有什么疑惑？（引导读租借地是什么样的）为什么中国人不能去那儿，而外国人却可以住在那里？这不是中国的土地吗……

这不是中国的土地吗？再读一遍，是啊！为什么中国人不能去那儿？

师：你们知道租借地是什么样吗？那就让我们去租借地看个究竟吧！

（生默读第7、8自然段，读完后，填空："租借地是个_____的地方。"并说出理由。）

生：租借地是个不讲道理的地方。因为妇女的丈夫被洋人的汽车轧死了，洋人却得意扬扬地站在一旁。

师：你的感触很深，能想象当时的画面吗？

生：那个妇女在那里哭着要求中国巡警为她做主，可那个巡警却训斥她。

师：中国巡警为什么要训斥她？中国人应该帮中国人，不是吗？

生：因为这是外国租界地，巡警在为外国人做事，做走狗。

生：因为她是个衣衫褴褛的人，是个穷人，巡警狗仗人势更不把她放在眼里。

师：被轧的是妇女的亲人，课文中并没有说是什么人，也许是丈夫，也许是孩子，也许是父母，也许是兄弟姐妹，可现在妇女根本讨不回公道，那个妇女会是怎样的心情呢？

生：失望、伤心、痛苦、绝望。

师：是啊！读这句话，读出妇女伤心、绝望的心情。（她原指望……谁知……不但不……反而……）

（生用"不但不……反而……"造句）

生：租借地是外国人称王称霸的地方。因为外国人可以为所欲为。

师：说得非常好！你从哪儿看出来的？

生：那个大个子洋人得意扬扬地站在一旁。他轧死人了还毫无愧疚之心，更谈不上赔偿。

生：租借地是个中国人受欺负的地方。因为在那里，中国人都不敢怎样。

师：中国人紧握着拳头说明了什么？（愤怒）为什么又不敢怎样呢？

生：因为外国人蛮横无理，所以不敢怎样。

（二）分歧辩论理解法

每个人的人生观、世界观都会有些微的差别，在涉及可能产生不同观点的课文内容时，可以以可能存在的分歧点进行辩论。通过辩论，使孩子们领悟人间的真善美，努力使自己做一个品德高尚的人；通过辩论，极大地调动了孩子的学习兴趣与学习积极性；通过辩论，锻炼了孩子的语言组织能力与用词的准确性；通过辩论，使孩子们能更深入地领悟到学习内容带给自己的是一份思考与促进。下面，是一位教师教学《中彩那天》时用分歧辩论法进行内容理解教学的实录。

教学片段

师：父亲中了奔驰车，他开心吗？

生：不开心。

师：你从哪儿看出来的？

生（找句子）："他神情严肃，看不出中彩带给他的喜悦；我几次兴奋地想上车与父亲共享这幸福的时刻，都被他赶了下来。"

师：父亲为什么会有这样的表现？

生：因为父亲面临着一个道德难题。

师（板书："道德难题"）：这是一个怎样的道德难题？

生：汽车是还给库伯还是自己留下？

师（板书）：汽车，还，留？

师：那么你们认为呢？好，各有各的看法，这样，我们分成两组来进行辩论，请一二组来做正方，三四组来做反方，正方为还，反方为留，现在开始辩论。

正方：我认为应该将汽车还给库伯，因为这是库伯中的彩票。

反方：我认为可以留下，因为彩票是父亲帮他买的，库伯根本不知道中了奖。

正方：如果把车留下，那么他就失信了，他虽然得到了物质财富，但将失去一位朋友。

反方：可是这是他梦寐以求的东西，这么好的机会不把它留下，将来也许一辈子都不会拥有了，因为他家的生活很拮据。

正方：可母亲常安慰家人：一个人只要活得诚实，有信用，就等于有了一大笔财富。

（三）由点及面理解法

在教学中，抓住关键词引导学生由点及面扩展阅读，通过关键词这一"点"，延伸到课文中的整个"面"，通过阅读这个"面"去体会"点"的真正含义。教学《秋天的雨》时，教师通过"五彩缤纷"这一个点展开阅读，通过各种途径使学生理解"五彩缤纷"的真正含义。

教学片段

1. 感悟"五彩缤纷"。

（1）学生默读课文，寻找描写颜色的词语。

师：你们有人看到小动物、水果、植物漂亮的颜色，你们是从哪里读懂的？（第二自然段）

学生默读课文的第二自然段，一边读一边把描写颜色的词语画下来。教师根据学生回答，利用多媒体课件把描写颜色的词语变成相应的颜色。

（2）美读句子，体会色彩之美。

师：自己小声读一读这段话，一边读一边把你喜欢的句子画下来，美美地多读几遍。

2. 重点体会、美读描写银杏树和枫树的句子。

（1）学生读句子（课件出示句子）。

（2）去词体会。

师：如果我把句子当中的"扇哪扇哪、飘哇飘哇"去掉，自己再来读读看，好不好？为什么？

（"扇哪扇哪"让我们仿佛看到银杏叶像一把把黄色的小扇子，轻轻地、轻轻地帮我们扇走了夏天的炎热；而"飘哇飘哇"让我们感受到红红的枫叶多像一枚枚邮票，为我们邮来了秋天的凉爽）

（3）指导朗读。运用联系上下文和一边读一边想象的方法，走进情境，美读课文。

（4）看录像，感悟"五彩缤纷"。

师：小朋友们，这么美的景色，想不想去看一看？让我们一边看，一边读出它的美丽吧。

（多媒体出示课文中所描写的景色，学生根据画面读相关文字）

（5）美读全段。

（四）从中心句入手理解法

抓住中心句理解课文内容。阅读教学中抓住中心句的教学，能有效地帮助学生把握课文的脉络，准确地理解整篇课文的内容。例如一位教师教学《桂林山水》一文，抓住"桂林山水甲天下"这个句子引导学生理解课文内容，设计了如下几个问题："甲"是什么意思？作者用哪些具体的景物来突出这个"甲"字？桂林的山究竟有哪些特点？桂林的水又有哪些特点？通过理解以上几个问题，学生已初步懂得整篇课文是围绕着这个"甲"字来写，用了先总后分的叙述方式，之后的内容都是"甲"字的具体化和形象化。也就是说，学生对课文的主要内容和结构已经有了初步的了解，这对进一步理解课文内容无疑起了先导作用。

《桂林山水》

一、设计理念

本课教学，要处理好教与学的关系，树立"教是为了学"的观念。在重视改进教法的同时，更要重视学法的指导；在让学生"学会"的同时，更要指导学生"会学"。本课教学，要重视语言文字的学习。抓好语言文字的训练，做到因道学文，以文悟道，把语文课上成真正的语言文字课。

（一）教学要求

1. 学习课文中优美生动的语言，感受到桂林山水的秀丽，激发热爱祖国山河的情感。

2. 学习"从中心句入手"学课文的方法。

3. 学会本课的生字新词，理解并积累词语。

4. 有感情地朗读课文，背诵课文。

（二）教法特点

1. 本课的教学思路是：先整体后部分再整体，也就是先"整体感知，直奔中心"，接着"部分深究，逐层渗透"，最后"再现整体，深化中心"。

2. 教给学生"从中心句入手"学课文的方法以及抓关键词学句的方法。

3. 采用先扶后放，扶放结合的方法。第二节的教学由教师"扶"，第三节"放"手让学生自学，教师进行点拨引导。在发挥教师主导作用的同时，要充分注意发挥学生的主体作用。

二、教学主要步骤

（一）启发谈话，导入新课

同学们都喜欢旅游，今天老师和大家一起去桂林，看看那里的山水。桂林，是我国广西的一座美丽的城市，也是著名的游览胜地。每年都有成千上万的游客前往参观旅游。为什么呢？因为桂林山水素有"甲天下"的美称。（有条件的可让学生观看桂林山水的录像片段，边看边思：桂林山水给你留下什么印象？）

（二）直接揭示学习课文的方法："从中心句入手"学课文

怎么学呢？逐一揭示操作步骤。

1. 第一步，找出中心句，理解意思，说说作用。（学生默读课文，找出并画出中心句）

读后讨论交流，明确：

（1）中心句——桂林山水甲天下；

（2）用抓关键词的方法理解句意——先学懂"甲"的意思，再理解全句的意思："桂林山水天下第一。"

（3）这句话点明了全文的中心，写出桂林山水的秀丽，也抒发作者赞美桂林山水的感情。

2. 第二步，围绕中心句，了解内容，理清思路。

先指名读课文，思考：文章围绕中心句写了哪些内容？是怎样一步一步写的？

读后讨论交流，明确：

（1）课文围绕中心句写了漓江的水和桂林的山；

（2）先总的介绍"桂林山水甲天下"，再具体描写漓江的水是怎样的水，桂林的山又是怎样的山，最后写游览桂林山水总的印象和感受（据此给课文分段，理清思路，按"总起—分述—总结"的方法分段）；

3. 第三步：围绕中心句，学习词句，领悟感情。

默读思考：从哪些词句能看出漓江的水"甲天下"？课文写了漓江水的哪些特点？用什么方法写的？

读后讨论交流，明确：

（1）大海的水"波澜壮阔"，很美；西湖"水平如镜"，也很美，可作者说"从没见过漓江这样的水"，说明漓江的水胜过大海和西湖，比大海、西湖更独特、更美丽，是用"比较"的方法写出漓江的水"甲天下"；

（2）漓江的水有"静、清、绿"三个特点。写"静"，是通过人的"感觉"来写的——静得让你感觉不到它在流动，写"清"是从"视觉"的角度写的——清得可以看见江底的沙石；写"绿"是用"比喻"把内容写具体的——绿得仿佛那是一块无瑕的翡翠（结合教学比喻句，知道句中把漓江的水比作绿色的翡翠）；

（3）个别读，引读，要读出感情（特别注意三个"啊"的读音）；

（4）书面完成课后练习第一题的第一张表格。

（三）指导学生用学习第二节的方法自学第三节课文

思考题：从哪些词句中能看出桂林的山美得"甲天下"？课文写了桂林山的哪些特点？用什么方法写的？

自学后讨论，教师引导，结合进行朗读指导，明确：

（1）作者先用"比较"的方法写出桂林的山胜过泰山和香山，说明桂林的山"甲天下"；

（2）再用生动的比喻描写出桂林的山"奇"（结合看图，理解"像老人，像巨象，像骆驼，并理解"奇峰罗列，形态万千"的词意）；

（3）同样用生动形象的比喻描写桂林的山"秀"（结合看图解释：翠绿的屏障）；

（4）桂林的山很"险"，抓"危峰兀立"，"怪石嶙峋"等词语，领会山势之险；

（5）结合学习比喻句，分别说出在这些比喻句中各把什么比做什么；

（6）反复诵读课文，特别注意三个"啊"的读音，读后完成课后第一题的第二张表格。

（四）学习课文第四节，重点领会句子的意思和作用

1. 学习重点句

"舟行碧波上，人在画中游"。先学懂词意：舟，指小船；碧波，碧绿

的波浪；画，画卷；游，游览。再学懂句意：小船行驶在碧绿的江面上，人好像在美丽的画卷中游览。句子形象地写出桂林山水的无比秀美。也抒发了作者赞美桂林山水的情感。

2. 句子的作用

与开头"桂林山水甲天下"一句照应，并有总括全文的作用。

（五）听全文录音

再次领略桂林山水的奇丽体会课文中所描绘的意境，领会作者对桂林山水的赞美之情。

下面是一位教师执教《我的战友邱少云》的片段。教师在导入揭题、检查学生的预习情况后，学生自由地读了一遍课文，并汇报了初读的感知后，课堂教学进入到下面的环节：

 教学片段

师：请同学们默读课文，找出文中有关"动"字的三个词语，并做上记号。

（老师在黑板上的课题下面写上"动"字。学生按照老师的要求默读了一遍课文）

师：同学们找到了那三个词语吗？

生（大声地）：找到了。

师：好。请大家按三个词语在课文中的前后顺序把它们说出来。

生（齐答）：纹丝不动、一动也不动、挪动。

师：完全正确！（边听边在黑板上的"动"字下面板书三个词语）

师：现在，请同学们先仔细读读课文中与这三个词语相关的自然段内容，然后在小组内交流自读收获和感受。

（学生开始细读课文，老师指导学困生）

师：下面我们请一个同学把"纹丝不动"这一段（第二自然段）朗读一遍。

（学生纷纷举手，老师点一学生读完后，引导学生对朗读进行了自评、互评）

师：下面，我想请大家谈谈对"纹丝不动"的体会。

生1："纹丝不动"的意思就是一点儿都不动。

生2：这里的"纹丝不动"说明了对潜伏部队的隐蔽要求很高。

生3：我从"纹丝不动"这个词语知道了潜伏部队当时的环境十分

险恶。

生4：我觉得"纹丝不动"是上级对潜伏部队的要求，是战士们必须要做到的。

师：就是说，"纹丝不动"是我们潜伏部队的战士们必须遵守的纪律，你说是不是？

生4（点头）：是的。

师：是啊。看来我们的潜伏部队要想取得这次战斗的胜利，就必须遵守"纹丝不动"的纪律，我们的战士们做到了吗？请大家把课文中有关"一动也不动"、"挪动"两个词语的段落（第八自然段）齐读一遍。

师（学生读完后）：听了同学们的朗读，老师也想来试一试。

（学生鼓掌，老师范读）

师：同学们比较一下，老师的朗读与你们刚才的齐读有哪些不同。

生1（很踊跃）：老师读得比我们有感情。

生2：老师把"邱少云像千斤巨石一般"中的"千斤巨石"读得比较重。

生3：老师把"烈火在他身上烧了半个多钟头才渐渐地熄灭"这句话读得比较慢。

师：下面，就请同学们按照自己的理解，把这一段内容练习读几遍吧。

（同学们认真练习，老师指导学困生）

师：同学们，你是怎样理解这一段中的"一动也不动"和"挪动"这两个词语的，自由谈谈。

生1："一动也不动"就是"纹丝不动"。

生2："没挪动一寸地方"也是"纹丝不动"。

师：读第二自然段时，我们知道了"纹丝不动"是潜伏部队的战士们必须严守的纪律，邱少云做到了吗？

生（大声地）：做到了！

师：他是怎样做到的？

生：为了做到"纹丝不动"，邱少云忍受了烈火烧身的痛苦，最后被大火活活烧死了。

师：难道邱少云就不想活吗？

生：他肯定也想活。但是要想不被烈火烧死，他就不能做到"纹丝不动"了，那后果就严重了。

师：什么后果？同学们再读读课文七八自然段吧。

（学生自由地读课文）

师：读了课文，大家知道了邱少云不遵守"纹丝不动"的后果了吧。

哪个同学说说？

生：如果邱少云动一下，就会被山头上的敌人发觉，我们的部队就会受到重大损失，作战计划就会全部落空。

师：邱少云严守了"纹丝不动"的纪律，带来了怎样的结果？

生（齐答）：战斗胜利了。

师：是啊，纪律是胜利的保证！同学们，邱少云在烈火烧身时，他对"动"和"不动"作出的选择，就是对"生"和"死"作出的抉择。这位伟大的战士，选择的是"纹丝不动"的悲壮，竖起的是"严守纪律"的丰碑！

第三节　开放式领悟表达教学

语文学习是实践、感悟、内化三个过程相统一的立体活动过程。从方法论上讲，语文教学必须注重实践、注重感悟、注重内化。在开放式领悟表达教学中，我们将秉承以实践为经，以感悟为纬，以内化为宗。

一、领悟表达教学的目的

在以往的阅读教学中，对如何指导学生领悟课文内容研究得比较多；对如何指导学生领悟课文的表达方法研究得比较少。这不能不说是阅读教学中的一种失衡。只讲内容，不讲表达方法或讲得极少，是目前小学语文阅读教学中存在的十分普遍的现象。

《义务教育语文课程标准（2011年版）》把引导学生"在阅读中了解文章的表达顺序，体会作者的思想感情，初步领悟文章的基本表达方法"作为第三学段阅读教学的目标之一提了出来，应该引起广大语文教师的关注。过去那种注重思想教育忽视语言学习，注重内容分析忽视表达领悟的阅读教学，影响语文教学效益的提高，不能再继续下去了。阅读教学必须重视引导学生领悟文章的表达方法。

开放式领悟表达教学的提出弥补了过去阅读教学中的缺失。开放式领悟表达教学注重引导学生对文章在领悟内容的基础上作进一步的阅读，即了解作者是怎样围绕中心选择材料、组织材料的，是怎样遣词造句、连句成段、连段成篇的，通过领悟表达学习写作方法。

二、领悟表达教学的要求

开放式领悟表达教学须服从并服务于教学目标和教学内容，在确定教学内容的基础上通过领悟内容教学渗透领悟表达方法教学，在教学过程中领悟内容与领悟表达教学是相辅相成、不可分割的。

（一）领悟教学内容与领悟表达方法相统一

阅读教学，总是以课文为凭借，而课文又总是具有思想内容和语言表达两个方面，教学时应把二者紧密结合起来，通过理解语言表达领会思想感情，又以思想感情为依据，探求语言表达的方法，全面提高语文能力。

例如，在教学《富饶的西沙群岛》一课时，可以在阅读教学中渗透领悟表达方法。全文结构为明显的"总—分—总"式。在教学中，可以提出问题：课文是围绕哪句话来写的，作者又从哪几个方面进行了具体描写。学生对这一问题不难回答，当学生理清了文章的脉络以后，就会发现作者是用"总—分—总"式来进行内容表达的。还可以让学生回想还有哪些文章也运用了这样的表达方式。接下来就分述部分的表达方法进行探讨，分述部分又是以什么方法进行表达的。通过整理发现，分述部分是按进入群岛的地点的变换，由上而下，由近及远的顺序，从海面—海底—海中—海滩—岛上五方面进行分说。每一自然段都各自围绕着一个意思细说。文章的最后自然段，从内容上看，是顺着前面具体的内容即西沙群岛的美丽，富饶的延伸性总结。从结构上看，是与第一自然段的一种呼应，也作为全文的总结。通过对文章表达方式的领悟，学生提高了阅读理解能力，学了写作方法。

（二）确定教学的重难点以领悟表达方法为依据

在阅读教学中，我们通常将领悟内容作为教学重、难点，很少将作者的表达方法渗透到教学重难点中去。如果把文章比做一栋高楼，那么内容就是填充在框架中的砖块，而表达方式就像钢筋水泥的框架结构。因此，我们认为在确定教学重难点时要以领悟表达方法为重要依据。

例如，教学《荷花》一课第二自然段"荷叶挨挨挤挤的，像一个个碧绿的大圆盘。白荷花在这些大圆盘之间冒出来"一句中，理解"冒"字是一个难点。要使学生理解作者为什么要用"冒"字而不用其他动词，可以提出让学生换一个动词，学生可能会换成"钻"、"长"、"露"、"挤"，再用学生换的这些词与"冒"字进行对比，通过比较、品味、想象画面、朗读，加上教师的点拨引导，学生体会到了"冒"字的深刻含义，体会到了这个"冒"字所赋予白荷花的旺盛生命力，也让学生觉得荷花就像个调皮的孩子捉迷藏时突然冒出来，富有动感。同时也启发了学生的思维，激发了学生的创新火花，攻克了难点。在教学中通过领悟"冒"字的表达方法，让学生领悟到写文章时要想写得生动就得斟词酌句。

（三）选用教法和教具要考虑领悟表达方法的需要

在阅读教学中，我们常常会采用多种方法帮助学生进行阅读理解，比如视频观摩、图片展示、教具演示等，通过这些直观手段可以使学生易于理解，那么当我们选择这些手段时要领悟表达的需要。

比如在教学《小猴子下山》一课时，文中有这么几个动词："扛"、"捧"、"抱"，都表示手上的动作，这些动词所表示的意思只需要稍微用手演示，学生就能明白每个动词的含义。但是要学生理解为什么要用这几个动词，而不用别的，就需要更为具体地用教具进行演示了。我们可以实物或模型作教具，让学生演示这些动作，并引导学生从"玉米"、"桃子"、"西瓜"的形状和放置位置等方面进行比较，从而让学生对这三个词的意义、用法有了非常深刻的理解。再如教学《浅水洼里的小鱼》这课时，教师先在黑板上画了一条海岸线，把几个写着汉字的小鱼贴在大海里：看，小鱼在大海里快乐地游泳呢，快跟他们打个招呼吧！接下来，教师一边导读课文，一边用教具在黑板上演示：大海可不永远都是风平浪静的，听，海水涨潮了，每到这个时候，小鱼家族的成员就被成批地带到海岸上，潮退的时候，幸运的可以重回大海，不幸的就只能留在沙滩上的浅水洼里……汹涌的海浪声，转变成淡淡的哀伤的音乐，配合着老师的语言和动作，学生明白了小鱼的命运，尤其是对于学生很难理解的"浅水洼"这个词，在这样演示的过程中，学生都明白了。教法的运用、教具的使用，都要服务于教学内容和思想情感的领悟，这样，教学就能收到很好的教学效果。

三、领悟表达教学的策略

在教学中，教师经常会在设定教学目标时提到在教学中要引导学生体会作者的表达方法，学习作者的写法等。那么，在阅读教学中，我们应怎样具体地引导学生去体会作者的表达方法，学习作者的写法呢？

（一）领悟遣词造句的准确性

语文学习，其工具性之一就是提高学生的语言表达能力。课文是学生学习语言表达能力的一个载体，通过这一载体让学生领悟语言是如何表达的并体会遣词造句的准确性是十分必要的。如在《飞向蓝天的恐龙》一文中有这样一句话"在中生代时期，恐龙的一支经过漫长的演化，最终变成了凌空翱翔的鸟儿。"在教学中，可以通过比较法让学生领悟作者遣词造句的准确。我们将原文中的话与"在中生代时期，恐龙经过漫长的演化，最终变成了凌空翱翔的鸟儿"进行比较。学生通过朗读，领悟，就会发现"一支"这个词的重要性。学生会发现没有"一支"这个词，句子似乎是告诉我们所有恐龙经过漫长的演化，都变成了飞向蓝天的鸟儿。有了"一支"这个词，我们就能明白只是恐龙中的一部分经过演化变成了飞向蓝天的鸟儿。所以在进行语言表达时，用词准确很关键。

（二）领悟语句的形象性

作者在写作时常常为了使所描述的内容更加具体、生动、形象，让读者有亲眼所见、身临其境的感觉，常会使用比喻、拟人、夸张、排比等修辞手法。如在教丰子恺的《白鹅》一文中，有这样一段描写："鹅的步态，更是傲慢了。大体上与鸭相似，但鸭的步调急速，有局促不安之相；鹅的步调从容，大模大样的，颇像京剧里的净角出场。它常傲然地站着，看见人走来毫不相让；有时非但不让，竟伸过颈子来咬你一口。"作者在这段话中将白鹅的步态描写的惟妙惟肖。在教学中可以让学生读读、找找，作者是用什么样的表达方法将白鹅的动态写得活灵活现。通过细心朗读，学生就会发现作者抓住了白额的神态，运用了拟人、比喻的方法将白鹅走路的样子描写出来了，即使没见过白鹅的人也能想象出白鹅走路的样子，又通过与鸭子步态的比较，使得白鹅步态的与众不同更加突出。

在说明文中，为了具体说明事物的特点，还会运用到各种不同的说明方法。在教学时，也需要引导学生对这些说明方法进行领悟，明白说明方法对具体形象地描写事物的帮助。如《鲸》一文中，大量运用了列数字、作比较、举例子等说明方法，作者在说明鲸的大小时是这样描写的："不少人看过象，都说象是很大的动物。其实还有比象大得多的动物，那就是鲸。最大的鲸有十六万公斤重，最小的也有两千公斤。我国捕获过一头四万公斤重的鲸，有十七米长，一条舌头就有十几头大肥猪那么重。它要是张开嘴，人站在它嘴里，举起手来还摸不到它的上腭；四个人围着桌子坐在它的嘴里看书，还显得很宽敞。"鲸并不是每个人都能轻而易举见到的，更不用说学生对鲸的了解了。所以作者首先将大象与鲸作比较，使读者初步得知鲸比大象还要大，接着用具体的数字告诉读者最大的鲸与最小的鲸的体重，可是这些数字对于学生来讲还是一个模糊的概念，所以作者又通过鲸的舌头与猪进行比较，一条舌头就有十几头肥猪那么重，肥猪是孩子们常见的动物，这下对鲸之大有个确切的印象了，再加之"人站在它嘴里，举起手来还摸不到它的上腭；四个人围着桌子坐在它的嘴里看书，还显得很宽敞"，形象地告诉我们它的嘴原来有这么大。通过对这些语句的体会，学生一下子就明白鲸确实是个庞然大物。再让学生整理一下思绪，学生就会发现作者运用这些表达方法目的是使读者确切地了解事物的特点。通过对语句的表达领悟，能使学生明白恰当地运用不同的表达方法，能增强文章的趣味性、形象性、准确性。

（三）领悟文章条理清晰性

教会学生有条理地表达是写作教学的一个重点，教学中我们要进行一些潜移默化的引导，让学生在学习中学会条理清楚地表达。

如教学《生命　生命》一文时我们除了通过阅读三个小故事，领悟生命虽然短暂，但无论是人、动物或植物它们都能顽强地活着，都是珍爱生命的一种外在表现外，我们还要引导学生领悟作者的表达方法。通过阅读、体会，学生就会发现作者写作时有一条很清晰的线索——设疑、解疑、明理，通过这样一条清晰的线索说明生命的珍贵，需要好好对待。再回顾三个小故事，学生不难发现，这三个小故事不是任意选之，而是各具代表性："飞蛾求生"代表的是动物求生的本能；"不屈的瓜苗"代表的是植物顽强不屈，迎难而上的一种态度；"倾听心跳"则是告诉我们人类生命的美好，应该好好对待。通过领悟文章的条理，让学生明白文章条理清晰能激发读者阅读的兴趣。

（四）领悟作者选材的别具一格

教材中每个单元选择的若干课文都是为了突出同一个主题，那么在同一个主题中，为什么会选用不同的文章呢？这就是作者选材的不同，尽管选材不同，但要说明的主题都是一样的。教师在教学中就要引导学生领悟作者在选材方面的别具一格，学习了这样的选材方法时，学生才不会在写"助人为乐"主题时都写"扶老奶奶过马路"或者是"在校园里捡垃圾"之类的毫无新意的文章。

例如，四年级上册第六单元展示的是人与人之间的关爱之情，在本单元中就涉及了古今中外的爱心故事，这些故事的选材完全不同，但都是突出"爱"和"情"。《古诗两首》说的是诗人与好友之间惜别之情；《搭石》讲的是乡亲们之间互助的小事，通过小事让人感受到乡亲们之间的相互关爱；《跨越海峡的生命桥》讲述的是海峡两岸人民血浓于水的亲情；《卡罗纳》叙述的是外国小同学之间互相理解、互相安慰的感人故事；而《给予是快乐的》则是主人公在圣诞夜实现一个陌生男孩的愿望所获得的一份特别的快乐。这些文章选材角度都不同，有的是好友之间"爱"，有的是邻里之间的"爱"，有的是陌生人之间的"爱"，还有惊天动地的挽救生命的"爱"。学生对不同文章的选材进行比较、领悟，才能让学生在写作中写出自己的发现、自己的感悟，有了独具特色的选材，文章才会有新意，有生命力。

第四节　开放式欣赏交流教学

《义务教育语文课程标准（2011年版）》在阅读教学建议中指出："在理解课文的基础上，提倡多角度、有创意的阅读，利用阅读期待、阅读反思和批判等环节，拓展思维空间，提高阅读质量。"由此可见，新的语文课程标准把培养学生欣赏交流、探究阅读的目标摆在了一个十分重要的位置。因此，要引导学生自主、自由、自觉阅读，走进文本，走近作者，走进生活，体验情感，感悟人生，激发创造潜能，提高审美品位，提升人文品质，使学生在充满浓厚的人文气息中健康地成长，我们探索的开放式欣赏交流教学有一定的价值。

一、欣赏交流教学的目的

在一定意义上，一个人阅读习惯的好与坏和阅读欣赏能力的高与低无不与小学语文阅读教学有关。为此，开放式阅读教学中，教师要高度重视学生良好阅读习惯，特别是阅读欣赏能力的培养，纠正漫无目的式的随意、消遣性阅读和浅尝辄止式的一般、了解性阅读，积极引导学生把阅读过程变为一次体验、一次发现的旅程，教会学生欣赏性阅读的方法，以积极的审美心态，集中全部的心智去感受、理解、欣赏、评价每一篇阅读文章中的人与事、景与物、情与理，观其"言"，品其味，悟其神，使阅读成为一种精神体验，一种审美欣赏，正如《义务教育语文课程标准（2011年版）》所指出的语文阅读"应让学生在主动积极的思维和情感活动中，加深理解和体验，有所感悟和思考，受到情感熏陶，获得思想启迪，享受审美乐趣。"

可见，阅读教学的一个重要任务，就是培养健康的审美观和感受美、欣赏美、创造美的能力，而传统的语文课堂，教师就是权威，学生是一个个接受知识的容器。每天的学习就是教师通过按部就班的分析，源源不断地把参考书上的信息灌输给学生。教师成了学生与参考书的媒介，学生成了反复做练习、答考卷的机器。尽管素质教育的口号已喊了许多年，但在很多地区，语文教学围着考试转的现象一直没有改变。课堂上教师不厌其烦地讲解、分析，把一篇篇精美的文章分析得支离破碎；课余，沉重的作业负担压在学生肩上。学生已不堪重负，怎么办？只有引导学生欣赏课文，领会文中美的意境，才能激发学生学习语文的热情，提高语文能力。

二、欣赏交流教学的策略

（一）培养学生的阅读欣赏素质

进行阅读欣赏，需要培养学生一定的阅读技能、阅读情感和审美眼光。阅读技能基础，就是抓好学生的字、词、句及阅读方法与策略的教学，这在前几章节已做了论述。丰富学生情感体验，可通过组织学生参与社会实践活动来进行。让学生在接触社会、服务社会中积累人生的经验。阅读欣赏的过程会增强学生对社会、对世界的认识，生活情感的体验，等等。这些欣赏习得的结果又提高了学生的欣赏素质并对今后的阅读欣赏产生深远影响。因此，扩展学生的阅读面，增加学生的阅读量，是让学生获得丰富体验的又一种途径。

（二）抓住阅读欣赏的切入点

其一，文质兼美的课文，是学生欣赏之"源"。纵观小学高段的课文，都是经过精挑细选的，内容丰富，文质兼美，体裁多样，具有时代特点和现代意识，密切联系儿童的经验世界和想象世界，蕴涵着丰富的人文内涵，既便于学生学习语言，又能使学生在思想上得到启迪，在情感上受到熏陶感染，有利于启迪智慧，激发想象，提高学生的语文素养。如，催人泪下的安徒生童话《卖火柴的小女孩》，感情真挚的散文《再见了，亲人》，文笔优美的游记《绿》，无一不令人回味无穷。学生只有会读、爱读课文，才能深深地进入课文的意境中，与文中的小主人同欢笑共苦难，想其所想、乐其所乐，才能陶醉其中。

其二，图书馆藏书丰富是学生欣赏之"泉"。如果说课堂教学过程更多的是一种知识的传授过程，那么图书馆的阅读活动，更多的是一种思想影响和熏陶过程，它对学生一生的影响都是其他教学无法比拟的。图书馆里丰富的藏书是知识的海洋。作为教师应引导学生多读书、读好书，让他们遨游于知识的海洋，汲取最美的浪花。学生学会欣赏、学会积累，定能丰富语文知识，提高能力。图书"润物细无声"的教化熏染功能，不知不觉中对学生起着教育作用。

其三，运用阅读欣赏的现代教育技术。在课堂教学中，应用投影、录像，既能渲染课堂气氛，又能创造情景，使学生有身临其境之感。学生边欣赏边结合文字的描绘、对照，领会文章的意境美，激发阅读的兴趣。因此，教师应充分运用现代教育技术的优越性，让它提供与课文相关的大量信息，以供学生学习时自由地查阅，在拓展课文内容的同时增加学生的知识面，从而培养学生收集信息能力和良好的阅读能力。

（三）激发学生阅读欣赏的想象力联想力

阅读欣赏的第一步是学生将语言文字符号转化为具体的可感知的形象。教师可提示学生对阅读到的文字展开想象，或提示将课文中的不同形象在头脑中进行联想组合。如果学生具备画简笔画的能力，也可以让学生把读到的内容用图画的方式表示出来。教师还可以这样来提示学生：读着这篇课文（或这段话、这几句话等），你仿佛看到了什么？想到了什么？这类方法需要学生头脑中具备与所阅读课文内容有关的形象。如果学生由于生活经验的限制，头脑中缺乏相应的形象，或者这种形象比较模糊，这时教师可以用图片、幻灯或电影等多媒体形式向学生呈现相关的形象，以促进语言文字向文学形象的转化。如教学《第一场雪》，由于南方的学生几乎没有有关雪的直接经验，因而教学课文前，教师可以通过录像，提供"大雪纷飞"、"粉妆玉砌"的生动视听形象，学生在观察中获得了感性认识，便于展开联想和想象。

（四）体味形象背后的深刻意蕴

阅读欣赏贵在体味出形象背后蕴藏的深刻的思想感情。对形象意蕴的把握，与学生的生活经验、审美眼光等素质密切相关。由于学生间的个别差异，对意蕴的把握不尽相同。不同的认识其实可以相互补充、相互启发，从而获得更深的认识。体味过程中需具体注意以下几方面问题。（1）组织与调控学生的阅读实践活动（即组织和调控学生与文本对话、师生对话、生生对话）。（2）随机创设情境，让学生通过自我体验，化解阅读实践活动中遇到的疑难。（3）适时的示范与点拨。（4）捕捉在师生互动中闪耀出的创造火花，适时组织合作性学习，通过心灵的碰撞，促进学生的深入思考，从而生成新的认识。（5）即时的评价与激励。这样学生就可以通过畅谈会的形式，谈谈感受见解。还可以让学生小组合作，共同来探索形象背后的意蕴。在讨论探究的过程中，虽然每个学生的感受都是独特的、值得珍视的，但对那些感受肤浅、明显缺乏审美意识的体会，教师不能盲目肯定，而要进行引导或继续组织学生讨论，最终让每个学生都能获得独特的审美体验，而不是独特但却肤浅的体验。

（五）创设情境，体验文中的情感，获得审美体验

教师应根据不同的课文内容，创设相应的教学情境，启发学生开展丰富的想象，情不自禁地进入作者所描绘的世界，以体验文中秀美的景色，呼之欲出的人物，感人至深的场面。如李吉林老师采用以生活显示情境、以图画再现情境、以音乐渲染情境、以语言描绘情境、以扮演角色体会情境五种途径来为学生创设一定情境，让学生置身其中，获得情绪感体验。创设情境的具体方式有以下几种。（1）音乐渲染。音乐以特有的旋律和节奏，营造出不同的意境，给人们丰富的感受，使人产生联想和共鸣。比如，有老师在教《小音乐家扬科》时，选取了一段凄凉的小提琴曲《二泉映月》，为整篇课文定下了悲凉的基调。和着乐曲，学生边欣赏边默读课文。扬科的悲惨遭遇随着音乐的渲染更加感人至深，直至读完全文，不少学生已泪流满面。他们不由自主地进入了作者描绘的意境中，感情受到极大的冲击，文中可怜、善良又极有音乐天赋的小扬科形象已深深地印在学生心目中。这篇文章也理所当然成了学生爱读的美文。（2）情景再现。随着现代教育技术的普及，借助投影、录像、幻灯等辅助设备，把形象的语言文字转化形象的画面，使学生如"见其人、闻其声、观其事、临其境"。如在学习《我的战友邱少云》时，借助录像，播放了邱少云烈士牺牲的场面。学生聚精会神地看着，眼眶里满是泪水……再抓住重点句"为了整个班，为了整个潜伏部队，为了这次战斗的胜利……"反复赏读，学生们被深深地感染了，好多同学都趴在

桌子上泣不成声。情感融入课文，语文学习就变成有着无穷乐趣的享受。
（3）表演体会。爱表演是学生的天性。所谓表演是学生在学习课文时，进入角色、扮演角色，产生一种身临其境的感觉。如，学习《晏子使楚》时，请学生扮演晏子与楚王。讲台成了学生的舞台。"楚王"的讥讽嘲笑、"晏子"的针锋相对，深深吸引了在座的每一位同学。同学们由衷地佩服晏子，思维相当活跃，于轻松自如的氛围中学习了课文。课后，许多同学还津津乐道、回味无穷。（4）对记事写人类的课文，可以组织学生进行角色扮演，将课文以舞台表演的方式展现出来。如学习《将相和》一课，可以让学生扮演其中的不同人物，如廉颇、蔺相如、秦王等。在扮演情境中切实体验课文中人物的情感，从而受到情绪感染和审美熏陶。

激发学生情绪情感体验的另一条途径是用教师的真情实感来诱发学生的情感。心理学的研究表明，通过观察教师示范的情绪，学生也能受到感染。正如李吉林老师所说，教师的情感，对学生内心体验、情感的诱发，是非常重要的外部条件。她在教学《珍贵的教科书》一课时，通过阅读欣赏的过程，感受到了教科书的珍贵。在读到课文中的"我"扑到指导员身上大声地喊"指导员，指导员……"时，李老师自己很动感情，"觉得自己也在全身心地呼唤着指导员。于是，孩子们和我一起进入了情境，他们读着读着，不禁热泪夺眶而出"。

在欣赏交流阅读教学中，为帮助学生更好的理解教学内容，提高教学效果，用多媒体准备一些教学资料如图片、视频等，适当增添一些欣赏内容。把课外的材料与作品结合起来一起欣赏，使学生对课文有了更深刻的理解，会起到很好的效果。

（六）拓宽阅读欣赏的空间

拓宽阅读欣赏的空间，并非仅仅是针对课堂 40 分钟设计的课堂教学模式，而是指这样一种教学：在课堂教学条件下，教师依据学生阅读过程的需求，以课堂为经线，以课外、以生活等为纬线而设计学生学习活动和教师组织帮助活动的过程。这样把课内与课外结合起来，把小课堂与大课堂结合起来，教师努力为学生创设学习语文的环境条件，在学生学习语文的方法途径上加以指导帮助，从而让学生感受语文的魅力，增强学习语文的兴趣，使其在大量的阅读实践中，获得关于阅读方法、能力、习惯及精神的提炼，最终使学生由"教他学"，变成自主轻松的"他会学"，最终使学生不断寻找、优化最适合自己的学习方式。如，阅读与活动相结合。进行一次读书系列活动（讨论购书原则—去书店选书—设计扉页内容—制订读书计划—按计划读书—读书交流）。拓宽阅读实践活动的形式有读书介绍会、读书报告会、故事会、朗诵会、心得交流会、争鸣活动、读书笔记交流、办报刊、主题活动等。如学了《活化石》一课，我们开展了"我了解的国家级保护动物"主题活动。首先要求学生从选定的动物（大熊猫、金丝猴、丹顶鹤、白鳍豚等）的外形、生活习性、奇闻趣事和目前生活状况等方面收集资料，然后组织中队主题活动，将收集的素材加工，最后介绍给同学和老师。

（七）充实阅读欣赏的内容

其一，"点"上的阅读：教材中的文章大多数是值得精读、美读的作品。在教师的引导下，通过朗读、再现等手段使学生融入文章。一旦如此，学生不会感到读书的艰难，反而会其乐无穷。（1）折服于大自然的瑰丽多姿。小学生生活阅历浅，课文中描绘的山川，河流无一不吸引着他们。通过品读精美的文句，想象文句创设的情景美，带着学生于《桂林山水》中感受那一份宁静悠远；在《五彩池》中感受那一份神奇瑰丽；在《绿》中沿着作者的足迹，漫步于西湖畔，自己仿佛也成了一位游客，陶醉在秀丽的风光中。想作者所想，见作者所见，使学生深深地融入课文中。阅读此类文章何愁无快乐可言？（2）赏析人物的栩栩如生。文学作品的人物形象是鲜明的。教师必须让学生看见课文中描写的形象。当然这种"看见"并非亲眼目睹，而是赏读课文后的仿佛"看见"。这仿佛"看见"虽不甚分明，却是动态中的，比图片更贴近儿童，留有想象的余地。《晏子使楚》中，通过分角色朗读、演课本剧，在对比中体会楚王的盛气凌人，晏子的不卑不亢、能言善辩。在《私塾先生》中通过评读人物的语言，体会"话中之话"；观察人物的神态，体会他的沉着、镇定；想象人物的心理活动，加深对"私塾先生"的印象……一个个丰满的人物形象展现在学生眼前。（3）沉醉于事情发展的高潮宕伏。课文的精彩更在于事情发展的"一波三折"。根据课文的线索层层深入，去体会那一份惊心动魄。也是阅读欣赏的一部分。《狼牙山五壮士》中，先写五壮士在狼牙山痛击敌人，再诱敌上绝顶，然后于顶峰痛歼敌人，最后壮烈跳崖。一幅幅顽强抗敌的精彩画面在学生脑海一一闪过，一个个性格鲜明的英雄形象久久地留在学生的心目中。

其二，"面"上的阅读："课文无非是个例子"。教师应鼓励学生运用学习教材所获得的读书方法，广泛涉及各种题材的课外读物，充分感受祖国语言文字的魅力。由读到悟，欣赏语言文字的精妙之处。

（1）课文辐射式阅读。一是引进与课文内容相关的资料，进行补充性阅读。二是推荐与教材有关的书籍进行扩展性阅读，如学了《绿》后，向学生推荐《西湖漫笔》；学了《再见了，亲人》，向学生推荐《谁是最可爱的人》。

（2）自主阅读。让学生根据欣赏水平自由选择图书给他们一个自主阅读的空间。

（八）重视朗读

感情朗读对学生理解课文，引起情感的共鸣，起着举足轻重的作用。学会欣赏课文，首先应学会感情朗读。正如叶圣陶说的"设身处地，激昂处还它个激昂，委婉处还它个委婉……尽情地发挥，设身处地地感受作者当时的情景。美读得其法，不但了解作者当时说些什么，而且要与作者的心灵相通。"（1）范读。教师的情感是激发学生情感的催化剂。因此，教师应重视范读，将文章读得抑扬顿挫、声情并茂。以自身的情感去感染学生，把学生带入课文所描述的特定的境界中，感情就会自然流露，产生共鸣，促使学生积极主动地诵读课文，欣赏课文。（2）个性化朗读。领读、轮读、对读、配乐读等朗读形式。要根据不同的教材内容，选择不同的朗读方法。朗读过程也是一个欣赏过程，允许学生按自己不同的理解来读课文，朗读个性化，培养学生的欣赏能力。

现行小学语文教材中所选用的很多课文，都是千锤百炼、公认的中外优秀作品，具有很高的欣赏价值，只要我们采用的教学方法恰到好处，一定能使学生从这些作品中感受到永恒的美，领悟到作者们丰富的思想感情。可以使学生开阔眼界，陶冶性情，启迪智慧，提高审美情趣，使学生逐步成为具有较高文化修养，又具备健康高雅审美能力的新型人才。

教学设计

妈妈的账单

一、设计理念

《义务教育语文课程标准（2011年版）》中强调：情感教学是语文阅读教学的基石，是文本的灵魂，也是课堂的灵魂。在阅读中，引领品味语言的独具匠心，再通过对语言独具匠心的品味，让学生在读中实现多元思维、多样感悟、多情共振，让心灵在碰撞中飞扬，让生命在阅读中成长，从而进一步加强情感的体验、升华。

二、教学目标

（一）学习默读，学习对课文中不理解的地方提出疑问。

（二）读懂课文内容，体会母爱的无私与无价，懂得主动帮父母做事。

（三）培养独立的阅读能力，运用以前学到的阅读方法自读自悟，读懂课文。

三、教学重点

读懂课文内容，体会人物的思想感情。

四、教学难点

理解妈妈给小彼得的那份账单的含义。

五、课时安排

一课时。

六、课前准备

多媒体课件、背景音乐《烛光里的妈妈》《感恩的心》，学生每人一台电脑，学生准备"心"形的卡片，收集账单和歌颂母爱的诗歌文章等。

七、教学过程

（一）问题设疑，引出账单

1. 板书 0 > 60，让学生质疑。

2. 看到这个不等式，你有哪些疑问呢？导入新课。

（二）初读课文，找出账单

1. 师：这是一篇略读课文，同学们可以自己读懂课文。你们有信心试一试吗？让学生读一读课文前的阅读提示。

2. 老师也帮帮大家，给大家提几条建议。（友情提示）

（1）你可以选择自己喜欢的方式读课文，可以轻轻地读，也可以大声地诵读。把字音读准确，把课文读通顺。

（2）再次读课文时，可以重点读读难读的句子，把它们画下来反复地读，直到读通顺。

3. 汇报交流。

我觉得这篇课文最有意思的地方是（　　）。

这篇课文我最喜欢的地方是（　　）。

这篇课文最让我感动的是（　　）。

这篇课文最（　　）的是（　　）。（请任意选一个空，谈谈体会）

（三）体会情感，比较"账单"

1. 引导学生比较两份账单有哪些不同？（金额多少、劳动量大小、时间长短等不同）

2. 从这两份不同的账单中，你体会到了什么？（母爱的无私、无价、无声）

3. 小彼得的妈妈为小彼得付出了那么多，如果要用金钱来计算的话，该是多少芬尼？（插入《母亲的价格》一文，引导学生计算）

（四）发挥想象，补充账单

1. 是啊，妈妈的爱是无私的，无价的。她的这份账单包含着对儿子浓浓的爱。她会像缓缓流淌的小溪，永不停息地陪伴着小彼得一天天长大，那彼得体会到了吗？你从哪里看出来呢？（课文最后一段，课件出示最后一段，引导学生抓住重点词来体会）

2. 有感情的齐读课文的最后一个自然段。

小彼得想到了妈妈无私的爱，想到了妈妈为自己的付出，想到了自己做的与妈妈相比实在是微不足道，他马上改正了。让我们一起来感受彼得的满怀歉意，把小彼得的羞愧、懊悔读出来，好吗？（生齐读）

3. 是呀，十年的幸福生活，是多么的甜蜜！小彼得将小脸蛋藏进了妈妈的怀里，（课件出示课文插图）此时此刻，他心里一定有很多话想对妈妈说，你能想象他会说些什么呢？如果我们要把妈妈十年来对小彼得的付出用账单列得更详细些，账单中还可以增加哪些款项？请你帮小彼得补充妈妈还没有写完的账单。

（每一天，妈妈都为小彼得准备好干净舒适的衣服……十年的吃喝中，有一杯杯香浓的牛奶，香甜可口的饭菜……每次，当小彼得生病时，妈妈总是那样辛劳，买药、端茶、送水，每一年的圣诞节，妈妈……那次自己犯了错……十年来，妈妈一直是那样慈爱，无微不至地照顾小彼得……）

4. 如果给课文换个题目，你想换什么？（如《爱的账单》《无价的账单》《可贵的账单》《无法偿还的账单》等）

（五）温情育孝，自写账单

1. （播放歌曲《烛光里的妈妈》）同学们，此时的你，一定也被彼得妈妈无私的母爱所深深地打动，也一定想起了自己的妈妈，也许从彼得身上，你还看到了自己的影子。那现在就请你们在准备好的红心卡片上写下对妈妈要说的话。（如果你的妈妈就在现场，请你亲手交给她，如果不在，回家后再亲手交给她，并且把你写的话直接跟妈妈讲出来）

2. 制作动漫卡片：母亲节就要到了，请你在电脑上为妈妈制作一张贺卡，并写上祝福的话语，并发送给妈妈。

（六）升华感情，回味账单

1. 过渡：同学们，不管是何种方式、何种语言，那都是对爱的领悟，让我们把它会聚在一起，让我们永远记住母亲的养育之恩。学完了这篇课文，如果让你给自己布置课外作业，你想做什么呢？（让学生自由说）

2. 是啊，妈妈的爱是宽广的，让我们一起来读诗歌《妈妈的爱》，此时此刻，如果你已经读懂了妈妈的爱，就让我们一起对妈妈说一声："妈妈，谢谢您！"（播放课件，配歌曲《感恩的心》）

第六章 开放式阅读教学的方法

附：板书设计

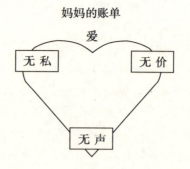

妈妈的账单

爱

无私　　无价

无声

第五节　开放式质疑辩论教学

爱因斯坦说过："提出一个问题比解决一个问题更重要。"解决问题也许仅是一个学习技能问题，而提出新的问题，新的可能性，从新的角度去看旧的问题，却需要有创造性的想象力。如果没有深入的思考，没有全新的角度去研究，是很难发现问题的。而学生在学习中无疑可问，这与他们不深入思考是密切相关的。因为疑问的产生是与深入思考相联系的。能思则能疑，思得越深，提出的问题就越多、就越深；相反，不思考，当然也就无所谓疑了。善不善于质疑，愿不愿意在质疑中辩论，是开放式阅读教学中探索的又一方法。

一、质疑辩论教学的目的

疑是思之始，学之端。有了疑问，学生的思维并没有结束，相反，疑意味着思维获得新的起点。新知识的获得，是从疑开始，通过步步释疑，获得新知。这和人类文明进步一样，科学家们若没有对自然事物的好奇心理，没有"疑"，是不可能诞生新科学的，人类的文明进步当然也是不可能的。如果有疑而不问，疑而不辩，思维的链条就会断裂，获得新知的途径也会被切断。疑而促进辩，辩而获得知。由此可见，质疑辩论是获得新知的起点。

孟子云："尽信书，不如无书"。在学习过程中，通过质疑，能使学生摆脱书本的束缚，发现前人认识上的不足，提出自己独到的见解，而不人云亦云，随波逐流。尤其是在教育教学迅猛发展的今天，鼓励学生大胆质疑，勇于辩论，对于培养学生的创新意识，培养创造型人才尤其重要。因循守旧、墨守成规是永远无法超越前人的，不敢质疑辩论是不可能创新的。

质疑辩论是打开学习之门的钥匙，是增长智慧的阶梯，是创新思维的启萌。可见，质疑辩论能力是学生应该达到的一项重要的学习目标，是衡量中小学生学习能力的一个重要标尺。只有懂得质疑，才能说真正懂得学习，只有学会辩论，才能说有学习能力。

二、质疑辩论教学的策略

（一）教学设计突出"质疑辩论"环节

教学设计过程中切实备好"质疑辩论"这一环节，摒弃教学中背教案、背板书等不良现象的发生。对教学中的问题设计要提出几套方案，把学生"见不到处"、"容易忽略处"，以及"实在搞不明白处"考虑周全。上课时能随时根据学生出现的问题灵活地调整教案，定准课堂教学的起点，变换教法。在学生"见不到处"给予点明，在学生"容易忽略"处给予指出。其次是课后要钻研教材，学习儿童心理学、教育学，掌握儿童心理，练就驾驭教育教材、驾驭课堂的本领。教师可以利用课前时间与学生交换意见，问一问学生有什么不懂的地方并开展讨论，自觉培养学生提问辩论的能力，改变那种只顾教师讲不顾学生问，不让学生辩的做法。

（二）激发学质疑辩论兴趣、提供质疑辩论时机

心理学告诉我们自由能使人的潜能得到最大的发挥。所以，师生间应当建立一种平等、民主、亲切、和谐的关系，以保证学生智力和非智力的创意因子都处于最活跃的状态。教师应尽可能地满足少年儿童好学好问，尊重与保护学生的好奇心，创设激发学生质疑辩论的学习环境，把学生的天真好奇诱导到科学的轨道上来。

心理学研究表明：问题是在人对事物感知的基础上产生的。所以激发学生的质疑辩论，一般都要在学生整体感知课文后提供时机。当然，更重要的是结合课文内容安排，有的是课始，例如《背影》；有的是课中，如《蜜蜂》一课，法布尔为实验，做了几项准备工作，可引导学生多问几个"为什么？""为什么要用袋子装？""为什么要走二里地？""为什么要做记号？"等。便于引导学生认识到实验的严密性和法布尔的周全考虑。有的是课尾，如《枣核》《社戏》。传统教法更多的是学生学了课文后，教师问还有什么问题？这种做法具有很大的盲目性。由于学生差异性的存在，他们很可能提出各式各样的非本质性的问题，而课堂教学的时间是有限的，这样的问题难使教学发挥最大的效益。因此，课尾质疑辩论需把握两点：一是选择探索意义较大的问题进行；二是围绕教学的目标或重点进行。

（三）创设宽松的质疑辩论环境

英国一个哲学家说过："天才只能在自由的空气里自由自在地呼吸。"在课堂教学中，要培养学生的质疑精神，就要尽可能地发挥民主教学思想，

创设民主平等、自由和谐、主动探讨、大胆质疑的教学氛围，为学生提供尽可能多的"心理自由"和"心理安全"，充分调动学生参与学习，参与辩论，参与质疑的积极性。课堂教学不能把学生的思维禁锢在一些条条框框里，要给学生充分的民主和自由。从某种意义上讲，教学的民主程度越高，学生在学习中自觉质疑的热情也就越高，创造性思维就越活跃。全国著名教师魏书生上课时，总是爱把教学目标、教学内容和学习方法与学生共同商量，他的这种教风，给了学生充分的自主权，让师生真正处于平等地位，从而把教师的意愿化为学生的意愿，给课堂带来了活力和生机。在这样的环境中，学生以主人翁的精神和高度的责任感自觉学习探索，思维就会异常活跃，就容易发现问题，也会积极地去解决问题。

（四）教给质疑辩论的方法

一是结合教材中的插图：如教学《董存瑞舍身炸暗堡》一文，讲完董存瑞为了战斗胜利，手托炸药包炸掉敌人的暗堡这一重点后，引导学生想象：董存瑞来到桥底时曾尝试一些办法放炸药包，大家还想到有其他办法吗？有的说用枪杆子撑着炸药包，有的说找个树权儿来顶着扎炸药包，有的说把炸药包扔到暗堡里去。教师接着问：大家看看插图，还有就地取材的办法吗？过了一会儿，一男生说：拔出围铁丝网的那些木桩来顶着炸药包。这也是一个办法，虽然在当时的环境中不允许这么做。二是结合生活实际：教学《我的伯父鲁迅先生》第二部分，有句话"那时候每到周末，我们姐妹三个轮流跟着爸爸妈妈到伯父家去团聚。"结合大家的实际，可问学生："你们走亲戚是这样的吗？为什么作者他家要这样？"学生有兴趣了，有的说要留一些人看家，有的说轮流去玩，没轮到的在家里学习，做做家务，有的说人太多，伯父家不方便招呼……结合学生的生活实际质疑辩论，最能调动学生想象的积极性。三是结合当前社会现状：如教学《捞铁牛》一文后，可问学生：结合当前社会现状，他有没有做得不够好的地方呢？一学生说怀丙和尚没有注意环保，他捞八只铁牛，把十六艘船的泥沙铲到河里，那里的河沙多了，河床会升高，造成灾害的。四是结合现实生活需要：学了《新型玻璃》后，可问学生：这些新型玻璃确实很新式，但农村等很多地区的生活还派不上用场，你能根据自家的生活需要设计创造出实用的玻璃吗？学生就展开想象的翅膀：防尘、防潮、防火、防紫外线、防蚊虫……

另外，还有结合文章的主人公、结合事物的宽窄面、结合事情的延续质疑辩论等，就不一一列举。

教学中，只要我们运用恰当的方法，学生就能在学习过程中提出一些精辟问题，尤其能提出使教师暂时不能回答的问题时，学生会有很大的满足感甚至成就感，教师及时恰到好处的表扬鼓励，对培养学生的探索与实践精神大为有益，更会刺激起其他学生的学习积极性、主动性，并逐步养成质疑探索的精神。

教学片段

《放弃射门》教学片段及分析

师：刚才我们一起感受了这场举足轻重的足球比赛的激烈场面。福勒在完全有把握将球踢进对方球门的一瞬间，却放弃了射门。此时此刻，假如你就在现场，你对福勒的这一举动有何看法呢？你认为他这样放弃射门值得吗？

（这样一问，学生的兴趣可浓了，不等我说小组讨论，他们已经能够自发地讨论这个问题了，而且气氛相当活跃）

生：我认为福勒放弃射门不对。放弃射门，就意味着放弃冠军，而冠军的荣誉不是他自己一个人的。课文中写了"这场比赛的胜者，将暂居联赛积分的第二名，有望在后面几轮比赛中争夺冠军，败者将与冠军无缘"，况且那时比赛已进行了63分钟了。从集体利益来讲，他不应该放弃射门。

师：你在读书时注意到了联系上下文理解问题，很好。

生：恰恰相反，荣誉固然重要，但不能不顾一切。文中第三自然段把福勒准备射门和西曼拼命扑球的场面写得非常仔细，再看看插图，可以想到，如果射门，西曼必然受重伤。所以，我认为福勒放弃射门是值得的。

师：你能够反复读重点段落，并能够结合插图来体会，这个理由找得好！大家都来看看插图。

（不等我评价完，学生们一个个迫不及待地站起来争相发言了，无疑像一场辩论赛，不再像是循规蹈矩的课堂了。这样的课堂气氛，学生们学得起劲，思维也得到了锻炼）

生：我认为福勒放弃射门是值得的。课文最后一段说："这是一种保持足球运动团结的举动，在这场如此重要的比赛中，你表现出来的风范，将成为所有运动员学习的榜样。"连国际足联秘书长都称赞福勒的做法是对的，所以我认为福勒放弃射门是值得的。

生：我认为福勒放弃射门是不值得的。因为全世界人们最关注的体育项目是足球。足球的球迷有几亿人，课文第一自然段已经说了："每一位足球队员，都会竭尽全力去冲击对方球门，捕捉机会，创造精妙绝伦的体育经典。射门进球对球员来说是一种激昂雄浑的体验，对球迷来说也是最激动人心的时刻。"面对如此好的进门机会，怎么可以放弃呢？

第六章 开放式阅读教学的方法

生：我认为福勒放弃射门是值得的，课文第三自然段讲道："西曼十分清楚，这一扑将有极大的危险，只扑住足球，而不接触福勒身体的可能微乎其微，一旦扑到对方身上，自己必然受伤，还可能被罚点球。"可见，福勒是为了避免西曼受伤，才放弃射门的，并不是福勒不想进球。福勒这样做体现了"友谊第一，比赛第二"的精神，"是一种人性美的表现，是福勒高尚品德的表现。"

生：我认为福勒放弃射门是不值得的。课文第二自然段已向我们讲述了这场比赛的重要性。如果在关键时刻，失误一个球，这是多么遗憾的事呀！福勒失去这个球，恐怕要令他的球迷唾骂、伤心。福勒代表的不是他个人，是他的国家啊，国家的责任重于泰山。他怎么能放弃这次射门呢？

……

师：真是公说公有理，婆说婆有理啊。你们真了不起，老师为你们感到高兴。你们就是赛场上的辩论高手啊。的确，福勒放弃成功的辉煌，却因善与美让人性放射出美丽的光彩；放弃了创造经典的机会，却成为令人回味无穷的经典。

（"耶！"全班学生欢呼起来，有的甚至还想说。毫无组织的一场辩论赛结束了，对于学生的水平我真是大开眼界，真没办法跟双方的同学作一个谁胜谁输的评价，只从内容上给了一个小小的总结……）

思考这个教学片段，可以切身感受到教师再也不仅仅是传统意义上的传道、授业、解惑之人，只要善于提出一个有价值的问题，一个值得让学生去争论、能够启迪他们思维的问题，就是一种教学成功。只要教师在课堂中提供给了学生质疑的机会、讨论的机会、争辩的机会，发展了学生智力，那么在培养学生质疑辩论能力的同时，受益的不仅仅是学生，因为教师的思维在与学生的交流碰撞中也得到了拓展、飞跃。

第六节　开放式比较联系教学

爱因斯坦在回答一位青年的提问时，曾经写过一个有名的公式：$A = X + Y + Z$。他解释说，A 代表成功，X 代表艰苦的劳动，Y 代表正确方法，Z 代表少说废话。在论及教学效果时，也有人提出过一个公式：教学效果＝教师的专业知识×教学方法。夸美纽斯《大教学论》扉页上写着这样一句名言："我们的目的在于寻找一种教学方法，使得教师因此可以少教，但是学生可以多学……"不言而喻，无论是学与教，方法问题都是至关重要的。

一、比较联系教学的目的

俄国大教育家乌申斯基说过："比较是一切思维与理解的基础，我们正是通过比较来了解世界上的一切的。如果我们面前出现某种新东西，我们既不能拿它去同什么东西比较，又不能将它同什么区别开来……那么，我们就不能对它形成一种思想，也不能说出一句话来。"语文教学法专家张寿康曾说过："在比较中阅读是行之有效的方法，比较阅读是增长智力，提高能力，增益知识的重要方法之一。"可见，比较是人类思维的基本方法，是人们分析、认识和鉴别事物的重要途径。在社会实践和科学实验中，人们总是通过对相似或不同事物的互相比较才获得正确认识的。比较联系法在语文教学中的应用就是充分利用课文相同、相似或相对的方面，通过同中求异，或异中求同的比较，找出课文在体裁、思想感情、谋篇布局、表现手法、语言文字的运用等方面的异同，或对有关教学内容进行由此及彼、由表及里、由已知到未知的比较分析。还可以是在同一教学知识内向学生呈现两种或两种以上的材料，求同寻异，以促进和加深学生对知识的理解。通过学生进行字词句、体裁、题材、人物的比较，表现形式、风格流派乃至不同学科的比较，不仅可以使知识系统化，而且可以加深对课文内容的认识和理解，更可以提高学生的遣词造句能力和写作水平，丰富学生的知识面，活跃学生的思维，提高分析鉴赏水平，提高学生的审美情趣。

二、比较联系教学的策略

（一）同体比较

同体比较就是把同体裁的文章放在一起，通过比较教学可以使学生认识其共同的规律及不同特点。

其一，体裁相同、题材一样的文章的比较。

对于体裁相同、题材一样的文章，我们可以运用同中求异的比较方法去分析它们的不同点。这类文章可以从不同的角度，用不同的表达方式和表现手法来表现不同或相似的思想感情，有利于开拓学生的多向思维。如梅花，在中国文人的笔下，往往是人格的象征或意趣的指向。由于审美情趣的差别、吟咏时心绪不一，他们笔下梅花的风姿与韵味各异其趣，从而体现了作家们不同的人格，反映了作家不同的内心世界。教学陆游的《咏梅》词时，有教师把它和毛泽东的《咏梅》词相比较。毛泽东的原词是："风雨送春归，飞雪迎春到。已是悬崖百丈冰，犹有花枝俏。俏也不争春，只把春来报。待到山花烂漫时，她在丛中笑。"陆游原词是："驿外断桥边，寂寞开无主。已是黄昏独自愁，更著风和雨。无意苦争春，一任群芳妒。零落成泥碾作尘，只有香如故。"梅花是陆游和毛泽东共同描写的对象，对梅花的自然属性，都反映得很真实：独于早春盛开，不畏严寒，不与群芳争艳。他们都以梅花自比，赞颂了梅花的高尚品格。但在思想感情上是不同的。陆游笔下的梅花是寂寞凄凉、饱受摧残的，是孤芳自赏、顾影自怜的，陆游以孤高寂寞的梅花表现自己的操守和傲骨，表现了自己虽寂寞愁苦但又孤芳自赏的品格。毛泽东笔下的梅花是乐观、无私的，是傲寒俊俏、积极乐观的。他以此表现出自己的革命乐观主义精神和战胜一切困难的决心和信心。两首词的感情基调也不一样。毛泽东的词，感情基调积极乐观，充满信心；陆游的词低沉孤高。

其二，体裁相同、题材相似的文章的比较。

对于体裁相同、题材相似的文章，可以运用比较法去分析它们同中有异、异中有同之处。人教版小学语文教材有一个特点：每册一般都有八个单元，每个单元都有一个主题，如六年级上册分为：走近大自然、祖国在我心中、心灵之歌、珍爱我们的家园、初识鲁迅、轻叩诗歌的大门、人与动物、艺术的魅力。教学时，能抓住这一特点用同中求异、异中有同的比较法教学，既会省时，课堂也会更加的充实、紧凑、有趣，效果特佳。如第一单元是感受自然，它有《山中访友》《山雨》《草虫的村落》《索溪峪的"野"》四篇文章，每篇文章都是以写景为主的散文。它们描写的对象都是大自然，但不是相同的。文中所选择的题材、表达的内容、包含的思想感情、谋篇布局、运用的表现手法等都同中有异，异中有同。如《山中访友》运用比喻、拟人、排比的手法，从不同角度展示了大自然的无穷魅力。《山雨》以合理而新奇的联想把雨景描绘成一场音乐会。《草虫的村落》以独特的描述、丰富的想象赋予小甲虫以生命、美丽和智慧。通过对它们的比较教学可以知道：体裁相同、题材相似的文章，所选取的材料，采用的写法，写作的目的是可以不同的。就选材来讲，可以选择具体的景，也可以选择大自然的小虫、树叶、鸟叫、雨声等。就写法来说，可以主要用叙述，让读者对所写的景物有较多的了解，也可以是叙述描写想象相结合，使读者有较深刻的感受。就作者的看法、态度的表达，可以蕴涵在叙述描写之中，也可以直接议论和抒情。通过对它们的比较教学，还可以归纳出写景文章的特点，为学习其他类型的文章打好基础。这样就可以让学生结合已学知识去学习余下的略读文章。这无疑训练了学生知识的迁移能力，培养了学生举一反三的自学能力，提高了教学效率，在比较少的课时内，完成大阅读量的教学任务。

（二）异体比较

异体比较就是把不同体裁的文章放在一起比较，注重课文之间知识点的联系，侧重于异中求同，在多角度多层次的比较中，形成知识的横向联系。

其一，同一题材、不同体裁文章的比较。

对于同一题材、不同体裁的文章，可以运用比较法去比较它们创作手法的差异，还可以比较出不同文体的特点。如学习《三味书屋》时，可以和《我的伯父鲁迅先生》《有的人》一起比较教学。它们都是描写跟鲁迅有关的文章。但有的是诗歌，有的是散文，表达手法、选材角度有所不同。到了中学还可学习鲁迅先生的诗话小说如《故乡》，散文式小说如《社戏》。

其二，不同体裁、不同题材的文章的比较。

对于不同体裁、不同题材的文章，可以运用异中求同的比较法去教学，在比较中把相似或相同的知识归纳总结，从中掌握规律性的知识。学习鲁迅的作品时，可以把鲁迅的散文和小说进行比较。为什么前者是散文，后者是小说呢？通过比较得出它们的主要区别就在于：前者是属于以记人为主的回忆性散文，它写的是实有其人，事实也基本上是真实的，而且有一条贯穿全文的线索，体现了"形散而神不散"的特点。后者是小说，因为它们塑造的人物形象是经过艺术加工了的，是拼凑起来的角色。通过这样一比较，绝大多数学生对小说和以记人为主的散文能够区别，不致弄混淆了。

（三）中外作品的比较

六年级上册综合性学习单元《轻叩诗歌的大门》收集了一些中外诗歌、古今诗歌。教师可能通过一系列的学习、研究活动，让学生学会收集诗歌，整理诗歌，欣赏诗歌，还能对诗歌进行简要的赏析，部分学生还可以试着写一写诗。通过综合性学习活动，让学生感受古诗和新诗的区别，认识一些诗人，增长一些文学常识，提高对语言的感受能力和对美的欣赏力，积累优美的语言材料。通过调查访问、查找资料、记录整理等活动，提高学生相应的口语表达能力和书面表达能力，学习诗歌的分类和掌握一些学习诗歌的方法。通过朗诵表演、展示诗集和原创诗作等活动，锻炼学生的胆量和增长他们的勇气，提高自信心和培养创造力。

在开放式阅读教学中，教师运用比较教学法教学，就能把语文课讲得更形象、具体、透彻、丰富，可以充分显示出作品思想内容和艺术技巧上的特色来，能开阔学生视野，激发学生学习积极性，培养学生求同、求异的思维能力，增加学生的理解能力，提高学生的分析能力，加强学生的记忆力，而且节约时间，又能顾及课文之间、知识点之间的联系，扩大课堂信息的容量，加快课堂的节奏，收到事半功倍的效果，是一种讲究教学科学性的行之有效的教学方法。

（四）字词句比较，让学生推敲文字的妙用

为了让学生较快领会一些关键词句的妙处，教师可以对某些字词加以"改造"，引导学生在同与不同、似与不似之间去玩味、推敲，最终探究出文字的奥妙。

这种方法不仅使学生了解如何遣词造句，更能提高学生修改文章的兴趣。如：王安石的《泊船瓜洲》中"春风又绿江南岸，明月何时照我还？"教师可以故意改成"春风又吹江南岸，明月何时照我还？"让学生通过反复推敲，体会"绿"字的妙用。

当然，这种相似的比较，往往是语文教师的"创造性劳动"，看似信手拈来的比较句，往往要花费教师的大量心血。

（五）人物比较，提高学生的分析鉴赏能力

小说和戏剧中，有不同性格的人物形象，我们可以将他们进行对比分析。既使学生加深印象，又能提高学生的分析鉴赏能力。在同一作品中的人物可以进行对比，如《愚公移山》中的愚公和智叟进行比较，不同作品中的人物也可以进行对比，如《范进中举》中的范进和《孔乙己》中的孔乙己进行比较。

由此可见，在语文教材中有如此多的比较点，因此，我们在大力倡导自主、合作、探究的学习模式的同时，让比较法走进我们的课堂，在比较中分析，在探究中创新，这样会使教学更有意义。

三、比较联系教学应注意的问题

（一）比较点的确定是教学的重难点

比较探究文一般来说是两篇或两篇以上，在如此多的教学内容上，教师应当筛选，有取舍。不管是选择字词句为比较点，还是题材、体裁、人物为比较点，都要在课前进行充分的预设，来确定最恰当的比较点。所以说课堂的预设很重要，寻找最恰当的比较点是教学的重难点。

（二）倡导发现性学习方式

比较探究课的课堂是开放的，活跃的，因此，在学习方式上应转变传统的学习方式，大力倡导"以问题为中心"的发现性学习。引导学生学会质疑，课堂教学就是一个"生疑—质疑—解疑—再生疑—再质疑—再解疑"的循环过程。因此，学生要有问题意识，这样就会让学生在获取知识的过程中不断地发现问题、分析问题、解决问题。

（三）教学过程应充满建构和生成

语文课堂要打破原有的教师问，学生答，如何突破问答方式，最根本的一点就是对教材重新组织与整合。教材只是一种静态的、潜在的资源，需要教师着意地去开发与创造，这样才能让教师、学生、文本进行有效的互动对话，这样整个教学过程不再只是知识的传授，而充满了建构和生成。

比较探究法是新教材版本中的一个特色，给了我们新的教学理念启发，也为我们创新教学方式提供了很好的机会。合理利用比较探究教学法，个仅可以

使知识系统化，而且可以加深对课文内容的认识和理解，更可以提高学生的遣词造句能力和写作水平。因此，让比较探究走进语文课堂，是21世纪语文教师最有价值的选择。下面是蒋大进老师一个开放式比较联系阅读教学设计。

教学设计

<h2 style="text-align:center">"恩"重如山 "情"深如渊</h2>

教材

苏教课标版二年级语文（下册）第九课《母亲的恩情》

设计理念

语文阅读教学，是教科书编者、学生、老师、文本之间对话的过程，在教学中，通过丰富的课内外阅读积累，培养学生语言文字的听说读写综合运用能力，发展思维，培养良好语感，并吸收民族优秀的传统文化，提高语文综合素养。（参考《义务教育语文课程标准（2011年版）》）

践行开放式阅读教学：开放教材（从人教版向苏教版开放）；构建以"写"为核心的阅读课堂；运用开放式比较联系教学方法。

文本解读

《母亲的恩情》一课是苏教版典型的"文包诗"课型，课文是以讲故事的形式，巧妙自然地解读古诗《游子吟》，当然，我们也可以理解为教材编者根据孟郊的古诗《游子吟》编成的一个动人小故事讲给读者听，这样既展现了创作本诗的具体情境，又助于学生理解古诗。

《母亲的恩情》，如同一幅无言的白描画，画中既展现着母亲伟大无私的恩与爱，又蕴涵着感激报恩的"孝"文化。教《母亲的恩情》，就要致力于形成一种"场"，这种"场"是恩情，是感动于母亲的养育之恩、相依相亲之恩，关爱之恩，让学生懂得母爱恩重如山、情深如渊，要懂得报答与感激；教《母亲的恩情》，既要立足文本、尊重文本，又要课外拓展、生成资源，扩大阅读面，吸收中华民族的传统文化，提高道德修养和阅读品味；无论是说文解字、诗歌的朗诵，还是拓展课外资源的"练写"过程，都旨在拓展思维空间，提高阅读质量，培养良好语感。

教学方法

比较联系法、变序法、朗读示范法。

教学过程

一、说文解字，把脉情感意向

1. 导入：同学们，这堂课老师首先给你们写一个字，请仔细观察老师的书写和字的构造。（书写篆体"恩"）

2. 交流

（1）这是什么字？请高高举起手和我一起写正楷"恩"。

（2）"恩"是什么意思？（估计：知恩、感恩、报恩等）

解"恩"：上"因"——相依相亲；下"心"——感激报答。

（板书课题：母亲的恩情）

二、听读诗文，营造阅读期待

1. 过渡：学生齐读课文最后一段。

（出示《游子吟》，教师配乐朗诵）

2. 交流：听完这首诗，你有什么疑问和话想说？

（学生自由发言，教师对提问作总结）

三、整体感知，把握文章结构

1. 过渡：让我们一起带着这样的感受和疑问，大声朗读课文，边读边想，相信你会有新的发现！（读一读诗人的资料链接）

注意：读的时候，把生字读准，把句子读通，实在有困难，举手请教老师。

2. 交流

（1）检查生字读音。"母亲的恩情孟郊永远铭记在心"，那么，在这篇课文中，母亲对孟郊的恩情，具体表现在什么事情上？（板书：缝衣）

（2）学生画一画"缝衣"的文与诗。

四、比较阅读，体悟读写方法

（一）"文"对"诗"，知恩母爱

1. 学生根据"缝衣"在"文"与"诗"中寻找的句子，引导学生带着心情朗读。

2. 抓住"密密缝"，讨论母亲担心的心情。

3. 引读诗句，想想老师看到了什么（学生先表达，出示图片，老师描述）：此刻，与自己相依为命的儿子即将远行，在微弱的油灯下，这位年迈的老母亲正在为儿子缝制衣裳，昏暗的灯光映照着母亲花白的头发，穿针的双手在微微颤抖，但却是那样细心、妥帖，母亲缝了一针又一针，一线又一线，那缝在衣服上的针线都是那样的密实。夜深了，明天早上儿子就要离家远行，不知道什么时候才能回来，不知道这一路上会遇到多少困难，能不能考试成功，榜上有名，能不能吃好穿暖，此刻，母亲该有多担心？该有多少话想对儿子说啊！同学们，假如你是这位善良的母亲，想对远行的孟郊说些什么呢？

4. 交流

（1）学生举手表达。（估计是担心、是期盼、是心愿、是牵挂、是叮

吟、是祝福……之类的话）

（2）你们说的正是母亲憋在心里很久想说却没说的话，这一切都埋在心里，缝在衣里，常言道，大爱无言，母亲只是在昏暗的油灯下默默的一针一线密密缝着，这针针线线缝进衣服中的仅仅是长长的线吗？缝进衣服的还有什么？

（学生发言，老师板书）

（3）这针针线线密密缝进去的不仅仅是线，分明是一种爱，这爱包含着一种担心、一种牵挂、一种心愿、一种祝福、一种希望，当我们明白这针针线线代表着母亲情意绵绵爱的时候，游子孟郊也感受到了，第二天清晨，孟郊带着行囊，穿着母亲亲手缝制衣裳，踏上远去的道路，当他看见春天阳光下生机勃勃的小草时，写下这样两句诗。

（二）"诗"对"文"，感恩母爱

1. 引导学生读"谁言寸草心，报得三春晖！"

2. 生默读诗句包含的故事，用"文"中句子准确说出诗句大意。

（在"文"中寻找答案，借"文"释"诗"）

3. 师生交流完成填空：太阳的恩情好比是（母亲的恩情），在太阳恩情生长下的小草又好比在母亲恩情关怀下长大的（孟郊）。小草报答不了太阳的恩情，孟郊同样也（报答不了母亲的恩情），所以，他写下这首诗怀念母亲，你们想想，孟郊写这首诗，是怀着怎样的心情？

（感恩、感激等，解释"！"的用途，老师相机板书）

4. 怀着感恩的心情读"谁言寸草心，报得三春晖！"

5. 在这篇文章和诗中，既蕴涵着母亲对儿的关爱之情，又有诗人的感恩之情，在上课开始的时候，我就是带着感恩和爱的心情读的，现在我们都理解之后，我敢肯定，你们再来读诗文的感觉和刚才就不一样了，请同学读一读诗，读出孟郊的感恩，也读出母亲的爱。

（"文包诗"的特点："文"是根据"诗句"的大意和背景改编成的生动故事，"诗"是"文"的中心和情感的升华）

五、文本延伸，拓展"写"的训练

1. 过渡：当我们动情吟诵这首诗的时候，我们也会情不自禁地想起我们自己的妈妈，想起妈妈在生活和学习上一点一滴的关怀，同学们静静想一想，回忆一下，自己的妈妈哪一个细节、哪一件事让我们感动，让我们记忆深刻？

2. 交流

（1）学生自由表达，教师点评、总结。

妈妈的爱，无时不在、无处不在，无论我们走到哪里，无论我们有多大，都沐浴在母亲的关爱之下，我们不仅要知恩，也要感恩。（指向板书"恩"，重要的是下面的"心"）

知恩又懂得感恩，就是"孝"，从古到今，"孝"是中华民族的美德。小时候，我就听母亲给我讲了一个孝敬父母的故事，这个故事来自于中国二十四孝图。

（2）看图想象，结合诗句（王祥求鱼卧寒冰）和画面，以"孝"说故事写故事。

运用"文包诗"课型"文"与"诗"对照的特点，践行"写"的教学。

附：板书设计

9. 母亲的恩情
↓
缝 衣
↓
爱
（学故事　写故事）

学生的一个"错误"带来的精彩

一位老师曾执教《海底世界》的公开课，这是人教版小学语文第六册中的一篇精读课文，课文告诉了我们"海底是个景色奇异、物产丰富的世界。"教师在引导学生学习课文第三自然段（讲海底的声音）时，有两个男生在下面讲起话来，教师轻轻地走了过去，学生和看课的老师们都有些紧张起来。课堂上便出现了下面的一幕：

师："你们俩刚才在说什么？能告诉老师吗？"

学生似乎认识到自己做错了什么，也不作声。

师："你们是不是在下面模仿海底动物的声音？"这一段讲了海底的动物能发出"各种声音：有的像蜜蜂一样嗡嗡，有的像小鸟一样啾啾，有的像小狗一样汪汪，有的还好像在打鼾……"

学生点点头，有些不好意思的。

师："哦，原来你们已经学到我们的前面去了。老师正准备找学生起来学一学海底动物的声音呢。你们能不能给大家示范一下？掌声鼓励！"

两学生高兴地站起来，比较大声地模仿了海底动物的声音。

师："海底动物的声音有没有这么大？请同学们仔细读课文，然后回答。"

学生读了课文后都认为海底动物的声音应该没有这么大，因为课文中说"海底的动物常常在窃窃私语"。

师："其实，刚才这两个同学在下面偷偷的、小声讲话的声音更像海底动物的声音。请大家读课文，在文中找出一个能表现这两个学生在下面小声讲话的词语来。"

学生很快说出是"窃窃私语"。

师："我们人小声地私下讲话叫窃窃私语，作者怎么说海底的动物也窃窃私语呢？这样写好不好？同学们读课文去体会。"

学生读后都说"好"。

师："像这样把动物当做人来写的句子，跟我们以前学过的比喻句一样，也是一种漂亮句子，它的学名叫拟人句。请大家认真读一读这个句子，看你是从哪里体会出作者把海底的动物当做人来写的，在词语下面做上记号。"

学生读后都能在"窃窃私语"下面做上记号。

师："大家想一想，在我们前面学过的《荷花》这篇课文中，有没有这样的拟人句？"

学生稍作思考后，大声地说"有"。

师生一起背诵："蜻蜓飞过来，告诉我清早飞翔的快乐。小鱼在脚下游过，告诉我昨夜做的好梦……"

师："同学们是从哪些词语看出这两个句子是拟人句的？"

学生回答后，老师指导学生在"快乐"、"告诉"、"好梦"等词语下面做上记号。

反思这个教学片段，应该说有以下成功之处。

1. 对学生在课堂上的"讲话"，教师采取的方法既不是简单的提醒、暗示或批评，也不是视而不见的"冷处理"，而是利用这个偶发现象，巧妙地在比较联系，推进阅读教学。

2. 运用策略，使学生从"讲话"的自责转化到"模仿"的自信，既让全班学生对海底动物的声音有了更形象的认识，又达到了"润物细无声"的育人效果。

3. 抓住"窃窃私语"，让学生初步认识了拟人句，又通过知识的迁移，使学生进一步加深对拟人句的认识。

由此可见，课堂教学的艺术化和艺术化的课堂教学，要求老师要善于发

第六章 开放式阅读教学的方法

现、捕捉课堂教学中的"光点",甚至是一个意想不到的"黑点",去急中生智,运筹帷幄,巧妙地调控学情,在比较联系中引领学生顺利实现学习迁移。那么,我们的课堂上就会迸出一个又一个精彩的"亮点",这样的课也肯定是一堂充满了人文气息、充满了生机和智慧的好课。

第七节　开放式读写结合教学

有人认为语文课就是教学生作文。这种认识有些片面。叶圣陶先生早在20世纪40年代就曾指出:"现在一说到学生国文程度,其意等于说学生写作程度。至于与写作程度同等重要的阅读程度往往是忽视了的。因此,学生阅读程度提高了或是降低了的话也就没听人提起过。"进而指出:"单说写作程度如何如何是没有根的,要有根,就得追问那比较难捉摸的阅读程度。"到了60年代末期,叶老又重申了以上观点:"有些人把阅读和写作看做不甚相干的两回事,而且特别着重写作,总是说学生的写作能力不行,好像语文程度就只看写作程度似的。"他还批评了"常常有人要求出版社出版'怎样作文'之类的书,好像有了这类书,依据这类书指导作文,写作教学就好办了"的怪现象,指出"实际上写作基于阅读。老师教得好,学生读得好,才写得好"。以上所言说明,语文程度并非只指写作程度;语文课并非只指作文课。写作基于阅读,只读"作文指导"一类的书,写作能力是不会很好地提高的。因为它缺了阅读的根基。其实,阅读和写作是两个过程,一个是吸收过程,一个是表达过程。所以,阅读和写作是对等的两回事,是语文教学必须培养的两项重要能力。

一、读写结合教学的目的

阅读和作文既是对等的两回事,又不是彼此不相干的两回事。目前,语文教学花在阅读教学上的时间并不少,为什么作文的收效不大呢?主要是把阅读和作文看成互不相干的两张皮,阅读不得法,没有处理好阅读和作文的关系,没有把吸收和表达有机地联系起来。

叶老说:"阅读教学之目的,我以为首在养成读书之良好习惯。教师辅导学生认真诵习课本,其意乃在使学生渐进于善读,终于能不待教师之辅导而自臻于通篇明晓。课外更读选本,用意亦复如是。果能善读,自必深受所读书籍文篇之影响,不必有意摹仿,而思绪与技巧自能渐有提高。我谓阅读为写作之基础,其意在此。若谓阅读教学纯为作文教学服务,则偏而不全矣。"这段话的意思包含三个方面。(1)读写结合应侧重于阅读训练,必须在读上下工夫,做到善读。阅读得其道,无论在思想吸收方面,或者在技术训练方面，都是写作上的极大帮助。阅读的基本训练不行，写作能力是不会提高的。如果用经济观点看问题，那么"投资"应着重投在阅读上。这样阅读和作文的"效益"都会比较大。（2）善读才能善写。阅读时间用得多，并不等于读得好，阅读后也不可能马上变成写作材料，因为读与写的联系不是一对一、生硬机械的对号。我们不能指望阅读文章后，马上会变成写作的材料，要有个逐渐积累的过程。必须使阅读达到善读水平，养成善读习惯，学生在思想吸收和写作技巧上才会从中受益，自然地会迁移到作文上去。（3）熟读成章。阅读不仅要达到善读水平，还要熟读。"熟读名文，就是在不知不觉之中追求语言的完美……诵读却可以养成习惯，使语言不期然而然近于完美"。也就是说，名文还是要背诵的，学语文是需要不断积累的，只有积累好的语言，才能促进自己语言的发展。从当前阅读教学来看，一是不大讲求方法，教师不善于指导学生在语言文字上下工夫，学生达不到善读水平，因而不能从读中学写；二是熟读不够，对于名篇，不要求学生熟读背诵，因而学生也就不能自然地吸收、积累完美的语言。这是我们改进阅读教学应该重视的。

开放式阅读教学并不是不要让学生分段、分层次，概括段落大意了，实际上这是分析作者写作思路的开展，把作者的写作提纲概括出来，这个过程学生的思维是由具体到概括的过程；作文就应该要求编拟提纲，依据作文提纲，写出具体文章，每段要反映一个完整的意思，各段之间要有连贯性，这个过程学生的思维是由概括到具体的过程。其他如文章中心思想、文章详略、文章开头、结尾以及遣词、造句等方面，也要如此训练。读写结合法即应用从阅读得到的写作知识和能力，认真地作文。这样，有目的、有计划地进行读、写结合的语言训练，比起读与写的自然结合，会更有利于提高学生的读写能力。

二、读写结合教学的策略

（一）课前读，读生活

生活是色彩斑斓的。教师应让学生学会感受生活，体验生活，认识生活，读懂生活，做生活的有心人。让学生养成随时注意生活积累，随时记录自己的所见所闻，乐于表达的好习惯。

（二）课中读，读教材

其一，依靠教材积累语言。在课文的学习中，教师要有意识地帮助学生积累语言、运用语言。在丰富学生语言的同时，也引导学生关注了生活，做生活的有心人，为写作了铺垫。

其二，紧扣教材进行仿写。仿形式：把一些片段相似的内容摘录到一起，让学生借鉴。仿命题：教师可以引导学生用课文标题的拟定方法进行标题训练。仿抒情：教师可引导学生通过文中的一句话，一个动作，甚至一个眼神，去体会怎样表达真情、表达真爱。同时还要学会由课文内容想开去，了解发生在身边的动人故事，并把事情经过写清楚，最好还能写出感受。仿选材：一般来说，选材要典型、新颖、真实，能很好地体现文章的思想。还有仿中心，仿立意等。

其三，展开想象进行创写。读写结合的创造，主要是指内容、形式的创造。中高年级就应该把"创新"作为读写结合的支点，鼓励学生在学习课文形式的基础上选择新颖的、独具特色的内容写，鼓励学生在写作内容上的求异思维，从而力求在写作训练中反映出学生的个性色彩和创造精神。

另外课本中有许多首古诗，语言高度凝练，有很广阔的想象空间。教师可运用多种教学手段，打开他们感情的闸门，让学生通过想象描绘出全诗或部分诗句的优美意境，使诗中的人和事物形象具体化。

（三）以写促读

其一，读前先写，赏文作比。在学习课文之前，教师先布置一些类似的习作，让学生根据已有的水平先试作。教师根据学生练笔完成情况，结合读写训练点，在阅读教学中有针对性地引导学生深入研读语言文字，在切身的对比中感受作者语言的表现力，构思的精妙处，结构的层次性等，这样做既合理地使用了教材，又联系了学生的实际需要，能够科学有效地实现读写结合。这是一种任务驱动下的读写结合。如在学习《田忌赛马》之前，给学生布置预习作业：请用自己的语言去表现教材插图所呈现的"马群赛跑"的场面。因为有了课前的写，学生们带着审视、对比、欣赏、迫切学习的心态深入语言文字，感悟更深刻。

其二，课前读后感。写课前读后感，对于学生而言是以写促读，以读促写，这种策略适用于易使学生产生不同观点的文章，教师可以从多元观点的交织中导入新课，也可以让生成的矛盾思想贯穿教学过程，顺学而导，最后达成对文字本真的认识。如，在了解了学生对《山中访友》的初读感受后，有教师是这样开课的："《山中访友》，有人感悟到自然之美，有人感悟到生命成长的过程，有人感悟到童年的快乐，还有同学告诉我，他好像感受到了什么，又很迷惑。作家究竟要告诉我们什么，就让我们走进《山中访友》，用心聆听。"在这一课的教学中，以学生初读所感受到的"自然之美"、"生命过程"、"快乐"、"迷惑"作为话题，深入文本展开讨论：你是从哪些描写感受到的？还有不同的理解吗？……再由句子深入重点词，联系前后内容进行对比，在步步深入的理解中有感情地读，最终感悟到文本的真正内涵。

其二，课后读，拓思维。陆游早就说过："汝果欲学诗，功夫在诗外。"

因此，加强课外的读写结合，能让学生用一双智慧的耳朵随时倾听花开的声音，并把这种世界上最美的声音用个性的文字表达出来。第一，在课外书中丰富。引导学生阅读课外书，可以分几个阶段。第一阶段以培养兴趣为主，使学生"悦"读。这个过程，不仅丰富了学生的语言，还丰富了情感、提升了思想。第二，假期读写。寒、暑假的作业，教师应有针对性地给学生推荐一些好书，让学生接触名著，感受作家的"平实"与"不一般"。

教师还可以布置学生读无字书——生活，如《小眼看世界》一类的命题作文，既开拓了学生视野，又提高了习作训练的有效性。让笔下的人物、事物栩栩如生，故事情节真实可信，达到"我手写我心"的训练目的。《颐和园》是人教版小学语文四年级上册第五单元的一篇精读课文。课文描绘了北京颐和园的美丽景观，全文层次清楚，首尾呼应，语言生动优美，具体形象，处处洋溢着对颐和园的赞美之情。课文采用移步换景，按游览的先后顺序写景状物。一看到这篇课文，就可以联想起自己学校的风景建筑，进而可以把学文与习作联系起来，做到"以写促读，以读改写"，使学文的体验更深刻，使习作变得更亲切。

教学设计

音律　画意　诗情
——《月光曲》教学谈

设计理念

理想的语文课堂是师生生命苏醒、激越、成长的过程，能从新课程观的高度，从生命成长的层次，用动态生成的目光，演绎一种开放的语文课堂文化。本设计旨在让学生在积极主动的思维和情感活动中，自主理解、体验、感悟，受到情感熏陶，获得思想启迪，享受审美情趣，给人以人美、景美、曲美、情更美的印象；以朗读为载体、以感悟为主线、以引领学生探究《月光曲》音律、联想、画一般意境为重点，感受音乐大师诗一样的情怀。

教学目标

1. 了解贝多芬创作《月光曲》的经过，从中体会音乐家贝多芬同情、热爱劳动人民的思想感情；

2. 分辨事物与联想，并初步体会二者结合的作用；

3. 能有感情地朗读课文。

教学重难点

体会贝多芬弹奏"月光曲"时的情和景

教学方法

变序即反刍教学法、读写结合法

教学时间

第二课时

教学准备

钢琴曲《月光》及相关课件

教学过程

一、变序教学，体悟情感

1. 品读欣赏，想象"月光曲"的景和情

（1）漫谈对月光曲的认识。月光曲是一首怎样的曲子？作者是怎样描写的？皮鞋匠听贝多芬弹奏，好像看到了什么？有几幅画面？

出示音乐课件①："皮鞋匠静静地听着"，他眼前出现的画面就藏在语言文字之中。水天相连的地方出现一道银光，银光的范围慢慢扩大，越来越亮，轻纱似的微云，海面上风平浪静，给人轻松、舒畅之感，音乐柔和、舒缓、有细微跳跃；这几句要读得缓慢、平静。出示音乐课件②："忽然……"这一段的乐曲节奏明快、激昂；朗读时，语速加快、激昂有力。

（2）盲姑娘好像看到了什么？"皮鞋匠看看妹妹……大海"这一长句。由盲姑娘的神态而产生的联想。（联想是人们的一种思维方式，可以使你所写的事物与未曾出现的事物巧妙地联系起来。这样写有什么好处呢？）①既使我们听到了美好的音乐，又让我们看到了动人的情景。②曲子里的月光美和生活中的月光美被"联想"这个桥梁巧妙地沟通了。③联想在读者面前展开一幅幅图画，使文章内容更充实，表达的感情更深刻。但联想一定要真切自然，千万不能牵强附会，因文害意。

（3）读中感悟：师读（实在事物）、生读（联想）；男女生读，分辨事物（看得见，听得到的实在的东西）与联想（由实在的事物引起的想象）。读出不同的语气和感情。

（4）从兄妹俩的美妙联想你体会到什么？为什么兄妹俩会由平静的海面想象到波涛汹涌的大海呢？

2. 品读文字，理解感悟音乐与故事的联系

第一幅画面：秋夜散步听琴声

（1）一天夜晚，贝多芬在幽静的小路上散步。（幽静：幽雅寂静，心情悠闲，或抬头望月，或侧耳倾听天籁之声，就像平静的海面）

（2）断断续续（时而中断）的琴声引起了他的注意。他可能会这么想：弹的正是我作的曲子，怎么弹的这么不熟呢？这么晚了，是谁还不休息，这样刻苦练琴？我要不要去帮助他呢？

（3）贝多芬认为自己的音乐是献给人民的；我的艺术应当为贫苦的人造福。因此，他向茅屋走去。

3. 第二幅画面：听对话弹乐曲

（1）体会人物感情：（哥哥关心妹妹，妹妹体贴哥哥，多么动人的骨肉之情）"随便"即"不放在心上，不在意"（妹妹懂事、渴望、安慰）。

（2）传授读书方法：抓住人物语言，体会人物情感。

（这是一种很重要的读书方法，通过人物的语言体会人物的感情，然后再把这种感情正确地朗读出来）

（3）指导对话朗读：妹妹的话读出渴望的心情；哥哥的话读出难过、内疚的语气。

（4）贝多芬听了兄妹俩的谈话，可能会怎么想？

①"这个世界太不公平了，富人花钱如流水，穷人连张音乐会的票都买不起。"②"我的音乐要献给人民。这是多么好的一次机会啊！"③"这一对兄妹多么懂事啊！姑娘又这么渴望听我的弹奏，我应该为她弹奏一曲。"

（5）一股无形的力量推动他走进茅屋，贝多芬进屋看到的和听到的是一致的。①"穷"——点一支蜡烛；②"多难，总记不住"——双目失明；贝多芬听到他们的谈话，又看到了穷兄妹俩，激起了他强烈的同情心。同情、爱怜之感油然而生，这时，他的心中仿佛平静的海面，穿过缕缕微云，并情不自禁地弹了一曲。

（6）贝多芬弹完第一曲，盲姑娘①听得入了神，②激动地说（指导读这一句话，解释、纯熟）并推测出陌生人是贝多芬——①这样纯熟的技艺，这样深沉的感情，只有贝多芬才能做到。②当时贝多芬正在小镇上演出。

（7）贝多芬用琴声回答了盲姑娘的问话。

①啊，多可爱的盲姑娘！你虽然穷，却这样爱好音乐，而且竟有这样高的理解水平，欣赏能力。"我在剧院歌厅里，为达官贵人演奏，他们却不懂我的音乐，不明我的心声！"

②他像是找到了知音，激动不已，感情的波涛终于冲开了闸门，奔腾翻滚。就像"海面刮……岸边涌过来"，不正形象地表达了贝多芬当时心情的不平吗？这时他的感情正处于一种激情状态，灵感顿生，开始即兴创作《月光曲》。

4. 第三幅画面：弹奏"月光曲"

（1）理解贝多芬弹奏《月光曲》的环境。

（清幽：秀丽而清静；秋天的夜晚，明月当空；童话般的仙境中；周围的环境清幽静美，贝多芬遇到知音心中掀起的万丈波澜，此时此景，他心潮

起伏，触景生情，按起琴键来)

（2）《月光曲》由此而生。贝多芬通过琴声，用音乐的语言来抒发自己的情感。

5. 第四幅画面：记录"月光曲"

（1）乐曲弹奏完了，贝多芬离开了茅屋，兄妹俩没有发觉，反衬《月光曲》感人的魅力；

（2）贝多芬看到兄妹俩完全陶醉在他的乐曲中，尤其是给盲姑娘带来了欢乐和幸福，从"飞奔"一词可以看出，他也激动万分。

（3）贝多芬为什么要飞奔回旅店连夜记录下来？想一想，贝多芬散步时，有没有想到要创作《月光曲》？（灵感是稍纵即逝的，是茅屋的人、物、情、景激发了他创作的激情和欲望）

二、拓展延伸，总结课文

1. 这篇课文把故事、音乐、情感有机地结合在一起，让人感到人美、景美、曲美、情更美；

2. 谈谈你对贝多芬的了解；请用一个词或者一句话评价贝多芬。

三、开放练习，读写结合

1. 选一首你喜欢的乐曲，听后把想到的景象写下来。

2. 命题作文：《贝多芬回到客店》

提示：贝多芬回到客店记录《月光曲》，可能怎么写，怎么想？

要求：（1）交代时间、地点、人物、事件；

（2）贝多芬在追忆时，眼前可能出现什么景象？在叙事中加入恰当的联想。

附：板书设计

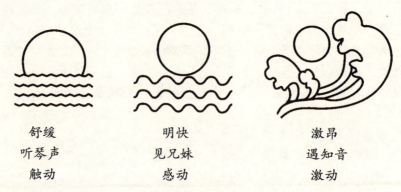

10 月 光 曲

舒缓	明快	激昂
听琴声	见兄妹	遇知音
触动	感动	激动

第七章 开放式阅读教学的路径

"阅读教学"，通常指语文教科书的课文教学。阅读教学，就是建立学生与"这一篇"课文的链接。王荣生教授曾根据学生阅读能力现状和发展，结合班级授课制的教学情境，探索了阅读教学的三种基本途径，即"唤起、补充学生的生活经验；指导学生学习新的阅读方法；组织学生交流和分享语文经验。"然而，由于文本形式的多样，阅读类型的不同，以及与语文学习的诸多领域的关联，基本路径未必能包纳阅读教学的所有状况，我们的开放式阅读教学从不同的角度加以观照，摸索了七种阅读教学的别样路径，这些路径，或是对基本路径的细致化。

第一节 开放式名著引读教学

名著，是"具有推崇价值的有名的作品"。中外经典名著是世界文化的精髓，是每位中小学生必须接受和传承的重要文化遗产。经典名著的价值在于典范语言的熏陶，在于心灵的滋养，在于对人类精神的终极关怀。

让我们的孩子走近经典，阅读名著，已经成为语文界、教育界、文化界乃至全社会的共同愿望。1999 年 4 月 27 日《人民日报》登载了"让民族文化血脉相传"的座谈会纪要，季羡林、王元化、金庸、余秋雨等海内外专家学者一致认为，要抢救儿童记忆的黄金时代，实施中华古诗文诵读工程，引导孩子阅读经典名著。2001 年，教育部制定的《义务教育语文课程标准（实验稿）》增加了"关于优秀诗文背诵推荐篇目的建议"和"关于课外阅读的建议"，建议主要包括了古今中外的经典名著。新修订的《义务教育语文课程标准（2011 年版）》在"关于优秀诗文背诵推荐篇目的建议"和"关于课外读物的建议"中，对于优秀诗文背诵推荐篇目略有调整，整体数量增多了 15 篇，课外阅读着力于社会主义核心价值体系的渗透，增加了《革命烈士诗抄》《红岩》等宣扬革命传统的书目。

一、名著引读教学的目的

小学生和经典名著的距离有多远？余秋雨认为，幼小的心灵纯净空阔，由经典奠基可以激发他们一生的文化向往。别林斯基说过一句话："你可以不必担心孩子领悟了多少，你还应当竭力使孩子们尽量少领悟一些，但要多感受一些。"其实，当孩子们沉浸在阅读经典名著中，脸颊红红、目光灼灼时，我们已无须多言，经典名著对于头脑的启迪自有其时，也自有其序。

小学阶段经典名著的引读教学，其主要的目的就是立足于教材和课堂，帮助孩子了解名著，引领孩子走近名著，激发孩子热爱名著。教师应该把期待的目光放长远一些、再长远一些，一本经典名著不会也不能教会孩子学习语文，但它应当能温暖学生的心灵，打开学生美好而又人道的感觉世界，激发学生心中温柔的、微妙的感受。

各种版本的小学语文课本中的经典名著都不多，并且都是节选改编的，学生或许不喜欢、不愿读，或许浅尝辄止，不觉其好。这当然有很多原因，还有的是因为教材选文标准长期争议不下又相互妥协的结果。但是，这仅有的几篇经典名著的"影子"，应当成为我们小学语文教学的经典。比如：《赤壁之战》《草船借箭》《三顾茅庐》《孙悟空三打白骨精》等。这些经典作品离学生的生活经验、语文经验较远，学生或许不会主动去阅读，因此，语文教师就要想办法，让学生感觉经典的好，从而愿意与经典亲近。

二、名著引读教学的策略

"名著引读"，语文教师似乎是站在作品后面，用种种办法召唤学生自愿地"走近文本"、"走近经典"。小学阶段经典名著教学的基本精神和方法应该是用学生愿意的、喜欢的方式，让学生进入作品，使教与学全方位地向名著开放。

其一，教与学向名著的作者开放。名著的作者当然是名家，是一个文学名家、文化名家，认识名家就是一种素质、一种品位。名著的作者在孩子的心中，不仅仅是一个人，更是一个理想的化身，神秘的偶像，是点燃孩子心中对名著向往之火的一个引子。

其二，教与学向名著的经典情节开放。语文课本中的名著都是节选改编的，孤立缺少联系，单薄失去趣味。一次，教学《赤壁之战》一文时，有学生问："这个故事中原本有许多有趣、聪明的计谋，为什么这里都没有了？"原来他读过《三国演义》，知道"反间计"、"连环计"、"苦肉计"等，认为阅读原著要比读课文更快乐、更有趣。于是，教师就引导学生了解与"赤壁之战"相关的三国故事，把他们带入了《三国演义》的原著天地。

其三，教与学向名著的人物开放。名著和名著中的人物是相映生辉的，没有《西游记》当然不会有孙悟空，因为孙悟空的横空出世，《西游记》更加熠熠生辉。学生对名著的喜爱主要表现在对名著人物的喜爱，对某个人物的喜爱之情往往会成为孩子搜寻名著、阅读名著的主要动力，而对某个人物了解的多少又往往会成为小伙伴之间炫耀的资本。在《孙悟空三打白骨精》一文中，教学向孙悟空的"前尘"、"后事"延伸，引导孩子多种途径获得《西游记》知识，可以有效激发孩子的求知欲和表现欲，并可转化为对《西游记》的阅读欲。

其四，教与学向名著的时代背景开放。名著是特定的时代、特定的背景下产生的，同时名著所讲述的故事也是处在一定的时代背景中的。了解一点背景知识，有利于孩子理解故事，更能激励孩子去探究名著。《赤壁之战》的背景是：东汉末年，曹操消灭了袁绍、吕布，平定了北方，挟天子以令诸侯，欲于一举统一中国，挥师南下……如何消灭袁绍、吕布的？如何挟天子以令诸侯的？会成为孩子心中一个急欲解开的谜。

其五，教与学向名著的评论开放。名著评论大都成为了一门学问，浩瀚的《红楼梦》评论成就了"红学"的辉煌。名著评论是小学阶段名著教学的一个取之不尽、用之不竭的资源库，开发和利用好这份资源，可以促进孩子们深入阅读名著，打开孩子智慧的天窗。教学《孙悟空三打白骨精》后，向孩子们介绍几种有代表性的"孙悟空"人物评论，启发孩子自己去完成一份"我眼中的孙悟空"，既可以激发孩子阅读《西游记》的热情，又是一次个性化阅读的历练。一段时间后发现，孩子们做的孙悟空评论"孙悟空——'忠'的化身"、"机智勇敢的孙行者"、"贵人相助孙悟空"……不但观点鲜明，也说得有理有据，而且图文并茂。

其六，教与学向名著的经典因素开放。名著之所以成为经典，是因为有多种因素在不同的时期起着不同的作用，或相得益彰，或推波助澜……这些经典因素主要包括一些或与名著的内容相关，或与名著的人物相关，或直接由名著而引发的经典诗文、民间谚语、优秀影视剧甚至经典游戏等。教学《三顾茅庐》，引入诸葛亮的《出师表》和杜甫的《蜀相》，是中国经典文化的集中熏陶；教学《赤壁之战》，引入苏轼的《念奴娇·赤壁怀古》，是体验赤壁之战的另一种浪漫情怀……

名著大多历时久远，但是能够成为经典，馨香弥久，又必定具备了其超时代的价值。正如史达尔夫人所说："在日益发展的科学中，最后的一步是最惊人的一步；而文学艺术却可以在最初的一次诗情迸发中达到以后无法超越的某种美。"在小学阶段进行名著教学，带领孩子从小在经典名著的殿堂里徜徉，是和在春日的阳光下与孩子们一起在草地上奔跑一样充满诱惑的事。小学阶段进行名著教学当然没有中学、大学里学习名著那样的烦琐和精致。教学的核心是几个课时的课堂教学和为数不多的名著的"影子"，如果能做到课前让孩子们邂逅名著，产生一见倾心之感；课中让孩子们与名著相约，记下刻骨铭心之忆；课后让孩子们能热恋名著，对名著一往情深，那么，从核心辐射出去的将是孩子的一生能与名著相伴。

《昆虫记》阅读指导
——四年级上册名著引读教学设计

一、教学目标

（一）对《昆虫记》作者法布尔作初步的了解，推荐作品《昆虫记》。

（二）激发学生对《昆虫记》的阅读兴趣，指导大家用浏览读书的方法读书的封面、内容提要和作者简介。

（三）指导学生欣赏《昆虫记》精彩片段。体会语言文字的特点，激发学生阅读兴趣，提高阅读能力。

二、教学准备

（一）人手一本《昆虫记》（卷一）。

（二）多媒体课件。

三、教学过程

（一）谈话导入，引起兴趣

1. 师：亲爱的同学们，我们前几节课学习了《蟋蟀的住宅》，还记得作者是谁吗？他是个怎样的人呢？

（生回答）

2. 出示法布尔的图片。

3. 作者及其背景介绍（投影出示文字资料）：

让·亨利·卡西米尔·法布尔（Jean-Henri Casimir Fabre），法国杰出昆虫学家、文学家，是第一位在自然环境中研究昆虫的科学家。1823年出生于法国南部普罗旺斯的圣莱昂的一户农民家庭。因家境贫困，法布尔被送到离该村不远的马拉瓦尔祖父母家中寄养，当时年幼的他已被乡间的蝴蝶与蝈蝈儿这些可爱的昆虫所吸引。7岁时，法布尔回到父母身边，并到村里读了小学。后来，法布尔家又几度迁居，少年法布尔不得不出门做工谋生。虽然学业无法继续，但是法布尔抓紧一切时间自学，15岁时，他只身报考阿维尼翁市的师范学院，结果被正式录取。毕业后，法布尔获得一中学教员职位。课堂教学之余，法布尔阅读了一本昆虫学著作，从此萌生了要毕生研究昆虫的伟大志向。那一年，他不足十九岁。法布尔生活的每一天每一夜，独自地、安静地研究，艰辛地付出，持之以恒地努力，换来的是丰硕的果实。《昆虫记》十大册，每册包含若干章，每章详细、深刻地描绘一种或几种昆虫的生活：如蜘蛛、蜜蜂、螳螂、蝎子、蝉，等等。

法布尔被誉为"昆虫诗人"，《昆虫记》被誉为"昆虫的史诗"。

师：请你轻声读读这段文字，看看通过这段文字，你知道了什么？

（生交流）

（二）了解《昆虫记》

法布尔耗费毕生精力来观察、研究"虫子"，他专为"虫子"写出十卷本的书，不能不说是奇迹。《昆虫记》不仅是一部文学巨著，也是一部科学百科，在读书界一次又一次引起轰动。先后被译成 50 多种文字出版，中国鲁迅把《昆虫记》奉为"讲昆虫故事"、"讲昆虫生活"的楷模。

在他的笔下，每一类昆虫都有自己独特的"音符"：被人大加赞美的"勤劳"蚂蚁原来是它虫利益的损害者；黄蜂会在地下建起自己的"星球"；吵翻整个夏季的蝉原来是个聋子；赤条蜂会像一个神经科医生般巧施麻醉术，让自己的猎物昏而不死，使幼虫可以在自动保鲜的食物上长大；美丽的孔雀蛾生到世上的唯一目的就是找配偶，它仅有两三天时间的寿命，只来得及在世上找一个伴侣……这就是世间最奇妙的秘密——生命。

师（过渡）：大家想去看看经典名著《昆虫记》吗？这节课跟着老师一起了解一下这本书！

（三）指导看书的各组成部分（实物投影）

1. 师（介绍封面）：瞧，我们拿到书首先会看到什么？（板书：封面）

通过看封面，能了解到什么？（相机介绍：中文题目、英文题目、作者、译者、图、出版社）

介绍书脊。

2. 介绍扉页。（板书：扉页）

师：具体说说通过读这些内容你对《昆虫记》有了哪些初步的了解？

（相机介绍字数与版次）

3. 师：看，这本书才出版没多久，已经是第三次印刷了，这充分说明这本书非常——

生：受欢迎！

师：这么受人欢迎的一本书，就更加说明书中的故事非常精彩，非常引人。那这本书又讲了哪些故事？让我们再往后翻，这是译者的话，有的书是编者的话或叫序言，我们可以课后去读读这里的内容。接下来翻到目录，目录是书中内容的高度浓缩，通过看目录，我们就可以把书本读薄了。咱们一起读一读目录，谁来说说，你的目录中都有哪些内容？

第 一 章 圣甲虫

第 二 章 大笼子

第 三 章 捕食吉丁的节腹泥蜂

……

师：老师请同学们看几幅图片。你能猜出它可能是书里的什么昆虫吗？

（生回答）

（四）欣赏书中片段

《昆虫记》是法国著名昆虫学家法布尔耗费毕生心血著成的一部昆虫学巨著。法布尔怀着对生命的尊重与热爱，用大量翔实的第一手资料将纷繁复杂的昆虫世界呈现在人们面前。在其笔下，昆虫的灵性栩栩如生，昆虫世界成了人类获得知识、趣味、美感和思想的文学形态。

片段一：

"数百只各种各样，大大小小，形态各异的食粪虫便已拥挤在那儿。乱哄哄、急忙忙地在这块共同的糕点上分一杯羹。有的在露天作业，梳耙着表面；有的在粪堆深处挖掘巷道，寻找优质的矿脉；有的在下层汗发，以便立即把战利品埋藏于邻近的土中；个头最小的则在一旁，把身强力壮的合作者进行大规模发掘时坍落的一小块粪便切碎。有的新来乍到，可能肚子最饿吧，便当场饱餐一顿；不过最大多数所想的是积攒一笔财产，以便在万无一失的隐藏所的深处，有充分的贮存，供长久之需。"

（第一卷 第一章 圣甲虫）

设计目的：让学生阅读《昆虫记》片段，体会法布尔的文笔及其观察力。

圣甲虫有哪些特点？圣甲虫的生活习性如何？圣甲虫是如何工作的？

师：想读这个故事吗？来，我们来读读这个故事，和法布尔一起感受圣甲虫的可爱吧！怎么读这个故事呢？

（出示提示）好，把书翻到这一页，去读读这个故事吧！注意，这本书的页码在书的旁边，而一般书的页码在书的下方。

片段二：

当你们听到"蜂"这个字的时候，会联想到什么呢？是香甜的蜂蜜？还是六角形形状的蜂巢？或者是蜂尾上可怕的毒针呢？大家首先想到的可能是蜜蜂吧？不过，事实上蜂的种类非常多，像长腹蜂、胡蜂、节腹泥蜂、砂泥蜂、大头泥蜂、黄斑蜂、切叶蜂，等等，而且每种蜂都有不同的生活习性。法布尔仔细地观察每一种蜂，有时是亲自饲养那些蜂，有时是坐在树林里或草地上连续观察几个小时，因此还发现了许多新种类的蜂。

"这便是我所看到的情况，而且是安闲自在、十分方便地看到的，观察要做到无可指责就要有这样的条件。膜翅目昆虫的动作精确的连科学也会艳羡不已；它知道人类几乎永远不知道的事情；它了解它的猎物完整的神经器官，毛虫有多少个神经节，它便刺了多少下。我刚才说，它知道和了解；我应该说，它行事就好像它知道和了解一样。它的行为是完全受到天启的。昆虫丝毫不知道它做什么，而是服从推动着它的本能。但是这种至高无上的天启是从哪儿来的呢？返祖性、行为选择、生存竞争，这些理论能够合理对此做出解释吗？在我和我的朋友看来，这过去是，现在仍然是难以言传的逻辑和最有说服力的启示，这逻辑以神启的法则管理着世界和指导着无意识行为。我们俩被这真理之光深深打动了，眼眶中潸然流出了一种无以名状的感叹的眼泪。"

（第一卷　第十五章　砂泥蜂）

设计目的：让学生结合《昆虫记》片段，感受他对大自然与生命的尊重与热爱之情。

师：被达尔文誉为"无与伦比的观察家"的法布尔一生致力于昆虫研究，他的《昆虫记》堪称科学与文学完美结合的典范。在书中，作者将专业知识与人生感悟熔为一炉，娓娓道来，字里行间洋溢着作者本人对生命的尊重与热爱，是一部非常值得一读的世界经典名著。

片段三：

"这便是本能行为之间的联系，这些行为按照哪怕是最严重的情况也打乱不了的顺序互相呼应着。泥蜂归根到底要找的是什么呢？显然是幼虫。但是要走到幼虫跟前，就要进窝，而要进窝，首先就要找到门。虽然在母亲的面前，巷道已经敞开，畅通无阻，它储备的食物、它的幼虫就摆在那儿，可它仍然执拗地寻找着的就是这扇门。在这时刻，成为废墟的房屋、处于危难中的幼虫它都视若无睹；对它来说，至关重要的是找到熟悉的道路，穿过流沙的通道；如果这通道找不到，筑屋和居住者全都完蛋也无所谓！它的行为就像一系列按照固定的顺序互相引起的回声，只有前一个回声响起了之后，后一个回声才会响起来。这并不是由于障碍物的缘故，因为房屋是敞开着的；而是由于习惯性进入的第一个行为没有完成，于是下面的行为也就不能继续；第一个回声不响，其他的回声也响不起来。智慧与本能真是有着天渊之别啊！通过变成废墟的房屋的残砖断瓦，这母亲如果是有智慧指引，就会直接向它的孩子扑去；可是在本能的指引下，它却固执地停在原先的门所在的地方。"

（第一卷　第十九章　回窝）

设计目的：感知体味，激发学生阅读名著的兴趣。

师：《昆虫记》是一部世界昆虫的史诗，一个由人类杰出的代表法布尔与自然界众多的平凡子民——昆虫，共同谱写的一部生命的乐章。《昆虫记》不仅仅是一部研究昆虫的科学巨著，而且也是一部讴歌生命的宏伟诗篇。同学们读得那么认真，那么专心。先四人一组里互相说说，你心目中的圣甲虫、砂泥蜂是怎样？与同学们分享你读到的精彩内容吧！

（生交流）

师：大部分小朋友都交流好了，那我们一起来分享吧！

师：好，哪一组先来交流？你是从书中的哪些词句读出来的？

（相机评价）

（五）总结推荐

1. 师：几个小故事就已经把我们深深地吸引住了，书的序言里面有一句话，大家一起读。

（生看书齐读）

2. 师：同学们，这么畅销的一本书，感动了一个世纪的一本书，吸引了全世界读者的一本书，也一样吸引住了我们。我想呀，目录里还有那么多精彩的故事，请同学们课后去看看！读完之后如果想更多地了解昆虫、了解自然，还可以去读《人与自然》《当世界还小的时候》《吓人的爬行动物》《鸟》《花园系列》《科学的故事》等书籍，相信你会有更多的收获。

3. 点拨读书方法。（例如，可以读前制订读书计划、可以边读边作批注、读后写读书笔记及相关评析等，可以多读几遍，第一遍通读，第二遍品读，第三遍精读，至少三遍）

下发作业纸，定期上交。

页码范围	精彩情节	我喜欢的原因	妙语摘抄	笔记时间

师：让我们一起从书中领略到昆虫世界的神奇，感受经典文学的魅力，体会人类与昆虫的自然和谐吧！一个月后，咱们班将举行《昆虫记》读书交流会！请大家提前作好准备。

第二节 开放式时文引读教学

中小学生阅读量不足，语文素养低下，是目前语文教学的现状。他们的年龄特点决定了他们在思想上注重自身或者周边一些客观环境多一些，对社会上的大气候、大环境知之较少。在学习中，学生对于熟悉、喜欢的内容，阅读能力表现还算不错，至少有八成以上的学生可获得好或一般的评价；对那些不熟悉、不喜欢的时文题材，近六七成的学生反应很差。学生的语文能力，特别是阅读能力低下，作文选材范围狭小、内容模式化、没有时代气息，这一切不能不引起我们的重视。

一、时文引读教学的目的

邵长衡说："古学文者必先浚文之源，而后究文之法。浚文之源者何？在读书、在养气。"所谓养气，是通过阅读吸收文章内涵的作家的思维方法、道德品质和艺术修养来提高自己的认识能力，丰富自己的人文情操，扩大自己的视野胸怀，积淀自己的文学素养。如果说读教材能使学生养底气，读名著能使学生养才气，读史哲使学生大气，那么，读时文则益养学生灵气。

二、时文引读教学的策略

这里的时文是指见诸报纸、杂志、书籍等反映当前一个时期或一个时代的政治、经济、文化生活或社会风气状况的文章。时文引读就是教师用时文作为教材，让学生在教师的指导下，自己读懂这些文章。

其一，引导学生读与教材同类的时文作品。

"课本不过是个例子"，这个例子只能为学生阅读这类文章提供一个范本，而要真正提升学生的语文素养，还要从同类文章中汲取更多的营养。教师的责任在于借用"例子"为引子，引导学生去阅读同类作品中的不同作家、不同风格的作品。因为"一千个读者就有一千个哈姆雷特"，不同作者对同一题材、素材的理解和表现肯定会塑造出各具鲜活个性的艺术形象，表达作家自己独特的体验。对于"春天"，朱自清看到的是生机和活力，郁达夫哀叹的是水一样的春愁……即使同样是歌颂春天充满活力的散文，名篇写法也迥然不同。引导学生进行比较阅读，就会拓展视野，开阔思维，培养能力。

其二，引导学生读地域文化的经典作品。

美不美，家乡水；亲不亲，故乡人。不管你身在何处，对故乡的依恋进而会形成割舍不了的"故乡情结"。无论是西方作家还是中国作家，在他们的文字里有意无意地流露出或浓或淡的故乡情愫：沈从文作品中所流露的浓郁的湘西文化，贾平凹系列作品所流露的商州文化，张贤亮系列作品所流露的西北宁夏文化……这些地域文化无不闪耀着一种独特的文化魅力。此外，校本教材的开发也给我们学生亲近、研究学习地方文化提供了良好的机遇和条件。学生收集阅读整理乃至发掘地域文化具有得天独厚的优势。

其三，引导学生读流行文化的时文作品。

无论从实用性还是从功利性出发，无论从人文性还是从工具性出发，多读一些流行文化的时文作品都是十分必要的。

一是人生感悟类。人类首先要认识自己，才能更好地认识世界，做生活的主宰。在教材中，有一些关于人生思考和感悟的文章，而在现实中，像梁实秋的《雅致人生》、林语堂的《幽默人生》、徐志摩的《浪漫人生》、郁达夫的《颠沛人生》、沈从文的《淳朴人生》、尤今的《玲珑人生》……还有一些现代作家，如毕淑敏、刘庸、张晓风等有关对人生种种感悟和认识的文章很受欢迎，把这些"人生"经典拿来读一读、品一品、悟一悟，不仅有利于学生阅读能力的提高，也有助于学生思想境界的提升。

二是人与自然类。关心自然、爱护自然就是关心人类自己，随着人类生存环境的不断恶化，环境问题越来越引起人们的关注，人类也开始反思对自然的种种行为。读人与自然类的文章，了解大自然发展的动向，对正确价值观和行为的形成无疑具有重要的作用。

三是高科技类的通俗说明文。比如纳米技术、航天技术等。学生阅读时文能广泛地接触不同风格、不同文体、不同题材的文章，能直接了解、感知纷繁复杂、五彩斑斓的社会现实，并在其中思考、认识，逐渐成熟。时文中大量的社会信息为学生作文素材的收集、题材的拓展提供了必要条件。当把眼光投向生活的时候，它会给学生很多的写作灵感，一个个新鲜有趣的写作话题如源头之活水，源源不断。

三、时文引读教学的途径

由于时文大多是短、平、快，但也不乏一些当代的文学作品，学生比较乐于阅读，教师要做的是引导学生从广度和深度进行扩展。如报纸报道某地发生矿难的一则消息，教师可指导学生收集类似的新闻，再收集相关的评论文章。教师还应该指导学生根据个性差异选择不同的阅读材料。如有的学生喜欢政治、经济类的文章，有的学生喜欢文学、体育、娱乐类文章。教师要善于引导学生根据自身特点，选取合适的阅读材料，提高效率，更好地发挥自己的特长，更能够激发自己的灵气。

小学阶段开展时文阅读，有以下两个途径。

一是利用语文课开展时文教学，进行同类型的拓展。如，学习了《尊严》，再逐步出示另外的一篇时文《我站在祖国地图前》让学生阅读，加深对尊严的理解。

二是利用活动课开展时文阅读教学。活动课是学生能力培养的一个场所，也是学生吸收新的知识信息的良好空间。在语文活动课中开展时文阅读，既培养了学生的语文能力，拓展写作的题材，又让他们了解时事，把握时代脉搏。

时文教学弥补了现行教材中时代信息不足的缺点。符合"三个面向"的思想，对于全面推进素质教育很有好处。

 **教学设计**

《淘气包马小跳》班级读书会设计

一、设计意图

莎翁曾言："生活里没有书籍，就好像没有阳光；智慧里没有书籍，就好像鸟儿没有翅膀。"《义务教育语文课程标准（2011年版）》在关于阅读教学中也建议："少做题，多读书，读好书，读整本的书"。作为正是读书黄金时代的孩子们，就更需要以书为伴。让读书成为一种习惯，让书香滋养童心，让书香增长孩子们的才干是我们追求的目标。开展"班级读书会"，通过学生群体间的"合作性阅读"来达到阅读学习共同的目标指向，明确的阅读分工和互补的阅读心得交流这样一个状态，才能真正落实"缘文会友"的理念。

二、新书介绍

杨红樱，生于1962年，儿童文学作家，成都人，18岁开始当小学老师，19岁开始童话创作。她做过7年幼儿园老师，7年儿童读物编辑，现为成都某杂志社副编审。

她平生最大的愿望就是破解童心。2000年以《女生日记》拉开"杨红樱校园小说系列"序幕，与其后的《男生日记》《五三班的坏小子》《漂亮老师和坏小子》一起，在学生、老师和家长中反响巨大。《非常男生》的章节被选进了中国小学语文实验教材苏教版六年级上册，并荣获2003年全国优秀畅销书奖，国家教育部指定的中小学图书馆必备书。《漂亮老师和坏小子》获2004年全国优秀畅销书奖，并入选"中国新世纪教育文库·小学生阅读推荐书目100种"等。她的作品深受中小学生喜爱，曾获"冰心儿童图书奖"，"海峡两岸童话一等奖"等十余个奖项。《淘气包马小跳》诙谐幽默、好玩有趣，通过描写一群调皮孩子的快乐生活以及他们和家长、老师、同学的好玩的故事，映射当代儿童的生活现实与心理现实，塑造了马小跳等栩栩如生的艺术形象，深情呼唤张扬孩子的天性，舒展童心、童趣，探析成人世界与儿童世界之间的隔膜、误区，倡导理解、沟通，让孩子拥有健康、和谐、完美的童年。作品举重若轻，童心洋溢，为近年来儿童系列小说创作的新突破。

三、教学目标

（一）激发孩子的阅读兴趣，培养孩子良好的课外阅读习惯。

（二）鼓励孩子坚持读完整本书，学会做阅读记录卡。

（三）学会合作阅读，促使个性化阅读与合作性阅读的融合，能与大家分享读书心得，体验阅读的快乐。

（四）通过阅读引导孩子形成积极向上的人格和勇敢坚强的精神。

四、教学过程

（一）第一阶段：走近杨红樱和马小跳。（1课时）

1. 营造氛围，激发兴趣。

（1）播放动画《马小跳之辩论会》。

（2）由一名学生绘声绘色讲马小跳的故事。

（3）学生畅谈心目中的马小跳是什么样子，快乐童年又是什么样子。

2. 简介作品，整体感知。

（1）《淘气包马小跳》系列刚一上市就迅速进入畅销书排行榜前列，1~6册4万套（24万册）在短短两个多月的时间里就销售一空。中国电影集团已将1~12册图书的电影、电视连续剧和动画片的改编权全部买走，并正在改编拍摄电影。《淘气包马小跳》系列包括：《贪玩老爸》《袁隆隆老师》《笨女孩安琪儿》《四个调皮蛋》《同桌冤家》《暑假奇遇》《天真妈妈》《漂亮女孩夏林果》《丁克舅舅》等。

（2）播放每一本书的有趣插图及简介。

（二）第二阶段：走进杨红樱和马小跳。（一个月）

学生以书友队的形式阅读《淘气包马小跳》系列丛书，做读书卡片，写读书笔记，排课本剧，开展主题活动。

读书会的主题活动：

主题活动之一："以书会友"多快乐

主题活动之二：好词佳句大宝藏

主题活动之三：我为杨红樱系列写"快乐童年"推荐词

主题活动之四：我来演演马小跳

主题活动之五：评比、表彰

（三）第三阶段：我眼中的杨红樱和马小跳。（4课时）

1. 全班同学交流读书心得。

交换读书卡片，阅读队友的读后感。

2. 自由对话感悟内涵。

龙应台说："文学就是使看不见的东西被看见。"我根据学生读书的情况，提炼一些话题，让学生自由对话交流，感悟文本内涵。主要有五个话题：（1）秦老师的期盼；（2）理想的爸爸妈妈；（3）安琪儿，你好吗？（4）和马小跳一起保护野生动物；（5）你眼中的马小跳。

3. 课本剧大汇演。

4. 小小故事会。

第四阶段：延伸拓展，学会做人。

阅读《淘气包马小跳》，我们常常会哈哈大笑，笑过之后又会若有所思，你在书中会看到自己和同学的影子，让我们不得不停下来思考、回忆、感受、甚至默默地掉泪，因为我们也有相同的爱和幸福，也有相似的童年。马小跳教给我们许多许多，杨红樱教给我们许多许多，让我们阅读杨红樱的其他作品，做一个宽容、勇敢、善良、正直、纯真的人。

出示杨红樱作品目录：

《女生日记》《男生日记》《五三班的坏小子》《漂亮老师和坏小子》

《假小子戴安》《那个骑轮箱来的蜜儿》《神秘的女老师》《瞧，这群俏丫头》

《瞧，这帮坏小子》《非常》系列《寻找快活林》《欢乐使者》《粉红信封》《风铃儿叮当》《猫小花和鼠小灰》《三只老鼠三亩地》《小红船儿摇呀摇》

寻找阳光灿烂的童年
——《窗边的小豆豆》阅读指导

一、教学目标

（一）通过阅读文本，认识书中的人物，感知人物的特点，寻找小豆豆童年的快乐。

（二）初步掌握课外阅读方法：阅读封面，认识作者，通过精读和略读，了解书中的主要人物及事情，感知人物形象。

（三）通过走进小豆豆的童年生活，体验童年的快乐，培养学生对课外阅读的兴趣。

二、教学准备

课前阅读这本书，课件。

三、教学过程

（一）阅读诗歌，叩响阅读的大门。

1. 教师配乐朗诵《有一个孩子向前走去》。

2. 诗人希望孩子，希望你们向哪里走去？

3. 小结。走进书本，走进阅读，它能让我们变得有知识……它也能让我们获得更多的快乐。

（二）阅读封面，走近作者

1. 你从封面中知道了什么？

2. 了解作者。

3. 了解书名的含义。

4. 齐读封面上的话。

（三）阅读作品，走近人物

1. 追梦。

谁来说一说，你有什么梦想？

小豆豆的梦想可多了，你知道吗？

她为什么会要做一个售票员？

最后为什么要做巴学园的一名老师？

2. 觅友。

（1）读句子，猜朋友。

（2）回忆一下，他们的哪件事给你留下深刻的印象？

（3）寻趣。

（4）采用略读的方法，浏览一下目录，快速地了解小豆豆做了哪些有趣的事，选择一件给你印象最深的马上介绍一下。

（5）精读《暑假来了》。

暑假来了，小豆豆他们要去干什么？什么是露营？

自主阅读，指名交流。

齐读片段，感受快乐时光。

多么幸福的画面，这样的露营会给小豆豆他们留下什么？

3. 感慨一路的追寻，一路的阅读，你一定有许多的感受。用一个词来表达一下你此刻的心情。

羡慕——你羡慕什么？

喜欢——你喜欢谁？他是一个什么样的人？

（四）走进生活，润色童年

1. 读完了这本书，我们享受了那么多快乐，心中也装满了太多的向往。现在我们也来学一学小林校长，为班级设计一项活动，为自己的童年增添一些美丽的色彩。

2. 小组交流。

（五）阅读后记，鼓励快乐阅读

1. 阅读后记，了解小豆豆朋友长大的情况。

2. 总结：畅游书的海洋，快乐阅读，享受童年！

附：板书设计

梦想

童年　　　　　　朋友

乐趣

第三节　开放式网络引读教学

随着信息技术的迅速发展，互联网已经在校园和家庭普及，并成为青年学生生活的重要内容。网络时代，传统的阅读方式正日益受到严峻挑战。近年来，国民图书阅读率持续走低，据统计，有四分之一的读书人读书的时间在减少。然而，与图书阅读率下降形成明显反差的是，网络阅读却快速增长。网络阅读无纸张限制，无携带保存障碍，方便、快捷、海量、高效、节约资源，通常会采用鲜艳的色彩、生动的插图甚至以音乐搭配来刺激吸引读者，容易激发学生探究与参与的兴趣。

一、网络引读教学的目的

《义务教育语文新课程标准（2011年版）》在"总体目标与内容"中明确指出："初步具备搜集和处理信息的能力，积极尝试运用新技术和多种媒体学习语文。"的确，上了网，再也没有了区域的局限与差异，任何学生都可以共享丰富的阅读资源。可是网络中的东西良莠不齐，对缺乏判断力的青少年学生而言，极易产生负面影响。实践证明，面对这把"双刃剑"，采用"一律封杀"的办法是行不通的。对待学生上网，正如大禹治水，堵不如疏。与其畏之如虎，不如明察秋毫。

开放的网络引读教学，就是教师在教学中引导学生利用电视、电脑等网络资源进行检索、判断、选择和处理信息，以使学生健康地进行网上阅读的教学行为。

二、网络引读教学的策略

我们综合众多教师在网上阅读指导实践，认为可以从"趣"、"控"、"导"、"放"这几方面入手，引导小学生参与网上阅读，使之成为提高学生语文素养的另一条有效途径。

其一，激趣，使学生"想读"。

在开展网络阅读时首先要调动学生对阅读的兴趣。经过调查发现不少的学生基本上都有电脑，家里都装上了数字电视。学生对上网的喜爱大多是因为网络上有丰富的娱乐资源，特别是电影、动漫，还有游戏。在学生看来，这些肯定比阅读的吸引力大。教师需要注重引导，把学生浓厚的兴趣迁移到网络文学、语言文字上来。在语文教学中，教师可以时常让学生浏览与教学内容相关的网页，借机向大家推荐一些优秀网站，让学生初步体验到网上阅读资源丰富，阅读方式新颖，对此产生浓厚的兴趣。事实证明，丰富的文字、图形、动画、声音，常常将学生引入了一种宽松、愉快、高效的阅读环境中，学生积极参与阅读，不断迸发出智慧的火花，让课堂发言妙语连珠、精彩纷呈。兴趣是最好的老师。有了兴趣，学生就会渐渐喜欢网上阅读。

其二，严控，让学生"可读"。

一是安装过滤软件，净化网上阅读大环境。通过在学校服务器、网络学习室电脑上安装一些软件来达到过滤不良信息，净化网络环境的作用，如绿坝、健康上网专家、网吧反黄版软件等。这些软件采取有效的网络防护技术手段能主动过滤，从图像、语义、IP进行三层过滤，有效拦截色情图像与不良网站。还能通过控制上网时间及访问网站等手段防止青少年染上网瘾、沉迷网络。不仅可免费使用，而且能实时更新。

二是链接阅读网站或网页，实时监控上网动态。教师在校园网上链接一些适合儿童阅读的网站或网页，也可以把这些链接直接收入收藏夹，让学生大部分上网时间通过链接到指定范围内的网站进行阅读。教师使用广播教学软件进行实时监控。随时留意学生的上网情况，发现学生在网上任意游荡要及时给予提醒。

通过软件、教师的控制，最终达到让学生尽可能在指定的区域内"冲浪"。为学生网上课外阅读营造一个安全、健康、绿色的氛围。

其三，善导，让学生"能读"、"会读"。

一是思想上进行教导。要想把小学生挡在不良网站之外，光靠"严控"还不够，还需对学生渗透文明上网的教育，引导学生学会自律，形成正确的道德观念。使学生善于网上阅读而不去浏览不良信息、沉迷游戏；使学生尊重别人的劳动成果，阅读分享而不窃取、抄袭；使学生增强自护意识，而不随意约会网友。在指导学生开展网上阅读前期，可利用班会组织学生观看电教宣传片《网络文明教育》，开展遵守网络文明公约承诺签名活动，增强学生文明上网的意识。通过告家长书向广大家长宣传相关知识、注意事项。让他们意识到家中绿色上网环境的创设需要家长的支持与配合，家长自己也要文明上网，潜移默化地影响孩子。提倡"亲子阅读"，及时了解孩子网上阅读情况，遇到问题及时疏导。

二是阅读方法上进行引导。

（1）利用链接进行浏览性阅读。在众多网站中，细心的教师一定可以找到一些适合小学生登录的网站，如中国少年雏鹰网、小学生作文网、中国科普网等。有的网站适合小学生上网，但文学阅读只是整个网站的一部分，所以我们还可以直接链接到具体网页，有效地减少学生因盲目寻找而造成阅读时间的浪费，提高阅读效率。如想让学生读少儿读物，就链接到读书网的"少儿"板块：www.dushu.com/catalog/1115/。想让学生读当代文学，就链接到梦远书城网的"当代文学"板块：www.my285.com/ddwx/index.htm。

（2）结合语文学习进行拓展性阅读。课前预习、拓展延伸时，利用学生的好奇心引导学生上网查阅资料。在《钱学森》教学的拓展延伸环节中，教师可抓住课文省略处设疑："钱学森归国之路为什么那么漫长，还需依靠周恩来总理的努力？其实钱学森在回国前夕，还有一些鲜为人知的惊险经历课文中没有写出来。感兴趣的同学可以上网去读读相关资料。"渐渐的学生就会形成习惯：课前课后总会上网搜一搜，看一看。

（3）结合社会时事、学校活动，进行主题性阅读。"家事国事天下事，事事关心"，作为小学生也应该关心了解国家大事。网络信息传播迅速，为学生及时阅读新闻提供方便。语文教师可以紧跟社会热点、学校重大活动，积极引导学生进行网上阅读。例如，2008年，围绕"北京奥运"这个主题，有教师组织学生开展网上阅读。一段时间内学生阅读了大量有关奥运的信息。之后教师利用阅读指导课开展了"北京奥运知多少"的网上阅读交流活动，让学生互相分享阅读收获，弘扬奥运精神，激发学生民族自豪感。

三是上网技巧上进行指导。

（1）借助信息技术课，练好上网基本功。要想能在网上自由地进行课外阅读，学生必须要有一定的信息素养。纵观小学生信息技术课程，学生从《便捷访问网站》《复制与粘贴》《走进论坛》《建立博客》等授课内容中能掌握一些网上阅读、交流的基本技能。小学生信息技术课程从三年级就已开设，如果落实到位，训练扎实，学生到了五六年级，完全具备独立上网阅读的能力。

（2）搞好个别网站使用指导。一个优秀的阅读网站犹如一片净土，推荐给孩子就会成为孩子成长的乐园。为了让学生尽快适应环境，语文教师有必要围绕某一个网站对学生进行针对性培训。让学生大致了解这个网站怎么上，怎么注册用户，怎么阅读，怎么参与讨论，等等。

总之，教师的精心引导就像网络海洋中的一座灯塔，它引领着学生，使学生在浩瀚的网络中鼓起勇气，扬起阅读的风帆，不至于盲目流浪、迷失方向。

其四，勤放，让学生"悦读"。

课外阅读要追求长效，不能急于求成。一读就要写读后感，一读就要展示成果是很不现实的，往往使学生带上过重的负担、压力，不能潜心阅读，而是疲于应付任务。这样的阅读还有效果吗？还有乐趣吗？教师应该让学生保持良好的心态，自然地、放松地参与阅读。发挥学生阅读的自主性，让兴趣来为他们掌舵，在指定范围的网站或网页上"随便看看"。根据自己个人需要、兴趣爱好可以自由选择阅读内容，可以参与评论，也可以在自己的博客中写写随笔。从阅读到评论，再到撰写个人博客，本身就是引领学生主动参与、交流反思、自我展示的过程。因此，教师在开展网上阅读要多放手、少束缚，留给学生自主阅读、自主参与、自主发展的空间。使学生充分体验阅读的乐趣，快快乐乐地读书，真正达到"悦读"境界。

总之，随着社会的发展，小学生网民也将不断增加。作为一名语文教师，要保持清醒的头脑，积极引导学生用好网络，开展有益的网上阅读。"桌面通四方，世界入视窗"，让我们利用好网上资源，为学生课外阅读开辟一片新天地，让学生从中汲取营养，茁壮成长。

教学设计

影 视 阅 读
——四年级下册语文实践活动教学设计

一、活动目标

（一）通过视觉上的冲击去阅读影视中的精华，在精华中得到心灵的震撼与启迪，受到真善美的熏陶和感染，通过优秀影视作品潜移默化、寓教于乐、以情感人的作用，引起人们思想、感情、理想、追求发生深刻的变化，有助于学生树立起正确的人生观、世界观。

（二）我们在影视阅读中，要能获得精神享受和审美愉悦，使身心得到愉快和休息。

（三）培养学生对社会的责任心和使命感。

（四）通过组织语言提高自己的写作能力和语言表达能力。

二、活动流程

观看《背起爸爸上学》（课前）—联系教材，激情导入—交流影视阅读心得卡—复述故事—点评人物—欣赏影片片段—表达情感。

三、课前准备

学生：利用周末时间与家人同看电影《背起爸爸上学》，填写观后记录卡。

教师：影片片段、课件、影视阅读心得卡。

四、板块设计

板块一：联系教材，激情导入

师：同学们，每一个人都有自己的故事，我们在本单元的学习旅程中知道了关于罗丹、聋哑的青年人、伽利略等人的故事，在这些故事中我们被这些人的精神深深地感动着，今天我们再走进另一个人的故事，这是一个真实的故事，他又会给我们带来怎样的感动呢？

板块二：交流影视阅读记录卡

1. 小组内交流自己所填的"阅读心得卡"。

2. 每组推荐一名学生展示自己的成果，并阅读自己认为最有价值的收获。

3. 评选出最佳作品。

（设计说明：小组讨论、合作交流是一种学生之间面对面互相促进、生生互动的学习活动，能达到学生之间有效的沟通，学会与人合作、与人交流，能达到全员参与，使他们掌握更多的学习方法）

板块三：复述故事

1. 师：看了这部电影，你的内心深处最大的感受是什么？

（生尽情谈自己的阅读感受、阅读体验）

2. 师：这部电影催人泪下，同学们在看的时候想必内心如翻江倒海一般。这部电影能如此令人心灵震撼，谁能说说这部电影讲述了一个什么样的故事？

3. 同桌互述再指名复述，倾听的学生可以进行补充。

4. 教师复述故事，学生评价。

（设计说明：先从总体上入手，训练学生要对生活中的任何事物，无论是看到的还是听到的，都应该有自己的感受与评价，后环节引导学生进行深入的思考，复述是一种基本的口语练习形式，它具有培养理解能力和表达能力的作用，提高学生复述能力有助于锻炼学生的综合概括能力和口语交际能力，教师不只做引导者，也是示范者，借以规范学生思路）

板块四：小小辩论赛

1. 回忆电影中主要的人物是谁？

2. 辩论题：

你认为在父亲和石娃之中谁更值得敬佩，要说明理由。

把学生分为甲乙两方，展开辩论。

（设计说明：围绕主要人物，以辩论赛的形式组织教学，营造浓浓的交流氛围，激发自由交流的兴趣，在辩论的过程中锻炼学生的思维敏捷性，提高口语表达能力）

3. 教师小结：看来同学们全身心投入到看影片当中，对片中的人物有了自己的认识，这一对有着浓浓的亲情的父子，让我们看到了什么是爱，什么是坚持不懈，什么是孝，我们收获了很多，此时，你想对他们说些什么？

4. 学生自由表达。

板块五：精彩再现

师：现在，老师这还有影片中的感动片段，让我们再来重温一下，再次拨动心弦。

（设计说明：此时的欣赏片段是孩子们情感的升华，此时的欣赏不再是仅仅想了解故事，而是用心来体验来感受，真正的心系主人公的情感命运，这样的层层深入的探讨，温暖着孩子的心灵，滋养着孩子的精神世界）

板块六：发现幸福

师：在整个影片中我们都被感动着，不知道你有没有阅读到幸福？你发现了么？说一说。

（设计说明：其实这不是一个悲剧，两个坚持不懈的人，两代有梦想的人，他们虽然艰苦，但是他们幸福，这也许很多孩子都领会不到，引导孩子去发现美发现幸福的来源是每个人的努力和坚持）

板块七：笔尖传情

1. 这样的一部好片，也许还有人不知道，你能不能写一封推荐信，将这部影片推荐给别人，与他人分享。可以是你的朋友、家人也可以是社会中的某些人。

2. 学生写信。

（设计说明：感情的升华，学生必然要宣泄，以这样的形式来表达，也让孩子们表达出自己的价值观）

3. 小组内交流，评选优秀并展示。

附：阅读心得卡

片　名：_____观看人：_____

观看地点：_____观看时间：_____

在观看的过程中我们的心情变化：_____

令我感动的一幕是：_____

_____

我最喜欢片中的（人物）：_____

（　）最喜欢片中的（人物）：_____

观看后我和家人交流的话题是：_____

第四节　开放式诗歌引读教学

诗歌是学生喜闻乐见的文学形式。诗歌既是稀有的眷顾，又是热情的常客，常常不期然地来到我们心中。童真与童诗有着天然的机缘。浑朴未凿的儿童，最易与诗亲近。开放式阅读教学自然少不了诗歌引读。

一、诗歌引读教学的目的

小学语文教材编选了一定数量的诗歌，通过诗歌的教学，借诗歌来濡染学生心灵、陶冶性情，让学生学习韵律节奏美的生动语言，培养对语言的兴趣，发展学生的想象力，丰富学生的情感，培养学生文学纯正趣味，提高学生的文学综合素养，使学生受到潜移默化的美感教育。

看似简单的诗歌教学，通过各种教学方法，既推进学生综合、横向学习，又培养学生科学探索的精神和与人合作的意识和习惯，增强了学生对诗的理解能力，并能激发学生追求真、善、美的热情，培美学生的想象力、创造力以及审美能力。

二、诗歌引读教学的策略

其一，抓住诗歌字词语言学习。

诗歌的语言凝练、节奏鲜明、韵律和谐，在教学时要抓住诗歌中感情色彩浓烈、思想含义深刻、生动形象的词句进行细致的分析讲解，加强朗读和吟诵，巩固生字词，丰富词汇，理解诗歌内涵，玩味诗歌含蓄而丰富的思想感情，从而受到感染。如王维的《山居秋暝》营造了一种清幽静谧的意境，开篇一个"空"字，首先给人一种空幽之感，起到笼罩全篇的作用，教师要在上面做好文章。又如《望庐山瀑布》中："飞流直下三千尺，疑是银河落九天。""飞流直下"朗读时应体现一泻而下的磅礴气势，节奏快而不能停顿。读"疑"字时就应轻，稍慢以突出"银河"，"河"字可稍长，接着着重读出"落九天"三字以展示壮丽景象，这就把热爱祖国大好河山、奔放激昂的感情表达了出来。好的朗读就远比单纯讲解具体生动得多。

其二，大胆想象入情入境。

学生最易接受幻象，有时就生活在想象之中，而诗歌中的幻象，常常能给学生以真实的感觉，欣赏诗，就像心灵受着深情的呵护、智慧的启迪。诗人凭借丰富的想象，动用新颖的比喻、夸张、形容的方法创造生动的艺术形象，表达作者强烈的感情，这是诗歌的重要特点。

在教学诗歌中对没有完全显现的或含蓄暗示的情和景，以及诗歌中跳跃的空白处都要引导学生想象，使诗歌的形象在学生头脑中形成一幅鲜明的图画，入情入境，进入诗歌的意境之中。引导学生进入意境的方法很多，比如通过教师热情洋溢的语言，通过现代化的多媒体手段等。总之，教师只有把学生引入诗境之中，使学生同诗歌的景和情产生共鸣，才可能感染学生，达到诗歌教学的目的。

其三，变换方式体裁改写仿写。

改写是改变原文表现形式的一种写作方法。改写比扩写和缩写、仿写等都有较多的自由。如将诗歌改写成记叙文就同平时写记叙文存在一定的差异。平时写记叙文要在恰当选择材料后方能动笔，而将诗歌改写成记叙文，却以给定的诗歌为依托，展开合理的想象，适当增加一些细节，使所写的文章更真实具体。首先，教师指导学生领会诗意，写清起因；其次，借助想象，写细情节。诗歌的内容只是给了我们一个轮廓，缺少具体的描写，要使得故事变得具体生动，少不了合理的想象来帮忙。最后，写清结果，完成结构较完整的一篇文章。

教师要营造诗的氛围，引导学生感受诗的魅力。并通过品味诗歌、领悟方法，学会仿写。根据平时大家读诗的体会和对诗歌的理解，结合诗歌写作指导，共同讨论诗歌写作的特点。（1）写诗首先要酝酿情，以情动人。诗句分别有抒发爱国情、别离情、母子情、兄弟情、爱情、友情等情谊的。这些诗句为什么能拨动我们的心弦，关键在于一个"情"字。无情即无诗，诗是跳出来的心。（2）写诗只要抓住意象，就抓住了诗歌的内蕴。（3）好的诗歌更需要新颖的构思和奇特的想象。艾青说："没有想象就没有诗"，"诗人最重要的才能就是运用想象。"在此基础上，引导学生学以致用，大胆写作。主要有形式上的仿写，手法上的仿写，章节的补充，内容上的仿写，等等。

其四，有声诗配以无声画。

色彩不仅是在画家的手中能搭配出美丽的图画，在诗人的笔下更有一番韵味，因为诗人对色彩的敏感并不亚于画家，不过诗笔与画笔不同，在对色彩的反映上和诉诸欣赏的方式上有所不同，诗人手中的色彩给读者留下了更多的想象余地。

诗歌不像绘画那样直观地再现色彩却可以通过语言的描写，唤起读者相应的联想和情绪体验。教师把它作为载体，让学生利用给诗配画，正好顺应了儿童的心理特点和学习兴趣，学生一定会学得开心，学得主动。如：骆宾王的《鹅》"白毛浮绿水，红掌拨清波"中，"白、绿、红、清"活泼淡雅的色彩既刻画出大白鹅在水中嬉戏的欢畅，也表达出七岁孩子的那快乐轻松的心情。又如"两个黄鹂鸣翠柳，一行白鹭上青天"中，"黄、翠、白、青"四种颜色点缀得错落有致，而且由点到线，向着无限延伸，画面静中有动，富有鲜明的立体节奏感，在这里，明丽的色彩组合，给诗歌带来了浓郁的画意和鲜明的节奏，正绘出了诗人舒展开阔的心境。于是，教师可以设计一个画画的教学环节：发给每人一张白纸，然后让学生讨论：怎样画，会使这景物更美丽？最后，学生画画，并说出理由。整堂课都能使学生产生一种亲切而温暖的情味，渗透对学生审美观的培养，激发学习兴趣，促进其个性的发展。

诗人爱用鲜明的对比色，来增加感情色彩的浓度，白居易在回忆江南春色之美时说"日出江花红似火，春来江水绿如蓝。"这鲜明的"红"与"绿"，使画面显得十分绚丽，诗人的情感也表现得明朗而热烈。这种"着色的情感"，具有绘画的鲜明性和直观感，仿佛可以触摸，增强了诗歌意境的感染力。教师不仅要让学生勾勒那美好的画面，更要学会举一反三，日积月累，可以联想到更多的佳句。如，杨万里赞美西湖荷花的姿色时说"接天莲叶无穷碧，映日荷花别样红"；蒋捷感叹时序匆匆，春光易过，说："流光容易把人抛，红了樱桃，绿了芭蕉"；杜甫的"野径云俱黑，江船火独明"。因此，教师不妨最大限度地开放课堂，给学生尽可能多的发展空间。如，让学生自主选择主题、自由想象发挥等。让学生在这样的氛围中进行思考和创作，将调动起他们全部的兴趣和激情，去想象、去思考、去发现、去表达。强调让学生积极自主地进行探索实践，努力体现学生的个人观念和独特感受。

其五，学会诗歌鉴赏。

诗歌鉴赏就是人对诗歌作品进行感受、体验、理解和评判的一种思维活动。人们在鉴赏中的思维活动和感情活动一般都从艺术形象的具体感受出发，实现由感性阶段到理性阶段的认识飞跃，既受到艺术作品的形象、内容的制约，又根据自己的思想感情、生活经验、艺术观点和艺术兴趣，对形象加以补充和丰富。所以，懂得诗歌的鉴赏是非常重要的。

一是知人论世，洞察本意。了解作者其人其世以及作品的写作本源，是我们具体进行诗歌鉴赏之前必须要做的准备工作。古人所谓"诗如其人，不可不慎"，正是强调了诗与作者的紧密关系。

二是以情理诗，情景交融。抒情是诗歌的主要特点之一，任何一首优秀的诗歌都是诗人真挚感情的自然流露，都是诗人真实感受的结晶。因此，赏析诗歌可以从情入手，深刻地意会这些诗歌以情动人的艺术震撼力。

三是把握意脉，感受意境。但凡好诗都是一篇文章。尽管它的意象变化无端，似无伦次，但总有一个"一以贯之"的东西。

古诗《春日》

一、教学目标

（一）诵读古诗，理解古诗的意思。

（二）感受春日的美好景象，感受诗人寻春的愉快心情。

（三）激发学生读书求知的乐趣。

二、教学过程

（一）理解诗意，体会心情

过渡：背诵贺知章的《咏柳》，体会作者对柳树的喜爱与赞美之情，然后，提出今天的话题：朱熹眼中的春天又是怎样的？

学生自读吟诵，根据注释理解诗意。

师：知道诗人朱熹在春日里的心情吗？（高兴、喜悦、兴奋、激动、舒畅、得意）依据是什么？找出诗中的词句说明。

（寻芳——踏青赏花，看花观景，春游时心情肯定很高兴；无边——一望无际，视觉开阔，心情也会开阔；一时新——一下子焕然一新。万物更新使诗人耳目一新，令人欣喜。万紫千红——什么颜色都有，形容百花齐放，色彩艳丽。看到百花争艳的景象，诗人能不高兴吗？）

（二）想象画面，诵读诗句

师：朱熹看到百花争艳的景象，能不高兴吗？引读——"等闲识得东风面，万紫千红总是春"；欣赏到万紫千红的春色，心情怎能不好？引读——"等闲识得东风面，万紫千红总是春"。此时你就是踏春赏春的朱熹，看到那万紫千红的景色，你想怎样吟诵此诗来表达此时的心情呢？（引读整首诗，读出"高兴、喜悦、兴奋、激动、舒畅、得意"的心情）

（三）用心品诗，感悟哲理

师：朱熹欣赏到了万紫千红的春色，心里非常高兴，这只是文字表面的意思，这首诗还有它的深层意义，不了解朱熹就读不出诗的真正内涵。

1. 了解作者朱熹。

他的诗自然清新，寓意含蓄，简练明快，很多作品成功地表现了大自然的壮丽秀美和诗人的远大胸怀，常于朴实中透出深刻的哲理。

2. 抓住重点，感悟诗理。

泗水——在山东的曲阜，从曲阜的北面流过，也就是我们现在所说的孔林、孔庙、孔府所在的那个地方。我们读《论语》的时候就知道"子在川上曰：逝者如斯夫，不舍昼夜。"那么他看到这个"川"就是泗水，孔夫子是在这个地方教他的门徒的，也就是说这里即圣人之地。

胜日寻芳——实际上告诉我们他在春日寻找的这个"芳"，这个芬芳的东西是孔孟之道的芬芳、是人间的圣人之学的芬芳。（补充朱熹所处的时代背景）

万紫千红——他找到了一种充满希望的景象，也就是找到了民族精神和人生意义。他的这首诗，在从容沉着的风景描写之中，透露的是一种自信和喜悦。

（四）对比赏读，感悟春美

师：朱熹眼中的春天是万紫千红的，你眼中的春天是怎样的？古人笔下有不少写春赞春的诗，你可借用诗人的诗来赞美春天（吟诵课前收集到的诗句）。

师：老师这里也有一些诗句，让我们一起来读出春的美。（课件出示，配乐诵读）

春色满园关不住，一枝红杏出墙来。——叶绍翁；
日出江花红似火，春来江水绿如蓝。——白居易；
春风又绿江南岸，明月何时照我还？——王安石；
不须迎向东郊去，春在千门万户中。——卢道悦；
竹外桃花三两枝，春江水暖鸭先知。——苏轼；
沉舟侧畔千帆过，病树前头万木春。——刘禹锡。

（五）总结延伸，升华主题

师：春天在每个人的眼中是不一样的，在诗人贺知章的眼中春天是碧绿、高贵、神奇的；在朱熹的眼中春天是万紫千红的、富含哲理的。在其他诗人的眼中春天是怎样的呢？课外再找描写春天的古诗阅读，体会诗人不同的感情和心情。

写出几个带有春的四字词语，几个带有春的佳句名诗。

古诗《早发白帝城》

（课前热身）

师：老师今天来上课带来了一个"百宝箱"，猜猜看，"百宝箱"里装了什么呀？

（学生猜，有的说是水果，有的说是书，有的说是玩具……）

师：等上完课后，咱们再来揭开谜底，好吗？到时候每位同学都会得到一份礼物。好，准备上课！

（互相问好）

师：今天我们继续学习第九课《古诗二首》的第二首古诗，这个"首"字是什么意思？谁能告诉我？（用红粉笔板书"首"字）

生："首"是"篇"的意思。

师：为什么不说古诗两篇，而说古诗两首呢？

生：诗就用"首"。

师：知道寓言用什么吗？

生：寓言用"则"。

师：真棒！诗词用"首"，寓言用"则"，文章用"篇"。

[评析：细微之处见功底，教师从"首"字切入，恰到好处地让学生掌握用于诗词、寓言和文章的不同量词。这就是语文基础知识的落实，学生语文素养的提高就始于这一点一滴的积累。这一细节，为整堂课定下了在积累中发展的基调。]

师：这首诗是谁写的？

生（齐）：李白。

师：你们了解李白吗？谁来说一说？

生：李白，字太白，唐朝著名诗人，才华横溢，被人誉为诗仙，一生游历了无数名山大川，写下了许多壮丽诗篇。李白的诗想象丰富，语言清新活泼，形式不拘一格，是继屈原之后的浪漫主义诗人的杰出代表。

师：你怎么知道这么多呀？

生：网上收集到的。

师：真好，会主动查找资料了。同学们还有什么补充的吗？

生：李白的诗气势雄浑，风格豪迈、潇洒，有人说他的诗"落笔惊风雨，诗成泣鬼神"。

师：好的，李白的诗热情奔放，富有浪漫主义色彩，流传下来的诗大概有980多首。今天我们要学的《早发白帝城》是他晚期的作品。从题目上看，你读懂了什么？

生1：我知道了李白早上从白帝城出发去江陵。

师：知道白帝城在哪儿吗？

生1：在江陵。

师：对不对呀？

生（齐）：不对。

生2：在今天的重庆市奉节东白帝山上。

师：你怎么知道的？（板书：白帝）

生2：从课本上看到的。

师：很好！我们每天都在和课本打交道，我们要养成认真读书的好习惯。

师：我们刚才了解了诗人，诗题，这是我们学习古诗的第一步：知诗人，解诗题（引导学生归纳并板书）。

[评析：当学生说是"从课本上看到的"时，教师及时引导学生"要养成认真读书（教科书）的好习惯"。教科书永远是最重要的课堂教学资源——教师深谙其道。"知诗人，解诗题"这是教师引导学生总结归纳的学习古诗的步骤，帮助学生掌握自学古诗的方法，实现"教是为了不教"。]

师：李白从白帝城出发，要到哪里去呢？他是怎么去的呢？一路上看到了什么？听到了什么？心情怎样？下面请同学们自由地朗读这首诗。

（生自由读诗）

师：同学们，自由读时要拿起你的笔，养成"不动笔墨不读书"的好习惯。把不懂的字词画出来。

（生边读边动笔批画）

师：现在，谁来告诉大家你读懂了什么？

生：我读懂了李白早上从白帝城出发，一天之内就到了江陵。

师：李白从白帝城出发去江陵。（板书：江陵）江陵在哪里呀？

生：在今天的湖北荆州。

师：也就是今天的湖北省江陵县。还读懂了什么？

生：李白的心情很愉快。

师：说得真好！你是从哪儿知道的呢？

生：我从"千里江陵一日还"这句诗里知道的。

生：从"朝辞白帝彩云间"也可以知道。

师：有没有不同的意见呢？你可以抓住一个最巧妙的字来理解。

生：从"轻舟已过万重山"的"轻"字可以看出李白心情是非常愉快的。

师：为什么是"轻"字呢？再体会一下。（板书：轻舟）

生："轻"字可以看出船速很快。

师：船快也是心快，心情愉快就感觉船行得快。快得怎么样啊？

生："千里江陵一日还。"李白要去的江陵，虽然远隔千里，顺水而下一日之内就可到达。

（师板书：一日还）

师：还读懂了什么？

生：白帝山上的风景很美。

生："朝辞白帝彩云间"，白帝城彩云缭绕，真美。

师：能用自己的话具体描绘一下吗？

生：早晨太阳刚升起，白帝城彩云缭绕，远远望去就像人间仙境。

师：啊，高高的白帝城，掩映在一片霞光之中，就像坐落在天上。离开白帝城，一路上听到了什么呀？

生：一路上听到很多猿猴的啼叫。

师：不是三两声，而是此起彼伏，连绵不断。

师：为什么可以听到这么多的猿猴啼叫声呢？

生：因为山很多。

师：我们能不能用一个比较好的词语来表达呢？

生：山峦重重叠叠。

师：很好。白帝城彩云缭绕，可以看出白帝城山势很高，那么，山势高有没有更好的词语？

生：陡峭。

师：老师还告诉你们两个形容山的词语：层峦叠嶂，崇山峻岭。你们还读懂了什么？

生：李白坐的船很快呀，一下子穿过了千重山，万重山。

师：对呀！李白坐的船很快，还来不及细细地欣赏长江两岸的美景，猿猴的声音还在耳边回荡，可是已经穿过了重重叠叠的千座山、万座山。这是我们今天学习古诗的第二步。咱们一起归纳一下：抓字眼，明诗意。（引导学生归纳并板书）

[评析：引导学生学习语言、积累语言，激活学生的语言意识，充实学生的语言信息库，使其逐渐掌握运用语言的方法和技巧，提高语文素养，这是语文课堂追求的本色，也就是语文课堂的"语文味儿"。教师在组织学生"抓字眼，明诗意"的学习过程中，十分注意引导学生在语境中掂量、体

悟、接受，达成语言积累，这就是"扎扎实实教语文"。]

师：诗的大概意思明白了吗？谁能用自己的话说给大家听。可以选择其中的句子来说，要尽量说得美一点。

生：我说第一句，早晨李白告别了朝霞掩映的白帝城。

生：我说第二句，远在千里的江陵一日就可以到达。

生：清晨，李白辞别了彩云缭绕的白帝城，乘船顺水而下，日行千里，一日之内就到了江陵。

师：辞别、彩云缭绕、顺水而下、日行千里，这些词用得好！

生：李白在朝霞满天的时候，乘船离开了白帝城，船儿顺流东下，船速很快，两岸的猿猴的啼叫还在耳边回荡，船儿已穿越了重重的高山。

师：刚才我们用过一个词语来说猿猴啼叫声的，记得吗？

生（齐）：此起彼伏。

师：诗的语言简洁精致，同学们看看这首诗虽只有二十八个字，却蕴涵着诗人丰富的想象，我们用自己的话说这首诗时一定要描述得美一些。想不想听老师说一说？

生（齐）：想！

师（充满激情的）：清晨，辞别了白帝城，乘着小船顺流而下，不禁回眸远望，霞光满天，高高的白帝城好像坐落在彩云缭绕的天空中。小船穿梭于幽深的峡谷之间，在奔腾呼啸的江水中像离弦的箭一样，飞驰而下，远隔千里的江陵一日之内就到达了。沿途两岸的高山秀峰，一闪而过，无暇细细观赏，耳边只听到猿猴的啼鸣声此起彼伏，连绵不断。就在这浑然一片的猿猴啼鸣声中，小船早就穿过了重重叠叠的千座山、万座山。美吗？

生（齐）：美。

师：老师在这段文字中用了一个比喻句，听明白了吗？

生：听明白了。

师：把什么比喻成什么？

生：把快速行进的小船比喻成离弦的箭。

师：你能把老师的那句话重复一遍吗？

生：在奔腾呼啸的江水中，船像离弦的箭一样飞驰而下。

[评析：新课改重视教学资源的开发与利用，认为一切语言学习的材料都可以成为教学资源，从这个意义上说，教师本身就是最鲜活最有重要的教学资源，既然如此，教师在教学过程中应充分发挥自身的语言和情感优势，用诗化的语言和丰富的情感对学生实施教学，这对学生来说不就是"润物细无声"的潜移默化吗？]

师：假如你是诗人，站在船头，望着三峡这奇丽的风光，听着猿猴的啼叫声，你的心情会是怎样的呢？

生：喜悦。

生：愉快。

生：兴奋。

师：说得都很好。（展示三峡图片）在疾行如飞的小船上，面对这连绵不断的山峰，李白诗兴大发。谁来扮演李白吟诵这首诗？谁来看着三峡的风光片，用散文式的语言再描述一下？

（生跃跃欲试，指名吟诵、描述，声情并茂，鼓掌）

师：这是学习古诗的第三步：想意境，悟诗情（引导学生归纳并板书）。想不想听老师来读一读这首诗呢？

（师范读）

师：要用什么样的感情来读呀？

（生明确要用兴奋、愉快、轻松的感情来读）

（生齐读）

师：读得怎么样呀？有没有读出轻松愉快的感情？

生：有一点。

师：还有一些不够是吗？哪里读得不够呢？

生：读得快了一些，没有揉进自己的感情。

师：是读快了一些，没有节奏、缺乏韵律是吗？好，那谁来读一下呢？

（一生摇头晃脑地读起来）

（师带读，指出诗的节奏韵律、读音的轻重）

（生齐读）

师：读的时间还是有些快，最后一句应这样读："轻舟—已过—万—重—山"，要读出小船穿行的轻快。

（生熟读成诵）

师：刚才是我们学习古诗的第四步：熟诵读，厚积累（引导学生归纳并板书）。

［评析：阅读教学，以读为本，这是新课程理念引领下广大语文教师的一种共识。执教者在课堂上充分运用"读"这一看似最简单最朴素的教学手段，指导学生通过各种形式的读，"想意境，悟诗情"，实现教学目标。我们可以从中体会到"务本，求实，尚简，有度"的教学理念。］

师：今天我们读了李白的《早发白帝城》，你们还读过李白哪些诗？

生：《夜宿山寺》。

生：《将进酒》。

生：《静夜思》和《望庐山瀑布》。

师：李白留给了我们九百多首古诗，大家课后可以通过到图书馆或上网找来阅读。

（布置课后作业：将这首诗改写成一篇散文）

师（打开"百宝箱"）：课前老师说要送给大家一份礼物，你们猜到是什么了吗？

生：书。

师：是的，我现在送给你们每人一本我们学校新编的《小学生必背古诗80首》，另外，老师还要为你们班的图书角赠送一本我儿子刚出版的现代诗集《寂寞的街角》。想不想听其中的一首？

生（齐）：想听。

（师朗诵《书桌》）

师：只要同学们从小酷爱读书，体验生活，就能写出美丽的诗篇来。我衷心地希望大家好好学习，将来也出一本自己的诗集，做一个了不起的诗人。

生（齐）：谢谢老师。（生齐鼓掌）

[评析：语文学习"得益于课内，工夫在课外"，在课堂教学临近尾声时，教师又巧妙地将学生的视线牵引至丰富的课外学习资源，这既是课堂的拓展，又是对课时的照应，可谓用心良苦，其驾驭课堂的能力和教学艺术，可见一斑，令人叹服。一个"衷心"的"希望"，也许能激发孩子们读诗、写诗的兴趣，也许在未来真的从他们当中走出"一个了不起的诗人"来，那么，这节课的效益恐怕就是我们今天所无法评价的了。]

第五节　开放式名言引读教学

名言警句，主要是指人们普遍熟悉的成语、俗语、谚语、格言等，是人们在实践经验中的提炼和总结。它历经了时间的锤炼与筛选，是历史文化精华的积淀，富有启发性和说服力，寓意深刻，能将深奥的哲理寓于较强生动性和具有教学感染力的语言中。它往往代表了一个民族的价值观、道德取向，能给人无尽的启迪。

一、名言引读教学的目的

虽然这些内容占新教材的比重微乎其微，可对于学生学习语言、学习做人都是十分有益的。巧用一些精练优美的具有教育意义的名言警句，既可以使教学语言生动有趣，和谐动听；又能陶冶学生情操，产生共鸣；既能激发学生学习兴趣，帮助学生理解教材观点，又能深化教学主题，强化课堂知识的运用。

二、名言引读教学的策略

其一，用名言警句导入新课。

俗话说"良好的开端是成功的一半"。恰当地使用与教学内容有关的名言警句，就能引起学生注意，激发学生的兴趣和求知欲。如教《草原》时，引用古诗歌的"天苍苍，野茫茫，风吹草低见牛羊"导入；教《和时间赛跑》时，引用朱自清的《匆匆》一文中的"洗手的时候，日子从水盆里过去；吃饭的时候，日子从饭碗里过去。当你觉察它去的匆匆了伸出手遮挡时，它又从遮挡的手指间过去。天黑时，你躺在床上，它便伶伶俐俐地从你身上跨过，从你脚边飞走了"；教学《可贵的沉默》时，引用克莱尔的"说话是银，但沉默是金"导入。

其二，用名言警句揭示深化主题。

名言警句富有知识性和哲理性，适当运用名言警句，可使学生实现知识的迁移，以最终达到掌握知识，提高觉悟，培养习惯的教学目标，能起到画龙点睛的教学效果，能使学生更深刻地懂得人生哲理。

在新课结束之际，送给学生一句与本课有关的富有哲理、寓意深刻的名言警句，既可激励学生，又可深化教学主题。

其三，巧用名言活跃气氛巩固知识。

名言警句朗朗上口，简约而有力量。既有利于活跃课堂气氛，增强课堂教学的趣味性和魅力，又能激发学生的注意力，唤起学生的兴趣。此外，还可布置学生课前收集名言警句，以便在课中畅谈感想，学以致用。

平时的教学中教师应建议学生把一些好的名言警句写在笔记本上，或制作成书签保存，用以时刻提醒、激励自己，这种作业对学生来说既简单又新颖，充满了激情并且富有挑战性。在收集的过程中，学生也受到名言的启迪和教育，充分发挥了名言警句的教育作用，强化了学生对所学知识的运用能力，增强了教学的实效性，提高了教学效益。

其四，在实际生活中营造氛围。

每天学一句名言警句。"一天一句名言，一天一点进步"，通过自建小句库，使之系统化、条理化，以便学生在今后的学习过程中慢慢琢磨名言警句的意思和体会其中所蕴涵的道理。

每周办一期相关的黑板报，每月出一期相关的手抄报，既训练学生的写作能力，又开阔了学生阅读视野；既巩固了所学知识，又培养学生的审美能力、组织能力和名言警句运用能力。

鼓励学生在说话、作文时使用名言警句。巧用名言警句，既能上活上好语文课，也能使作文锦上添花，更能引导学生树立起正确的世界观、人生观、价值观，使他们的青春焕发健康、蓬勃的活力，使他们的一生在青少年时期就定下正确的基调。只要我们教师都用心引导、帮助学生学会积累，一定能取得事半功倍的效果。

对话名人　聆听教诲
——五年级名言引读教学

（课前一周布置学生收集了各类名人名言）

一、激情导入

师：同学们，读名言就像在聆听名人的教诲，就像在和名人对话。名言可以给人启迪，具有催人奋进、使人聪慧的魅力。一句名言可以改变人的生活和学习。你们想过没有，这些名人名言是什么意思呢？这些"名人"是在什么样的情况下产生这样的想法，这些名言对我们有什么样的启示呢？

二、启发点拨，读文明理

师：读读下面的故事，（一）关于司马迁发愤写《史记》的故事；（二）关于于永正老师让学生自己写名言的故事。想一想，你从中受到什么启发？

生：听到"横眉冷对千夫指，俯首甘为孺子牛"，我们就好像看到了刚正不阿的鲁迅；听到"先天下之忧而忧，后天下之乐而乐"，我们就仿佛看到了忧国忧民的范仲淹；想到"学习如逆水行舟，不进则退"，勤奋好学的数学家华罗庚仿佛真的出现在我们眼前……

师：是呀！这些语言是他们在特殊时期的真实感悟与体验。

生：写出自己的感悟，写出自己对学习、生活的理解，我们自己也能写名言。

三、激励学生，对话交流

生：我最喜欢的一句名言是在我们的语文课上，老师说的"三分文章七分改"。

生：俗话说：团结就是力量。说起它，我真要感谢这句话，是这句话伴随着我，从小到大它帮我克服了许许多多的困难。让我真正认识到在这个世界上不是一个人孤立存在的，只有许多人团结起来才能产生一种不可阻挡的动力，做好每一件事。"团结就是力量"是我的朋友，是我的老师，是我们成功的秘诀……

师：这是一种难得的团队精神，就让它伴随你的一生！

生：我喜欢的一句名言是"一切都会过去"。这句话据说是一位阿拉伯国王刻在戒指上的。我十分欣赏这句话，每当我有什么不顺心的时候，我就想起这句话。

生："尽力而为，便是成功。"这句话，乍看平平庸庸，但细细推敲之后，方可知妙在其中。

师：自己的感悟，自己的名言，有个性！

生："虚心使人进步，骄傲使人落后"，这是毛泽东最爱说的一句话，也是我最喜欢的一句话。

师：这句话也送给我们每一位同学。

生：达尔文的"任何改正，都是进步"。这句话的意思是说："哪怕是一丁点的小毛病，只要你改正了，就是进步。"这句话说起来容易，做起来却很难。所以贵在坚持，凡事都要有恒心，有毅力。这样才能有所成就。

生：虽然几年过去了，但周总理那句"为中华之崛起而读书"这句话至今还在我的脑海里回荡。"为中华之崛起而读书"，让我领会了周恩来总理的爱国热情，更能让我为中华之崛起而发愤读书。我们一定要铭记"为中华之崛起而读书"。

师：希望同学们以后继续收集名人名言，使之成为自己的座右铭！

四、学生创"名言"、写感想

（一）学生创造的"名言"

文明出行，从我做起。

探究是一种心态，一种境界，更是一种体验。

没有目标的学习如同酒后驾车，千万不要等撞车了才酒醒。

只有一条路不能选择，那就是放弃的路；只有一条路不能拒绝，那就是成长的路。

从来只有拼出来的美丽，没有等出来的辉煌。

天空之所以高远，是因为有你在翱翔。草原之所以辽阔，是因为有你在奔驰。

以最平常的心，或许就能看见最不平常的风景。

胜利者不一定跑得最快，但一定是跑得最久。

书是一幅画，色彩光影调和的是纷纭的世态。

书是一位纯洁的天使，她闪闪的光芒招引着我们与她同行。

（二）学生读名言的感想

一句名言的启示

"错误和挫折教训了我们，使我们比较地聪明起来了，我们的事情就能办得好一些。"这是伟大领袖毛泽东的一句名言。今天我读了《能够承受挫折》这篇文章之后，我才深深地体会到：失败了再来，前途是自己创造出来的。

我曾想过：在人生的道路上，要是没有挫折就能获得成功，那该多好。但这是不可能的。无论伟人、名人、平凡的人都会遇到挫折。既然挫折来临了，我们就应该勇敢地面对，因为只要有了正确的生活目标，就能激发我们奋斗的勇气和巨大的力量，坚韧不拔，去战胜挫折。

我国西汉著名史学家、文学家司马迁，被汉武帝处以重刑，身心受到极大摧残。但他为了实现自己的目标，发愤著书，终于写成了被称为"史家之绝唱，无韵之《离骚》"的史学巨著——《史记》。司马迁能够承受这么大的挫折，实在令我感到敬佩，和他比起来，我真是感到很惭愧。我们这一代的孩子，从小就娇生惯养，整天生活在父母的呵护下。如果将来我们走向社会，会是什么样呢？能够承受住挫折，迎接新世纪的挑战吗？

德国的伟大作曲家贝多芬一生遇到数不清的磨难。然而，这反倒磨砺了他的意志，激发了他的进取精神，使他重新振作起来，最终获得了成功。从这个故事，我想到，只要有乐观向上的生活态度，遇到困难和挫折时能勇敢地面对，就能战胜挫折。

总之，在人生的道路上，难免会遇到挫折，只要我们正确地对待，挫折便会起到积极的作用。今后我一定要正确地对待挫折，敢于面对挫折，并在挫折中不断长大……

第六节　开放式绘本引读教学

绘本是用图画与文字，共同叙述一个故事，表达特定情感、主题的读本，通过绘画和文字两种媒介互动来说故事的一门文学创作。在绘本中，图画不再是点缀，而是图书的命脉，甚至有些绘本，一个字也没有，只有绘画来讲故事。绘本 17 世纪诞生于欧洲，20 世纪 30 年代，绘本图画书的主流传向了美国，绘本图书迎来了黄金时代。五六十年代，绘本开始在韩国、日本兴起。70 年代，台湾也开始了绘本阅读，随后掀起绘本阅读的热潮。

如果把儿童文学比做是一座花园，绘本无疑是花园中开得最灿烂的一朵。有人说过，人的一生有三次邂逅绘本：一是童年；二是初为父母；三是人生过半为了自己的时候。

绘本是孩子人生的第一本书，孩子的阅读生涯是从阅读绘本故事书开始的。一个孩子从绘本中体会到多少快乐，将决定他一生是否喜欢读书。适合孩子阅读的文章书籍对于一个孩子来说，意味着成长的伴侣、心灵的雨露、精神的家园、美的存在、笑的源泉，意味着第二个生命。绘本，无疑是孩子阅读的最佳选择。

一、绘本引读教学的目的

绘本不仅是讲故事、学知识，而且可以全面帮助孩子建构精神，培养多元智能。图文并茂的绘本吸引着孩子。绘本的价值和魅力在于：它没有一句教条，却能满足孩子的成长需要；没有太多说理，却能启发孩子的深入思考；没有一点儿喧闹，却能激起孩子的会心大笑。21世纪的今天，绘本阅读已经成了全世界儿童阅读的时尚。当然，绘本毕竟是浅阅读，一般只适合一二年级学生。

其一，绘本符合孩子思维特点，更能激发孩子阅读兴趣。

在小学低段，作为教师和家长首先要考虑的是怎样才能把孩子的注意力吸引到阅读上来，怎样培养孩子养成阅读兴趣和习惯，让孩子爱读书，快乐地读书。传统教条灌输式的阅读文本，僵化了教学方式，也拉远了书本与孩子间的距离。而绘本却让孩子感受到阅读的乐趣。从人类的发展史上看，图画语言甚至还早于文字语言，它比文字符号更加直观，表达的系统更符合儿童形象性思维的特点。而绘本以画为主，字少但画面丰富，以画传达故事情节，比一般纯文本更能激发孩子的兴趣，也更符合儿童早期阅读的特点和习惯。在绘本中，儿童文学作家使用孩子可以解读的词汇，熟悉的语句结构，将主题巧妙涵盖进去，会聚成结构完整、内容丰富的故事。借助丰富的图画使孩子们在阅读文字时觉得更为简单，通过直观化的绘本内容，孩子吸收、激荡、转化着各种观点，无形中便培养出精湛的语文阅读能力，并促使他们积极地向纯文字阅读过渡。

其二，绘本画面精美，富有内涵，能给孩子美的熏陶。

目前绘本中的图画部分，多数都是世界知名画家的作品。他们运用各种手法，或水彩、或剪贴，营造故事情节，让孩子在阅读过程中，享受文学，也感染到美学。好的绘本，不仅绘画精美，构图、色彩能使阅读者在视觉上引起愉悦，而且每张图画都有丰富的内涵，图与图之间能呈现独特的叙事关系。绘本阅读在把孩子带入美好故事情节的过程中，孩子的情感受到陶冶，艺术审美能力不断发展，而这种能力的提升绝不是单单凭借文字阅读所能替代的。

其三，绘本能激活孩子的想象，有利于孩子创造力的培养。

任何人都不是生来就具有丰富想象力的，想象力是通过直接、间接的体验获得的，体验越丰富，想象力也越丰富，而绘本就为孩子提供了丰富体验的机会。绘本故事横跨国界，穿越各种文化背景，透过文字与画面，孩子得以进入不同的世界，让创造力无限扩大。绘本里还会预留给孩子许多想象的空间，让孩子根据绘本的整体意境，对故事情节展开丰富的联想，设计书中人物的语言、动作。画面中的一些细枝末节也会让孩子产生丰富的联想，对故事进行自我扩充、延伸。短小精薄的绘本，如同一部精彩的单元剧，任何一位喜爱与孩子相处、肯用心和孩子相处的教师，都可以利用绘本的优势，让孩子在零压力的情况下，带着好奇、兴奋的心情，融入绘本的故事情境，并透过有意义的提问和引导，培养孩子逻辑思考、预测推理能力，以及听说读写的语文能力。

二、绘本引读教学的策略

其一，选择的优秀绘本。

一是从故事内容方面选择。故事的取材要贴近孩子的生活，最好是孩子熟悉的事情，但又异于常态、常理、常情的变化，使儿童感觉到熟悉而奇特，新颖而有趣。故事的情节必须是简单而清楚的描述，让孩子想知道接着发生什么。故事的语言浅近、具体、形象；句子单纯、短小、口语化；朗读时明快、活泼、朗朗上口，富有音乐感。二是从图画表现方面选择。图画要富有视觉美，要恰当地运用色彩特指，比如小白兔、红狐狸、绿草、金色的阳光等，这样故事中的形象才会更鲜明，也更能激发孩子阅读的欲望。画面的构图也是营造故事视觉美的一个重要手段。高低对比关系以及散点构图等，能在视觉上引起愉悦，使注意力集中在故事的主要人物和情节上，增进孩子对故事的理解。

其二，采用多种形式进行绘本引读。

一是主题引导式。每本绘本都有一个鲜明的主题，而且这个主题遍布在图画中。如果以这个主题来引导学生仔细看图的话，绘本的人文性将会"随风潜入夜"般地深入人心。以主题为线索引导阅读，可以将图画中散落的珍珠串成串，让主题的光芒四溢！同时学生将会在主题的引导下，体会到"发现"带来的无穷乐趣。因为，绘本的主题本身就是在形象有趣的画面中展示出来的。带领孩子去发现这样的画面，当然就是去带领孩子发现幸福的天堂。

如《大大行，我也行》这本书的后半部分就是表达"小的是美好的"这个主题。小小的我能钻过洞穴到达另外一个天地，而大大就钻不进来了。我在这个世界里，能发现许多的宝贝。在"发现宝贝"的这幅图中，当学生观察完图中已有的事物后，为了能让学生更深刻地体会到"小的是美好的"。教师追问：猜猜在这个世界里，你还有可能发现哪些宝贝？学生结合自身的实际，说出了他们平时在草丛中发现的事物：蜗牛、蚂蚁、蚯蚓等。

他们已经进入到书中来了。有一个孩子还悄悄地说："地下还有金子。"真让人忍俊不禁！这不就是阅读带来的乐趣嘛！"小的真好。能拥有这么多的宝贝！"通过主题来引导孩子阅读绘本，让儿童不断地进行着情感的体验，凭借着阅读，情感得到了提高和升华。在孩子的世界里，在轻松愉快的阅读中，埋下影响终生的良好的情感。

二是表演延伸式。这种方式是最受孩子喜欢的，符合他们好动的年龄特点。绘本的情趣也在表演中让孩子们淋漓尽致地感同身受。适合表演的绘本，让孩子们演演，更能激起情趣。如《大大行，我也行》这本书，前半部分内容就是讲"大大会做什么，我也会做什么。不过……"可请学生和老师一起演演书中内容：比比跳远，比比钻洞。大大的厉害，我的优势，在表演中就会更能体现出来。

书是生活的写照。在阅读中感受生活，反之亦可在生活中演绎文本，将文本延伸到真实的生活中。让低段学生在表演中延伸文本，是行之有效的拓展方式。当学生阅读完《大大行，我也行》前半部分的时候，安排学生和老师一起表演——老师边举卡片边说：我会举卡片让小朋友读。学生也举起卡片说：我会举卡片让小朋友读。不过我还太小，没有老师举得那么高。老师和学生一起在黑板上写字表演，也让学生用句式"老师会……我也……不过……"来说话。有了生活表演的推波助澜和铺路搭桥，再请学生联系生活实际来用句式说说，孩子们都能情趣盎然地说上来大人与自己之间能做的事，以及两者之间的差别。课堂上生活已悄然融入到文本阅读中了。

三是读写结合式。众所周知，小学低年段儿童的语言表达能力还十分有限，尤其是书面语言表达。但是，这个年龄阶段的孩子运用线条、图形、色块来表达事物、心情、感受的能力却极富创造的潜力。因此，读、写、绘一体化的教学策略，可以有效地激发学生表达热情，拓展绘本教学的空间。怎样把绘本的阅读与"写"和"绘"充分结合起来呢？

在绘本教学中，教师一般把目标定位在阅读、理解故事，而相对淡化图画的欣赏。在有条件的情况下，可以让学生人手一本绘本书，让孩子们能与之"亲密接触"。这样，一则可以将整个故事连贯地再读并讲述，二则可以细细在回味欣赏图画的形象、色彩、线条、背景时，为"写"和"绘"奠定基础。

在绘本教学中，学生创作什么，质量如何，在很大程度上取决于创作点的选择是否接通了绘本的有效空间。无论是续编还是创编，都需要寻找一个能开辟的新空间的创作点。在《爷爷一定有办法》的教学中，教师有意将"老鼠一家"的游戏隐去，而在指导学生进行创作的时候，则进行了这样的设计：神奇的蓝色布料到哪里去了？老鼠一家又会将蓝色布料做成什么？那粒纽扣呢？学生据此创作新的故事，就有话可说，有画可画了。而在《逃家小兔》里，这场"爱的游戏"则完全可以延伸到家庭的"亲子读写绘"：与妈妈一起分享这个故事，如果你是逃家小兔，会变成什么？妈妈又会变成什么？怎样捉你呢？看谁和妈妈变得多，变得有趣。学生在与妈妈合作进行"亲子读写绘"中，感受爱与智慧，是一件非常有意义的事。再如《逃家小兔》这一本书的主题是表达了母亲对孩子的爱。通过设计与主题有关的问题："这幅图中，你在哪儿找到了妈妈的爱？"引导学生观察画面。绘本阅读完毕后，提供给学生两幅图：钓鱼图和走钢索的图，从中选一幅图来写话。学生表达起来感觉较轻松。即使是随意写几句，也能留有母爱的痕迹。如一学生写道：马戏团里，兔宝宝在表演空中飞人。兔妈妈在走钢索，撑着一把雨伞。她的眼睛老是盯着兔宝宝，兔宝宝如果掉下来的话，她就飞过去，把雨伞给他当降落伞。孩子的发现竟是这样的细微感人，这跟教师的主题引导观察是分不开的。

"一个人的阅读史就是一个人的精神发育史"。优秀的绘本，往往以最朴素、最简单的方式传达深刻的真理，而我们的语文教材道德训诫的色彩比较浓厚，训诫的方式也比较直白。如想让儿童讲究卫生，就编一个小猴不讲卫生的童话；想培养孩子的勇敢精神，就编一个捅马蜂窝的儿童故事。对此，周作人先生的见解或许对我们有所启发："其实艺术里未尝不可寓意，不过须得如做果汁冰酪一样，要把果子味混透在冰酪里，绝不可只把一块果子皮放在上面就算了事。"

优秀的绘本，就是周作人先生说的美味的果汁冰酪。阅读这些故事，会给孩子带来丰富的生命体验和心灵滋养，让孩子的精神之花美丽绽放。当然，前提是孩子要真正融入这个故事，理解这个故事，在故事中受到情绪的感染和精神的启发。因此，在绘本的教学中，教师如何设计问题、组织讨论，帮助学生理解故事就显得十分重要。

绘本《月亮，生日快乐》说的是小熊给月亮送生日礼物的故事。故事讲完后，教师问学生，你喜欢故事里的小熊吗？为什么？一学生回答："我觉得小熊很好笑，它把自己的话当成月亮的话，把自己买的帽子当成月亮送给它的帽子。"像这个学生一样觉得小熊傻而好笑的学生恐怕不在少数。"小熊到底傻不傻？"这个问题是引导学生理解故事的一个很好的契机，但遗憾的是，课堂上教师轻易地放过了这个话题，其实，教师完全可以结合生活情境让学生在交流中认识到：当你送出"你好"的时候，就能收获"你好"；当你送出微笑的时候，就能收获微笑；你对别人好，别人对你就好。那么，这个故事的意义也就凸显出来了：你是另一个我，我是另一个你；与人交往，我们能接收到的，从某种程度上讲，就是自己的回声。

而在《爷爷一定有办法》的教学里，我们不仅要看到"爱"和"节约"，更要看到故事里的智慧。《爷爷一定有办法》取材于一首犹太民族的民歌，原题为"无中生有"。故事中无论是爷爷将毯子改成外套、背心或是别的什么，还是约瑟将这些材料写成故事，重要的是你能把它变成什么，裁剪、缝制或者书写，这是创造的智慧。这比让学生体会爱、体会节俭更有意义——光有节俭，留一条破毯子何用？只有当破毯子成为一件奇妙的外套时，它才拥有了价值与意义，这个故事也因此获得了新的高度。

理解这些故事，我们能走得多远？这首先取决于教师对故事本身意义的把握：触及故事灵魂的点在哪里？鲜灵灵、活泼泼的文本意义，就像爬山虎那一墙繁茂的肥叶，而支撑、拉动和铺展"意义之绿"的小脚，就是文本与儿童生活的接触点。在不歪曲原意的前提下组织学生展开讨论，使故事包含的"意"进一步显现，是绘本教学中较难把握的问题，回避讨论或是过度引申都难以取得好的教学效果。

教学实录

学 会 感 恩
——低年级绘本《爱心树》引读教学

一、教材介绍

从前有一棵树，这棵树喜欢上了一个小男孩，这个小男孩几乎每天都会跑到树底下，收集树叶，给自己做一顶树叶王冠，想象自己就是森林中的大王；他也会经常爬到树的顶端，在树上荡秋千；有时候还会吃树上结的苹果；与大树玩捉迷藏；疲倦的时候，他还会在树荫底下打一会儿小盹……小男孩非常非常爱这棵树。但是，时间过得飞快，小男孩也逐渐长大，大树感到有点寂寞。有一天，小男孩来到树底下，大树对他说："来吧孩子，再到我的树上荡秋千，或者到树荫底下睡会儿觉。""我已经长大了，需要些钱。"男孩说。后来大树把苹果都给了男孩，大树很快乐。又有一天，男孩来了，大树说："来吧，到我的树上荡秋千，你会很快乐。""我有许多事做，没时间，要建一座房子。"于是男孩把树枝都砍了下来建了座房子，大树还是很快乐……最后，男孩又来了，大树对他说："对不起，我什么都没有了，我只有一个老树墩了，很抱歉。""我现在什么都不想干，只想找个地方坐下来休息。"男孩说道。于是大树让男孩坐到自己的老树墩上来休息，男孩坐了下来。大树很快乐。

这是一个由一棵有求必应的苹果树和一个贪求不厌的孩子，共同组成的温馨，又略带哀伤的动人故事：这是一则令人心醒动容的寓言——在施与受之间，也在爱与被爱之间。

二、教学目的

（一）借助绘本阅读，在观察、想象、发现中，让学生享受阅读的情趣。

（二）以故事的形式把孩子们引领进丰富的情感世界。让学生懂得在索取的同时要学会感恩，学会感谢，学会知足。

（三）以读写绘的方式引领学生创编故事。

三、教具准备

绘本《爱心树》、实物投影仪、绘画纸、蜡笔等。

四、教学过程

（一）赏读封面，猜想故事

师（出示书的封面）：请你瞪大你的小眼睛仔细看书的封面，你看到了什么？

生1：我看到了一个苹果从树上落下来。

生2：我看到了这棵苹果树下有一个小男孩，伸出双手去接从树上落下的苹果。

生3：我看到了这棵苹果树的树干上写着英文，还写着"爱心树"三个字。

师：你知道这几个英文翻译成中文的意思吗？

生：我猜中文是"爱心树"的意思吧。

师：没错，其实"爱心树"这三个字就是这个故事的——

生（齐说）：题目。

师（简单介绍作者生平）：谢尔希尔弗斯坦，美国人，一位举世罕见的艺术天才，他不仅是知名的儿童诗人及图画书作家，更是伟大的漫画家和歌手。《爱心树》在2001年被美国《出版者周刊》评为最畅销童书，入选美国教育协会教师和孩子推荐的100本书。

师：小朋友，你们能看着封面来猜猜这个故事主要讲什么吗？

生1：我猜这个故事可能会讲这棵爱心树和这个小男孩的事吧。

生2：我猜这个故事可能会讲这棵爱心树爱上了这个小男孩，就掉下一个苹果给他吃。

生3：我猜这个故事可能会讲小男孩爱上了这棵爱心树，每天都来跟这棵爱心树玩的事吧。

师：你们猜的跟这个故事一样吗？想知道吗？

生（齐说）：想。

师：那就让我们赶快打开书，一起去瞧瞧吧！

（二）共读故事，随机设疑

板块一

师（讲述）：从前有一棵大树/它喜欢上一个男孩儿……

师（出示第二面）：请小朋友们找找在这一页我们能找到男孩吗？

生：不能，只看到一只小脚丫。

师：看着这只小脚丫，猜猜他是个什么样的男孩呢？

生1：他是一个顽皮的男孩儿。

生2：他是个贪玩的男孩，每天都来跟大树玩。

师（出示第三面）：瞧，男孩来了。他每天会跑到树下，干什么呢？聪明的小朋友们，请你们大胆猜猜。

生1：夏天的话，他会来树下乘凉，也会跟树玩捉迷藏的游戏。

生2：到了秋天，苹果成熟的时候，他会爬上树摘苹果吃。

生3：在无聊时，他会爬到树上坐在树枝上荡秋千。

生4：累的时候，他会躺在树下休息。

师：小朋友的想象力真丰富。我们来看看书中的故事吧。

（师生一起读大树给孩子带来快乐的部分）

男孩每天会跑到树下/采集树叶/给自己做王冠/想象自己就是森林之王/他也常常爬上树干/在树枝上荡秋千/吃树上结的苹果/同大树捉迷藏/累了的时候/就在树荫里睡觉

师：悄悄的，小男孩爱上这棵大树了，因为这棵大树给男孩带来了什么呢？它会和男孩儿玩什么游戏呢？（回顾前面的情节）

生1：大树的树叶可以给小男孩做王冠，让他成为森林之王。

生2：大树的树枝可以让小男孩坐在上面荡秋千，让他玩得很开心。

生3：等到苹果成熟的时候，大树会让小男孩吃到又大又红、又香又甜的苹果。

生4：大树有时会同小男孩玩捉迷藏的游戏，小男孩累了，就让他在树荫里睡觉。

师（过度总结）：是呀，大树给小男孩带来了这么多的快乐，小男孩非常非常爱它。而大树自己也感到很快乐。

板块二

师（继续讲述）：但是时光流逝，就是时间一天天过去了，孩子渐渐长大了，瞧，他不来大树下玩耍了，没有来吃苹果了，没有来捉迷藏了，没有来荡秋千了，大树常常感到孤寂。但是有一天孩子来看大树了，他说自己长大了不爱爬树玩儿了，需要些钱买些好玩儿的东西。于是大树告诉他来摘自己身上的苹果去城里卖掉，得到钱去买好玩儿的东西。这时的大树很快乐。

师：小朋友们，这时的大树为什么很快乐呢？

生1：因为男孩渐渐长大了，好久没来看它，也没来跟它玩，现在来了，所以大树很快乐。

生2：因为以前是小男孩每天都跟它玩，给它带来快乐，现在它能帮小男孩了，所以大树感到很快乐。

生3：因为它把苹果给男孩，让他换钱买想要的东西。看到男孩快乐，它自己也感到快乐。

板块三

师：接下来又会发生哪些事呢？大树还是很快乐吗？请小朋友们自己去读读后面的故事，然后用自己的话来说说，再在小组里交流，看谁说得最棒？

（等生看完后面的故事，小组交流好后，再指名说）

生1：在小男孩摘走大树上的苹果换钱买到自己的东西后，就很久没来看望大树，大树很难过。后来有一天，孩子又来了，大树很高兴，叫他爬到树上玩，可小孩告诉它说自己有很多事要做，没有时间爬树，还向大树要一幢房子。然后大树叫他把自己的树枝砍去盖房。于是男孩就照做了，这时大树很快乐。

师：你讲得真不错，大家注意到了吗？这位小朋友在说后面的故事时，能用上一句过渡语把前面的内容连接起来，让我们听起来很自然。这一点值得我们学习。谁还能接着往下讲？

生：又过了很长时间，男孩没来看望大树。当他终于又回来的时候，大树非常高兴，叫他陪自己玩。可男孩说自己年纪大了心情也不好，不愿意玩，还说自己要一条船，到远方去，离开这里。于是大树叫他砍断自己的树干去做船。后来男孩就照做了，树干砍断，做了一条船，驶走了。这时的大树很快乐。

师：大树被男孩摘光了苹果，砍去了树枝，又砍去了树干，只剩下孤零零的——

生（齐说）：树墩。

师（出示树墩图）：大树还是很快乐，因为什么？

生1：因为大树帮助了小男孩。

生2：因为大树让小男孩得到他想要的东西。

生3：它帮小男孩做事，帮他解决了烦恼，看到小男孩快乐，它自己也感到很快乐。

师：大树虽然很快乐，心里却有些……它会想些什么呢？

生1：它会想小男孩走了，不会回来，再也不会回来看我了，感到很难过。

生2：它想到要跟小男孩分离了，再也见不到小男孩了，再也不能跟男孩玩了，心里感到很伤心。

生3：它想到自己现在只剩下树墩，再也没有东西可以给小男孩了，再也不能帮他，再也不能让他快乐，心里感到很悲伤。

板块四

师：是呀，大树以为男孩再也不会回来了，永远离它而去。再说自己现在只剩下树墩，再也没有东西可以给小男孩了，又孤独又悲伤。可没想到又过了很久，那孩子又来了。让我们来分角色朗读男孩和大树的对话吧。男孩子读孩子的话，女孩子读大树的话，老师读旁白。

（分角色朗读故事的最后部分）

师：到了最后，大树什么也没有了，再也没有东西给小男孩了，只剩下树墩，看到自己能让小孩坐在上面休息，这时的大树还是感到很快乐，这是为什么？

生1：因为孩子终于回到它的身边了，来看它了。

生2：虽然大树只剩下树墩，什么也不能给孩子，但能让孩子坐在它的上面休息，它感到很快乐。

生3：大树觉得男孩没有忘了它，虽然它什么也没有，但能见到男孩，它就很快乐。

（三）整体回味，感悟主题

师：这个故事讲到这棵大树很快乐，一共有几次？

生（齐说）：五次。

（出示句式）当（　　　　）的时候，大树很快乐，因为（　　　　）。

师：小朋友们，现在你们能用这个句式来说说大树每次快乐的原因吗？请小朋友们快速默读这个故事，然后同桌互相说说。

（指名说）

生1：当小男孩天天跟大树玩的时候，大树很快乐，因为大树的树叶可以给小男孩做王冠，树枝可以让小男孩坐在上面荡秋千，等到苹果成熟的时候，又能让小男孩吃到红红的苹果。有时会同小男孩玩捉迷藏的游戏，小男孩累了，就让他在树荫里睡觉。还有这个小男孩也很爱很爱这棵大树，并在树干上画了两个爱心。

师：这位小朋友讲得是有声有色，经她这么一说，我们仿佛真得看见小男孩与大树玩时那种快乐的情景。有个细节，大家注意到了没有？小男孩在树干上画了两个爱心，可见小男孩是多么多么爱这棵大树呀！这位小朋友观察到了。小朋友们，只要我们细心观察，就能学到更多的知识。

生2：当小男孩长大，成为少年，再来看望大树的时候，大树很快乐。因为它让男孩摘了苹果去卖钱，买他自己想要的东西。

生3：当男孩长到青年，再来看望大树的时候，大树很快乐，因为大树让男孩砍下树枝去盖房子。

生4：当男孩长到壮年又来看望大树的时候，大树很快乐，因为大树让男孩砍下树干去造船远行。

生5：当男孩到了老年成了一个老人，再一次回来看望大树的时候，大树很快乐，因为大树只剩下树墩，但还能让男孩坐在上面休息。

师：是呀，这棵大树在帮助小男孩的过程中是快乐的，可是书中却没有提到小男孩的感受，你觉得小男孩会怎么想？如果你是那个小男孩，你又会怎么做？

生1：如果我是那个小男孩，我会对大树说："谢谢你，大树，是你让我有了玩具、房子和船。"

生2：如果我是那个小男孩，我会对大树说："谢谢你，大树，是你一直在帮助我，可惜我现在已经老了，不能陪你玩了，如果你有什么需要我做的，请你告诉我，我一定为你做。"

生3：小男孩会觉得自己很自私。他会对大树说："大树，我太自私了，你那么乐意帮助我，也没有叫我为你做什么，你真是一棵很善良的大树。那我这么自私，该怎么办呢？"

师：小男孩自私在哪儿呢？能详细说说吗？

生3：当男孩是个小孩子的时候，天天跟大树玩，而当他长大了，每次来看大树，都向大树要自己想要的东西。

生4：我也觉得这个小男孩很贪心，想要得到自己好玩的东西，就摘光了大树的苹果，想要房子，就砍光大树的树枝，想要船，就砍断大树的树干，只留下树墩。到最后，再也不能从大树身上得到东西了。

生5：我也觉得这个小男孩很自私，只为自己着想，想要什么就向大树要，而他自己却没为大树做什么。

生6：从这里我知道我们不能像这个小男孩那么自私、贪心，得到别人的帮助，要感谢别人，也要去帮助别人。

师：是呀，这位小朋友讲得很在理。他说的话让老师想到了一个词，那就是"感恩"，要记得感谢帮助你的人。

师：此时此刻，你觉得这是一棵怎样的大树？

生1：这是一棵很善良的大树。

生2：这是一棵为人着想的大树。

第七章　开放式阅读教学的路径

生3：这是一棵很有爱心的大树，难怪这个故事的题目叫《爱心树》，它一直在帮助小男孩，从没要求小男孩为它做什么，直到最后，只剩下树墩了，它还是很快乐。

师：这位小朋友很会思考，能把内容与题目联系起来理解。这也是学习的一种好方法。

（四）联系生活，激发情感

师：小朋友们，在生活中，有谁也像这棵爱心树一样给你快乐，给你幸福，给你爱心呢？

生1：我觉得我的妈妈像这棵爱心树，因为我要新衣服，妈妈就会买给我。我感到很幸福。

生2：我觉得我的爸爸像这棵爱心树，平时我作业做完了，叫我爸爸陪我下棋，我爸爸就会陪我下棋，我感到很快乐。

生3：我觉得我的爷爷奶奶也像这棵爱心树，当我向他们要钱买零食时，他们就会拿钱给我，我就会感到很开心。

师：是呀，我们的爸爸、妈妈、爷爷、奶奶就像这棵爱心树，给我们快乐、幸福。还有谁呢？

生4：老师，我觉得刘××同学也像这棵爱心树，平时我要是忘带铅笔、橡皮什么的，他都借我。

生5：老师，我觉得我们劳动委员叶××也像这棵爱心树，每天放学后，她都自己主动留下来帮我们扫地。

师：老师为我们班有这么多有爱心的同学而感到自豪。

生6（激动地）：老师，我还觉得您也像这棵爱心树。

师（感动地）：怎么说？

生6：老师，您很辛苦，白天教我们学知识，晚上您还要改我们的作业，还要备课，很晚才睡觉。

生7：我也觉得老师也像这棵爱心树。每天早自修，您早早就来教室，教我们读书。中午吃完午饭，您又来教室，怕同学们不自觉，贪玩，没认真做作业，您就来陪我们一起做作业。放学后，您又带领我们去跑道跑步，是为了让我们把身体锻炼得棒棒的。

师：听了你们的话语，老师很感动。更让老师感动的是你们都懂事了。其实在我们的生命中有许多对自己用心付出的人。例如：你们刚才讲到的父母的养育、老师的关爱、同学的帮助，等等，对这些爱你的人，你会怎么做呢？

生1：我会好好地谢谢他们。我想对我的爸爸妈妈说："现在是你们养育了我，等我长大，你们老了，我会好好孝顺你们的。"

生2：我会好好向他们学习，也像他们那样去帮助别人。比如：我没有铅笔的时侯，同学帮助我，如果他们没有铅笔我也会很乐意帮助他们的。

师：是呀，在我们得到帮助的同时，我们要学会感恩，学会感谢。

（五）创编故事，绘写结合

师：假如你走进故事，来到爱心树下，爱心树给你什么快乐，你也给爱心树什么快乐呢？来，用你的画笔画出你心中的爱心树，并写一写你和它的故事。

（学生动手画画，教师巡视，指导，伴随着欢快的音乐）

指名学生展示自己的作品。

师：小朋友，先请你们停下手中的画笔，让我们先来欣赏这两位小朋友的画吧！

生1：我画的是在夏天，我在爱心树下乘凉。看到爱心树快要渴死了，我赶紧到家里拿来洒水壶给它浇水，爱心树喝到了水，开心地笑了，还对我说："谢谢你，晨雨小朋友。"

师：看，晨雨小朋友还画出爱心树的笑脸呢，真不错。（掌声响起）

生2：我画的是在春天，爱心树上开满了美丽的花朵。我非常高兴，就在树下一边唱歌一边跳舞，给它表演节目。爱心树快乐极了。

师：你画的真美呀！（掌声响起）

师：由于时间关系，没画好的小朋友可以回家再画，同时把你编的故事讲给你的爸爸妈妈听。

附：部分优秀绘本推荐

《猜猜我有多爱你》《不一样的卡梅拉》《我的爸爸叫焦尼》《两棵树》《逃家小兔》《爷爷一定有办法》《第一次上街买东西》《兔子彼得的故事》《米菲在海边》《鼠小弟的故事》《花婆婆》《大卫，不可以》

第七节　开放式国学引读教学

当前国学经典教育越来越受到教育界的重视，虽然对于儿童读经的内容和方式存在一定的争议，但读经对深入了解中华文化精髓无疑具有重要意义。《义务教育语文课程标准（2011年版）》"总体目标与内容"中明确指出："认识中华文化的丰厚博大，汲取民族文化智慧。关心当代文化生活，尊重多样文化，吸取人类优秀文化的营养，提高文化品位。"并要求"在语文学习过程中，培养爱国主义、集体主义、社会主义思想道德和健康的审美情趣，发展个性，培养创新精神和合作精神，逐步形成积极的人生态度和正确的世界观、价值观"。

一、国学引读教学的目的

其一，增强文化底蕴，滋养语文素养。

余秋雨认为，幼小的心灵纯净空阔，由经典奠基可以激发他们一生的文化向往。他 10 岁左右背诵诗文，直到 40 多岁较深刻地回味这些诗文的含义时，真是感受无限，他把这些感受写出来告诉读者，居然立即引起了海内外华人的热烈反响。国学经典文化的韵律、美妙的意境和精练的词句，对培养孩子的语感，发展能力，提高文化素养有独到的作用。在记忆力最佳的时候，通过对国学经典的学习和背诵，引导学生积累一些文化底蕴，这对培养他们运用语言文字的能力提升语文素养具有重要作用。

其二，提升人文素养，培养人文精神。

国学经典，作为传统文化精粹篇章，蕴涵着深厚的人文思想，凝聚着中华民族的人文情感，饱含着丰富的人文精神和道德因素，蕴藏着浓厚的文化积淀，闪耀着理性思索的光芒，传承仁、智、勇，兼以真、善、美和谐统一的崇高道德标准，是提高学生人文素养的最佳学习材料和内容。

其三，弘扬优秀文化，传承中华文明。

《义务教育语文课程标准（2011 年版）》明确了传统文化在语文课程中的重要地位，而以国学为主要载体的传统文化在小学语文教科书中也得到了应有的体现，不论是经典名著人物故事，抑或是建筑、绘画、谚语民俗，可以说小学语文中所遴选的优秀的国学内容，是小学生了解我国传统文化的重要窗口。通过这个窗口，我们的学生可以了解到丰富博大的传统文化。而通过了解传统文化，我们的民族文化才有可能被继承并弘扬，中华民族伟大复兴的目标才有可能得以实现。正如全国小学语文教学研究会理事长崔峦所说："了解它，才会鉴赏它；鉴赏它，才会更加热爱它；热爱它，才会从小扎下中华文化的根，才会在提高语文素养的同时，使优秀文化代代相传，发扬光大。"

二、国学引读教学的策略

中华文化源远流长，国学范围甚广，内容纷繁复杂，小学生学习国学经典是有难度的，因此，教师教学应着眼于学生的最近发展区，为学生提供适当难度的国学经典学习内容，调动学生的积极性，发挥其潜能，并按照不同年龄、不同年级遵循由低到高、由易到难、由浅入深、螺旋式上升的思路设置不同梯度的教学内容，注重培养学生朗读、诵读、背诵、理解和表达等基本技能，实施整体性教学。

其一，朗读背诵式。

教学目标主要是学生能正确、流利、有感情地朗读课文、背诵课文。朗读背诵式设计的五策略包括：结合主题，整体设计教学情境；释词解字，读正确、读流利；把握节奏，读出韵律；品词析句，读出韵味；体验意境，熟读能背。朗读背诵式的课堂教学模式为：课前热身—导入话题—目标内容学习—整体感知—朗读操练—体验交流。

国学经典朗读背诵式课型结构重点突出课堂朗读训练，充分体现以读代讲，以读促悟，以读激情的教学思路。教师指导朗读时要突破以下几个要点：第一，读准声、韵、调，还要做到不添字、不漏字、不回读、不颠倒语序、语调平稳；第二，声音响亮，读准节奏，读出韵味和感受；第三，反复吟诵，在理解背诵的基础上适当拓展延伸。

其二，体会讲读式。

教学目标主要是激发阅读兴趣，体会意境，情感熏陶。采用听和读相结合、读和讲相结合、读和演相结合、读和悟相结合的"四结合"策略。一般课教学模式为：导读激趣—自读明大意—精讲抓关键—朗读重体验—读后拓展活动。

国学经典体会讲读式课型主要是通过讲读教学方式引导学生在主动积极的思维和情感活动中，加深对课文的理解和体验，有所感悟和思考，受到情感熏陶，获得思想启迪，享受审美情趣。

其三，美吟诵读式。

教学目标主要是激发诵读兴趣，激发想象，感悟情感。美吟诵读式设计策略为：激发兴趣鼓励"读"—生动形象的范读引路—灵活多变的方式训练读—自由生动的表演读。

其四，吸收表达式。

教学目标主要是融复习和新授、整合和拓展于一体，学生能围绕主题进行听说读写综合学习活动。它基本的设计策略为：主题内容统整（主题目标、主题版块、主题拓展），引导学生寻找知识规律，即兴创作。一般教学流程主要是：学生自主创作，教师相机点评指导，促进交流学习；在吸收主题内容，把握主题意象，激发想象与联想实现知识迁移的基础上，改写、扩写、仿写，给诗词配上图画，写诗化作文等实现知识迁移。

这是国学经典教学的拔高课型。教师引导学生诵读内容，把握单元意象，进行内化吸收，进行改写、仿写、扩写、续写以及给诗配画、写诗化作文等写作训练，最后达到自主创作诗歌的能力，然后教师相机评点，引导交流学习，并形成创作诗集，如此循环往复，有效地培养学生的理解感悟能力以及写作能力。

教学设计

六年级上册《三国演义》阅读指导

一、内容简介

《三国演义》向人们讲述了发生于东汉末年结束于西晋统一，以曹操、刘备、孙权为代表的长达百年的群雄割据、混战的历史故事。描写了魏、蜀、吴三方的政治、经济、军事、外交以及一些历史上重大的战役。

《三国演义》从刘、关、张桃园三结义开始讲起，通过众多的历史人物和纷繁的历史事件，全面地反映了三国时期的社会生活，展示了封建统治阶级内部复杂的矛盾斗争。魏、蜀、吴三方为了扩充势力，削弱对方，争夺更大的利益，他们既相互勾结，又相互排斥，既相互打击，又相互利用，连年烽烟滚滚，征战不断，断断续续的战火延续了近百年。《三国演义》对这近百年中所发生的历史故事作了艺术的再现，展示了魏、蜀、吴形成三国鼎立局面的全部过程。小说生动地向人们展示壮观的战争风云图景的同时，也展示了一幅在封建割据连年不断的战争中，人们饥寒交迫、流离失所、朝不保夕、哀鸿遍野的悲惨历史画卷。

二、阅读要点

（一）虚虚实实，使小说极具艺术魅力

"七分实事，三分虚构"的史料处理原则。《三国演义》大体按照历史真实来写，但又虚构了大量细节，使小说虚实结合。实，使读者产生真实感；虚，使小说更生动、人物形象更丰满。

（二）人物众多、形象鲜明而富有个性

人物众多，有名有姓的共 1191 人，其中文官 451 人，武将 436 人，汉、三国、晋的皇裔、后、妃、宦官等 128 人，其他三教九流和官亲 176 人。

人物形象鲜明而富有个性，在人物塑造方面，采用类型化的写法，专门突出人物的某一个特点，并通过夸张、对比、烘托等手法，把这一特点发展到极致。

鲁迅在《中国小说史略》中言："至于写人，亦颇有失，以致欲显刘备之长厚而似伪，状诸葛之多智而近妖；惟于关羽，特多好语，义勇之概，时时如见矣。"

（三）故事波澜壮阔，情节跌宕起伏

本书生动地反映了从黄巾起义到西晋统一这 90 多年中，各封建统治集团间的政治、军事斗争，再现了三国时期的历史面貌。

全书描写上百次各种类型的战争，但都不重复。从单刀匹马的厮杀到千军万马的混战；从战场上的斗智斗勇到营帐里的用计设谋，写得有虚有实，各具特色。小说在金戈铁马的争斗中，又不时穿插描写大江明月、饮酒赋诗、山林贤士等抒情场景，从而使故事有张有弛，跌宕起伏，扣人心弦。

叙事结构以蜀汉为中心，以三国矛盾斗争为主线，精心结构无数的故事，虽事件复杂，却不琐碎支离，虽曲折变化，然脉络分明，构成了一个完美的艺术整体。

（四）"文不甚深，言不甚俗"的语言特色

《三国演义》的语言虽是文言但又夹杂着白话；是白话，但又有不少文言成分，可谓雅而不涩，俗而不俚。这种别具一格的语言风格使它既能发挥白话之长，又能避免纯粹的文言之短。

三、问题提示

（一）你知道什么是"演义"吗？《三国演义》从名字上你能知道什么？

（二）你听过这部电视剧的片头曲吗？哪一句歌词给你的印象最深，你是怎么理解的？"是非成败转头空，青山依旧在，几度夕阳红。"对这句话你是怎么理解的？看过《三国演义》的同学能联系故事内容理解一下这句话吗？

（三）你能分别说出魏、蜀、吴各国中的几个人物？能说出他们的一两个特点吗？

（四）你最喜欢哪个人物？为什么喜欢他？他有哪些典故？

（五）本书中的哪次战争给你留下了深刻的印象，战争中的主角是谁，他是怎么做的，结果怎样？从这次战争中你感受到了什么？

（六）谈谈本书中有哪些妙计？妙在哪里？

（七）本书既是文学宝典，又是军事宝典，既是谋略宝典，又是人文宝典。我们应该学习哪些处世之道，学习哪些人格之美，应该摒弃哪些性格之短，避免哪些品质之缺？

（八）三国鼎立，三方相互勾结、排斥、打击、利用，连年烽烟滚滚，征战不断，最后的结局又是怎样？从中你有何感受？

（九）本书以人物形象塑造鲜明而著称，其中一个个活灵活现的人物形象家喻户晓，我们应该学习作者哪些描写人物的方法呢？

四、活动设计

教师谈话：中国古典名著都是我们宝贵的遗产，本本都是经典著作。那么经典是什么呢？经典是人们常说的"我在重读"，而不是"我在阅读"的那类书。当我每一次重读经典的时候，都在感受文化的丰厚博大，吸收民族文化的智慧，汲取人类优秀文化的营养。

（一）情境导入

1. 听音乐《滚滚长江东逝水》，猜片名。

2. 抢答激趣。

（1）"三英战吕布"中的"三英"是谁？

（2）水镜先生所说的卧龙和凤雏分别指谁？

（3）"宁教我负天下人，休教天下人负我"是谁说的？

（4）"既生瑜，何生亮"是谁的临终一叹？

（二）进入"三国"

1. 品人物典故。

读完《三国演义》，我们来个群英聚会，说说三国中的英雄都有谁？他们都有哪些典故？

2. 品语言文化。

《三国演义》是中华民族文化史上最为辉煌灿烂的名著之一，它留给我们众多的文化财富。由三国故事演变而来的成语、歇后语数不胜数。

成语：

一身是胆（赵云）望梅止渴（曹操）

割发代首（曹操）单刀赴会（关羽）

鞠躬尽瘁，死而后已（诸葛亮）……

歇后语：

孔明大摆空城计——化险为夷

孔明挥泪斩马谡——明正军纪……

以小组为单位展示你们收集到的成语和歇后语，看看哪组收集的多，哪些同学记住的多。

3. 品智慧计谋。

三国里最精彩的是战争，这些战争不仅斗勇，而且斗智，主要是智慧与计谋的较量。有人统计过，小说描写了四百多处计谋，可以说一部《三国演义》就是一部写计谋的书，说"三国"必要说计谋。

学生讲述战争故事，并说出使用的计谋名称。如，孔明智激孙权、周瑜是激将计，其中反用了美人计；黄盖受刑是苦肉计，投靠曹操是诈降计等。

（设计说明：兴趣是学生最好的老师，开头激趣，中间研趣，让学生始终在兴趣盎然中学习探讨，其效果不言而喻；另外"品书"是内化阅读的最佳方式，学生在品人物，品语言，品计谋三品中加深了认识，吸收了精华，受到感染和熏陶）

4. 聆听心语。

在《三国演义》中作者用独特的手法刻画出许多性格鲜明，活灵活现的人物形象，比如，奸诈的曹操、仁厚的刘备、忠义的关羽、勇猛的张飞、足智多谋的诸葛亮……都成为家喻户晓的人物，给人们留下了深刻的印象。

读书重在心得，这些人物中一定有你钦佩的，也一定有你鄙视的，有令你喜欢的，也有令你厌恶的。下面我们敞开心扉大胆说说你心灵深处的想法。

说一说：

你最钦佩谁或最鄙视谁，最喜欢谁或最厌恶谁，并用举例子的方法说说为什么。

先同桌互相说一说，再全班交流。

学一学：

我们说"性格决定命运，细节决定成败。"那么在这些人物的是非成败中你学到了什么？有什么感悟或是启发？

自由畅谈。

（设计说明：我们读书的目的之一就是通过阅读受到感染或启发，增强学生的辨别能力，形成正确的情感、态度价值观）

（三）再入"三国"

我们因为年龄、学识的限制所以看三国终究有局限性、片面性，就让我们一起走进百家讲坛听听大学教授易中天老师是怎样领悟三国的。

说一说此时你又有了哪些新的收获。

（设计说明：一百个读者就有一百个哈姆雷特，我们自己读书其认识终究是片面的，听听别人的读书心得特别是学有建树的人的理解会让我们从不同的角度，不同的侧面，清楚透彻的认识、了解三国）

五、阅读链接

（一）作者简介

罗贯中（约1330—1400年），汉族，名本，字贯中，号湖海散人。元末明初著名小说家、戏曲家，是中国章回小说的鼻祖。一生著作颇丰，主要作品有：剧本《赵太祖龙虎风云会》《忠正孝子连环谏》《三平章死哭蜚虎子》；小说《隋唐两朝志传》《残唐五代史演义》《三遂平妖传》《粉妆楼》，和施耐庵合著的《水浒传》、代表作《三国演义》等。

罗贯中生于元末明初的封建王朝时代。作为与"倡优"、"妓艺"为伍的戏曲平话作家，当时被视为勾栏瓦舍的下九流，正史不可能为他写经作传。唯一可看到的是一位明代无名氏编著的一本小册子《录鬼簿续编》，上写："罗贯中，太原人，号湖海散人。与人寡合，乐府隐语，极为清新。与余为忘年交，遭时多故，天各一方。至正甲辰复会，别来又六十余年，竟不知其所终。"

但从罗贯中的传世之作《三国演义》中，体现出罗贯中的博大精深之才，经天纬地之气。他精通军事学、心理学、智谋学、公关学、人才学……如果没有超人的智慧，丰富的实践，执著的追求，何以能成为这般全才？他主张国家统一，热爱中华民族，弘扬民族传统美德，痛恨奸诈邪恶。在《残唐五代史演义》中，我们看到了罗贯中依恋故土、缅怀英雄、忧国忧民的高尚情操，他动情地写道：

两岸西风起白杨，沁州存孝实堪伤。晋中花草埋幽径，唐国山河绕夕阳。

鸦谷灭巢皆寂寞，并州尘路总荒凉。诗成不尽伤情处，一度行吟一断肠。

（二）了解三国纷争的历史（略）

（设计说明：课内的教学是小溪、是一线天、是抛出去的"砖"，要想游历大海，想翱翔蓝天，想引出更多的"玉"，我们必须放眼课外，让学生运用课内掌握的方法，带着已有的兴趣踏踏实实地走进课外阅读更广阔的天地，汲取丰富的营养）

老师温馨点拨：要想做一个优秀的读者，我们就要做到"掩书自问"、"掩书自思"，想想自己读懂了什么，文中表达了什么意思，还有哪里没读明白，这样举一反三多读、多问、多想，才是读书的最好方法，也是最高境界。

《三国演义》家庭延伸阅读设计

（参与人员：五年级的孩子、爸爸、妈妈）

第一阶段：在规定的时间内读完《三国演义》，了解故事大意。因为孩子具有一定的阅读能力，所以采用父母与孩子分开阅读的方式。

第二阶段：《三国演义》家庭擂台赛，初步检验读书的效果。家庭成员之间互出问题，得分最多的，为胜利者。

第三阶段：根据成语讲（演）故事。随意抽取一个成语，看谁把故事讲得正确、具体、生动。

第四阶段：话题讨论。"曹操能不能称得上英雄？""刘备的江山是靠哭出来的吗？""你最崇拜谁？"等。

在四个阶段的亲子共读中，每个环节的实施都是建立在一种民主平等、言论自由和宽松和谐的家庭氛围之中的。通过父母与孩子之间的平等对话交流，既能让孩子深入阅读提升思想，又提升了亲子之间的感情，也使整个家庭充满了浓浓书香味。

第八章 开放式阅读
教学的评价

　　教学评价是促进学生成长、教师专业发展和提高课堂教学质量的重要手段。如何科学有效地进行教学评价也成为现代教学的基本组成部分，它不仅是成功教学的基础，而且是进行各种教育决策的基础。由此在语文阅读教学中，我们提出开放式阅读教学评价。

　　开放式阅读教学评价是一种形成性教学评价，一种侧重评价过程，强调评价对象主体参与，重视多样评价方法，以促进评价对象的发展为根本目的的教学评价。

第一节　开放式阅读教学评价的基本要求

　　《义务教育语文课程标准（2011 年版）》在"评价建议"中强调："语文课程评价的根本目的是为了促进学生学习，改善教师教学。语文课程评价应准确反映学生的学习水平和学习状况，全面落实语文课程目标。应充分发挥语文课程评价的多重功能，恰当运用多种评价方式，注重评价主体的多元与互动，突出语文课程评价的整体性和综合性。要根据不同年龄学生的学习特点，按照不同学段的课程目标，抓住关键，突出重点，采用合适方式，提高评价效率。"同时对于阅读的评价明确指出："阅读的评价，要综合考察学生阅读过程中的感受、体验和理解，要关注其阅读兴趣与价值取向、阅读方法与习惯，也要关注其阅读面和阅读量，以及选择阅读材料的能力。重视对学生多角度、有创意阅读的评价。"以语文课程观为基点的开放式阅读教学评价，更加注重评价的多维性、过程性、真实性和发展性。

一、开放式阅读教学评价的特征

（一）多维性

　　多维性指的是在阅读教学评价中，从多种角度，运用多种方法对教学的过程和教学的结果进行评价。具体而言，多维性主要体现在三个方面。

　　一是评价内容的多维性。即在评价中应该考虑到课堂教学的各个方面，包括课堂教学的过程、教师的教学能力及水平、课堂教学要素、课堂教学结果、学生的参与度等各个方面。但这并不是说，每次课堂教学都必须要完整地对所有的因素进行评价，或者所有的因素在每次评价中所占的权重都是一样的，而是需要根据评价的目的有侧重地进行选择。在选择过程中，既要考虑到评价的目的，也要考虑到课堂教学评价的一般要求，同时还要考虑到当前教学评价发展的理论前沿。

二是评价主体的多维性。在以往的课堂教学评价中，评价主体往往是研究者和教育管理者，缺少课堂教学内主体的充分参与。而评价主体的多维性要求评价主体既有课堂教学之外的人员，如研究者和教育管理者，也有课堂教学内的被评教师或学生，同时还可以考虑同事或同伴在评价过程中的参与，改变原来单纯以他评为主的方式，重视自评和互评。

三是评价方法的多维性。传统的课堂教学评价多以量表或者纸笔测验为主，这种评价方法的主要优点在于其编制过程的科学性，它在评价过程中能够尽可能地保证评价的公正性，但是其弊端也是非常明显的，如评价的内容与真实的生活内容脱节，不太适合于情感、态度、价值观的评价等。评价方法的多维性要求课堂教学评价中改变单纯以纸笔测验为主的方式，更多地采取观察、成长记录袋、真实性评价等方法进行多方面的评价，既要重视客观、量化的评价方法，也要重视量化和质性评价相结合的方法，以质性评价统整量化评价。因为量化的评价把复杂而又丰富多彩的课堂教学过程简单化、格式化了，而质性评价却更关注复杂而丰富的阅读教学过程，强调教学过程的完整及其间真实的表现。

（二）过程性

过程性指的是改变以往评价中过分重视总结性评价的倾向，把评价对象当前的状况与其发展变化的过程联系起来，由一次性评价改变为多次性评价。

过程性强调以教育教学过程中评价对象的表现作为评价的主要内容，以促进评价对象的发展为根本目的，体现满足社会发展需要与个体发展需要的辩证统一，使评价过程成为促进发展和提高质量的过程。过程性评价有三个基本的特征：

一是把全部有价值的教育教学活动都纳入评价的范围，不论这些活动是否与预期的目标相一致；

二是在方法论上，既倡导量化研究的方法，也给质性评价一定的位置；

三是本质上受"实践理性"的支配，它强调过程本身的价值，强调评价者与评价对象之间的交流和相互理解。

（三）真实性

它指的是阅读教学评价，特别是学生学习结果的评价，强调在真实生活情景下对学生的发展进行评价。在真实性评价中应该包括有真实性任务，即某一具体领域中专家可能遇到的那些真实的生活活动、表现或挑战。美国学者戈兰特·威金斯（Grant Wiggins）认为真实性评价有以下五个特征：

一是评价既指向学生学习的结果，也指向学生学习的过程，凸显评价的诊断与服务功能，即为学生的学习提供有效的反馈和建议，而不仅仅是选拔与区分功能；

二是强调在现实生活（或模拟现实生活）的真实情境中，给学生呈现复杂的、不确定的、开放的问题情境以及需要整合知识和技能的活动任务，来对学生进行评价，评价重在考查学生在各种真实的情境中使用知识、技能的能力，而不是重在考查学生对知识信息的积累与占有程度；

三是任何一个真实性评价都必须事先制定好用以评价学生的"量规"（rubrics）或"检核表"（checklists）。所谓"量规"，是一种界定清晰的、用来对学生的表现或作品进行评分或等级评定的评估工具。一个完整的"量规"应当包括三个基本要素，即"具体的评估标准"、"区分熟练水平"以及"明确的反馈"，学生应该提前知道评价的任务及具体标准，而不是像传统的测验那样需要保密；

四是真实性评价承认个体差异，主张对不同的学生提供不同的评估策略，以适应各种能力、各种学习风格以及各种文化背景的学生，为展示他们的潜能与强项提供机会，而常规的考试与测验往往忽视学生的个体差异，且常常用来找出一个人的弱点，而不是他的长处；

五是评价通常被整合在师生日常的课堂活动中，成为教师教学、学生学习的一部分。在真实性评价中，评价是师生共同的任务，学生不再是被动的测验接受者，而是评价活动的积极参与者，学生参与评价（包括对同伴的评价或自我评价）是学生学习的一种形式。

（四）发展性

它指的是阅读教学评价着眼于促进学生发展，侧重于观察和衡量学生的表现，着眼于促进教师教学水平的不断提高，激励教师转变观念，进行课堂教学的改革。

阅读教学评价的目的尽管不排除其检查、选拔和甄别的作用，但其基本目的在于促进学生语文素养的形成与发展，提高和改进课堂教学实践，在于反馈调节、展示激励、反思总结、积极导向等基本功能。因此，阅读教学评价应该坚持发展性评价原则，即以发展的眼光来客观评价主体的变化，重视对课堂教学过程的评价，强调评价内容多元化、评价过程动态化以及评价主体间的互动等，以实现评价的最大收益，达到促进发展和改进的目的。其基本特征表现在：

一是着力于人的内在情感、意志、态度的激发，着力于促进个体的和谐和发展，强调以人为本；

二是强调评价主体多元化，主张使更多的人成为评价主体，特别是使评价对象成为评价主体，重视评价对象自我反馈、自我调控、自我完善、自我认识的作用；

三是在重视教学过程中的静态、常态因素的同时，更加关注教学过程中的动态变化因素、由师生之间情感等的交互作用而使得课堂教学出现的偶发性和动态性；

四是更加强调个性化和差异性评价，要求评价指标和标准是多元的、开放的和能够体现差异的，对信息的收集应当是多样、全面和丰富的，对评价对象的价值判断应关注评价对象的差异性、有利于评价对象个性的发展；

五是在重视指标量化的同时，更加关注质性评价的作用，强调用质性评价去统整定量评价，认为过于强调细化和量化指标往往会忽视了情感、态度和其他一些无法量化而对评价对象的发展影响较大的因素的作用。

（五）科学性

评价的方式方法要多样化、角度化、层次化，力争体现科学化，具体来说有五个方面：（1）评价方式多样化；（2）评价目标立体化；（3）评价因素多元化；（4）评价语言艺术化；（5）评价过程民主化。

二、开放式阅读教学评价的要求

叶圣陶先生曾说："学生但听空讲，弗晓本义，无由练就读书本领，所以其法不足取也。"开放式阅读教学则非常适合新课程指导下的阅读教学。评价开放式阅读教学是否开放，主要表现在以下五个因素。

一是教学目标的开放。在讲文本之前，了解学生的认知背景以及以往的阅读经验，按"分层教学"的原则，在学生参与的前提下，设计"必达目标"和"选达目标"，让学生有选择目标的权力和机会。学生对文本的学习目标更明确，趣味更强。

二是教学内容的开放。教学内容立足课堂、拓宽课外。阅读内容不仅仅局限于课本，应以课本为依托，向课前和课后延伸。在课前，要增加学生的自由阅读量，让学生广泛涉猎多种课外读物，增加语言的积累；在课后，要组织多种语言实践活动，增加语言的应用机会。

三是教学过程的开放。教学过程要为学生创设良好的开放的阅读环境，完成教学目标。教学过程的开放不是教师预先设定的，而是由师生双方在课堂上合作完成的，教师在课堂上要随机调控和把握。

四是教学空间的开放。开放式阅读教学不一定每一堂课都局限在课堂上，可根据教学内容安排在学校图书馆、阅览室、操场，甚至海边、草原、沙漠……

五是作业练习的开放。教师依据开放目标设计训练，尤其要增加探究试题的分量，以训练学生的思维能力，练习的答案不是唯一和确定的，应具有多解性和独创性。

第二节 开放式阅读教学评价的价值取向

传统的阅读教学评价把教育结果作为一种可量化、可测量的目标，并以是否达标来进行教育评价，其本质是一种目标取向的评价。这种评价制度追求评价的客观性，过度强调量化的研究，只关心教学活动最终的结果，而忽略了在整个教学过程中过程的价值，显然并不符合教学的本质要求，具有片面性。而开放式阅读教学评价，则重视评价过程的价值，并以促进评价对象的发展为根本宗旨的一种评价制度，强调教学评价的最终目的不是作出评价，而是让被评价者认同评价，并能根据评价结果进行改进，获得发展。

一、开放式阅读教学评价功能完善

开放式阅读教学评价的目标、内容和评价方法比较多样化，以质性评价为主，反对过度量化的评价，把评价者和被评价者提到一个平等的地位，应该说，这种评价制度更有利于促进被评价者自身的发展，体现出一种主体取向的评价思想，是一种形成性的评价。因此，以往传统的教学评价制度中，无论是对教师的，对学生的，还是对课堂教学的评价都必须进行改革。

开放式阅读教学评价的根本目的在于促进发展，绝不是简单地进行优劣高下的区分。它除了基本的检查和固有的选拔功能以外，更重要的是具有以下五大功能：

第一，反馈调节的功能。开放式阅读教学评价倡导评价结果并不停留在评价者一方，更为重要的是要将评价的结果以科学的、恰当的、具有建设性的方式反馈给被评价者，促使其最大限度地接受；评价实施过程中，倡导评价方和被评价方在相互平等、尊重和互惠的基础上，通过协商、讨论、辩论等不同的沟通方式，自主地调控评价活动本身，以获得评价的最大效益。

第二，展示激励的功能。开放式阅读教学评价更多地把评价活动和过程当做是为被评价者提供了一个自我展示的平台和机会，鼓励被评价者展示自己的努力和成绩；同时配以恰当积极的评比方式和反馈方式，则是一种有效的激励手段。

第三，反思总结的功能。开放式阅读教学评价更看重个体的参与。参与评价通常会对学生产生不同程度的压力，有助于调动其内在动机，成为自觉的内省与反思的开始。

第四，成长记录的功能。开放式阅读教学评价体系中倡导多元化的评价内容，以及灵活使用不同的评价方法和手段，尤其重视质性评价方法（如成长记录袋等），而且强调评价的日常化。所以通过评价清晰、全面记录下个体成长中的点点滴滴，这对于以发展的眼光来客观评价个体的发展具有深远的意义。

第五，积极导向的功能。开放式教学评价对实际教育活动有定向引导功能。

二、开放式阅读教学评价促进学生全面发展

一般来说，对学生的评价主要是在学校的统一安排下，由教师来完成的，在课堂教学的评价中，教师不仅要关注学生的成绩，而且要发现和发展学生多方面的潜能，帮助学生建立自信心，学会学习。

其一，明确评价内容和标准。评价首先要明确对学生学习的评价内容和标准。为便于操作，在教学评价中对学生的要求应用清楚、简练、可测量的目标术语来表达。发展性课堂教学评价不仅要关注学生在教学中的知识、技能，而且要注意发展学生多方面的潜能，了解学生发展中的需求，明确知识、技能的目标要求，懂得扩充并整合知识的方法，学会沟通技巧，加强思考和推理技能的培养，养成相互合作的习惯以及增强个人与社会责任感等意识。

其二，收集和分析反映学生情况的资料。分析和收集反映学生学习过程和结果的资料是全面评价学生的关键任务之一。在教学中对学生合理公正的评价能促进学生的发展。通过学生的成长记录来全面反映学生的具体情况。学生的成长记录包括学生的自我认识和自我评价，教师的观察和评价，同伴的观察和评价，来自家长的信息，学生的兴趣及潜能等。通过以上对学生情况的收集和分析、合理地设计评价表格。评价表格不仅要有反映学生成绩的评价表，还要有反映学生学习过程和学习态度的评价表。

其三，制订促进学生发展的改进计划。根据学生的情况，需要确定改进学生学习的要点，用清楚、简练、可测量的术语表述出来，并清楚地描述对学生进一步发展的期望。在教学中教师应考虑以下几个方面作为评价依据，评价方法应与学生学习的改进目标相一致；应收集各种反映学生学习情况的资料；应选择和设计能避免偏见或歪曲的评价和测量方法。总之，评价的最终目的是促进学生的发展。

三、开放式阅读教学评价促进教师课堂教学

任何教育改革最终必将引发课堂革新与发展。综观现行的教学评价，由于评价的目的多是为了奖惩而评价，方法消极，评价内容程序化，已难以适应教育改革和发展的需要。因此，构建发展性课堂教学评价体系已成为新课程改革之必须。

其一，教学目标以促进学生的发展为宗旨。课堂教学目标的确立与教师教学行为有很大相关，从教师对教学目标的设定中能看出教师对课堂教学的预设。在当前课程理念的指导下，课堂教学目标的确立越来越强调要以促进学生的发展为根本宗旨。确立学生发展主要从三个方面出发。（1）基础目标：指国家颁布的教学大纲和课程标准中所明确规定的学生必须掌握的学科基础知识、基本技能及基本学习能力和相应的思想品德。（2）提高目标：主要表现为学生的主体性发展。即学生的自主性、自动性和创造性。（3）体验目标：指通过师生之间的情感交流形成民主和谐的课堂教学气氛，使每个学生都获得成功的体验，体会到学习的快乐。

其二，科学合理的教学内容设计。教学内容科学合理的安排是良好的课堂教学质量的保证，课堂教学内容应反映出如下特征：（1）教师能根据教材表达的意图和学生的特点创造性地使用教材；（2）教学内容具有挑战性，能激发学生的求知欲；（3）内容具有严密的逻辑性和系统性；（4）体现科学性，人文性和社会的融合；（5）关注教学内容的实战性，培养学生的动手能力和解决问题的能力。

其三，让学生主动学习的教学策略。现在课堂教学以学生为主体，强调学生的主动学习，从而促进学生主体性的发展。（1）在课堂教学中教师应给学生主动参与的时间和空间。（2）培养学生合作意识和交流技能，让学生在实质性的讨论中真正交流想法，丰富思想。（3）在课堂教学中，不以统一标准塑造学生，使学生有差异的发展。（4）鼓励学生对教学内容的质疑，使之形成自己的观点和见解，创造条件让学生体会到创新的乐趣，发展创新能力。

第三节　开放式阅读教学评价的标准确定

随着新课程改革的不断深入，对于语文课的评价体系也发生了质的变化，以不同的标准，用不同的眼光，从不同的角度去看，也许答案不尽相同，但有一点是肯定的，新课程理念下的好课不再是"技艺展示"，更多的是"风格追求"，是教师带着理念进课堂，带着学生进文本，是学生带着个

性去探究，让课堂充满成长的希望，让教与学成为师生体现和实现生命价值的一种生活方式。

因此，开放式阅读教学评价更加注重从以下几个方面去构建阅读教学评价的标准体系。

一、教学目标是否明确

语文教学过程是一个语言文字能力形成的过程，包括字、词、句、段、篇和听、说、读、写的基本功训练。教学目标是否明确，主要指语文基本功训练的目标是否明确，需要传授哪些知识，进行哪些语文基本功训练，每一项知识、训练达到什么程度，都应十分明确、具体。例如，对一节阅读课的评估，主要看读、写训练是否落实；是否既能紧扣语言文字来理解内容，又能根据内容来体会语言文字的作用；在扎扎实实地进行语言文字的训练的同时，又能时时感受到思想教育的力量。对一堂阅读课的评估，往往只侧重在学生的回答漂亮不漂亮上，对学生读得如何，课文读得熟不熟，读得好不好往往重视不够，至于课堂上是否动动笔，练一练，就不大注意了。有的老师在这方面就做得比较好。如一位教师在讲读完《可爱的草塘》后，启发学生："你们就要和小丽分手了，你不想对她说几句话吗？你就把要说的话写下来吧。可以写赞美草塘的话，可以写感谢小丽的话，也可写赞美家乡并邀请小丽来做客的话。"对于这种加强笔头练习的做法，评课时一定要给予肯定。

在具体的教学实践中，评价教学目标是否明确还应该考虑以下两点：一是教师的教育观念是否开放。改变教师传统落后的教育观念，确立符合素质教育要求的新的教育观念，这是进行开放式语文教学首先应该做到的。因此，在教学时要努力收集资料、学习探讨、外出学习，不断更新自己的教育观念，让自己能够以开放的思维理解教学环境、教学目标、教学内容、教学方法、教与学的地位、教学评价体系的开放性等。二是教学目标是否开放。在实践过程中，要努力通过教学目标的人本化定位来体现出对学生实际能力的关注，对学生可持续发展能力的关注，对学生独立个性和健全人格养成的关注。

总之，开放式教学目标既关注学生掌握知识领域目标，又关注学生达到发展性领域目标。使学生在获取知识、熟练技能的过程中，情感、态度、价值观和学习能力等得到最大效度的培养和发展。具体做法有：（1）根据学生个性特点和能力差异，灵活调整教学目标；（2）根据学生的能力发展水平，适当提高或降低教学要求。

二、教材理解是否正确

理解教材是教好一节语文课的基础。读不懂教材是很多教师的通病。教师对教材内容的正确理解，主要包括对教学要求、教材重点、难点的把握，对词、句的正确理解，对课文主要内容和中心思想的正确理解，对课文层次结构和写作特点的正确理解。对教材的理解是否正确，反映了教师的知识水平和语文能力。

明确教学要求，把握重点、难点，这是正确理解教材的前提和基础。教学要求要定准，重点、难点要找准，这是教师钻研教材的基本功。对词、句的理解，是指要抓住重点词和句，在语言环境中理解。对课文主要内容和中心思想的理解，是指能在抓住课文主要内容的基础上，了解作者的写作意图、主要观点。如《小马过河》这篇课文，它渗透了事物是相对的观点（老牛认为很浅的水，松鼠却认为很深），讲礼貌的观点（小马对长辈很有礼貌），关心他人的观点（松鼠见小马要过河，生怕它被淹死，便赶忙阻止）等。假若全课的教学，把着眼点主要放在引导学生理解上述几个观点或其中某个观点上，就容易偏离了课文的中心。因为本课的中心集中表现在老马对小马所说的话里："光听别人说，自己不动脑筋，不去试试，是不行的。"教师教一篇课文，要根据课文的中心引导学生读懂课文内容。低、中年级语文教学不要求学生概括中心思想，但教师要能明确课文的中心，这样才能引导学生理解体现中心的重点词和句。对课文层次结构和写作特点的理解，是指分清段落层次，明确写作特点。段落层次分得清，有利于指导学生分段和理清思路；写作特点明确，有利于结合学生实际，引导学生从读学写。

三、教材处理是否恰当

恰当地处理好教材是教好一节语文课的关键。对教材的处理，主要是对教学内容、重点、难点的处理，以及据此设计的基本教学思路。对教材的处理是否恰当，包括以下三个方面。

（一）对教学内容的取舍是否合理

如，《义务教育语文课程标准（2011 年版）》不要求小学生掌握语法、修辞之类的知识（只要求学生部分地在实际中运用），如果教学中向学生讲授主语、谓语、拟人、比喻等语法、修辞知识，显然违背了课标的要求，即"超标"。课程标准规定六年制三年级"学习分析自然段，归纳主要内容"，如果教学时要求学生给课文分段、概括段落大意，这也不符合大纲的规定，即"越位"。

（二）教学的重点、难点是否突出

就语文课来说，所谓重点、难点，一是课文本身的重点、难点，指对突出课文中心起关键作用的内容和一些学生不易理解的内容；二是基本功训练的重点，指在引导学生读懂课文，进行字、词、句段、篇和听、说、读、写的基本功训练过程中，选择一两项着重进行训练。如，《鸟的天堂》这篇课文，主要讲的是作者和他的朋友两次经过"鸟的天堂"时所见到的不同景象，说明大榕树的美丽奇特以及被称做"鸟的天堂"名不虚传。课文按作者游览的顺序分四段描写：第一段（1~4自然段）作者和朋友划船出去游玩；第二段（5~9自然段）作者和朋友第一次经过"鸟的天堂"时看到的景色；第三段（10~13自然段）作者和朋友第二次经过"鸟的天堂"时看到的情景；第四段（最后一个自然段）作者对"鸟的天堂"的留恋和赞美。从课文的内容看，第二段具体描写大榕树的静态和第三段描写鸟的动态应作为课文的重点；在语文基本功训练方面，可根据本组的"事物的静态和动态"这一重点训练项目，把引导学生学习描写景物的静态和动态的方法作为重点，再通过有感情的朗读来体会，做到理解的重点与基本功训练的重点的统一。

（三）是否善于从教材的实际和学生的实际出发，设计出既符合教材特点又能激发学生学习兴趣的教学思路

教学既要根据教材的特点，又考虑学生的实际。一是教学思路不是凭空而来的，是根据教材和学生的实际设计的；二是教学设计不是一成不变的，要根据变化了的情况，即指"学"的一方出现了新情况，如学生提出新的有价值的问题，应纳入教学中解决；原作为教学的重点，教学中却比较容易得以解决，就不必多费工夫，调整教学设计，使之更加适合教学的需要。

四、教学过程是否体现开放的教学思想

《义务教育语文课程标准（2011年版）》表明，广大教育工作者应坚持不懈地探索语文课程的创新发展，使语文课程保持开放的态势，避免故步自封，能根据需要不断更新与发展，始终适应时代的变化。因此分析一节语文课，当然要分析教学过程、教学方法。教学过程的设计是否合理，教学方法的运用是否得当，主要看教师在教学过程中，是否体现了开放的教学思想。它主要表现在以下几个方面。

其一，教师如何处理教与学的关系。看一节语文课是否处理好教与学的关系，主要看在语文教学过程中教师的主导作用与学生的主动性结合得怎样。具体来说，包括四个方面：一看教师是否发扬教学民主，尊重学生；二看是否真正调动学生学习的主动性、积极性，体现了学生自主的学习；三看

是否体现了教师引导学生在不断的探索中得出结论的过程；四看是否重视学习方法的渗透，是否朝着"自能读书"、"自能作文"的方向努力。

其二，课堂上学生是否有足够的语文实践活动。主要指教师面向全体学生，把大量的、有层次的语言文字训练贯穿于教学的全过程。

其三，教师如何处理传授知识与培养能力、发展智力的关系。主要看教师是单纯地传授语文知识，还是在传授知识的同时重视学生能力的培养、智力的发展。特别要看教师是否重视培养学生的创新意识和创新能力。

其四，教师是否讲求实效。讲求实效，就是要反对形式主义，反对毫无实效地走过场，也反对看似热热闹闹、生动活泼，实际上学生在语言文字训练上收效不大的现象。

五、教师扎实过硬的基本功和高超的技艺

语文教师的教学基本功，主要包括四个方面。（1）语言基本功。要求能够流畅地运用普通话进行教学，语言规范，用词准确，语句通顺，讲课通俗易懂，并能及时发现、纠正学生说话中的语病；（2）朗读基本功。要求正确、流利、有感情地朗读课文。在朗读方面可为学生示范；（3）板书基本功。要求写字正确、工整、熟练。（4）教态。要求教态自然、亲切，感情饱满，举止端庄。

语文教师的教学艺术，主要包括三个方面。（1）语言艺术。如：说话是否得体，语言是否生动、形象，富有感染力等；（2）启发诱导的艺术。如，是否善于提出富有启发性的问题，是否善于点拨、相机诱导等；（3）驾驭课堂教学过程的艺术。如，是否善于使用引人入胜的导语激发学生学习的兴趣。教学环节是否紧密，过渡是否自然，是否善于巧妙地处理课堂的偶发事件等。

第四节　开放式阅读教学评价的方法对策

上好一节课是教师提高的过程，评价一堂课是促进教师发展的过程。如何才能使小学语文课堂教学评价过程成为促进小学语文教师不断发展的过程？开放式阅读教学评价的实施，有利于保证评价的客观和公正，提高小学语文课堂教学评价的科学性和人性化，有利于发挥评价诊断和增值的功能，有利于提高评课人员包括教研人员、教学管理、一线教师等对小学语文课堂教学的理解和评价水平，有利于调动广大小学语文教师教学、学习、研究的积极性，促进了他们的发展。

一、开放式阅读教学评价方法

（一）定性与定量相结合

定性评价就是运用写总评的方式，对课堂教学的全面情况进行总体评价，指出存在问题，提出改进意见，更重要的是突出激励功能，充分肯定成绩，指明发展方向。

定量评价是根据评价内容和具体项目，分别评分。各评价内容的权数分值为：课前准备设计过程30分，教师组织实施过程30分，学生学习提高过程40分，共100分。也可以根据不同的评价情境进行必要的调整，如过关课的评价，就要降低组织实施过程的权重，适当提高准备设计过程的权重；如果是评价比赛课，则要提高组织实施过程的权重。具体的评价项目的权重分值，要在兼顾课堂教学一般要求的前提下突出语文学科的个性。对课堂教学情况进行量化有不客观的一面，不利于评价课堂教学中的个性特色，但对促进大多数语文教师认识自己的课堂教学，具体分析自己教学的得失成败是有积极意义的。

（二）教师自我评价、组织评价和学生测试相结合

课堂教学评价是对人的评价，这里的人包括教师和学生。小学语文课堂教学评价，评价的是教师的教学理念、教学能力，更重要的是评价学生的发展状况。

开放式阅读教学评价，要充分尊重授课教师，课前要充分了解教师制定教学目标、选择教学资源和设计教学流程的过程，课后要认真听取教师自我评价的意见。还要关注学生这一课堂教学的主体。在条件允许的情况下，课前对学生的语文学习兴趣、能力、水平进行观察了解，课后对学生的语文学习发展状况进行必要的测试。

在教师自我评价、对学生进行测试的基础上，由评价组进行总结性评价。总结性评价要具体分析观察收集到的资料，根据具体标准分项赋分，不能依靠印象，也不宜以偏赅全。总评的撰写，要综合多位评价人的意见，由一人主笔完成。

二、开放式阅读教学评价的内容

（一）教学准备设计过程

通过对课前准备情况（目标的确定过程、教学资源的筛选过程、教学流程的设计过程）的观察，对教师教学设计文本的分析，评价教师的教学理念、教学设计能力。

其一，教学设计的原则。

（1）以教材为凭借。《义务教育语文课程标准（2011年版）》提出："教师应确立适应社会发展和学生需求的语文教育观念，注重吸收新知识，不断提高自身的综合素养。应认真钻研教材，正确理解、把握教材内容，创造性地使用教材"。但创造性地使用教材不是废除教材，而是把教材作为重要的课程资源，全面体现教育价值。叶圣陶说："课本无非是个例子"，但是，应该利用好这个"例子"。教材不仅体现了知识的专业性、系统性、渐进性，还体现教育者的意图，涵盖了政治因素。当然教师创编或引用教材，不等于没有教育价值，而是绝大多数教师没有精力去研究。让教师都去编制自己的教材，显然也不现实。那么，教学设计的时候，选择教材，尊重教材，就有一定的现实意义了。

以教材为凭借不是以本为本的教学设计。而是在尊重教材的基础上，调整或补充教材内容，使教学更具有丰富的教育内涵。以《一夜的工作》为例，教材讲述的是作者看到周总理一夜工作的情况，歌颂了周总理生活简朴、工作辛苦的品质。现在的小学生对周总理的事迹了解得少，仅凭课文的介绍，很难理解这么大的总理为什么要这样做。这样就需要针对教材补充资料，如课前介绍时代背景，课中讲述周总理的故事，课后再查阅相关的资料。这样做，就是"以教材为凭借"的教学设计，选择教材，尊重教材，但没有局限教材。

（2）以问题为线索。以前小学语文教学有两种争议，一是带着教材或教师的问题学；二是让学生发现问题或自己提出的问题学。前者强调的是教育者引导，让学生直扑学习要点。后者强调的是学生的个性感受，从学生自己的需要出发来建构课堂教学。无论采取哪种方式都是以问题为线索展开教学的。然而两种方式以问题为线索所产生的效果各有不同。

让学生带着自己的问题来学习，语文教学就变得复杂了。学生能带着什么样的问题呢？很多是不可预测的，也就是说会出现问题的多元性，有的可能脱离了教育的价值。由于教学时间的有限性，学生的问题不可能都得到解决，那么问题也就成了形式。问题的多元性也把一篇完整的课文弄得七零八落了。在这一方面，我们得到的沉痛教训，用一句通俗的话说："饺子好吃馅难包"。

让学生带着教育者的问题来学习，教育者的问题紧扣教育价值，线条明确，问题精练，操作易行。学生抓住了教育者的问题也就抓住了教育的主要问题，提高了学习的时效性。新课程给我们带来的反思是，本来语文教学很简单的事，为什么要弄的烦琐复杂，使教师没了抓头，也使学生没有了抓头？

问题是思维的起源。语文教学如果缺少了问题线索，显然教学难以实施。语文教学的问题必须有统领性，指向教学目标，问题的设计，要步步为营，但不是越多越好。因此，语文教学的设计，必须用问题把课堂教学串起来。语文教学问题应该以教育者的问题为主体，在解决问题的过程中，允许有学生自己的问题，但学生的问题是为了解决教育者提出的问题。

（3）以情境为烘托。以情启思，以思促情，情思结合，这是语文教学的基本主张。好的课堂应该是声情并茂，情趣盎然，乐意融融。那么要创设这样的课堂情境，就需要教师首先研读教材，挖掘教材中的情境因素。例如《十里长街送总理》蕴涵了悲痛、留恋、缅怀的情境；如何让学生体验到这样的情境，除了整体感知外，还要让学生抓住关键词句来体验，因此，语文教学离不开词句的分析与解读。这样，在教学设计的时候，教师要抓住训练点，激发学生进入情境。其次，为了烘托教材情境，教师还要创设情境。如教师的语言描述，多媒体课件的演示，游戏活动等。创设出来的情境是为了更好地体现文本情境。如《十里长街送总理》一课，仅凭学生抓词句还不深刻，那么教师的引读和范读就很重要，另外配上悲哀的音乐或真实的画面，学生更有亲临之感。

对于情境的创设不能游离文本情境。现在出现的问题为了创设情境大肆渲染，也冲淡了语文教学的实质，如多媒体课件的泛滥。对于情境的创设，还要考虑情境的铺垫。例如《十里长街送总理》一课，很多教师课堂教学不能打动学生的心灵，这主要是因为周总理离学生的生活远了，学生很难理解为什么有那么多人送别，因此就需要教师课前补充周总理生前的事迹，这是创设情境的前提。

（4）以活动为载体。一切教学都离不开活动。活动包括内在活动和外显活动。一段时间以来，语文教学关注的外显活动多，内在活动少，课堂教学热热闹闹，实质学生没有什么真实的收获，这是一种浮躁化的教学形式。课堂教学应该是内在活动与外显活动的统一，该静（思维）则静，该动则动。我们不能因为学生喜欢热闹就忽视了内在的思维。例如，近年来的课堂教学，学生默读课文的少了，边读书边动笔的少了，进而都演变成了自由大声朗读，还有，不管什么内容的课文，能表演的就表演，这样做无疑是对活动的片面理解。

活动的设计首先要看准活动内容，然后研究活动过程和方法，再研究活动的形式，还要考虑活动的时间。对于小学生来说，活动的形式很重要。形式直接影响效果。例如，识字教学，有的教师让三五个学生到前面做找朋友游戏，其他学生做观众，这样的设计面向的是少数学生。如果教师拿识字卡片，让全体学生都来拼字或找朋友，那么面向的是全体学生了。再如，要求学生分组活动，有的教师让学生自由组合，结果出现了课堂秩序紊乱，使课堂教学效率大打折扣。课堂教学是各种活动的连接。那么在设计教学时，就要考虑活动与活动的顺接性，因此，活动前的导语与活动后的总结必须精心策划。

（5）以体验为归宿。现在课堂教学的特征是，教师尽可能不直接告诉学生结果，而是让学生通过问题的解决和活动中的体验，来获取知识、能力、情感。体验不是表现在课堂结尾，而是贯穿着整个课堂教学。如果说把课堂划分成几个环节的话，那么在每个教学环节学生都应该有自己的体验。

按着教学规律，每个环节应该是"问题—活动—体验"，并且是循环往复的过程。体验是结果，这个结果是个性化的，是多元的，可能是隐性的。课堂教学的特殊性，就是让学生把自己的体验表达出来，这样才可能对体验的结果进行评价和正确的引导。课堂教学只要过程，不要结果，这是不可取的。因此，教学设计的时候，就要留给学生充分表达的时间与机会。

其二，学习目标设定。

（1）全面而不偏颇。教学目标的内容是否兼顾了语文学习的三维目标，全面提高了学生的语文素养？是否有无视语文学科特点的倾向，夸大、扩展情感态度价值观的教育因素，过多地关注学生对文本内容的深层理解，而削弱语文基本训练和语文学习方法、习惯的养成？

（2）达标而不超标。学习目标是否适度，是否符合课程标准的要求，与教材的教学意图、教学目标保持一致？是否任意拔高学习要求，增加学生学习的难度，扩大学科学习的范围？

（3）具体而不空洞。学习目标的表述是否尽可能地具体化、明确化？课堂教学始终是围绕教学目标进行的。教学目标设计的依据是课程标准的要求和教材的内容，以及学生发展的实际。可以把教学目标划分成三个方面，即知能目标、方法目标、情感目标。但是，这三方面的目标，在实际教学中不可能并重，也就是说根据教材特点各有侧重，一般来说知能目标要重些。

知能目标指的是识字与学词、积累与运用，朗读与背诵、听说与练笔、思维与想象等。方法目标指的是读书方法、观察方法、自学方法、写作方法等。情感目标指的是教材渗透出来的价值观念、师生之间的沟通，个性的体验，以及行为习惯等。从理论上说，目标分类很复杂，但在操作上不必求全。我们认为目标应该简单化、具体化、有可操作性。虽然有些目标没有提出来，但在教学过程中能渗透在里面。例如，获取知识必然隐含着方法与过程问题。所以，教学目标不要过大、过繁，表述明白就可以。

语文教学目标，既有具体的，也有模糊的。既有近期的，也有长远的。既有预设的，也有生成的。

其三，教学资源运用。

（1）对学生已有的生活经验、学习水平和教师自身的特长的关注。是否关注并充分运用了教师、学生这一重要的教学资源？

（2）对教材的理解运用。是否对教材的编排意图、目标要求、相关内容有深入的理解？是否创造性地、充分地使用了教材这一教学资源？

（3）相关媒体的选择。是否能充分地使用现有的教学媒体，增强教学的生动性，提高课堂教学效率？是否能恰当地选择教学媒体，不以媒体取代教师的示范，不以媒体的演示取代学生的个性化理解和感悟，不以媒体影响学生正常的学习情绪？

（4）课外、校外有用资源的引入。是否有大语文的观念，充分地引入课外、校外有用的课程资源，使语文课堂教学与社会生活结合起来，提高小学语文课堂教学的开放性和活力？

（5）开放式阅读教学中阅读资源的开放。开发"大阅读课"，向课型要资源；整合学习内容，向教材要资源；构建读书网络，向时空要资源；运用现代技术，向媒体要资源。

其四，教学策略选择。

（1）教学流程的整体设计。是否能合理地设计教学环节，使各部分共同促进课堂教学目标的完成，并兼顾不同课型教学的特点？是否对教学环节进行了整合，使课堂教学主线突出，浑然一体？

（2）教学细节的处理。是否关注了教学细节的设计，降低学生学习的难度，提高学生学习的效率，给所有学生提供必要的学习机会？

例如，"创设情境—提出问题—探究与交流—实践与应用"是一种新型的教学模式和开放的教学格局，能够充分体现小学语文课堂教学方式的开放性策略。这里仅举几例加以说明。

策略一：适当采用问题教学法。我们说，"疑者，觉悟之机也。"教学中，教师如果不断设疑，启发学生质疑，特别是"于不疑处有疑"，则不仅可以促进学生积极思维，而且可以培养学生主动学习的习惯。当然，在设疑、质疑的过程中，教师不能越俎代庖，而是要积极引导。如果问题较多，我们就分类归纳，逐个解决。还可以组织学生讨论，相互解决。在一次全国小学语文阅读教学大赛中，浙江宁波的王雷英老师讲的是五年级的《军神》一课。这堂课最大的特点就是给了学生充足的时间来提问题。学生边提问，教师边把这些问题进行分类板书，再逐个解决，解决一个擦去一个，学生提的问题解决完了，课也结束了。当然，这种方式的采用对于教师来说有较高的要求，因为它较难调控。但如果你能长此以往，那么我们的学生将会越来越会学习，越来越出色。

策略二：积极组织学生合作学习。合作学习是一种开放性较强的学习方式。合作学习能满足学生的心理需要，促进学生的情感发展；它能拓宽学生思维，深化学生认识；通过群体交流，培养和训练学生的口头表达能力等许多的好处。因此，在学习的过程中，凡属学生个体钻研不能理解的问题可以拿到小组里进行合作、讨论，小组里不能解决的问题再拿到全班去合作、讨论。

策略三：重视开展拓展性学习活动。开放的课堂教学，教师必定要尽可能地为学生开辟可以纵横驰骋的天地，必定会让学生进行尽可能多的拓展性学习、开放性练习。比如《十里长街送总理》一课，就可针对学生由于缺乏对周总理的了解，对于文中人民对总理的感情更是无法深刻理解的现状，开展一系列拓展性的学习活动：课前让学生先自己去寻找周总理的故事，课堂上让学生观看周总理各个时期的照片以及真实而感人的送别总理场面的录像，然后再在整堂课中配以哀伤的背景音乐烘托气氛，再加上教师时而动情、时而低沉的语言引导，使学习的情境得以成功的渲染和创设，从而很容易地拉近学生与文本的距离，激发学生的学习渴望，调动学生的情感体验。这样的教学方式，是极具开放性的，必将成为课堂教学的最大亮点。

策略四：认真反馈信息，调节教学。在开放性的教学中，要使学生的主体作用和教师的主导作用协调发挥，还需要教师不断运用反馈信息，有目的地调整和控制教学活动。通过学生回答问题的情况，教师可以准确地知道他们解决问题的思考方法及对问题的理解程度。

其五，教学设计应注意的问题。

（1）正确处理预设与生成的关系。所谓"预设"就是紧紧围绕教学目标、任务，预先对课堂环节、教学过程等作一系列展望性的设计。很明显，"预设"带有教师以教材教，以个人主观教的色彩。"生成"，就是在教学过程中关注学生兴趣、学习状况，并根据学情、课堂环境等对原有教学程序进行调整，进而灵活地据情施教，以期达到教学效益最优化。预设与生成是对立的统一。课堂教学完全尊重预设的程序教学，必然导致教师死教书，不利于学生的个性发展。课堂教学过于强调生成，不能圆满地完成教学任务，导致语文教学烦琐累赘。课堂教学受教学时间的控制，讲究教学的时效性，所以课堂教学不能解决所有的生成问题。因此，课堂教学应该有生成，但是这个生成应该是为了完成教学目标与任务的生成，一切不利于学生语文素养的发展的问题，教师要慎重地把握。

（2）正确处理主导与主体的关系。从某种意义上说教师与学生都是课堂教学的主体，而教师应该是主体的"首席"，那么"首席"的作用在于"主导"。主导表现在教材内容的选择、教学目标制定、教学流程的安排、教学结构的调整、教学过程的点拨、突发事件的处理等。学生的主体表现在对问题的探究、对方法的讨论、对知识的积累、对情感的表达等。在教学过程中，没有了教师的主导，也体现不了学生的主体。那种"以学生为主体"的放任自流的课堂要不得。因此教学设计不可忽视教师的主导作用。

（3）正确处理课内与拓展的关系。所谓"课内"指的是教材所呈现的教学内容，学生在解读教材时，仅凭教材的内容，有的不能很好地理解，这就需要借助课外知识加以弥补。另外教材中有价值的问题，也应该向课外延伸拓展。正所谓"课内打基础，课外求发展"。然而拓展什么，怎么拓展，需要深入的研究。拓展的关键是照准"拓展点"，建立课内与课外的联系。拓展不能远离教学目标，拓展内容应该是有利于对课内问题的解决和语文素养的形成。那种偏离了语文学习，而把拓展放在与语文学习无关的其他方面的做法都是不合适的。

（二）教学组织实施过程

教学组织实施过程是指通过对教师课堂教学行为即教学流程的实施过程、学生学习状态的调控过程、自身素养的展示运用过程等的观察分析，评价教师的教学理念、教学实施能力和教学素养。

其一，教学理念。

（1）师生关系的恰当定位。是否突出了学生学习主体的地位？教师的活动是否对学生的学习起促进作用？

（2）语文教学基本理念的理解贯彻。是否努力体现小学语文教学的实践性，让学生在具体的言语实践中提升语文素养？是否关注语文课程的开放性，让学生将语文学习和生活实践结合起来，由生活走向语文学习，再由语文学习走向生活？是否关注学生科学的语文学习方式的养成，让学生学会语文学习？

其二，教学素养。

（1）学生情绪的调控。是否能使学生保持适度的兴奋和浓厚的兴趣而不失控？

（2）教学进程的把握。是否能有效地保证教学进程的顺利推进，保证既定教学目标的高质量完成？是否能将预设与生成统一起来，不拘泥于预设，又不放弃对教学进程的有效调控？

（3）各种"度"的把握。是否能恰当把握全体合作与个体自主学习的度？是否能恰当把握教师主导与学生主体的度？是否能恰当把握突出语文基本训练与三维目标全面完成的度？

其三，语文素养。

（1）语言能力：倾听、表达、板书、朗读。是否能认真倾听学生的声音，关注学生的个性化思考和独特感悟？是否具有简洁、准确、生动的口头表达能力？是否能规范地板书，给学生以示范？是否能有感情地朗读课文，给学生朗读以切实的指导？

（2）良好的语文习惯。是否具有良好的语文习惯？

其四，教学结构。教学结构指的是教学流程。课堂教学应该不应该有流程，一段时间以来，众说纷纭。有人认为，新课程是以学生为主体的，教学过程有很大生成性，所以不应该有完整的流程，更反对教学模式化。我们认为，教无定法，教必有法。课堂教学没有预设的流程，也就成了断线的风筝。俗话说"成事在天，谋划在人"，这谋划者就是教师。没有科学的谋划，也就不可能有高效的教学。因此，合理安排教学结构是非常重要的。按着现代教学方式，有教师归纳出三种教学流程结构。即"导学"结构、"学导"结构、"双主"结构。

"导学"结构的特点强调教师为主导，也就是问题的设计、活动的开展、生成的体验、练习的设计都是教师来引领的，学生是在教师圈定的范围内完成学习任务。每个步骤要完成哪些任务，用多少时间都有周密的计划。"学导"结构的特点强调学生为主体，也就是纯粹的以学论教，例如问题由学生提出，方法由学生选择，练习由学生设计，体验由学生生成，教师起点拨、引导、评价的作用。"双主"结构的特点是强调教师与学生的都是主体。教师与学生始终都是以平等、商量的口吻建构学习内容或过程。教师靠人格的力量获得平等中的首席。三种教学结构各有其利弊。在教学设计的时候，我们要根据教材的内容与学生的年龄特点，选择不同的方式。例如小学低年级，选择"学导"结构显然就不适应。另外识字教学、阅读教学、口语交际等，都有明显的差别。理想的教学流程，应该是三种方式的交错运用。例如，就一篇课文教学来说，识字阶段采用的学导式，阅读阶段采用导学式，拓展阶段采用双主式。总之，学习任务不同，选择的教学方式也不同。

其五，教学情境。课堂教学情境一般包括三个方面，即问题情境、文本情境、活动情境。

问题情境也是提出问题的策略，一个好的问题情境有助于对问题的解决，增强学生对问题探索的兴趣。问题情境从理论上说有六个侧面，即解释、阐明、应用、洞察、神入、自知。

文本情境是教材本身蕴涵着的情境，学生只有通过解读教材才能体验到。那么如何引领学生披文入境呢？

（1）要精心地设计导语。例如，在学习《江总书记来我家》这篇课文时，理解文章的前提是要了解"江总书记"。于是，可以先问谁知道自新中国以来已有多少届国家领导人了，分别是谁？同学们对这个话题会很感兴趣，通过激烈的讨论，不仅使学生了解开国以来历届的领导人，开阔了视野，又为学生深入理解本篇文章扫清了障碍，从而把学生引入到学习的殿堂。

（2）让学生抓住重点词句展开想象。例如，《穷人》这一课，当学生读到渔夫听到邻居西蒙死了，"他的脸变得严肃，忧虑。"就可引导学生想想：渔夫当时在想些什么？如此一来，学生的想象被激活了，思维活跃起来了，他们马上讨论起来，在讨论的过程中同学们深刻地体会了渔夫宁可自己受苦，也要帮助别人的崇高品质，真正从人物的外表体会到了人物的内心世界。

（3）通过反复朗读体验情境。例如，《有的人》这首诗热情地讴歌了鲁迅先生"俯首甘为孺子牛"的革命精神，嘲讽和鞭挞了反动统治者的丑恶行径，同时向我们提出了人生价值的重大课题。全诗结构完整紧凑，感情表达强烈真挚，饱含诗人多年来对历史和现实的观察和体验，融入了作者爱憎分明的真挚感情。学习时，要通过反复的诵读、揣摩、品味，把握诗人感情的脉搏，加深对诗歌主旨的理解。

（4）借助图片、课件等烘托文本情境。例如，在《识字1》的教学中，当学生汇报了春天的景、事物以后，教师相机归纳并有意识地将学生情感想象迁移到课文内容情景："是啊，春天回来了，溪水流淌，冰雪融化，柳枝发芽，小草钻出地面，花儿竞相开放。还有好多词都是描写春天美丽景色的，它们都藏在课文哪里呢？赶快打开书，自己读一读吧。"在此环节中教师正是借生动的语言及音乐画面很好地实现了"喜欢学习汉字，有主动识字的愿望"这一目标。

活动情境伴随着活动过程，是活动进展的催化剂。教师设计活动情境的时候，一定要与活动的内容与形式融为一体。例如，学生在朗读一篇很美的散文，教师就可以给学生配上柔美的音乐，给学生带来愉悦的享受。学生在小组竞赛的时候，适度地呼喊一些口号，激励学生进取。学生集体合作的时候，有计划地组织他们讨论，为他们提供思维摩擦与碰撞的环境，就是为学生的学习搭建了更为开放的舞台。

其六，教学活动。语文学科不同于其他学科，它不仅蕴涵着深厚的人文精神和文化底蕴，还具有独特的学科性质，即工具性、综合性、基础性。所以语文学科的本质任务就是让学生通过阅读的学习，感知语言，理解语言，鉴赏语言，运用和发展语言，激发学生对祖国语言的热爱；通过学习，指导学生学习语文知识，培养语文能力、创造能力，提高认识水平，发展个性。为此，在阅读教学的活动设计中，要充分考虑到它的上述特点，才能保证活动的有效性。

语文教学活动形式多样，错综复杂，例如，听说读写、观察、想象、思维……都属于教学活动，但是，课堂教学主要看师生的互动过程是怎么样的，教师是否保障了学习者的主体地位，使学生积极主动地占有活动过程。活动方式主要有三类。一是教学式学习活动。这是教师主导的学习过程。如教师导语渲染情境，调动学生的情趣，身临其境地学习。这种学习活动方式的要点是教师采用的主导手段均要服务于激活、维持或引导学生主动学习的状态。二是自学式学习活动。学生独立进行的学习活动。如以自读方式整体感知课文，学生边读边思考课文主要描写了一件什么事；或学生以圈圈、画画、评评（打批注）的操作方式自读自悟某一部分文章内容。这种学习活动方式的要点应是学习者的操作活动（如圈圈、画画，有感情朗读，配乐诵读，等等）要与他的内部思维活动紧紧相连，相得益彰，使学习者的主观能动性始终处于主动进取的状态。三是互助式学习活动。生生之间进行的学习活动。这种学习活动的要点应注意对生生互助方法的指导。如教师布置小组学习的任务：（1）共同学习某个自然段（划定学习范围）；（2）讲一讲你读懂的内容，再把读懂的部分有感情地读出来征求组员的意见（授予交流的方法）；（3）把不懂的内容提出来，小组内讨论解决等。布置学习任务的导语要明确，易于学生操作，以调整学生互助学习的方向，保证活动的效率。

其七，学习体验。语文学习不仅是一种认知活动，更是一种体验活动。听读，是一种言语体验；说写，也是一种言语体验。语文学习主要是对言语的体验，而在言语体验的过程中也伴随着知识体验、方法体验、情感体验。所以对整个课堂教学过程而言，体验又具有多元性。对学生的个体而言，体验具有亲历性、个人性和内在性等特征。语文教学如何设计才能让学生具有多元的感受，并且富有个性特征呢？

我们认为，语文学习必须在语言实践的活动中生成体验。脱离了言语的实践，即使学生也生成了体验，但也不是语文学习的实质。语言的实践活动贯穿在听说读写的各个方面，也就是说无论课堂教学是怎么开展活动的，都必须遵循理解语言、积累语言、运用语言的原则。理解、积累、运用语言的过程，也是学生获得知识、方法、情感的过程。如此之说，就是要摆正工具性与人文性的关系。

阅读教学首先解决的问题是，写的是什么，是怎么写的，为什么这样写，然后是读出了什么，怎么读，想到了什么。这六个问题是阅读教学的根本，并且有一定的程序性。写的是什么——这是对文本的感知、理解、概括，侧重于对知识的积累。怎么写的——是揣摩作者的写作手法，强调的是语言的运用。为什么要这样写——是学生对问题的探究，侧重的是研究作者的思想情感。读出了什么——是对文本潜在的情感的内化，强调是人本合一。怎么读——这是情感的表达，语感的训练，生命的提升。想到了什么——是对文本的超越，驰骋的是人的精神，侧重语文与生活的联系。这样的教学过程是主次分明的，夯实的是语文基础，发展的是人文精神，培养的是探究能力。语文学习是否必须遵循这样的规律，还需进一步探讨，但这六个方面，是学习体验的基本策略。在教学设计的时候，必须重点把握。

（三）学生学习提高过程

通过对学生学习行为的观察，对学生学习效果的分析，评价学生学习的成败，评价课堂教学的成败。

其一，学习状态。

（1）学习兴趣、注意力的保持情况。学生是否对课堂学习具有浓厚的兴趣？是否能保持适度的学习注意力？

（2）学习方式方法的科学性。学生是否能以有效的学习方式进行语文学习，完成学习任务？

（3）学习时空的有效性。学生的读、写、思等言语实践的时间是否充分，空间是否和谐？

其二，学习成效。

（1）既定目标的达成程度。课前预设的学习目标是否得以完成？

（2）学习情感的变化情况。是否强化了学生对语文、语文学习、语文教师的热爱？

（3）全体学生共同进步情况。全体学生是否均能得到应有的进步？

三、开放式阅读教学评价的主要对策

（一）多向经验丰富的教师学习，认真研读课程标准

对于缺乏教学经验的年轻老师，就应要求他们多向经验丰富的教师学习，这样才有利于更快更好地提高教学水平。

目标对教学的效率是非常重要的。有了明确的教学目标，在进行语文阅读教学时，才不至于使拓展的知识偏离教学内容，才能使语文阅读教学更有效。教学时间是有限的，对教学内容和拓展内容必须是有所取舍的。教师对教材的使用和取舍是对教材的二度开发，是一种创造性的劳动，凝聚着教师的学识和智慧。一节课的容量是必须考虑的因素。多了教不完，少了又太单薄，时间没有充分利用。目前的情况主要是偏多，追求一节课的"完整效果"，结果不是拖堂就是浮光掠影。因此，教师需要明确小学阶段阅读教学的几个重要目标。

（1）处于小学阶段的学生只具备基本的阅读能力，能够用普通话正确、流利、有感情地朗读课文，诵读诗词的能力；刚刚学会默读、略读、浏览，到了高年级才要求默读的速度。学生需要在这一阶段锻炼理解词、句、篇的能力，要达到这个能力，要具有快速准确地辨认汉语拼音音节的能力和认识常用字，这是阅读必需的前提。还要让学生学会使用常用的工具书，通过使用字典、词典等工具书来提高学生的感受和理解能力。这才是小学教师在进行语文阅读教学中应该把握的主要目标。

（2）小学生需要拥有一定的阅读量。光靠几本课本是学不好语文的。据我了解，新课程标准要求小学六年积累的阅读量应该在 150 万字以上。由于阅读量达不到，因此这也成为出现当前阅读教学种种弊端的一个重要原因。一个人的语文学习，其实很大程度上是通过自己的阅读来完成的。老师要让孩子认识一定数量的字，会查字典，又读过一些书，孩子有了读的基本经验后，就可以完全放手让学生自己去读书了。通过他们大量的阅读，在阅读实践中去把握和巩固那些基本的语言知识与技能。

（3）拥有一定的积累背诵量。作为小学这个特殊阶段，背诵的积累很重要。应该理解熟记一定数量的词语。还要背诵优秀诗文，这对阅读教学、写作教学、培养良好的兴趣和习惯都有益处。以上这些才是小学语文教师在教学过程中需要明确的几个重要目标，把握住这些，才能清楚知道在阅读教学中，哪些应该拓展，哪些不需要拓展，整堂课下来学生们才会理解和消化，在时间安排上才会更科学、合理。

（二）遵循开放式教学原则，提高课堂效率

课堂提问的质量直接影响着教学的质量，影响着学生思维的训练。教师的提问，其实是对教学内容、教学过程的一种引导，这种引导是教师最重要的语言活动，是教师所有教学技能的一个重要组成部分，是教师教学水平的一个体现。提问过于具体化，问题就会变得死板，答案单一，这样的课堂，时间久了，学生就会感到厌倦，而教师也容易把学生能够回答出所提出的问题作为检验教学成果的唯一标准。有效的提问方式是一种开放式提问法，例如，《"精彩极了"与"糟糕透了"》一课，要使学生从父母亲对孩子各自不同的评价中体会父母对孩子的爱，就要体会课文中含义深刻的句子的意思。大多数老师都会把句子一个一个地列出来，分别请学生朗读，然后再找学生对句子进行理解。这是一种很死板的提问方式，带有一定的局限性，这样的提问方式下，学生的思路就只局限于这几句话上，这样就使整篇文章变成了一盘散沙，是一粒一粒的，没有整体感。如果是这样问："请哪位同学站起来，说说有哪些人对巴迪的诗进行了评价？""他们都是什么反应？""你从哪些方面能看出来？"……学生们的回答肯定会更加积极，答案也会

第八章　开放式阅读教学的评价

多种多样，更有可能发现连教师都没有发现的新的思路。这时，教师也可以将教学中的提问与回答设计反过来用，让学生自己提出问题，找另外一个会的同学回答，相信学生亲自提出问题、亲自解决问题，一定会对这堂课的教学内容更加感兴趣，对问题分析的会更透彻。当然这不意味着教师这个时候就什么都不用做了，教师仍然是这堂课的"船长"，把握着教学方向，使问题始终围绕着教学目标与重点。

（三）评价学生以科学、客观为主，鼓励创新思路

为了发散学生思维，挖掘学生潜力，在学生回答完问题后，教师经常会这样说"嗯，很好，不错，还有谁能回答这个问题？"乍一听，这样说挺好，既对回答者的回答进行了肯定，又对下一个回答者进行了鼓励，使问题的答案进一步完善。但教师会忽略这一点，他并没有说明这位同学回答得正不正确，只是说很好，有时学生的回答已经偏离了正题，教师也认为这是发散思维的好的现象，生怕自己的改错抑制了学生的思维。一次得不到纠正，下次还不及时纠正，时间长了学生就不能够正确把握回答问题的要点。教师的主导作用与学生的主体地位应当是相辅相成的，在阅读教学中，只有合理发挥教师的主导作用，才能更好地体现学生的主体地位。阅读是学生个性化的行为，但是在阅读过程中，学生所产生的感悟、体验并不一定是全面合理的。在这样的情况下，教师就应积极发挥主导作用，对学生不全面的回答进行提示，对学生错误、不合理的回答一定要清楚明白地指出来，给予及时的、准确的反馈，时间允许的话，还可以进一步的启发引导，而不是把提问与回答作为教学的一种形式，认为提问完了就完成教学任务了。在回答得正确的前提下，才能够允许学生谈谈个人的看法。

评价是一项长期而艰巨的任务，它将成为开放式阅读教学需要不断攻克的难题。

 **附：教学实录**

1. 《乡下人家》

张云鹰

【教　　材】

人教课标版四年级下册第 21 课

【教学理念】

《乡下人家》是四年级下册第六组"走进田园，热爱乡村"中的一篇精读课文。

这篇课文，作者紧扣"独特、迷人"，描写了六幅田园风光的画卷，展现了乡下人家朴实、自然、和谐，充满诗意的乡村生活，表达了作者对乡村生活的热爱和向往。使人读着，如临其境，如闻其声，如见其人。

基于本组课文的编排目的和本文的特点，根据学生的学情和本课的教学目标及教学重难点，确定了在引导学生联系生活体验与文本对话的过程中，落实词语理解、朗读训练、写法提炼和迁移运用的教学流程，让学生在潜心品味语言，感悟语言魅力的过程中，丰富自己的语言积累，实现语文的工具性与人文性的统一。

【教学追求】

构建一种以"写"为核心的语文课堂模式。

【教学过程】

一、以诗激情，欣赏语言

师：我第一次给大家上课，带来一件礼物作为见面礼送给大家。这个礼物是什么呢？（指板书）是我们的同学——四（1）班一个小朋友写的一首诗，谁来读一读？

生：瓜藤攀爬惹人爱，雨后春笋花自开。鸡鸭觅食何等闲？和谐田园美常在。

师：读了这首诗你有什么想法？你联想到了什么？

生：我想到了以前在老家看到的风景。

生：我想到《乡下人家》所描写的场景。

师：那是一个什么样的场景呢？描写了一幅什么样的风景图？用一句话概括。

生：迷人的田园风景图。

生：和谐自然的迷人风景图。

师：挺好。

生：描写了和谐的乡下人家。

师：这是四（1）班同学学了课文后写的一首小诗。回想一下，我们学过的诗里面有哪些是写田园风光的？

生：《四时田园杂兴》。

师：能不能背一下？

生：《四时田园杂兴》，宋，范成大。昼出耘田夜绩麻，村庄儿女各当家。童孙未解供耕织，也傍桑荫学种瓜。

师：好。还有没有？

生：《渔歌子》，唐，张志和。西塞山前白鹭飞，桃花流水鳜鱼肥。青箬笠，绿蓑衣，斜风细雨不须归。

师：好，非常好！

生：《过故人庄》，唐，孟浩然。

师：为了节省时间，我们只说诗题好不好？

生：《游山西村》，宋，陆游。

师：你把《游山西村》的最后两句背给大家听一听。

生：山重水复疑无路，柳暗花明又一村。

师：这是名句，我们要牢牢记住。接着说。

生：《田园乐》，唐，王维。

师：老师这儿也有两首诗想推荐给大家。（出示投影一）女同学一起轻轻念念好不好？

女生（齐）：《雨过山村》，唐，王建。雨里鸡鸣一两家，竹溪村路板桥斜。妇姑相唤浴蚕去，闲着中庭栀子花。

师：好。这里有个特别的字。（指"斜"字）我们现代文里读什么？

生：xié。

师：在古时候，在诗词里，为了押韵，读什么？

生：xiá。

师：一起读一遍。

生（齐）：竹溪村路板桥斜（xiá）。

师：我们还学过一首诗，远上寒山——

生：石径斜（xié）。

师：也读什么呀？

生：xiá。

师：再读一遍。

生：远上寒山——石径斜（xiá）。

师：再推荐一首。(出示投影二)《山居秋暝》。请男同学来读。

男生：《山居秋暝》，唐，王维。空山新雨后，天气晚来秋。明月松间照，清泉石上流。竹喧归浣女，莲动下渔舟。随意春芳歇，王孙自可留。

师：这首诗里有一句名言，我们比较常见。能找出是哪一句吗？

生：明月松间照，清泉石上流。

师：在哪儿读到的？

生：在语文书上。

师：我们语文书上学过吗？

(生摇头)

师：没有吧？在哪儿读到的？我们学校楼梯上就有这一句名言。处处留心皆学问。我们再读一遍，把它记下来。

生(齐)：明月松间照，清泉石上流。

二、整体品析，感悟语言

师：刚才我们欣赏了一些古诗词，都是描写田园风光的。《乡下人家》也是描写田园风光的，吴老师已经带大家进行了初步的阅读和学习，哪一个小朋友能告诉我，文章描写的几幅场景，你觉得哪一幅图画是最美的，最独特的？你能不能把它美美地读出来，甚至背出来？

生：我最喜欢"月夜睡梦图"。

师：你为什么喜欢？

生：因为它写了纺织娘唱歌，让辛苦了一天的人们甜甜蜜蜜地进入梦乡。我感觉到它的歌声很好听。

师：文章在写作上有什么特点？

生：把纺织娘当做人来写。

师：哪一句话？

生："月明人静的夜里，它们便唱起歌来。"

师：用了什么表达手法？

生(齐)：拟人。(师板书"拟人")

师：还有没有让你们喜欢的句子？你认为它是抓住什么特点来描写的，好在哪里？

生：我喜欢第三自然段"鸡鸭觅食"，它写出了鸡的傲慢。我是从"或是瞧见耸着尾巴的雄鸡，在场地上大踏步地走来走去"看出来的。

生：我喜欢第五自然段"月落晚餐图"。

师：你能不能先把它读一读？其他同学也想一下，她为什么喜欢？文章好在哪里？

(生上台背诵)

师：你能不能告诉我们你为什么喜欢这一段？作者抓住了什么特点来写？

生：它写出了乡下人家把桌椅搬到门前很悠闲地享受美食、享受生活的情景，把鸟儿、微风、红霞当作他们的好朋友。它也运用了拟人的手法。

师：这一段先写什么？是先写乡下的景物还是乡下的人？

生：乡下的人。（师板书"人"）

师：接下去写什么？

生（齐）：景。

师：对了，文章先写人，再写景、物。（师板书"景物"）

师：还喜欢什么地方？为什么喜欢？它好在哪里？

生：我喜欢"雨后春笋图"，在第二自然段。因为圆的黑不溜秋的春笋被作者加了一个"探"之后，变得像孩子般活泼可爱。

师：那么这个"探"字也是用什么手法来写的？

生（齐）：拟人。

师：春笋原本是不起眼的，看上去黑不溜秋，说明春笋的形状、样子不是很美，它不像花高高地悬挂在树上惹人喜欢，它是从地里长出来的，这里用了一个"探"就把它的——

生：它的动态拟人化地描写了出来。

师：分析得很好。这一段还有哪些地方写得好？

生：鲜花轮绽图。

师：写了哪些花？请你美美地读一读，让我们感觉到鲜花绽放。

生：有些人家，还在门前的场地上种几株花，芍药、凤仙、鸡冠花，大理菊，它们依着时令，顺序开放，朴素中带着几分华丽，显出一派独特的农家风光。

师：你刚才多读了一遍，又体会到了什么？

生：我觉得这些花本来是很普通的，但是被作者描写得很华丽，很有顺序。

师："朴素中带着几分华丽"，"朴素"、"华丽"是一对什么词呀？

生：反义词。

师：那你体会到什么呀？

生：虽然这些花很普通，但是被作者写得还是很漂亮的。

师：光是写得很美丽很华丽吗？这个万紫千红、百花争艳、蓬勃向上的景象也让我们感觉到——

生：很美。

师：所以说"朴素中带着几分华丽"。这是一幅什么图？

生：鲜花轮绽图。

师：还有喜欢的句子吗？

生：我喜欢"瓜藤攀爬图"。因为它——

师：你先把这一段话读一读，我们都来体会一下。

生（读）："乡下人家，虽然住着小小的房屋，但总爱……比那高楼门前蹲着一对石狮子或是竖着两根大旗杆，可爱多了。"

师：你为什么喜欢？文章抓住了什么特点？

生：它运用了对比手法。

师：哪里是对比？

生：旗杆单调，狮子威严，使人胆怯，而藤和叶子很自然。

师：把什么和什么对比？

生：把旗杆、狮子和藤叶对比。

师：刚才在写百花盛开时用了一对反义词，而这里用了什么手法？

生：对比。（师板书"对比"）

生：我喜欢"鸡鸭觅食图"中的鸡，因为母鸡像一位母亲一样。

师：这段比较简短，你能不能背下来？（生摇头）

师：下课后再背。既然我们喜欢它，就应该把它背下来，记在心里。现在你先说。

生：我喜欢这幅图的原因是，文中的母鸡像一位母亲一样领着孩子们去竹林中觅食，而在竹林中大踏步的公鸡像无比威严的将军一样守卫着孩子们和母鸡，十分敬业。

师：给你什么感觉？

生：有人情味。

师：把鸡当作人写了。乡下人家中不光是人在这里生活得很悠闲，非常和谐、美满，连鸡鸭这些动物都活得——

生：很自在。

师：此处也表达了鸡妈妈对小鸡的爱。（生点头）

师：我们刚才一起品味了几幅图？

生：六幅图。

师：我们一起回顾一下。第一幅图叫"瓜藤攀爬图"，喜欢它的请举手。（几个学生举手）第二幅图叫"百花争艳图"，或是"百花绽放图"。谁喜欢？（女生举手的较多）女孩子一般都喜欢花，对花情有独钟。（指一举手的男生）你也喜欢？你很伟大，说说喜欢它的道理。

生：因为这些花原本很朴素，一朵两朵，很普通。但这里说"带着几分华丽"，说明这个乡村里种的花都很美丽。

师：单独来看很朴素，但连成一片，点缀在山乡之中就很美。这个美是指色美还是别的？

生：色美。（师板书"有色"）

师：第三幅是"鸡鸭觅食图"，喜欢的举手，会背的举手。（生举手）

师：谁喜欢"月落晚餐图"？为什么？

生：这段写了乡下人家吃晚餐，写出了乡下人家投入大自然怀抱享受美食的情景。

师：他的体会让老师非常感动，我都没有体会到这一点。乡下人家是在群山怀抱里享受美食，在青山绿水间享受美食，美不美呀？

师：这里有高谈阔论，又有群山环抱，这是一个什么样的场景？高谈阔论、人声鼎沸、谈笑风生是一个怎样的画面？

生：热闹。

师："热闹"说明是动态还是静态？

生：动态。

师："月夜睡梦图"，是由动态写到什么？

生：静态。

师：作者采用了什么方法？

生：拟人。

师：是拟人吗？听老师读这一段："秋天到了，纺织娘寄住在他们屋前的瓜架上……让那些辛苦一天的人们，甜甜蜜蜜地进入梦乡。"这一段前面是什么描写？

生：动态描写。

师：后面呢？山乡从白天的热闹、喧哗、自由自在，再到夜晚的宁静。作者在这里采用的是什么方法呢？老师告诉你，这叫"动静结合"。（师板书"动静结合"）

师：前面写花时，从五颜六色感受到它的美，它的华丽；鸡鸭觅食时我们从"有声"中感受到乡村动态的画面。（师板书"有声"）

师：这篇文章的六幅乡村画面让我们如临其境，如闻其声，它主要采用了什么方法？有——（指板书）

生：拟人、对比。

师：这是从修辞手法来看。另外作者在描写的过程之中还采用了什么？

生：动静结合。

师：因此作者把它描绘得——

生：有声有色。

师：作者在观察时，在描写时，是怎样的？

生：由人到景、物。

师：有的时候我们也会先写景物再写什么？

生（齐）：写人。

师：今天你们有没有掌握一些新的写作方法？

生（齐）：有。

三、教师"下水"，激活语言

师：老师读这篇文章的时候好像也在乡下人家走了一个来回，在尽情品味欣赏中，体会了乡下人家其乐悠悠，其乐融融的状态，所以我情不自禁地写了一篇小短文，这是我送给大家的第二个礼物。想欣赏吗？

生（齐）：想。

师：课文里写了春天、夏天、秋天，老师写了一个冬天的山乡。我给大家读一读。（师出示投影《山乡雪夜》，学生都惊叹起来）

师（充满感情地朗读）：下雪的山乡更为静谧美丽，淳朴的山乡人在自家门前挂起了大红灯笼，洁白如玉的雪花在大红灯笼的照耀下，熠熠生辉。山乡一盏一盏的红灯，点燃的是乡亲们对生活的无限热望。农家的热炕上流动着平和的呼吸，一家人围着火炉谈天说地，品尝着烫好的杯杯甘醇的热酒，品尝着生活的美意。我默念着农家门前的一对春联："天上云卷云舒是风儿自由的双翼，大地雪情雪韵是山乡人的足食丰衣。"是啊！在黄河以北，冬季能看见雪并不是什么稀罕的事，但能让雪与乡下人如此亲近，并且悦人以万千之美，并不多见。但在山乡雪夜，我不仅亲身领略了雪韵，而且深切感受到了乡村人与皑皑白雪之间，那种纯粹而真挚、悠闲而惬意的情感。瑞雪飘飘，传来了丰年的气味，山村的梦乡充满着橘红色的暖意。此刻，我远离城市的人潮车阵，享受这样的宁静之美，纯洁之美，壮丽之美，颇为感动，并真正体会了罗素的"参差多态，乃世界之本源"的境界。我突然感觉，自己降生在隔世的童话世界！（生热烈鼓掌）

师（出示山乡雪景的一张图片）：这就是一幅山乡雪夜图，美不美？

生（惊叹）：美。

师：老师写得美不美？

生（齐）：美。

师：你们有没有这种写作的冲动？

生（齐）：有。

师：接下来我们来学习作者的这些写法也写一个场景，好不好？

生：好。

四、当堂练笔，发展语言

师：同学们看课文第**99**页，我们请一个同学把这段话的第一个长句读一遍。

　　生（读句子）：乡间小路上你会闻到花果的芳香，在夜晚的池塘边你会听到青蛙的歌唱，在辽阔的草地上你会看到成群的牛羊……

　　师：你还可以想象在浩瀚的大海上会怎样，在茫茫的沙漠里，在深幽的山谷间，在繁华的城市会怎样？……你喜欢哪里，到过哪里，什么地方给你的印象最深？请你写下来。注意用上我们学过的描写方法。

　　（生开始写作，师巡视指导，时间大约6分钟）

　　师：我看了很多小朋友写的文章，觉得都不错。我们一起来分享。谁先来？

　　生："乡下的竹林"。我的家乡在梅州。在我家乡的小屋旁，种了一片竹林。那绿的竹叶，青的竹竿，投下一片浓荫。在夏天的时候，竹子都长得十分茂盛，阳光穿过竹林照射在土地上。那斑斑点点的阳光，把竹林衬托得更美了。每天在这附近干活的人，累了总是会在这里乘凉休息的。在家里闲着没事干的小朋友经常约几个朋友来到竹林里玩，他们把竹叶摘下来弯成一个圈，吹起来。那吹出来的声音真清脆呀，让人听了都有一种清爽的感觉。这就是我家的竹林，一片美丽的竹林。

　　师：写得不错。我们在读的时候还要把美的地方读得更有韵味一些，好不好？

　　师：刚才谁是写海边景色的？

　　生：我写的文章是《海天一色》。我的家乡在广东。大梅沙、小梅沙是珠三角有名的旅游胜地。其中，我最喜欢的是大梅沙。那里水天一色，水田相接。那里的天是蓝的，海是蓝的。天连海，海连天，在这里犹如置身在美妙的童话世界里。海鸥在蓝天中展翅飞翔，它高歌着，仿佛陶醉在这美景之中。沙滩金灿灿的，热乎乎的，软绵绵的，像一张大棉被，踩上去真舒服。浪花朵朵亲吻着游人们的脚丫，真舒服。

　　师：他抓住了海面上独有的海鸥、沙滩来写。海鸥展翅高飞，沙滩金灿灿、热乎乎，很美。

　　师：还有一个小朋友是用诗写的，谁呀？

　　生：《新晴野望》。白水明田外，碧峰出山后。农业无闲人，倾家事南亩。

　　师：有点意境了。

　　师：时间有限，我们不再一一分享了。课后同学们可以一起交流分享一下，还可以作一个展示，把你的作品贴到教室里。

2. 《推销我读过的一本书》

张云鹰

【教　　材】

选自个人专著《开放式活动课程》五年级第3课

【设计理念】

在语言实践活动中，激发学生课外阅读的积极性和主动性；培养学生良好的阅读习惯，扩大课外阅读量，提高阅读能力；通过"推销"的过程，增强学生口语表达能力，促进学生语文整体素质的提高。

【教学过程】

一、激发兴趣感悟"书"

师：谁能告诉老师平时你读过哪些书？

生：读过不少关于文学、历史的书籍。

师：请你说出书名。

生：《战国策》《上下五千年》。

生：我读过《大学》《中庸》。

生：我读过高尔基的《我的母亲》《童年》。

生：我读过震惊世界的《巴黎圣母院》。

师：你们学的第九册语文课本的第一单元主题就叫"我爱读书"，能不能用一句话来说一说读书的意义？可以用名人名言回答，也可以用自己的读书格言来表达。

生：读一本好书就等于和一位高尚的人谈话。

生：书籍是全世界的营养品。

生：书籍是人类精神的财富。

生：一本好书就是一轮太阳。

生：书是唯一不老的东西。

生：书犹药也，善读之可以医愚。

生：一日无书，百事荒芜。

师：大家谈得都很好。《走遍天下书为侣》这篇文章把书比做什么？

生：伴侣。

师：怎么理解"侣"字？什么叫"伴侣"？

生：同在一起生活、工作或旅行的人。

师：你的爸爸妈妈可以叫"伴侣"吗？

生：可以。

师：爸爸妈妈是亲密无间的伴侣。"伴侣"还可以怎么理解？

生：情侣。

师：事实上，伴侣、情侣在某种情况下也许会背叛对方，但书会背叛你吗？（生摇头）从某种意义上讲，书比伴侣、情侣还要怎样？

生：忠诚。

师：书是永远不会背叛我们的朋友。

[点评：将课内外的阅读结合起来，易于入情入境、融会贯通，既达到了积累、内化语言的目的，又激发了学生参与语文学习的积极性。]

师：现在我们归纳一下读书的好处，它可以让我们明理。（板书：明理）什么叫"明理"？

生："明理"就是明白道理。

师：读书还有什么好处？

生：立志。（板书：立志）

生：带来乐趣。

师：也就是说读书可以让我们对生活充满希望，充满乐趣，充满信心，充满激情，充满向往，充满爱。我们用"激情"来概括吧。（板书：激情）

师：读书还能怎样？

生：上进。

师：上进是一种行为上的表现，也就是说书能指导我们的行为，我们可以用"导行"这个词来概括。（板书：导行）

师：书的好处真多！既可以让我们明理立志，还可以激情导行，所以我们要多看书。

[点评：教师的小结在引导上有四两拨千斤的功效。]

二、身体力行推荐"书"

师：老师也读过很多书，想知道老师会给同学们推荐什么书吗？

生（齐）：想。

（师打开"中国教育新闻网"）

师：这个网页是介绍"2010 年度推动读书十大人物"的。入选人一共有20 位，老师很荣幸地被教育部推为候选人之一。

（师点击相关内容并朗读"教育故事"中的片段）

师：我们再来看"读书感悟"。还记得朱熹说的一句读书感言吗？读书有三到——

生：读书有三到：谓心到，眼到，口到。

师：我在介绍中也写了一个读书有三到："手到"——读书须动笔，坚持记笔记；"心到"——读书时要研究性阅读，而不是观而不察，察而不思，更不是"读书死，死读书"，那会变成书呆子；我还强调一个"身到"——把读书学习与生活结合起来。有些人虽然读了很多书，但并不一定有智慧，是因为没有把读书和学习生活结合起来。

师：20个候选人都为大家列出了"推荐书目"，希望同学们都能上"中国教育新闻网"去看看。我也推荐了三本书。第一本是《论语》，看看我是怎样写推荐理由的：《论语》各篇章虽然没有集中的主题，但其整体教化力量却非常强大。《论语》的数百个成语故事早已渗透在我们每个人的言语中。《论语》是中国独有的，因为《论语》，我们才知道自己为什么是中国人——这才是《论语》的真正意义。

师：谁读过《论语》？

生：学而时习之，不亦说乎？有朋友自远方来，不亦乐乎？

师：非常好，他能背出一些经典名句。还有谁会背？

生：子曰："君子周而不比，小人比而不周。"子曰："三人行，必有我师焉。择其善者而从之，其不善者而改之。"

生：子曰："岁寒，然后知松柏之后凋也。"子贡问曰："有一言而可以终身行之者乎？"子曰："其恕乎！己所不欲，勿施于人。"

生：敏而好学，不耻下问。

师：我推荐的第二本书叫《周易》。（点击相关网页）我知道我们这儿有一个叫周易的同学，是谁？（指叫周易的学生）你知道妈妈为什么给你取名叫周易吗？

生：……

师：《周易》是中国哲学的源头，后来的《论语》《大学中庸》等诸子百家的思想都来自于《周易》。对于一般人来说，它确实很难读懂，很难理解。《周易》是根据特定的图案并结合自然及人类社会的一般现象赋予文字的著作。其中包含着林林总总的人生哲理。这是一本值得我们用一生去研读的书。我们可能现在没有兴趣读，或是不明白意思。虽然说兴趣是学习的源泉，但如果大家都只是按自己的兴趣去读书的话，会影响你今后的发展。

师：我推荐的第三本书是《红楼梦》。我认为，所谓中国历史，就其文化意味而言，可简要划分为《红楼梦》之前的历史和《红楼梦》之后的历史。《红楼梦》有很多少儿读本，谁读过？

生：读了《红楼梦》之后，我为林黛玉的悲惨结局感到伤心，也为宝玉的疯癫的情感而感动。

师：她读出了情，很好！

生：我认为《红楼梦》其实说的是一个历史故事，它是用一段历史解释社会和人物命运之作。《红楼梦》也是一本宏大的命运之作。

[点评：教师的推荐对学生是一种示范，是一种引领，是带领学生用综合的方式学习语文的过程，体现了"开放式语文教学"的特点：向网络开放，向经典开放，向课内阅读开放，向课外阅读开放，向生活开放，向生命开放……]

三、自我选择畅谈"书"

师：老师刚才给大家推荐了三本书，而我现在要大家推销你读过的书。我为什么用"推销"而不是"推荐"呢？

生："推销"是别人因你的介绍而心动，还会有所行动。

师：从心动到行动。

生："推销"就像卖东西，要说出物品的优点，让人觉得不买就会有损失。

生："推销"是一种商业行为，而"推荐"只是说出物品的优点。

师：今天我们就来做一个大师级的推销员。

[点评：辨析"推荐"与"推销"的细微差别，不仅是为了积淀语感，更将方法的指导与习得、语言的迁移与运用融为一体，立体推进，步步深入。一字之差，却促使学生由被动到主动，由心动到行动。]

师：先回顾一下，我们的校本教材中介绍了几种推销书的方法？

生：四种推销书的方法：一是背诵介绍法；二是提纲介绍法；三是感想介绍法；四是评价介绍法。（师板书：背诵法、提纲法、感想法、评价法）

师：除了这些方法外，你认为还有哪些方法？

生：图文并茂法。（师板书：图文并茂法）

师：有些同学会摘抄一些好词好句段，这叫什么方法？

生：摘抄法。（师板书：摘抄法）

师：还有很多方法，我们以后慢慢探索。现在我们选择其中一种方法，在小组内先推销一下，再选出最优秀的推荐作品。

（生以小组为单位推销书籍，师巡视）

[点评：授之以鱼，不如授之以渔。方法比知识更重要。"你知道有哪些推销书的方法"如投湖以石子，激起了学生自主学习与探究的欲望。]

师（拿出百宝箱）：我为发言的同学准备了不少小礼物，等一下自己来抽取。谁用了背诵法？我记得刚才有个同学说她读了《大学》，欢迎你来为我们背诵。（掌声）

生（配乐读）：大学之道，在明明德，在亲民，在止于至善。知止而后有定，定而后能静，静而后能安，安而后能虑，虑而后能得。……人之视己，如见其肺肝然，则何益矣。此谓诚于中，形于外，故君子必慎其独也。（掌声）

师：我要给她出一个难题：你能随意选几句来讲讲你的理解吗？

生：我选取的是"小人闲居为不善，无所不至，见君子而后厌然，掩其不善，而著其善。"小人独自待在一个地方比较自由的时候就会胡乱地去做，看到有人监视他的时候就做得非常不错，掩盖自己的错误。这样做有何意义呢？因为别人看到你就像看到了你的身体内脏一样，掩藏是没有任何意义的。（掌声）

师：中国文化人都向往做"君子"，西方国家则追求绅士风范。你们认为"君子"和"绅士"有什么不同吗？

生："绅士"可能是表面上很有礼貌，内心却存害人的想法。而"君子"则是表里一致的，一心想帮助别人，是所谓的"仁者"。

师：说得很好，我们可以做知己。"君子"可能更注重内心的修炼。一个乞丐其貌不扬，衣衫褴褛，但他的灵魂和思想也许很高贵，这就是君子。如果一个人穿得仪表堂堂，西装革履，但行为很恶劣，能叫君子吗？绅士更多的注意外表的风范，但也不能说绅士都是外表彬彬有礼，内心肮脏。其实真正的绅士也一定是仪表、内心一致的。

师：还有谁来介绍？

生：我也用背诵法。我背诵的是《战国策之齐策四之闻先生高义》：齐人见田骈，曰："闻先生高义，设为不宦，而愿为役。"……今先生设为不宦，訾养千钟，徒百人，不宦则然矣，而富过毕矣。"田子辞。（掌声）

师：还有没有同学用别的方法推销？

生：我给大家推销一本书，是我最喜欢的一本书，也是给我启发最大的一本书，它的名字叫《青铜葵花》。讲的是因一个特殊的机缘，让城市女孩葵花和乡村男孩青铜相识了，他们兄妹相称，一起生活，一起长大。这本书让我明白了什么叫"情深似海"，明白了要珍惜来之不易的友情。我要向故事的主人公学习，学习他们那不向苦难低头，永远乐观向上的精神。这就是我要给大家推荐的一本书。

师：作者是谁？

生：作者是著名的曹文轩。

师：动心了没有？回去赶紧行动。

师：她采用了什么方法？

生：感想法。

师：你们桌上都放了一张阅读检查表。谁能根据检查表向我们介绍一下？

生：大家好！我向大家介绍的是《龙图腾》。这本书以盘古开天地为背景，小说围绕龙而展开故事，以寻找神龙作为主轴，以奇幻小说的形式再现

301

了中国的古老传说。本书气势宏大，充满了奇幻的色彩，同时又不失神话的本色，为小说类和神话类书籍添上了浓墨重彩的一笔。我们爱读书的同学都应该来品味这本好书。（掌声）

师：确实是一本好书。它获得了首届"霍尔拜恩幻想文学奖"，还被翻译成德语发表了。

生：我用感想法。

生：我用提纲法。

生：我用评价法。

师：有没有用摘抄法的？图文并茂法呢？（示意两生上台）

师：下面请这五位同学分别推销自己读过的书。我们来一场擂台赛，看谁介绍得让人心动。

生：我介绍的是《无声的音符》，主要内容是妻子为了给女儿爱和安慰，让丈夫卖掉她自己最心爱的金项链，给女儿买小提琴；而丈夫为了给妻子爱和安慰，只好无奈地买了玩具小提琴；女儿为了给父母爱和安慰，急中生智故意弄断琴弦，以盲拉来安慰妈妈，表达自己的心声。读了这本书，我觉得很感动，贫穷中的互相安慰，美丽的谎言，爱的和谐共同谱写了一首温馨的乐章。（掌声）

生：我向大家推销一本书，书名叫《白牙》，这本书是美国著名的作家杰克·伦敦所写，他的作品独树一帜，充满了男子汉的阳刚之气，他在人物置于生死攸关的环境下，展露了人性中真实的品格。这本书让我看清了人世的善恶美丑，让我明白你怎样对待别人，别人也会怎样对待你。

生：我为大家推销一本书是《混血豺王》，作品以生动的情节、曲折的故事，表现了混血豺王白眉儿屈辱、苦难、奋斗的一生。白眉儿是豺，是动物性的豺，然而它又是一只有思想、有灵魂的豺。它的屈辱，它的豁达，它的奋争，它为救旧时的主人，它为豺群的生存所表现的感情波澜，它那大无畏英勇献身的精神，无不震撼着读者的心弦。

生：我读的是《方舟新概念》中的句子，你看那优美的句子多么生动呀！"小河像一匹柔美的碧玉带，镶嵌在母亲的胸怀，它永远那么坦荡无私，用自己的乳汁哺育着大河两岸的人民。温暖的春天，万物复苏，河水像刚刚苏醒的小姑娘，浑身充满活力，唱着新歌向前奔去。"

生：我的是图表法。我读的书是《巴黎圣母院》，我用摘录、概要、感想、评价、难点作为表格的内容分别来介绍。因为快到圣诞节了，我用了圣诞老人作为装饰。

师：她设计的其实是一个读书卡，按照五个步骤来介绍，这样就把我们刚才说的几种方法综合运用在一起了。很好！还有没有用这种方法的？

师：几位同学分别用了背诵、感想、摘抄、提纲、评价等方法为大家推销了自己读过的一本书，准备充分，表达清楚，非常好。

[点评：教师真正地着眼于学生的发展，一次次地"推销"呈现的是丰富、立体的语文实践，既提高了学生学习、运用语言的能力，也激发了学生自觉阅读的热情，促进了学生的主动发展。]

四、拓展总结深化"书"

师：一二年级时我们喜欢读动物类书籍，这属于自然主义阅读；三四年级时读寓言、童话、散文、诗歌，这些属于浪漫主义阅读；现在我们要多读一些名著，这属于现实主义阅读。我们要接触社会，接触人文，包括哲学思想。如果原著读不懂，可以先读一些少儿版的。（幻灯片出示"推荐导读"）重点推荐莎士比亚、托尔斯泰、巴尔扎克、罗曼·罗兰等人的著作。我们还要读一些古文经典，如《论语》《大学》《中庸》《唐诗三百首》《庄子·老子·孟子》等都可以去读。读这些经典的时候我们要取其精华，去其糟粕，增强我们的辨别能力。我们在口语交际中曾经进行过一次辩论："开卷到底有没有益"？怎么理解"开卷未必有益"呢？

生：指有些书不一定很好。

师：我们要学会分辨书的好坏。在我国台湾的课堂里有80%的课文选自古文经典，在美国会选择很多的名家作品让学生在课堂上阅读分享；德国的课堂则融进了很多的哲学思想，让学生分辨。这样从小学、中学到大学，学生自然而然地就会远离那些低级趣味的东西。

[点评："开卷有益"还是"开卷未必有益"？教师的追问寓人文教育于"润物细无声"中，既把握了文本的客观价值取向，又导向了对文本的深入阅读。]

师：11月是深圳的读书月，每年都会向读者推荐十大读本。哪些读本呢？请大家自己去查。上周我在学校看到一个三年级的孩子在读书，我问她为什么读书，你们猜猜她是怎么回答的？

师：如果我问你为什么读书，你会怎么回答？

生：因为我要长大。

师："我读书，因为我要长大。"这是我11月份送给大家的"校长寄语"，看来你们都已经记下来了。请大家站起来说一遍好吗？

生（站起来声情并茂）：我读书，因为我要长大。

[点评："我读书，因为我要长大"，反映了学生已从物质的功利的阅读生发为精神的阅读；这是言语与精神的共生，热爱读书、热爱生命的情怀犹如春雨一般，悄无声息地飘进学生的心田。]

写在后面

时代的发展已经让整个世界成为一个整体，信息的交流比以往任何时候都要快捷、迅速，没有哪一个国家还会在完全封闭的状态下一如往常地向前发展。因此，面对这样一个开放的时代，语文教育，语文阅读教学要充满活力，就必须变封闭为开放。

因为开放，大地既有挺拔的参天大树，也有摇曳的碧青小草；有澎湃豪迈的大海，也有涓涓流淌的小溪；有巍巍入云的巨峰，也有纷纷飞扬的尘沙……

因为开放，天空有雷霆万钧，也有蔚蓝如洗；有飞鸟划过，也有流星飞逝；有日出月落，也有云蒸霞蔚……

因为开放，情感有喜有忧，有爱有恨，有酸甜有苦辣……

因为开放，思维才不会僵化，思想才不会单一。它包容丰富多彩的思考，它鼓励人们去尝试、去革新。

阅读教学亦是如此！有了开放，才能让心灵舒展，才能让思想自由绽放，才能让课堂充满生机，才能让阅读教学成为更贴近灵魂的教育。而"开放式阅读教学"就是视"开放"为灵魂，让课本开放，吸纳各种版本的优秀内容，合理利用网络资源，树立大语文阅读观；让课堂开放，从教室走向家庭走向大自然走向社会，语文学习的课堂无处不在；让心灵开放，不拘泥于书本，不拘泥于权威，敢于质疑、学会思考……在阅读教学中不断探寻最佳的语文教学境界，以此来开辟阅读教学有效而动人的新天地。

《开放式阅读教学》是我继《开放式习作教学》《开放式活动课程》之后的又一新作。对于阅读教学，前人的研究不计其数。有人说，再"倒腾"阅读教学，那已是事倍功半毫无价值，或者是啃硬骨头艰难爬行。但我笃定"偏向虎山行"，这一行，就是八年！八年潜心思考，潜心实践，终于让"开放式阅读教学"的理论架构和操作体系日臻完善。它是在传统语文阅读教学的基础上更有生命力，更有创新精神，更有语文味道，更有实效的教学模式。

提出教学主张相对来说是容易的，但赋予教学主张系统的理论与实践的基础却很难很难。在将多年的探索实践希望整理成书时，最费心的是章节构架，是写作体例。既要追求一定的理论素养，又要考虑一线教师的所需所求；既要传承优秀的语文阅读教学精华，又要凸显开放式阅读教学独树一帜的创新。因此，对每一章节的内容涵盖，表述层次以及先后顺序，都经过一而再再而三的推敲，几易修改，最终使本书既有宏观的架构，前沿的思想，深度的思考，又有实践性较强的操作方法；既有从阅读教学的纵向剖析，如第四章"拼音—汉字—词语—句子—段落—篇章—整体"无不涉及；又有从阅读教学的横向指点迷津，如第六章的"开放式内容领悟教学—开放式领悟表达教学—开放式欣赏交流教学—开放式质疑辩论教学"等。既渗透了传统的语文观，又融入了现代的开放的语文教学思想，如第七章的"开放的名著引读教学—开放的时文引读教学—开放的网络引读教学"等，较好地展现了阅读教学的课内课文、学校家庭社会和多学科的大融合。尤其是我在书中还对开放式阅读教学的课型，诸如"窗口型"、"打井型"、"主题型"、"比较型"、"风筝型"等进行了归纳总结，尽显开放式语文教学之个性。书中穿插的教学片段等，有的是我自己多年来的教学积累，有的是我们的教师和学生群体的行为，真实再现了开放式阅读实践的过程，传达了教学一线的声音。

开放式阅读教学，既是一个需要深入探究的理论问题，也是一个需要积极实践的现实问题。我们既不能完全用传统的教学方式去诠释，也不能完全套用开放的理论去解读，而应依据教育发展规律和学生身心成长规律，从当今我国基础教育的新变化和国际教育发展的新趋势出发，结合新课程改革理念和学校教育教学实际，大胆创新和努力实践。所以，我期待着更多的教育同人加入我们的行列，为语文阅读教学的改革与创新，奉献我们的智慧与激情，让"开放式阅读教学"如同蓬勃的大树深深扎根、傲然挺立在语文教学的原野，又如缤纷的夏花竞相绽放，为语文教学点染绚丽的色彩。

在开放式阅读教学的思考与实践中，我和我的教师团队满怀对教育事业的敬畏和执著，尽情分享着孩子们健康成长的快乐和幸福。我也十分欣慰，我们的实践与探索得到了来自国家、省、市、区各级领导、专家和学者的关怀与指导。

在《开放式阅读教学》即将由教育科学出版社出版之际，我非常感谢教育部基础教育一司和教师工作司、中国教育科学研究院、广东省教育厅、深圳市教育局、宝安区区委区政府、宝安区教育局、宝安区教育科学研究培训中心长期以来对我践行开放式教学给予的支持和鼓励；感谢中国教育报刊社、人民教育杂志社、中国教育学刊杂志社等单位对我给予的帮助和指导。在此，我还要特别感谢，国家督学、原江苏省教科所所长成尚荣教授和浙江省教育厅教研室副主任、中国教育学会小学语文教学研究会副理事长柯孔标

写在后面

老师在百忙中不吝赐序。特别感谢《语文报》闫银夫主编和小学语文教学研究会崔峦老师、吴立岗教授的指导。特别感谢教育科学出版社所广一社长的鼎力支持。教育界各位领导和专家的厚爱，我将铭记在心，也必将激励着我继续为小学语文教学改革与创新殚精竭虑、奋力前行。

在本书的写作过程中，还要特别感谢张红华、张颖、王朝晖、姚建武、周锦、贺轶辉、杨桂婵等老师的积极参与并提供的一些教学案例。我还参阅、摘录了一些相关材料，除了已列出的主要参考书目外，还有少数未一一注明。谨在此向所选材料的原编著者一并表示感谢。

由于水平有限，加之对"开放式阅读教学"的理论思考与实践探索还比较肤浅，故书中不免存在缺憾，不当之处，恳请赐教，不胜感激。

张云鹰

2012 年 9 月写于深圳宝安

主要参考文献

1. 夸美纽斯. 大教学论［M］. 北京：人民教育出版社，1957.

2. 雅克·德洛尔. 教育——财富蕴藏其中［M］. 联合国教科文组织总部中文科，译. 北京：教育科学出版社，1996.

3. 叶圣陶. 叶圣陶语文教育论集［M］. 北京：教育科学出版社，1980.

4. 叶澜. "新基础教育"论——关于当代中国学校变革的探究与认识［M］. 北京：教育科学出版社，2006.

5. 朱永新. 新教育［M］. 桂林：漓江出版社，2009.

6. 周稽裘. 教育现代化：一个特定历史时期的描述［M］. 北京：人民教育出版社，2004.

7. 彭天翼. 语文教学心理描述［M］. 桂林：广西师范大学出版社，1993.

8. 余文森. 有效教学十讲［M］. 上海：华东师范大学出版社，2009.

9. 陈玉琨. 教育——为了人的幸福［M］. 北京：教育科学出版社，2005.

10. 熊梅. 校本课程开发的行动研究［M］. 北京：教育科学出版社，2010.

11. 张云鹰. 教育智慧与学校创新［M］. 北京：人民教育出版社，2008.

12. 张云鹰. 开放式教育［M］. 北京：教育科学出版社，2011.

13. 赵中建. 全球教育发展的研究热点［M］. 北京：教育科学出版社，1999.

14. 徐平利. 教育的陷阱［M］. 桂林：广西师范大学出版社，2008.

15. 中华人民共和国教育部. 义务教育语文课程标准（2011 年版）［M］. 北京：北京师范大学出版社，2012.

出　版　人　　所广一
责任编辑　　谭文明
版式设计　　杨玲玲
责任校对　　贾静芳
责任印制　　叶小峰

图书在版编目（CIP）数据

开放式阅读教学 / 张云鹰著 . —北京：教育科学
出版社，2012. 11（2015. 8 重印）
ISBN 978-7-5041-6921-1

Ⅰ.①开…　Ⅱ.①张…　Ⅲ.①阅读课—开放课堂—课
堂教学—教学研究—小学　Ⅳ.①G623.232

中国版本图书馆 CIP 数据核字（2012）第 246598 号

开放式阅读教学
KAIFANGSHI YUEDU JIAOXUE

出版发行	**教育科学出版社**				
社　　址	北京·朝阳区安慧北里安园甲 9 号	**市场部电话**	010-64989009		
邮　　编	100101	**编辑部电话**	010-64981277		
传　　真	010-64891796	**网　　址**	http://www.esph.com.cn		
经　　销	各地新华书店				
制　　作	北京金奥都图文制作中心				
印　　刷	北京易丰印捷科技股份有限公司	版　　次	2012 年 11 月第 1 版		
开　　本	169 毫米×239 毫米　16 开	印　　次	2015 年 8 月第 3 次印刷		
印　　张	19.75	印　　数	7 201-8 201 册		
字　　数	290 千	定　　价	36.00 元		

如有印装质量问题，请到所购图书销售部门联系调换。